河上丈太郎日記

一九四九―一九六五年

監修――福永文夫／「関西学院と社会運動人脈」研究会

関西学院大学出版会

晩年の河上丈太郎

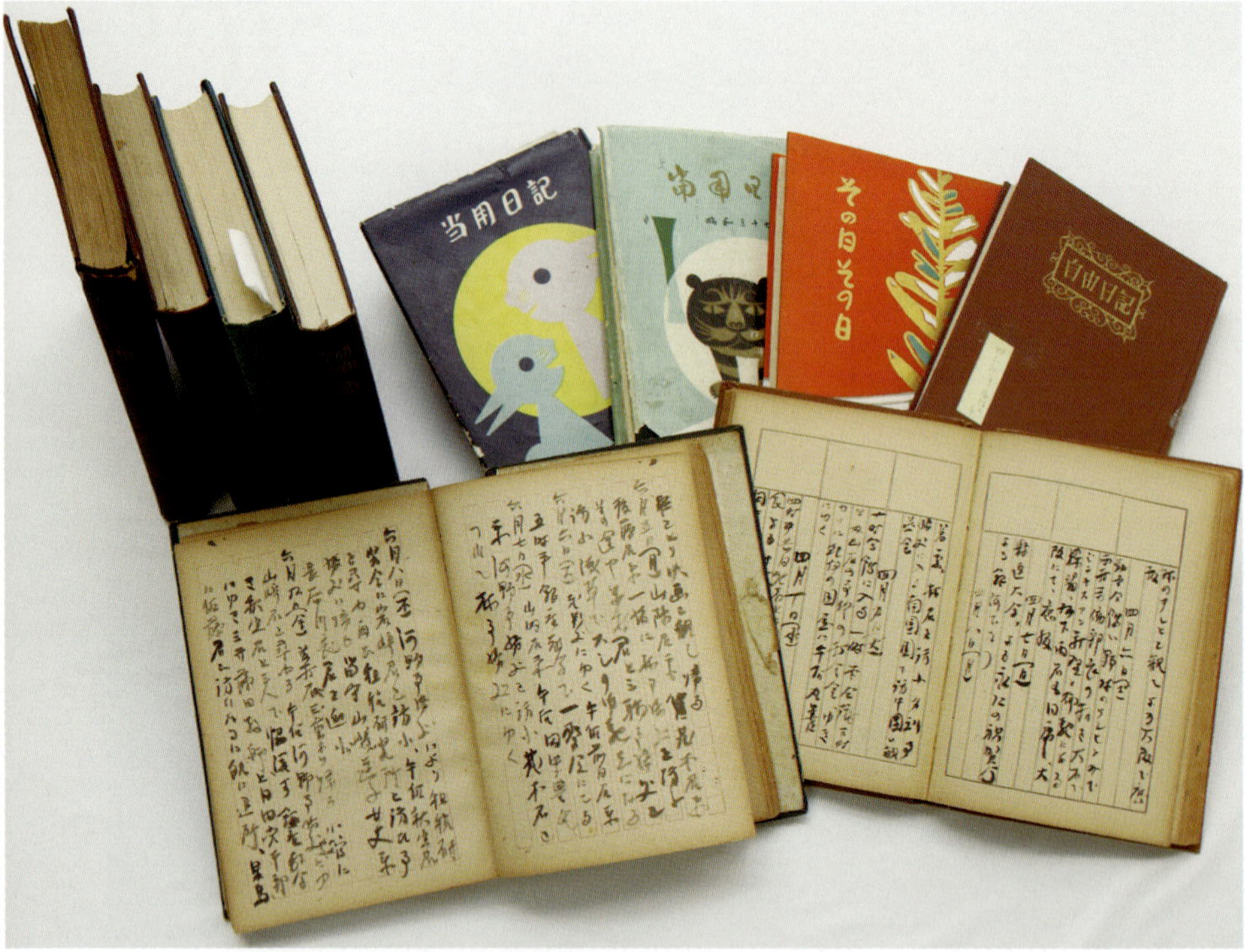

『河上丈太郎日記』1949 ～ 65 年原本

河上丈太郎日記　一九四九—一九六五年

はじめに

福永 文夫
（獨協大学法学部教授）

本書を二〇一二年九月に逝去された河上民雄先生に捧ぐ。

本書は河上丈太郎元社会党委員長の日記の翻刻である。日記は、丈太郎の長男民雄氏所蔵になる。まず民雄氏の筆になるエッセイ「父の日記」を紹介しておく。

> 父は日記を十冊残している。父が没したのは、昭和四〇（一九六五）年一二月三日であった。（中略）敗戦後数年をへて昭和二四年四月三日から書き起こされ、当初は墨書で自由日記風のノートに記述されているが、昭和三三年からは市販の年度別の当用日記を用いている。ただ、昭和三四年のものだけが見つからない。民社分裂の動きが社会党を大きく揺るがし、特に統一会と称していた父のグループを直撃し、父にとっては苦悩と奔走の年であったために、日記をつける余裕がなかったのか、あるいはつけてはいても、残すことをよしとせず破棄したのか、偶然紛失したのか、今となっては私にも判らない。
>
> ただ昭和三五年元旦からの当用日記使用の日記から、その日の記述の冒頭の一行目に必ず「祈る」の二字が書かれることになり、病気で倒れる直前まで休むことなく、その二字が記されている。
>
> 父の日記は、その十冊を通じ、どんなに政治的に激動の日であっても、淡々とした記述で終始し、ただその日の日程と会った人の名前、食事をした店の名などが記されているだけで、明治、大正時代の原敬日記のような読み物としての面白みはない。
>
> ただ当時の雰囲気や事情を知る者からすると、その簡潔な記述の中に父の思いが伝わり、胸をつかれる思いがする。
>
> （中略）私と父の日記の関係は、戦後の二、三年たった頃か、祖父新太郎について、聖書を旧約聖書の冒頭から新約聖書の最

後まで、毎日欠かさず一章ずつ通読していたこと、日記を必ずつけていたことを父が語ってくれたので、父自身は日記をつけているかと、質問したところ、自分は戦前特高に踏み込まれた経験から他人に迷惑がかかる恐れがあるので、日記はつけていないと答えた。そこで、私は父に日記はないものと信じていた。父の日記を母の没後（一九七六年四月一三日）、母の残した風呂敷包みの中から発見した時は衝撃と表現してもよいほど、驚きを覚えた。

戦前の社会主義運動関係者が日記を残すことは皆無に近い。丈太郎も関西学院大学在職中の一九二五（大正一四）年京都帝国大学の左翼学生運動に対して行われた「京都学連事件」に際し、河上肇京大教授・山本宣治同志社大教授らとともに家宅捜索を受け、多くの蔵書を押収された。それゆえ、丈太郎の日記も戦後に限定されている。

河上は熱情的な雄弁家であったが、文章を残すことは少なかった。その意味で、日記は数少ない彼の歩みを記す記録である。誰しもそうであるように、日記は人に見せるものではなく、見られることを予想していない。あくまで自身の心おぼえとして、日々の出来事や出会った人びとがつづられているのが常である。日記には、時に印象的な所感や認識も示されているが頻繁ではなく、必ずしも彼自身の率直な思いの数々が書かれているわけではない。しかし、そこに記された人間模様を、時代と重ね合わせたとき、社会を、時代を映す鏡となっている。本日記は、河上丈太郎の足跡に新たな光を当てると同時に、社会党の、そして戦後史の貴重な証言となろう。

＊＊＊＊＊

日記は既述の通り一九四九（昭和二四）年四月三日から始まり、その死の年（一九六五年一月）までのおおよそ一五年間にわたり、全十冊に及ぶ。これに本書では、大学ノートに記された「訪米日記」一冊を加えた。なお本書には一九四五年の二日分が含まれている。

その仕様は以下の通りである。

自由日記　一九四九（昭和二四）年　四月三日　〜　五二年七月二五日　博文館新社
自由日記　一九五二（昭和二七）年　八月　〜　五六年四月
自由日記　一九五六（昭和三一）年　四月一四日　〜　五七年一月二九日
大学ノート　一九五七（昭和三二）年　九月二八日　〜　同年十一月二日
自由日記　一九五八（昭和三三）年　宝文館
自由日記　一九六〇（昭和三五）年　金園社
当用日記　一九六一（昭和三六）年　積善館
当用日記　一九六二（昭和三七）年　集文館
当用日記　一九六三（昭和三八）年
当用日記　一九六四（昭和三九）年
当用日記　一九六五（昭和四〇）年　博文館

翻刻に当たっては、原本を忠実に復元させることを本旨としたが、いくつか断っておきたい。

一、読み易さを考え、適宜句読点や濁点を追加した。
二、漢字は原則として現用のものに、旧かなは新かなに置き換えた。たとえば、原文では「會館」「事務処」となっているが、本書では「会館」「事務所」とした。
三、日記で「会館」と表されているのは「議員会館」を、「事務所」は「河上美村法律事務所」を指す。
四、人名で頻出する「伊藤」「成田」は断りのない限り、党本部書記伊藤英治と神戸の支持者成田氏を指す。
五、不明な文字は□で記した。［　］は故河上民雄氏の注記・補記をもとに編者が加筆・修正した。
六、巻末に河上丈太郎家系図、人名録を付した。

目　次

目次

はじめに……3

†日記——11

◇一九四五（昭和二〇）年◇……12
◇一九四九（昭和二四）年◇……13
◇一九五〇（昭和二五）年◇……37
◇一九五一（昭和二六）年◇……69
◇一九五二（昭和二七）年◇……102
◇一九五三（昭和二八）年◇……116
◇一九五四（昭和二九）年◇……155
◇一九五五（昭和三〇）年◇……196
◇一九五六（昭和三一）年◇……231
◇一九五七（昭和三二）年◇……266

◇一九五八（昭和三三）年◇……305
◇一九六〇（昭和三五）年◇……339
◇一九六一（昭和三六）年◇……376
◇一九六二（昭和三七）年◇……414
◇一九六三（昭和三八）年◇……452
◇一九六四（昭和三九）年◇……488
◇一九六五（昭和四〇）年◇……526

†解説——529
「河上丈太郎日記」解説……530

†家系図——542

†人名録——545

あとがき……559

†日　記

◇一九四五（昭和二〇）年◇

六月

六月三〇日

民雄上野をたつ。元気なりし彼も最後に離別の手をあげたときの顔は涙が出そうにみえた。民雄が去った後の寂しさは無限である。両親様とかいた手紙があった。二十年のご恩という。父には二十年の詫びがある。真に父としての愛に欠くるところ多かりしを悔ゆるのみである。それだけ一層寂寥胸に満つ。

七月一日

朝小田原にいく、車中民雄を思う。真に他人の世界に出たのだ。父の経験しない世界に入ったのだ。幸福を祈るのみだ。帰宅後彼の日記を読み、父の批評あり。聞くべき味あり、彼が短篇「上京」*を読む。両親の事を取扱いたるもの、肉身の情を去ってモット客観的描写と批判が必要である。それでないと小説になる。

夜二階のソファーによこたわり民雄を思う。彼も今頃われ等を思うであろうと思うと、淋しさ胸にこみあげて来る。涙さえ出る。愛の足らざりし父の悔の涙である。ゆるせ。

小説「坂」を読んだ。通るべき青年の道を通っていると思えた。両親宛の手紙にこれを読んでくれとある。而して一歩離れて小説の中を覗いていると書いてあったがそうである。小説としては「上京」よりよく読める。

＊　「上京」という短篇は、河上民雄氏が旧制静岡高校のクラスの文芸雑誌「仰秀」に寄稿したもの。「坂」は中篇。

◇一九四九（昭和二四）年◇

四月

四月三日（日）
礼拝にいく。事務所［河上美村法律事務所］による。午後前川夫人来宅。

四月四日（月）
鈴木氏の公判に傍聴す。夕刻長谷川長［太郎］君を自宅に迎う。

四月五日（火）
長谷川長君事務所に来。四時半より前田事務所にいく。

四月六日（水）
七時二十分で小田原裁判所にいく。六時半事務所による、高野［岩三郎］先生昨夜逝去の由きく。

四月七日（木）
午前高野先生宅に［く］やみにいく。午后四時林事務所にいく。夕食をうく、美村君ともに。

四月八日（金）
林［彦三郎］事務所にいく。一時高野先生の葬儀に列す、帰途三輪［寿壮］、小島［利雄］君と談す。除柔麗さん来所、判決の書類を渡す。

四月九日（土）
事務所にいく、来客なし。夕刻美村［貞夫］君と峰尾君を訪う。

四月一〇日（日）
礼拝に出る。午后三輪君に集る。河の［河野密］、田原［春次］、中村［高二］、小島の諸君。

四月一一日（月）
午後事務所に杉山［元治郎］君、加藤君来。

四月一二日（火）
岡田君事件で九段調停係に、午餐を平安堂*で、一時あしろ［網代］事件で弁論し事務所に長谷川、佐藤、高瀬、永江［一夫］の来。四時半前田新橋事務所にいく。清原、井本君と同席、三重いきをやめ美村君独りたつ。

＊　東京九段坂上にある筆墨硯の店。筆匠・岡田久次郎は俳句、書をよくし、鑑識眼にすぐれ、戦時中、丈太郎が政府の物価委員となったのを縁に親しくなり、筆墨硯生産連盟（会長平安堂）の顧問に。陶芸家・濱田庄司と丈太郎との交流も平安堂の紹介による。

四月一三日（水）
末と民雄、井上君を訪う。事務所に橋本、鈴木夫人来。

四月一四日（木）　事務所に来客なし。

四月一五日（金）　午后田村直君来。

四月一六日（土）
松戸に大島君訪う。阪本氏娘さん来、六時前田君事務所、井本。

四月一七日（日）　礼拝にいく。馨邦君泊る。

四月一八日（月）
前田君公判、延期となる。足立、渡辺君来所。夕刻林事務所にいく。美村君と一緒に、浅草橋で御馳走になる。馨邦泊る。

四月一九日（火）
田村君の件で、裁判所にいく。橋本君来。午后民雄の事務所にいく。事務所に帰る。永江［一夫］、杉山君を迎う。

四月二〇日（水）
鈴木公判延期。夜、三輪、永江と一緒にたつ。

四月二一日（木）
永江の公判に列す。裁判官の訊問ありたり。酒井［一雄］君の招待をうく。

四月二二日（金）　終日、永江宅にいる。

四月二三日（土）
検事論告あり。夜、酒井、中川［光太郎］、本多、永江宅に来る。

四月二四日（日）　永江宅にいる。

四月二五日（月）
午后、大阪朝日にいく。夕食の招待をうく。集る者、渡辺、十河、竹中、坂本、鶴、小沢の諸君。会館で、山本安英の芝居をみる。

四月二六日（火）
永江の公判に列す。夜永江宅で安藤君の弁論打合ありたり。

四月二七日（水）
元町の神光船具にいく。河鰭君に会い夕食の接待をうく、近藤誠君も同席。

四月二八日（木）
永江の弁論初《ママ》る。河野君来神。七時二十分に大阪をたつ。

四月二九日（金）
午後事務所にいき大原君に訪う。五時三井牧師来宅。

四月三〇日（土）
小田原裁判所にいく。六時半事務所に戻る、森戸〔辰男〕君まつ、美村君より留守中の話をきく。

五月

五月一日（日）
石原博士宅を訪う。柳原夫人泊る。

五月二日（月）
事務所にいく。午後後藤捨夫君来、追放の件。偶小島君来する、紹介する。森戸君来。美村君と峰尾君を訪う。平安堂にいく。十一時帰宅。

五月三日（火）　小島君来宅。妻、仁川に立つ。

五月四日（水）
庄野、足立、小島来所、平安堂も。夕刻相沢君と伊原〔隆〕君を訪う。御馳走になる。

五月五日（木）
伊原、小島、久下、本、西村勇〔勇夫〕の諸君来宅。妻帰る。

五月六日（金）
松戸裁判所にいく。大島君に会う。夕刻、足立、長谷川、美村君と一緒に林君を訪う。浅草で御馳走になる。永江来所。

五月七日（土）

大蔵省に伊原君を訪ね、日配に立ち寄って報告し事務所にいく。安藤君、加藤君、西村栄［一］君来所、足立君も。足立君と林君を訪ね、永森組に長谷川君を訪ね、美村君と渋谷の本田君を訪う。

五月八日（日）

関君来。午后氏家、内藤、関根、堀口夫妻来宅。

五月九日（月）

歯科にいく。午後長谷川、永森、足立君来所。一緒に林君を訪い、三井不動産で日下君に会見。夕食の御馳走あり、美村君と永森事務所を訪う。事務所に寄って帰る。

五月一〇日（火）

午後四時長谷川、永森、美村君と林事務所を訪い、後浅草で美村君と共に林君の御馳走になる。

五月一一日（水）

事務所にいく。永森組にいき長谷川、永森君と林君とで三井不動産にいく。一先帰り、夕刻再び三井不動産で林君と日下氏に会う。

五月一二日（木）

事務所にいき、児玉夫人に面会し、九段調停係に美村君といく。平安堂で午餐をうけ、峰尾君を訪ね事務所に帰る。三時の列車で網代にいく。杉山氏によるソ像にたつ。後藤君を囲み長谷川君宅で夕食をとる。

五月一三日（金）

九時たつ。事務所に帰る、夕刻去る。

五月一四日（土）

吉村君公判に列す。榎本君の裁判につらなる。永森、長谷川君と林君を訪う。足立君来所。

五月一五日（日）

朝六時半平安堂にいき、昼る《ママ》浜田［庄司］氏邸にいく。十一時帰宅。釜開き、美しき作品を観る、お土産をうく。

五月一六日（月）

後藤二三夫君来宅。林事務所による、足立君と会す。午後裁判所にいき鈴木氏公判を傍聴す。三時平田漁網にいき、永森と足立君に会う。永森組事務所による。永森、長谷川君と林事務所を訪う。五時三輪事務所にいき、大島君を囲み、三輪、細野［三千雄］、佐山君と相談し、夕食をうく。事務所によって帰る。

五月一七日（火）
北沢警察署に瀬戸又三君を訪う。四時足立、栗村氏と林君を訪う。十時二十分発で三重にいく。足立、美村君と一緒に。

五月一八日（水）
津裁判所にいく。水野実郎君来る。六時十分たつ。

五月一九日（木）
橋本さんの父来。午後も林君の公判に列す。杉山君、市川君、谷水君来所。

五月二〇日（金）
足立君来所。午後美村君と梅原、安井両画伯の個展をみる。田村君来所。平田漁網にいき、足立君と共に林事務所にいく。前田君の事務所による。井原弁護士等と協議す。

五月二一日（土）
林君を訪い三井不動産にいく。ひる事務所に帰る。長谷川、臼井君来。山田君来。再び林事務所を訪ね、浅草で日下氏等と美村君も一緒に御馳走になる。

五月二二日（日）
礼拝に出る。午后臼井与三郎夫人来宅。四時帝劇に映画をみる、民雄と。

五月二三日（月）
足立君来所。一緒に林君を訪う。午後大島兄弟来。四時再び林君を訪う。五時磯野君来所、後藤君も来らる。

五月二四日（火）
巣鴨警察に臼井氏を訪う。午後美村君と警視庁を訪う。榎本、北原君来所。六時前田君の接待をうく、藤枝、高橋君と同席。

五月二五日（水）
小田原裁判所にいく。六時半帰宅。コーテス女史の送別の宴をもつ。

五月二六日（木）
磯野、島田母堂来。午后島田君と警視庁で会う。一度事務所に帰る。直君来。再び警視庁にて峰尾君等に会い、工業クラブの高野先生追悼会に出席す。下村先生に久振りに会う。

五月二七日（金）
大掃除で早く事務所にいく。足立君来、午後渡辺、長谷川、峰尾の諸君来所。五時半より前田事務所にいく。清原、井本、河村、美村君等と協議す。前田君の自動車で帰る。

五月二八日（土）
午後後藤君来所。夕刻林君の招きで浅草による。美村君と一緒に。永江有罪。

五月二九日（日）
ヒルまでメマイで臥る。午后美村君宅を訪ね、一緒に川口の吉田君の病気を見舞う。

五月三〇日（月）
林君の件で裁判所にいく。午后臼井君、長谷川君来所、裁判所の帰途、足立君を訪う。

五月三一日（火）
長谷川與、足立、子安［泰］、前田、峰尾、後藤の諸君来所。

六月

六月一日（水）
午前三宅、井上君来所。林事務所を訪ね、長谷川君の件を頼む。午後林検事に会い警視庁を訪う。峰尾、後藤君来。森戸、足立、田中君来。大島君執行猶予。

六月二日（木）
林事務所に美村、長谷川君を訪う。午後後藤君来。泉川検事を訪う。前田君夫妻、石原博士宅を訪う。

六月三日（金）
白川、伊勢、永江来。午後前田、大沢君来。美村君と北原君宅を訪ねたるも留守。

六月四日（土）
清原事務所に前田、美村君といく。林事務所による。長谷川長、市川君、川俣君来。

六月五日（日）
午後永江来。三時元さん宅にいく。宵夜の法事。義夫宅によって帰る。

六月六日（月）
事務所にいく。後裁判所にいく。前田君の公判。四時帰、事務所来客なし。

六月七日（火）
平安堂にいく。調停略成る。二時半三井牧師来所。夕刻警視庁にいく。後藤君と一緒に美村君と本郷、峰尾氏宅を訪う。朝郡君来宅。

六月八日（水）
ヒル警視庁にいく。峰尾事務所による。〔峰尾〕重郎君の御馳走になる。六時前田君宅に集る。

六月九日（木）
ヒル裁判所にいく。午後長谷川長君、北原、後藤君来所。

六月一〇日（金）
裁判所にいきしが、午后となる。一時半前田君証人として陳述す。長谷川長、市川、田代君来所。田代君より銀座でソバを有楽町でぜんざい御馳走になる。

六月一一日（土）
午後裁判所にいく。峰尾、後藤君来所のあと、その車で山田君の裁判、六時半に及ぶ。

六月一二日（日）
聖フランシス〔コ〕・ザビエルの四百年記念祭が明治神宮外苑で行われた。子供等これに列す。夜美村君宅を訪う。

六月一三日（月）
ヒル警視庁を訪う。峰尾事務所に集る。内藤君上京せらる。

六月一四日（火）
瀬戸すみ江の公判。留守に大阪の清水君来所。六時林事務所。美村君、日下君と一緒に浅草で御馳走になる。

六月一五日（水）
ヒル裁判所にいく。未だ保釈にならぬ。田村君来所。

六月一六日（木）
足立、十河、稲岡の諸君、夕刻集。立石再来、三勢君の件話あり。

六月一七日（金）
足立君来所。三勢君のこと無事済む由めでたし。千住警察に六車氏を美村君と訪う。帰途峰尾事務所による。尾形氏留守に来所。夕刻美村君と林事務所を訪い御馳走になる。

六月一八日（土）

小菅刑務所に美村君といく。ヒル足立君を伴い泉川検事に会う。二時尾形君を役所に訪問。夕美村君と一緒に林事務所を訪う。御馳走になる。共に平安堂による歩いて帰る。瀬戸執行猶予。

六月一九日（日）

雨。午後三輪君宅にいく。浅沼、荘原、川俣、細野、林、中村、平野、渡辺の諸君集る。

六月二〇日（月）

平安堂によって調停にいく。ひる裁判所にいく。峰尾、稲井保釈許可。夕刻平安堂に美村君とよる。夕食をうく。井関博士たちと語る。

六月二一日（火）

榎本君来所。夕刻峰尾君来所。美村君と三人で夕食をとる。

六月二二日（水）

大島君来所。夕刻美村君と足立事務所に訪う。

六月二三日（木）

美村君らの弁論ありたり。午後美村君と上野松坂屋の展覧会にいく。夕刻峰尾君来所。三人で御馳走になり、小鹿物語の映画をみる。

六月二四日（金）

ヒル稲井君を伴い裁判所にいく。来客なし。

六月二五日（土）

六時三十分で葛生町の田村君宅にいき泊る。美村君と一緒なり。

六月二六日（日）　午后七時帰宅。

六月二七日（月）

岡田君調停成る。気持悪く、井岡博士の診察をうく。午后帰宅床に入る。熱出る。

六月二八日（火）

事務所にいく。兼坂、岡田、峰尾、稲井、後藤の諸君来所。

六月二九日（水）
三楽病院にいく。午後三宅君来。ヒル裁判所にいく。臼井、肥留間氏来。

六月三〇日（木）
田村君公判午後あり。森戸君来。峰尾氏邸による。事件の打合。

七月

七月一日（金）
事務所にいく。井口君来、夕刻美村君と一緒に林君を浅草に訪う。夕食をうく。

七月二日（土）
歯治療にいき、石原博士宅にいく。森戸夫人に会う。五時駿台荘にいく。安藤、河野、三輪、永江と会す。

七月三日（日）
午後美村君宅を訪い、明日の三重いき中止する。夜民雄と新宿にて母の思出をみる。

七月四日（月）
内藤君上京せらる。横前、三輪、田万、水野、橋本君来所、渡辺実代来所せしが留守。吉田君朝来宅。

七月五日（火）
午後前田君と兼坂君を役所に訪い、浴場復興会の総会に出席し、浅草橋で支那料理の御馳走になる。

七月六日（水）
美村君帰京。午后鈴木公判に列す、来所者なし。

七月七日（木）
松戸裁判所にいく。夕刻峰尾君来所。銀座で美村君と共に御馳走になる。五時三輪事務所で大島君と会見す。

七月八日（金）
松戸裁判所にいく。夕刻美村君と足立君を訪う。

七月九日（土）
歯科にいく。事務所にいく。菊池、山内君来、長谷川君来。夕刻美村君と一緒に林君の御馳走になり、長谷川與作君に会う。

七月一〇日（日）
教会にいく。Cole の本が民雄に届く、大石博士来宅。

七月一一日（月）
渡辺氏、長谷川輿作君、秋定君、峰尾君来所。美村、秋定君と共に峰尾君の御馳走になる。

七月一二日（火）
裁判所にいく。午後磯野君来所、民雄の誕生日の祝会あり。

七月一三日（水）
小菅に島田君を訪う。夕刻美村君と平安堂により夕食をうく。

七月一四日（木）
臼井、後藤君来。夕刻長谷川與作君を訪ね美村君と長谷川君と林君の御馳走になる。

七月一五日（金）
妻と民雄と墓参。午前井口、市川君来。午後井口再度来、橋本君来。

七月一六日（土）
美村君と日本橋税務所にいく。午後峰尾君来、映画をみて分る。

七月一七日（日）
礼拝にいく。留守に長谷川夫妻来。

七月一八日（月） 歯科にいき事務所にいく。午后足立君来。

七月一九日（火）
高尾、山崎氏来。夕刻峰尾君来。ヒル後藤、稲井君来。

七月二〇日（水）
歯科にいく。福力君来、夕刻春氏来。

七月二一日（木）
西尾検事を訪問。福力君来、午后銀座の春で大島君の打合会。山田君の事件延期、美村君あしろにいく。

七月二二日（金）
松戸裁判所にいく。四時半事務所に帰る。秋定君来所。

七月二三日（土）
歯科にいき事務所にいく。内藤君上京、来客なし。

七月二四日（日）
礼拝にでる。大橋夫人来。

七月二五日（月）
西尾検事を訪い、事務所にいく。午後沖村君、前川夫人来。

七月二六日（火）
午前山田、増井光蔵君来。午后漁市場に渡辺君を訪う。

七月二七日（水）
歯科にいく。調子よくなる。午後漁市場にいき魚持ち帰る。五時集会ある、高梨、茅野、浅沼、平野［力三］、西村［栄二］、加藤、小島、細野、細田［綱吉］、川俣、菊川、田原、天田、島、渡辺、山本、井上君集る。

七月二八日（木）　正午増井君、森戸君来所。

七月二九日（金）
西尾検事に向い出るも、田島君の保釈既に済みたり。臼田君、保田君来。よし邦泊る。

七月三〇日（土）
ヒル頃高尾君来、よし邦泊る、三井牧師来宅（夜）。

七月三一日（日）
水谷君の葬儀に弔電をうつ。教会にいく。三時美村君来宅、高尾君夫人をつれて来る、夜よし邦、民雄と青い山脈の映画をみる、よし邦泊る。

八月

八月一日（月）
千葉にいく。松田、臼田君来らず、空しく美村君と帰る。午後渡辺氏来、森戸君の秘書来。夕刻峰尾君を美村君と訪ね、うなめしの御馳走になる。平安堂による、よし邦たつ。

八月二日（火）
二時河野氏の紹介で原徳和氏と会見す。夕刻青木弁護士、臼田、松田君来、あさ剣氏と谷尾君来

八月三日（水）
高尾君来。汐留税務所にいき林事務所による。午後妻と大橋君を訪う。四時半石原博士宅を訪う。

八月四日（木）
九時千葉駅につく。河相達夫君に偶然会う。美村君と臼田君で三橋氏を訪う。午餐を臼田、美村、松田君ととる。四時半事務所に帰る。青木君と谷尾君、保田君来所、民雄と一緒に帰宅。

八月五日（金）
午後漁市場に渡辺君を訪い、魚を持ち帰る。高尾、石坂、尾崎、満井、佐々の諸君を招く。

八月六日（土）
永江来所。午後美村君と千葉にいく。会見出来ざりき、松田、臼田君に会のみ。

八月七日（日） 礼拝に列す、渡辺偕君夫人来宅。

八月八日（月）
九時日本橋税務所。午後永江、夕刻青木君来。美村と一緒に青木君の御馳走になる。

八月九日（火）
歯科にいく。治療終る。高尾君来、一緒に三和銀行に渡辺頭取を訪う。秋定君来。

八月一〇日（水） 夕刻長谷川輿作君来。

八月一一日（木）
十時荻窪の橋本君の弟さんの葬儀に参す、大竹夫人来、五時峰尾事務所にいく。事件の打合せ、自動車で送らる。

八月一二日（金）
横前君来、警視庁に大竹氏を訪う。古沢、沖村君来。長谷川長君も来。

八月一三日（土） 来客なし。前田夫人夕刻来宅。

八月一四日（日）
岡本夫妻来、午後長谷川長君父子来、杉山氏作の僕の像を持参。

八月一五日（月） 来客なし。

八月一六日（火）
午後林事務所を訪ね、日本鋼管に安部氏を訪い、臼井君のこと頼む。前田君来所。

八月一七日（水）

夕刻平安堂、臼田、松田君来。ヒル頃小島君来。

八月一八日（木）
警視庁にいく。午後大沢、前田、峰尾君来所。

八月一九日（金）
午後一時前田君と共に裁判所にいく。五時になり公判延期となる。大竹夫人夕刻来所。

八月二〇日（土）
千葉市にいく。美村君と三橋氏に会う。松田君にも会う。帰途車で吉川君に会う。来客なし。

八月二一日（日）　来客なし、終日引籠る。

八月二二日（月）
西尾検事を訪う。午後前川、大竹夫人来。平安堂による。

八月二三日（火）
北村君来。久松署に佐藤裕一君を訪う。

八月二四日（水）
西尾検事を訪う。ヒル大澤検事を訪う。北村君その他数人来、高尾君と一緒に海江田君の御馳走になる。

八月二五日（木）
海江田君事務所にいく。帰途電車で細田君に会う。原徳和氏の撮った僕の写真が届けらる。三時美村君宅を訪ね、一緒に田村君の押上の風呂屋の祝宴につらなる。帰途万世橋より自宅まで萩原君の頼みたる自働［動］車にのる。

八月二六日（金）
高尾、海江田君来。午後三輪事務所を訪う。後藤井君其の他の人を迎う。

八月二七日（土）
午後松戸にいく。大島君事件打合の会なりしが、弁護士来らず流会となる。事務所に帰り美村君と久松署に佐藤君を訪う。夜加藤と澄子来宅。

八月二八日（日）
礼拝に列す。留守に神戸［の］栄子より電話あり、智子きく。午後民雄と新宿にいきカルメンを観る。

八月二九日（月）
美村君と笠井検事を訪う。午後入野弁護士、森山君、藤井、北村その他の人々来。五時より峰尾事務所で事件の打合せ会あり、永江ヒル頃来、栄子来泊。

八月三〇日（火）
多津繊維に税務官吏来。午後美村君と久松署にいき要談す。栄子泊る。

八月三一日（水）
事務所に客なし、四時帰宅。永江来。夕刻大河内君来、永江、栄子、大河内君等にて語る。暴風雨あり、永江夫妻泊る。

九月

九月一日（木）
森山君控訴却下のため裁判所にいく。午後谷尾君来。永江夫妻帰る。

九月二日（金）
ヒル裁判所にいく。前田君公判期日変更のため、判事不評。広島号に美村君とよる。来客もなし、電話不通のため閑に、森戸秘書来。

九月三日（土）
来客なし。午後谷尾、前田君を訪ぬ。途中稲井君に会う。

九月四日（日）
来客［な］し。夜石原博士宅を訪う。

九月五日（月）
榎本夫人、前川夫人、藤井、沖村君等来、帰途平安堂に美村君とよる。

九月六日（火）
多磨墓地に慰霊祭あり、来客多数。帰事務所五時。それから三輪事務所にて大島君と会見、後前田君事務所で打合会ありたり。

九月七日（水）
松戸裁判所にいく。夕刻までかゝる。事務所によらず帰宅。

九月八日（木）
田村君公判につらなる。午後氏家、北村、谷尾、鴨下、加藤の諸君来所。美村君、北村君と久松署に佐藤君を訪う。

九月九日（金）

朝美村君と宮崎検事を訪う。午後前田君公判につらなる。井口君来所。

九月一〇日（土）

小菅に六車君を訪う。午後高尾、尾崎君来所。二時より平安堂へ美村君といく。夜十時過ぎまでいる。

九月一一日（日）

民雄と礼拝に出る。午後佐々君、小川氏をつれて来訪。山本夫人来。

九月一二日（月）

六車君の公判。長谷川君、榎本君、臼井君来所。

九月一三日（火）

鈴木君の公判にいく。午後佐藤、北村君来、夕刻佐藤信二、平野君来る。

九月一四日（水）

平安堂の事件で裁判所にいく。石福の人と兼坂課長を訪う。夕刻美村君と平安堂により夕食をうく。

九月一五日（木）

午前臼井君の公判。午後榎本君の裁判ありたり。一日事務所留守、来客なし。

九月一六日（金）

岡本君来。峰尾会見中止とのこと。午前、前田君来所。

九月一七日（土）

臼井君言渡、死刑。事務所による。ヒル広島の保田君、谷尾君。松岡［駒吉］君シャウプ勧告の全文持参。古沢、中村君来所。

九月一八日（日）

礼拝にでる。午後三宅、前田君来宅、藤井君も来る。

九月一九日（月）

峰尾君来所。午後六車君公判。五時半峰尾事務所で打合。永江留守に来宅。

九月二〇日（火）
峰尾、稲井公判、峰尾病気のため延期となる。午後林事務所にいく。夕食を浅草でうく。事務所に帰りて帰宅す。留守にあしろより電話ありたり。

九月二一日（水）
大島君の公判のため、松戸にいく。五時事務所に帰る。大塚、足立、秋定君来所。

九月二二日（木）
平安堂、大木君来所。ヒル足立君と伊原君を訪ねたり。午後高尾、海江田君来、天野君、萩原君来。

九月二三日（金）
祭日、雨、午後平安堂にいく。美村君も来る。

九月二四日（土）
潜君、小宮君来、午後一時前田事務所にいく。打合せのため。

九月二五日（日）
礼拝にでる。午後民雄と新宿に映画をみる。

九月二六日（月）
高橋、直、河原田の諸君来所。夕刻赤坂に峰尾君と美村君とともに訪う。

九月二七日（火）
峰尾の民事裁判延期となる、夕刻大塚君を訪問し、広島号事務所にいき自動車で帰る。

九月二八日（水）
午前平安堂来所。ヒルソバを八重洲口で平安堂の御馳走になる。他に来客なし。

九月二九日（木）
磯野、神崎、長谷川長君来所。午后三輪事務所にて大島君の打合せあり。平安堂にいく。夕食をうく。

九月三〇日（金）
松戸裁判所にいく。五時事務所による、藤本氏より残金持参。前田事務所による。

一〇月

一〇月一日（土）
宇都宮君来所。渡辺、入野、榎本来所。四時林事務所、永森組にいき、林君の招きで浅草いき、美村、長谷川君同席。

一〇月二日（日）　礼拝にでる。午後篠塚夫人来宅。

一〇月三日（月）
高尾君来、裁判所にいく。亀井君に会う。午後中村君来、夜まで事務所にいる。

一〇月四日（火）
午後山田君の事件で裁判所にいく。来客なし。

一〇月五日（水）
中村君来。後久氏来、夕刻森山君来。

一〇月六日（木）
寒し雨。長谷川長君ヒル頃来所、他に来客なし。

一〇月七日（金）
松戸裁判所にいく、大島君の公判のため。五時半までかゝる。一寸事務所によって帰る。

一〇月八日（土）　夕刻中村、大塚君来所。

一〇月九日（日）　午前に長谷川長君一家来宅。

一〇月一〇日（月）
永江、中村君来所。ヒル井本弁護士と一緒に竹田判事を訪う。六時過ぎ美村君千葉より帰る。

一〇月一一日（火）
午後大塚君来、前田君事務所にいく。七時二十分あしろにいく。美村君と共に。

一〇月一二日（水）
朝、間瀬、高橋君来で午後たつ。夕刻大塚君来。

一〇月一三日（木）
大蔵省に伊原君を訪い、事務所に山崎君一行に会い裁判所にいく。田村君の公判。午后国税局にいきしが皆留守。事務所に前田、中村君来、山崎君一行三時来所、池田運送会社にいく。

一〇月一四日（金）
裁判所にいく。前田君公判午後となる。岡田君を訪う。午後公判に出席。事務所に白［臼］井君、渡辺君、田代君、河原田君来。渡辺君と一緒に新橋に山東氏の招きをうく。自動車で帰る。

一〇月一五日（土）
ヒル水上警察署にいく。前田君、後藤君来。三時荒川署にいく。谷尾君来。

一〇月一六日（日）
事務所にいく。調書調べをする。光子来所。

一〇月一七日（月）
白［臼］井君の公判あり、山本君の公判延期の許可をうく。平安堂の事件解決。永江来、来所したるもの谷尾、渡辺、山東、浅沼君。渡辺、山東、浅沼君と夕食をとる。

一〇月一八日（火）
田村君弁論。夕刻帰宅し八時三十分でたつ。

一〇月一九日（水）
永江公判につらなる、永江宅に泊す。午后井上君を毎日に訪う。

一〇月二〇日（木）
午後大阪に出る。駿河屋*支店による。湊［謙吾］君に会う。一緒に灘購買組合［現コープ神戸］にいく。永江も来る、永江宅に泊る。

一〇月二一日（金）
永江公判につらなる、永江宅に帰る。酒井［一雄］君来。八時四十六分で帰京。

一〇月二二日（土）
九時過ぎに事務所に入る、来客なし。留守中のこと美村君よりきく。

一〇月二三日（日）
礼拝にいく。受洗五十年の祝を妻がうく。午後神戸の松本君来、山根氏の事件をひきうく。

一〇月二四日（月） 谷尾君より好意をうく。他に来客なし。

---

* 和歌山県和歌山市に本店のある老舗和菓子メーカー。羊羹発祥の店といわれる。当主は代々岡本善右衛門を名乗ってきた。

一〇月二五日（火）
峰尾君公判、裁判所の都合で延期となる。山根氏の知人来、事件の依頼を断に来る。夕刻林君の浅草で招きをうく。八時たつ。三輪君と一緒。

一〇月二六日（水）
朝大阪着。古野君宅によって裁判所にいく。永江宅に泊る。

一〇月二七日（木）
神戸裁判所に松川君を尋ね、松本君の宅を尋ぬ。正午大阪の駿河屋支店にいき御馳走になる。午后大阪裁判所で河合君と岡本、矢野君と会見し、夕岡本君の御馳走になる。永江宅に泊る。

一〇月二八日（金）
大阪裁判所に出る、永江宅に帰る。

一〇月二九日（土）
松本君宅を尋ねたる、分らず帰る。途中安藤弁護士事務所により松本君の電話を知る、電話をする。夜松本君より電話あり、翌日の会見のときをきめる。

一〇月三〇日（日）
前田君と永江宅で会う。松本君と八千代座で会う。泊る。

一〇月三一日（月）
永江公判につらなる、夕刻に及ぶ。永江宅に泊る。

一一月

一一月一日（火）
朝松本宅を訪う。正午大阪をたつ。平和号で帰宅九時。

一一月二日（水）
大島君公判につらなる。五時事務所に帰り、美村君と一緒に林君の招きに応じ浅草にいく。

一一月三日（木）
朝美村君来宅、事務所にいく。五時美村君と一緒に林君の招きにより、人形町末広亭に馬生襲名披露目にきく。

一一月四日（金）
松戸公判にいく。四時半事務所にいく。美村君と一緒に広島号事務所にいく。中野、青木弁護士に会う。保田君に会う。

一一月五日（土）
三橋、榎本、曽木、内藤、中村君来所。保田君に会う、夕刻林事務所を訪ね浅草にいく。留守に山根氏等来宅。

一一月六日（日） 礼拝、夜三井牧師、中山氏来。

一一月七日（月）
前田君公判延期のため裁判所にいく。物上検事に会う、山根氏の代人井上氏来。

一一月八日（火）
永江来、井上氏来。夕刻足立君を美村君と訪う。

一一月九日（水）
松戸裁判所にいく。夕刻事務所による。

一一月一〇日（木）
島田君、橋本氏、茅野君、小島、相沢両君来所。神戸の平佐、和久［保雄］君と大阪の山口君来る。

一一月一一日（金）
松戸裁判所にいく。夕刻事務所に帰る。島田、谷尾君来。

一一月一二日（土）
横浜にいく。空しく帰る。午後原宿警察署にいく。係員いないので空しく帰る。永江、吉川、谷尾、磯野君来所。よる原宿警察に再びいき、用を達す。

一一月一三日（日）
平和号でたつ。吉川、永江、平佐、和久、色川君同車。永江宅に吉川君と泊る。

一一月一四日（月）
大阪高等裁判の公判につらなる。夜、古野君宅の宴につらなる、永江宅に泊る。

一一月一五日（火）
松本君宅を訪ね、新開地田吾作でチリの御馳走になる。三時大阪に中島［浩吉］博士を訪ね、五時、神戸安藤事務所により酒井君の御馳走になる。

一一月一六日（水） 公判にでる、永江宅に泊る。

一一月一七日（木） 平和号で大阪をたつ。

一一月一八日（金）
午後林君と一緒に日銀に大田君を訪う。相沢君来。内藤君に会う。浅沼君来。

一一月一九日（土）
午後長谷川君、小島、相沢君、谷尾、岡野、山本君等来。

一一月二〇日（日）　礼拝にでる。

一一月二一日（月）
裁判所にいく。記録閲覧のためヒル帰る。事務所に帰る。小島、平安堂、小島夫人来所。小島君と大蔵省に相続税のことにつきいく。

一一月二二日（火）
事務所に来客なし。夕刻前田事務所にいく。拙宅に組会をひらく、おくれて出席す。

一一月二三日（水）
ヒル平安堂にいく。三宅、前田、小島君と食をとる。食後短冊等製造業者と会見し打合せをなす。夕刻美村君を訪い、夕食の御馳走になり、更正決定のこと拒み帰る。

一一月二四日（木）
短冊制作者及小島君と平岡税務局長に会見。橋本君の父君来。長谷川、山本、古沢君等来。夕刻美村君と一緒に林事務所を訪ね、浅草で夕食をとる。智子秋田にいく。咲さんがつれていく。

一一月二五日（金）
七時四十五分発で渋川にいく。でん粉工場（北橋）にて証人調。夜伊香保塚越旅館に泊る。大島、飯山君。

一一月二六日（土）
前橋裁判所で証人調。二時半高崎発で帰宅。

一一月二七日（日）
礼拝にでる。夜美村君宅を訪う。

一一月二八日（月）
後藤、相沢君来。

一一月二九日（火）
三橋、近藤、島、永江、中村君来。夕刻美村君と林事務所を訪い、横浜の地所解決の報告す。

一一月三〇日（水）
山本君公判。長谷川君等来、森戸君来。夕刻広島号を尋ね、前田事務所で打合をなす。

一二月

一二月一日（木）
夕刻林事務所により石原博士を訪う。咲子、朝帰る。夜智子に中心として相談す。

一二月二日（金）
市川、足立、青野、清原の諸君来。夕刻足立、美村君と林事務所を訪う。美村君と浅草で御馳走になる。智子を中心として相談し、活子をつれてくることにす。

一二月三日（土）
小菅にいく。浜田君展覧をみて事務所に入る。午後永江来、夕刻足立事務所を訪う。

一二月四日（日）　礼拝にでる。

一二月五日（月）
大阪の中田弁護士来所。金子、前田君の公判に立会う。午後永江、市川、大島君等来。

一二月六日（火）
永江と河野氏を訪う。永江と事務所に帰る。来客なし。

一二月七日（水）
九時平安堂に立ちよる、浜田氏に会う。午後事務所にいく。四時広島号にいき、井木弁護士事務所による。五時半峰尾事務所に打合せのため集る。

一二月八日（木）
最高裁判所公判に弁論す。午後浅沼、広島号の人々来。足立、美村君と林事務所を訪ね、浅草で御馳走になる。

一二月九日（金）
父の命日、妻と墓参。夕刻峰尾君を赤坂に尋ね、平安堂で美村君と夕食を受け語る。

一二月一〇日（土）
林君と池田［勇人］蔵相の宅を訪う。午前鈴木氏の公判を傍聴す。午後磯野君来。夕刻足立、美村君と林君を訪い、浅草で夕食をうく。

一二月一一日（日）
礼拝にでる。午後神戸の荒尾君来宅。

一二月一二日（月）
美村君と裁判所にいく。永江、峰尾、稲井、広島号の所君来。

一二月一三日（火）
峰尾公判に立つ、正午沢田弁護士に会う。午後事務所に島田君、近藤氏来。夕刻美村君と平田事務所を訪ね、林事務所による。京橋の菊池で林、家村、足立、美村君と夕食をとる。平田の自動車で帰る。

一二月一四日（水）
松戸裁判所、五時平田事務所、六時半事務所、谷尾君来所。山本君執行猶予、夜東夫妻来宅。

一二月一五日（木）
林氏、肥留間、加藤、山本君来。三時林事務所にいく。高橋弁護士と会見。夕食を浅草でうく。事務所に帰り中村君と相談す。

一二月一六日（金）
林君と池田蔵相私宅を訪問。裁判所にいく。島田君の公判。午後前田君来、足立君来。夕刻足立、美村、家村氏と林事務所を尋ね、一日浅草で御馳走になる。

一二月一七日（土）
九時、大蔵省主税局長を小島君と訪う。偶然神崎君に会う。午後裁判所にいく。榎本君の裁判。夕刻榎本君の御馳走になる。

一二月一八日（日）
礼拝にでる。三時事務所にいき夕食をうく。永森母子来宅。

一二月一九日（月）
岩本君の公判にでる。午後安藤、小島、細野君来所。夕刻日比谷映画場に美村君と入る。

一二月二〇日（火）　事務所に来客なし。

一二月二一日（水）
松戸裁判所にいく。事務所に夕刻来る。金子氏来。

一二月二二日（木）
簡易裁判所にいく。言渡延期。午後相沢君来。

一二月二三日（金）飯島、前田、永江来所。

一二月二四日（土）足立、永江、中村君来。

一二月二五日（日）終日引籠る。井上氏来。

一二月二六日（月）
増井、永江、広島号の人来。林事務所により浅草で御馳走になる、平安堂による。

一二月二七日（火）
午後前田、広島号の人々、飯島氏、磯野来。

一二月二八日（水）
美村君と林事務所による。広島号の人より好意をうく。筒井君一行来、河野君へ調書を届ける。夕刻本田君来。

一二月二九日（木）
横浜に山根氏を訪う。午後三輪事務所を尋ね、調書を渡す。中村君来所。

一二月三〇日（金）
美村君来宅、一緒に事務所にいく。午後魚市場に渡辺氏を訪う。相沢、林大作と林氏来所。

一二月三一日（土）
朝墓参、事務所にいく。漁市場にいきたり、一度帰宅、民雄と一緒に事務所にいく。

◇一九五〇（昭和二五）年◇

一月

一月一日（土） 終日引籠、来客なし。

一月二日（日）
十一時より集る。浅沼、島、細田、細野、阿部、中村、田原、平野、菊川、渡辺の諸君、高尾、吉川君来宅。

一月三日（火）
山県夫妻と子供さん来宅。夕刻平安堂に年賀、主人留守帰宅。あしろの長谷川君来宅。

一月四日（水）
あさ妻と小島君宅を訪う。午後事務所にいく。足立、河原田君来。

一月五日（木）
事務所にいく。風邪気味で早く帰る。夜たつ。

一月六日（金）
永江宅につく。午后安藤来。直ちに床につく、熱高し。

一月七日（土）
病床にいる。往診を頼む。別に異状なし、熱高し。

一月八日（日） 床にいる。板野君来。

一月九日（月） 床にいる。

一月一〇日（火）
起床、裁判所にいき弁論す。夕刻森戸、森脇［甚一］君来。十時大阪発でたつ。森戸、永江一緒。

一月一一日（水） 菊田君の公判にでる。

一月一二日（木） 事務所にいく。

一月一三日（金）
松戸裁判にいき、夕刻美村君と前田君を訪ね御馳走になる、分る。

一月一四日（土）
午後、林事務所を美村君と訪い相撲を観る。後浅草で御馳走になる。

一月一五日（日） 終日家にいる。

一月一六日（月）
事務所にいく。前田君公判終る、後前田君来所。

一月一七日（火）
井口、児玉夫人来所。美村君と橋本君と日比谷映画にいく。石原宅にいく。

一月一八日（水）
細田、今野君来宅。事務所にいく。三井、長谷川、海老沢の諸氏来宅、夕食をとる。

一月一九日（木）
裁判所にいく。山下、破キ差戻の言渡あり。夕刻林事務所、浅草で御馳走になる。

一月二〇日（金）
松戸裁判所にいく。夕刻事務所に帰る。足立君の招きをうく。

一月二一日（土）
横前君来、党分裂*のこと語る。林事務所による、午後美村君と林君の招きで相撲をみる。

＊ 社会党第五回党大会（一月一六～一九日）における、独青問題をめぐる第一次分裂を指す。

一月二二日（日）
午后田村君の招きで相撲をみる。後長沼氏浴屋で風呂に入り夕食をとる。

一月二三日（月） 子安、平野、相原君来所。

一月二四日（火）
山崎道子来宅。午後事務所にいく。日本評論記者来所。夜美村君と田村君を訪い、風呂に入り御馳走になる。福井氏の娘さん来所、永江も来所。

一月二五日（水）

松戸裁判所にいく。事務所によらぬ。

一月二六日（木）
松戸裁判所。夕刻事務所に帰る。前田君事務所にいく。

一月二七日（木）
松戸裁判所。夕刻事務所に帰り内藤君に会う。後浅草で林君の御馳走になる。

一月二八日（金）
午後林事務所を訪う。小島君、皆川君、甲村君来所。夕刻峰尾を訪い、平安堂に美村君といく。御馳走になる。

一月二九日（日）　午後井上君来宅。

一月三〇日（月）
比留間、林大作君、筒井君一党来。

一月三一日（火）
太田氏の代人来。午后大蔵省に伊原君を訪う。留守、四時美村君と林事務所を訪う。

二月

二月一日（水）
大蔵省に伊原君を訪う。岡本君来。午后国税庁に北島氏を訪う。林、湯川、三宅来所。前田君事務所を訪う。自動車で帰る。

二月二日（木）
永江来。中川君他三人の言渡、キ却。

二月三日（金）
久保田、西村君来。午后秋定君を訪う。

二月四日（土）
午後三輪事務所にいく。筒井君一統、谷尾君来。

二月五日（日）　午后民雄と日比谷映画をみる。

二月六日（月）
美村君来れども病気で帰宅。五時美村君と林事務所で会う、浅草で御馳走になる。

二月七日（火）
入江氏来、布月氏来、永江来。渡辺潜、小西君来。夕食を義夫のうちでとり帰る。

二月八日（水）
松戸裁判所にいく。午后七時に及ぶ。

二月九日（木）
丸物検事に会う。林判事来、小西氏来。午後裁判所調停に出る。榎本君来、庄野、秋定君来。夜前田事務所による。美村君病気で帰る。

二月一〇日（金） 松戸裁判所にいく。

二月一一日（土）
崎尾稲井事件で裁判所にいく。午后三時迄大沢工場にいく。ヒル渡辺潜君を訪う。田村君来所。

二月一二日（日） 午后十時三十分大阪にいく。

二月一三日（月）
駿河屋支店で矢野君を迎え、河合君を訪ねて打合をなす。夕刻矢野、西村君の御馳走になり、永江宅に泊る。

二月一四日（火）
矢野君公判につらなる。午餐をうけて永江宅に帰る。花エル来る、九時たつ。

二月一五日（水）
早退き、前田君のことで判事に会う。夕刻林事務所にいく。美村君と浅草で御馳走になる。

二月一六日（木）
来所者なし。妻来所、民雄来所、一緒に帰る。

二月一七日（金）
裁判所にいく。前田君公判に変更となる。永江来、大島君来、一緒に川崎臨港警察にいく。帰事務所、永江、阪本、岡本君来所、小西君来。

二月一八日（土）
山根君を横浜に訪い、川崎臨港警察署、簡易裁判所、検察庁を訪う。夜浅草で林、美村、足立君と食をとる。帰宅后谷尾夫人と弟君の来、話をうく。

二月一九日（日）　横前君来、谷尾君弟来。

二月二〇日（月）
古嶋君の調書を裁判所で読む。午後傍聴、稲岡、古嶋、横前君来。大橋君の注射をうく。大島兄妹来。

二月二一日（火）
磯野事務所を訪う。平岩姉弟、永江来所、大島君来。

二月二二日（水）
川崎に大島君を訪、同横浜事務官に会う。夕刻平田の吉田君をつれ林君を訪う。永江来。

二月二三日（木）　（記述なし）

二月二四日（金）
中森氏公判に最高にいく。八時半たつ。

二月二五日（土）　永江の公判にたつ。永江に泊る。

二月二六日（日）　永江宅にいる、九時たつ。

二月二七日（月）
美村君と林事務所にいき、三興の人に会い、三興社の招きに応ず。足立君来所、夜宅に筒井夫妻、成田氏来。

二月二八日（火）
永江来。漁市場に渡辺氏を訪う。夕刻三輪事務所で永江、三輪君と会う。

三月

三月一日（水）
松戸にいく。言論延期、ヒル事務所に帰る。阪本［勝］君がいる、島田公判に出る。夜三井牧師夫妻、野島氏、菊田女史を招いて会食す。

三月二日（木）
阪本、永江、成田、筒井氏妻来所。夕刻美村君と林事務所にいく。カバンをうく。

三月三日（金）　井上氏来、井口君来、八時半たつ。

三月四日（土）
古野事務所による、公判に出る。七時三輪、永江君と一緒に大阪をたつ。

三月五日（日）
礼拝に出る。大橋君の注射をうく。事務所によって帰る。留守に郡［祐二］君来。

三月六日（月）
菊地、永江君来。大島君来。夕刻美村君と林事務により、浅草で御馳走になる。大橋の注射をうく。

三月七日（火）
井上君来。午后川崎にいく。大島君未だ起訴なし、大橋君の注射をうく。

三月八日（水）
平岩の娘来所。川崎にいく、自動車で。午後大橋君の注射。稲井君来、高尾君の弟、所君来。川上君来所。

三月九日（木）
山根、日本加毛、榎本君の裁判あり。裁判所にいる。夕刻事務所に帰る、川上君来所。大橋君の注射をうく。

三月一〇日（金）
最高［裁］にいく。言論延期。永江来。午后川崎にいく。長谷川與作君来。美村君と一緒に林事務所にいく。柳橋で御馳走になる。

三月一一日（土）
横浜に山根君を訪う。去月末、神戸に帰られたる由なり。横浜桜木町駅前で徳田君と会いコーヒーをのむ。事務所に帰る、福石、富山の清瀬君来所、義夫のと［こ］ろで夕食をとる。

三月一二日（日） 礼拝にでる。来客なし。

三月一三日（月）
川崎にいく。保釈不許可。大島君に会見し帰る。夕刻前田君の招きに応ず。

三月一四日（火） 前川夫人、令息と来訪。直君来、小西君来。

三月一五日（水）
松戸にいく。大島君の言論あり、直ちに控訴す。時事新聞記者、山崎道子女史来。

三月一六日（木）
田村君事件で最高裁にいく。水野、井上君来。四時三輪事務所にいく。細田、小島君に会う。林事務所によりて事務所に帰る。前田君来。

三月一七日（金）　大阪にたつ。

三月一八日（土）
河合君宅につく。岡本［善太郎］君の逮捕の記事を新聞でみる。矢野君公判にたつ。野村旅館に立花氏を訪ねたるも留守。和歌山にいく。西洋料理の御馳走、后岡本君に会う。和歌山に泊る。

三月一九日（日）
歯科医宅で岡本君に会う。大阪で立花氏に会い、河合宅を訪ね九時でたつ。神戸にいけぬ。

三月二〇日（月）
川上祐太郎日程の報、新聞で知り驚き、義夫宅につく。妻来る。義夫見舞にいく。大島君兄来、森戸君来。夕刻基督教青年会でボウリス氏、高瀬、三井師、野島、菊田夫人と夕食をとる。私のために相談ありたり。

三月二一日（火）
大島君の自動車で川崎の□□（不明）面会す。午餐を義夫宅でとる。

三月二二日（水）
峰尾、中村、小島、井上、市川来所。夕刻石原氏宅を訪う。

三月二三日（木）
永江、足立、山崎、滝口、井上、市川来所。前田君も来。

三月二四日（金）
永井君来。午後裁判所。永江、前田夫人、井口君来所。兼坂君の迎をうけて平安堂にいく。小島君と一緒に御馳走になる。大槻君来宅。

三月二五日（土）
午后林事務所にいく。茅野君等来。東峰楼にて三輪、小島、岡田君と会食す。

三月二六日（日）
前田夫人と平安堂にいく。礼拝にでる。八時半たつ。

三月二七日（月）
永江宅にいく。午後山根君を訊ね、松本君に会う。それから大阪にいき、駿河屋支店により、大朝にて渡辺、鶴君に会う。永江宅で夕食をとる。中村同席。

三月二八日（火）
大阪裁判所にいく、矢野君罰金十万円の言論あり。永江の証人調ありたり。夕刻永江と映画をみて九時でたつ。

三月二九日（水）
徳山の岩本氏、神崎君、飯沼君来所。前田君も渡辺、小西君も。

三月三〇日（木）
岩本、藤川、永江、浅沼、永井君、□田君来所。午后永井君の案内で美村君と一緒に三崎にいく。

三月三一日（金）
中森氏言論、差戻判決。永江、前田、榎本、上條君来所。夕刻民雄と一緒、大森でニウス〔ニュース〕をみる。

四月

四月一日（土）
裁判所にいく。延期、峰尾君と茶菓をとる。茅野、永江、長井、井口、飯沼君来。

四月二日（日）
礼拝にでる。今田君に会う。教会会議に出る。岩崎君来宅。

四月三日（月）　午后島田君公判、夕刻に及ぶ。平岩泊る。

四月四日（火）
法務庁別館にいき、東京郵政局にいく。五時半兼坂君来。前田君の招をうく。平岩泊る。井口君来所、榎本和解成る。

四月五日（水）
伊原、石崎君と伊原君を訪う。永江来所、平岩泊る。

四月六日（木）
裁判所にいく。田村君差戻の言論ありたり。平安堂にいく。

四月七日（金）

午後二時半事務所にいく。橋爪君、石川君来所。朝平安堂、酒井君来宅。

四月八日（土）
榎本、渡辺、足立、永江君等来。前田事務所にいき、柳橋で林君の御馳走になる。

四月九日（日）
復活礼拝にでる。午後安藤君の墓碑銘をかく。

四月一〇日（月）
井口君来、安藤君来。午后総同盟にいく。美村君と安藤君で向島警察に香場君を訪う。林事務所による。事務所に井上君と長谷川君来。六時大森駅前に飯沼君と美村君と訪う。入沢弁護士に大島君の件を頼む。

四月一一日（火）
松木氏、富夫人をつれて来宅。井口、岩崎君来所、入沢君来。

四月一二日（水）
三輪事務所により、林事務所によって事務所にいく。午后井上君来、八時半たつ。

四月一三日（木）
河合君宅を訪ね、裁判所にいく。夜永江に泊る。

四月一四日（金）
多津本社にいく。午後辻井、吉田君と三和銀行を訪ね、渡辺君留守、竹内常務に問う。駿河屋による。四時安藤事務所によって中井、青木、安藤君等と明日の打合をなす。

四月一五日（土）
永江の弁論あり、甲子園の内藤宅に泊る。

四月一六日（日）
佃工場と大道工場にいく。午後内藤、松木君と会い七時たつ。

四月一七日（月）
総同盟に上條君を訪ねたるも留守。二時三輪事務所で小島君に会う。偶々亀井君にも会う。林事務所で仮縫をする。柳橋で美村君と林君の御馳走になる。

四月一八日（火）
検事庁にいく。足立君来、高尾、尾崎君来。高尾君の御馳走になる。

四月一九日（水）
岩沢氏来、渡辺覚君来。板野君午前と午后来。山口君来、一緒に大森に飯沼君を訪う。

四月二〇日（木）
美村君と万世橋警察にいく。午后三時半四つ谷に西村君を訪う。事務所に帰る。美村、河原田君と赤い靴をみる。飯沼夫人等来。

四月二一日（金）
前田君の公判。飯沼夫人、五味氏来。夕方田原君事務所へ、浅沼君より話をきく会に出る。

四月二二日（土）
峰尾、稲井公判あり。午后永江、市川、成田君来。高尾君来。

四月二三日（日）
九時大阪にたつ。高尾君と一緒に。海江田君宅に泊る。

四月二四日（月）
海江田君、高尾君と三和の渡辺君に会い、駿河屋によって和歌山にいく。万波楼に御馳走になり泊る。

四月二五日（火）
駿河屋洋食の御馳走になり、近江興業の落成式につらなる。菊屋で夕の御馳走になり九時大阪をたつ。

四月二六日（水）
七時半着、帰る。事務所にいく。永江、杉山君来。三時林事務所にいき洋服をうく。事務所にかえる。大島、中村、杉生君来。足立、美村君と柳橋で林君の御馳走になる。

四月二七日（木）
大蔵省に伊原君を訪いしも留守。井口、角、橋爪の諸君来。

四月二八日（金）
前田、山内来。夕刻前田事務所にいく。

四月二九日（土）　終日うちにいる、明石夫妻来。

四月三〇日（日）
礼拝にでる。義夫宅でヒル食をとり、夕刻河野君を訪う。

五月

五月一日（月）
水野君来、全国［区］で立候補とのこと。永江、神田、長井、飯沼夫人、井上の諸氏来。

五月二日（火）
ヒル飯沼君の保釈のことで裁判所にいく。五万円とのこと、驚く。夕刻谷尾、前田、山田君来。

五月三日（水）
夕刻平安堂に三宅、前田、横前、小島、井上氏等と会食す。

五月四日（木）
九時裁判所にいく。五味、山田、前田君来。夕刻美村君と林君の招きで柳橋にいく。伊原君同席。

五月五日（金）
午后前田事務所にいく。美村君等と協議す。

五月六日（土）
裁判所にいく。偶然外岡君に会う。飯沼、神田君に会う。午後杉山、足立、前田君来、前田君の招きで美村君と御馳走になる。

五月七日（日）　礼拝に出る。小林牧師の結婚式につらなる。

五月八日（月）
山内君来。午后杉山君来、一緒に河野君を訪う。一度事務所に帰り、読売新聞社に保田局長を訪う。帰途前田事務所による。事務所にて内藤君に会う。九時帰る。

五月九日（火）
富、内藤、林、前田君来所。夕刻美村、前田君と林君を訪う。前田君の自動車で帰る。

五月一〇日（水）
島田君公判に列す、留守に永江来。

五月一一日（木）
峰尾君のため裁判所にいき、ヒル食を御馳走になる。永江、杉山、前田君来。夕刻スミス事務所にいく。島田氏の代人来、留守に大島君来。

五月一二日（金）
正午新橋たつ。三崎にいき三崎館に泊る。石沢氏と相談す。

五月一三日（土）
妻事務所に来る。小島氏を三輪事務所に訪う。前田君、中村、杉生君来。永江有罪、遺憾。

五月一四日（日）
家にいる。夜新宿に民雄といき赤い靴をみる。

五月一五日（月）
前田君来、一緒に午後裁判所にいく。延期となる。田町公衆浴場復興協会の総会に出席し招待をうく。

五月一六日（火）
浅原健三君来所。洵に久振の会見なり、元気壮なり。午后前田事務所と広島号に美村君といく。

五月一七日（水）
裁判所にいき、大島君の被告をみる。長谷川與君来、葛飾伊藤氏、氏家君来所、吉田君の使来。

五月一八日（木）
沖村君の調停に立合う。大島君、山田、飯沼君来所。

五月一九日（金）　事務所にいく。美村君男子生る。

五月二〇日（土）
裁判所にいく。岩沢氏来。午后一時半石川氏の結婚式につらなり、三時海南［下村海南］先生金婚式にいき、五時半久留島君事務所により、浅原君を囲みて支那飯をとる。三輪、大渡、久留島君同席。

五月二一日（日）
礼拝に出る。事務所による。夕刻金子昭君来宅。

五月二二日（月）
林事務所によって事務所にいく。大山君来、午后河野君をその事務所に訪う。夕刻柳橋に林君に招かれて美村君といく。

五月二三日（火）
岡田君来。夕刻林事務所にいき、浅草でスシの御馳走になる。田村君を訪ねたり。帰宅。野々村に会う。三崎の神田君来、岩沢君関係の事件、手をひいてくれとのこと。

五月二四日（水）

青野君来。午后平野君と炭鉱協会に訪う。伊藤氏来。

五月二六日（金）

夕刻、横浜に美村君といく。ナンホウで御馳走になる。

五月二七日（土）

十一時大渡君を事務所に訪う、民雄の件のことで。午後蔵前国技館に田村君の招きでいく。散会後天ぷらの御馳走になる。

五月二八日（日）

礼拝に出る。三越地下室で昼食をとり、日比谷公園にいき、二時半よりスバル座に入る。民雄と一緒。

五月二九日（月）

午後曽木君事件で裁判所にいく。夕刻林事務所にいく。柳橋で御馳走になる。

五月三〇日（火）

夕刻小島君宅にて御馳走になる。大阪の内藤君より山なる電報ありたり。

五月三一日（水）

午后、河野君事務所で三輪、小島君と会う。夕刻三崎氏の事件の依頼をうく。山内君来、平安堂に紹介す。

六月

六月一日（木）

午后竹内君来。夕刻石原博士宅を訪う。

六月二日（金）

午前前田君来、午后長谷川與君来。夕刻村松、三崎氏来。後藤君来。林事務所を訪い、柳橋で御馳走になる。

六月三日（土）

峰尾、稲井の公判にたつ。来客なし。

六月四日（日）

参議院の投票し、教会にいく。役員会に出た后、三越の地下室で午餐をとり、映画を観て帰る。

六月五日（月）
山際君来、荒木君来、後藤君来。一緒に林事務所を訪う。その途中美村君と三輪事務所を訪う。浅草でスシの御馳走になる。

六月六日（火）
裁判所にいく。午后前田君来、五時半銀座教会で一餐会にでる。

六月七日（水）
山内君来、午后田中豊氏来。河野事務所を訪う。荒木君をつれて林事務所にいく。

六月八日（木）
河野事務所により、租税研究会に岩崎君を訪う。午后秋定君を尋ね、再び租税研究所を訪い、事務所に帰る。留守山崎道子女史来、長谷川長君を迎う。

六月九日（金）
美村君、三重より帰る。小菅に山崎君を尋ねる。午後河野事務所にいき、秋定君と三人で協議す。銀座教会にいき三井、藤田牧師と。自由党本部に佐藤［栄作］君を訪いたるに既に退所、星島［二郎］君に頼む。事務所に一度帰る。

六月一〇日（土）
峰尾、稲井公判で朝より午后に及ぶ。朝前田君来、山内君来、内藤君来。

六月一一日（日）
礼拝にでる。藤田牧師送別会にでる。

六月一二日（月）
雨、午后はれ。午后前田君公判。夕刻林事務所にいく。

六月一三日（火）
山内君来所。他に客なし、終日雨。

六月一四日（水）
島田君公判。午后永江、市川来。夕刻美村君と大森警察にいく。接見禁止で飯沼君に面会出来ぬ。

六月一五日（木）
永江、市川、細田君来。妻来所。美村君と語る。夕刻美村君と林事務所を訪ね、柳橋で御馳走になる。森戸君来。

六月一六日（金）

朝、林事務所にいく。ヒル横浜の地主の代人来。夕刻美村君と前田君を訪ね、夕食の御馳走になる。夜前田夫人来、河合君の九大入学の御礼に来らる。

六月一七日（土）
裁判所にいく。読売新聞に安田局長を訪う。永江来。夕刻足立君来、九時近くまで語る。

六月一八日（日）　礼拝に出る。午后ねる。

六月一九日（月）
来客なし。夕刻林事務所による、洋服をうける。柳橋で夕食をとる。

六月二〇日（火）
午后事務所にいく。田中利勝［社会党参院議員］、永江来。

六月二一日（水）
前田君の調停で裁判所にいく。山下君帰る。

六月二二日（木）　永江来、妻大阪にたつ。

六月二三日（金）
小菅に山崎君を訪う。美村君と一緒。帰途林事務所による。永江、山崎君来。

六月二四日（土）
群馬大同銀行平原支店によって事務所にいく。ヒル頃浅沼、永江来。久、足立、美村君と林君の御馳走になる。妻帰る。

六月二五日（日）
礼拝にでる。午后渡辺潜、渡辺惣蔵君来宅。夕食を共にとる。

六月二六日（月）
永江来、夕刻渡辺潜君来。一緒に茂木氏の招きに応ず。

六月二七日（火）　永江来、鈴木来。

六月二八日（水）
事務所に来客なし、三時退所。中野療養所に民雄を訪う。民雄昨日入院、元気なり、妻と一緒に帰る。

六月二九日（木）
山崎君公判で裁判所にいく。永江、渡辺、大野、磯野君来。夕刻美村君と平安堂を訪う。平安堂、両三日前より少々酒のみ過ぎ、異状を呈すため慰めてくれろの事で尋ねたるなり。民雄手術済みたりという。

六月三〇日（金）
午前永江、午后前田、渡辺、磯野君来。朝三宅君来宅、朝食をともにして党の外交政策をきく。大木君来宅。

七月

七月一日（土）
来客なし。夕刻美村君と林君を訪ね浅草でスシの御馳走になる。

七月二日（日）
礼拝に出る。役員会に出席。妻と三越で食事をなし、民雄を訪う。元気なり。帰宅后長谷川、勝間［田］君を迎う。

七月三日（月）
事務所に神崎君を迎う。社会党の外交首題に対する態度につき語る。ヒル山本検事と駿河屋支店を訪う。午後永江、中村来、妻、民雄を迎う。

七月四日（火）　事務所にいく。来客なし。

七月五日（水）
永江来。五時半木挽町翠麗にて殖田［俊吉］前法務総裁をかこむ会に列す、小島君の斡旋なり。妻大阪にたつ。

七月六日（木）
山崎惣平君執行猶予の言論あり。沖村君事件、和解成立。午后永江来。三時より山本君事件和解の話あり、帰途山本君の御馳走になる。

七月七日（金）
永江、谷尾、山根、吉川、足立君来。妻大阪より帰る。

七月八日（土）
田村君来。午后永江、広重、平垣君来。夕刻美村君と平安堂によるる。平常の通りにて安心す。

七月九日（日）
礼拝にでる。民雄を訪う。和子と立、来る。一緒に帰る、妻は鎌倉に林君を訪う。

七月一〇日（月）
前田君の公判につらなる。永江来る。夕刻妻来る。一緒に林事務所を訪う。美村君も来る。林君夫人に会う。柳橋で御馳走になる。自動車で送らる。虎雄、林事務所に入ることにする。

七月一一日（火）
前田君の調停に出ず帰る。永江来。ヒル頃神戸の佐野〔芳雄〕君等来。午后民雄の求める本を探しに御茶の水日本評論販売店にいく。夕刻美村君と平安堂による。御馳走になる。

七月一二日（水）
田村君公判につらなる。事務所に佐野君、永江をまつ。広島号より中元をうく。永江来。

七月一三日（木）
民雄を訪ねて事務所にいく。永江来、他に客なし。

七月一四日（金）
川上君の父君の葬儀にいく。美村君と一緒に事務所にいく。湊、中村、稲井、峰尾、岡本君等来。細田君来宅。

七月一五日（土）
峰尾、稲井君の公判にでる。午後浅原君の招きで金龍にいく。途中で高尾君に会う。夕刻自動車で事務所に帰る。妻、基督教青年会食堂で三井、野島、平瀬、山崎、細田君の会をもつ。

七月一六日（日）
午後民雄退院して帰る。夜伊藤義弘君の妹来宅。

七月一七日（月）
来客なし。四時久松警察署にいく。平安堂により小島君と一緒に御馳走になる。渡辺惣蔵君のことに関し、訴願委員会に書面を出す。

七月一八日（火）
山本君の事件で調停にいく。山本君、前田夫人来。夕刻山下君と一緒に美村宅にいき御馳走になる。

七月一九日（水）
永江、平垣、足立、長谷川與、高尾君来所。

七月二〇日（木）
林事務所による。子安、永江、午后平垣君来。

七月二一日（金）
永井来。市川君と裁判所にいく。永江来、平垣君来、足立君来。一緒に林事務所にいく。美村君と共に都也たよしの御馳走になる。よしさん故郷にたつ。

七月二二日（土）
小松原、永江、平垣、重藤、中村君来所。

七月二三日（日）
礼拝にでる。午后美村君、民雄の見舞にこらる。

七月二四日（月）
ヨシさん、チマさんとくる。午后三時半大塚事務所にいく。快諾せらる、感謝の至り。事務所にて永江に会う。サキさん帰る。長い事御苦労なりき。

七月二五日（火）
前田君の調停にでる。午後内藤、永江、平垣、丸山君等来。妻も来所。妻と一緒に中嶋君の招きに応ず。

七月二六日（水）
内藤、永江、平垣、森田、針替君来。夕刻美村君と林事務所にいく。夜内藤来宅。

七月二七日（木）
日本加毛の件で裁判所にいく。延期となる。永江、山田、長谷川、倉沢、三宅君等来。四時より新富に前田君の招きに応ず。

七月二八日（金）　横浜裁判所にいく。永江、平垣来。

七月二九日（土）
谷尾君、永江来。大場君に電話したるも困るとのこと。夕刻美村君と前田君を訪う。

七月三〇日（日）
礼拝にでる。午后森田父子来。妻、虎雄、和子、智子、家探しにでる。

七月三一日（月）
虎雄に税務署にいってもらう。永江、前田、妻来所。美村君と林君の御馳走になる。

八月

八月一日（火）
高尾、足立、和田、永江、杉生君来。夕刻月島の中島君の兄上の仕事場に、美村、中島君と一緒に訪う。

八月二日（水）
前田君の事件の人来。午后丸山其他、林君、近藤君来。

八月三日（木）
平垣、菊阪君来。妻、和子訪う。大木君を訪う。清沢君来所。

八月四日（金）　内藤君上京、永江、小島氏、横前君来。

八月五日（土）　永江来、他に客なし。

八月六日（日）　終日引籠る。夜中島君来。

八月七日（月）
高等裁判所にいく。ヒル頃林君来。午后丸山君と一緒に鎌倉警察にいく。途中林事務所による。中村、杉生、稲井君来。永江、平垣来。光子、妻一緒に義夫方の御馳走になる。帰ると小島君に電話す、訴願委員会通過せりとのこと。

八月八日（火）
妻と小島君宅を訪ねて礼をのぶ。小石川時計店によって事務所にいく。フオレントトレイトエキスプレスの人々来。谷尾、三崎君、針替君来所。

八月九日（水）
エキスプレスの人々来。加藤君終日いる。高尾、永江君来。

八月一〇日（木）
午後永江、飯沼、丸山君来。前田君を訪い、林事務所にいく。柳橋で御馳走になる。

八月一一日（金）
前田君の調停事件成る。飯沼君の公判延期となる。永江、金野君来。夕刻美村、山下君と峰尾君を訪う。

八月一二日（土）
永江、高尾、渡辺、小西、足立君来。美村君と林事務所を訪い、浅草でスシの御馳走になる。

八月一三日（日） 礼拝に出る、留守に横前君来。

八月一四日（月）
永江、広島号の人々、林知事務団として来る。土産をうく。山崎君来、党のことにつき大に語る。美村君と林事務所にいく。朝倉で御馳走になる。

八月一五日（火）
小林来。永江、笹口君令息、朝倉、丸山君来。午后山本君の件で裁判所にいく。チフス予防注射をうく。

八月一六日（水）
足立、美村君と林事務所を訪う。山尾君に会う。朝、永江来。十一時四日市にたつ。

八月一七日（木）
宗村君宅を訪い、話をする。工場をみる。つばめで帰る。林事務所によって報告する。覚書による追放者に対して訴願委員会に権限なしとのこと発表せらる。

八月一八日（金）
足立君来、平田の話をする。夕刻美村君と一緒に林事務所にいき報告す。朝倉で御馳走になる。弓子入院。

八月一九日（土）
万世橋署に佐藤氏を美村君と訪ね、林事務所によって報告す。二時川端文男君の葬儀に列す。夕刻美村君と永森組を訪う。永森、長谷川君と会食す。弓子脳炎でないとのこと。

八月二〇日（日）
礼拝にでる。役員会にでる、一時に及ぶ。弓子を病院に見舞う。妻は軽井沢にホーリス氏を訪う。

八月二一日（月）
曽木君の事件で裁判所にいく。佐藤氏夫人来。夕刻中島、山下君と夕食をとり、後楽園に野球をみる。

八月二二日（火） 山内、小林氏来。

八月二三日（水）
山内君来。三時永森組にいく。永森、長谷川君と林君を訪い、帰途島森で御餐をのみ分る。夜中島君来宅。

八月二四日（木）

永江来。四時山本君の家で鑑定人と相手方弁護士と会う。

八月二五日（金）
飯沼、三崎君の調書を読むために、裁判所にいきしが、検事不在のため出来ざりき。山内、永江、小林、佐藤夫人、前田君来。

八月二六日（土）
美村君と万世橋署に佐藤、玉沢氏を訪う。高尾、山内、永江、市川来。

八月二七日（日）
礼拝にでる。帰宅、五時森戸君の招をうく、三輪、河野同席。

八月二八日（月）
前田君公判につらなる。午後事務所、小林、滝川、中村、除、永江、市川、岡本、渡辺潜とそのつれ、長谷川與作君来。夕刻美村君と林君を訪う。浅草でスシ御馳走になる、弓子退院。

八月二九日（火）
小林、加藤、岡本君来、岡本君と長谷川與作を訪う。

八月三〇日（水）
横浜調停にでる、相手方不出頭。三崎君来。五時帰宅、阿部、海老沢、三井、細田、山崎君と会食す。

八月三一日（木）
沖村、佐藤夫人、小林、三沢君、飯沼夫人と子さんをつれて来。林事務所を訪い、あさ倉で夕食をとる。

九月

九月一日（金）
田村君来、一緒に美村君に会うため裁判所にいく。美村君と食事を伴にし午后の飯沼君、三［空白］君の公判に立合う。夕刻小西、小林、三沢君来。

九月二日（土）
佐藤夫人来、永江来。午后□□等寮にいく。橋本嬢来。

九月三日（日）　礼拝に出る、来客なし。

九月四日（月）
小林、永江、長谷川長、中村君来所、午后大塚君を訪いたるも留守。

九月五日（火）

ヒル吉良検事室を訪う。永江来、よる前田君の招きに美村君といく。

九月六日（水）

万世橋警察にいき、佐藤君と捜査主任に会う。林事務所による。林君留守、裁判所にいく。田村君の公判、検証証人訊問期日を決める。事務所に帰る。小林、杉田氏来。林事務所を訪う。共に三井不動産にいく。朝日に笠［信太郎］君を訪う。事務所に帰る。山内、中村、小林、松田氏来。美村君と一緒に林事務所を訪い、あさくら*にて御馳走になる。

＊　林彦三郎がよく使った料亭。

九月七日（木）

午后美村君と最高［裁］に記録をみる。五時教会にいく。役員会、聖書講義、祈祷会に出る。

九月八日（金）

渡辺、谷尾、杉山君来。ヒル裁判所にいく。竹田判事に面会。事務所に帰る。二時半弁ゴ士研修開会式につらなる、事務所に帰る。

九月九日（土）

山根検事と少年裁判所の仁井田判事に会う。夕刻市川君来。一緒に浅草の都スシにいく。

九月一〇日（日）

礼拝にでる。夕刻中島君来、萩生田君来、夜美村君を訪う。

九月一一日（月）

山根検事を訪う。永江、市川、荻生田、平岩、内藤、杉本君来所。内藤、杉本と岡原長官を訪ね、農林中金にいき理事にあう。夜平岩来宅、一緒に食事をする。

九月一二日（火）

市川、永江、中村君来。三時研修にでる。事務所に帰る。渡辺、木崎氏午前来。七時銀座教会にてポータレク氏に会う。

九月一三日（水）

妻と小島君訪う。永江、前田、丸山、森野君来。夕刻美村君と一緒に林事務所による。浅草でスシを食う。

九月一四日（木）
ヒル、林君の迎をうけ美村君、三井不動産の豊氏と浜町で西伊料理の御馳走になる。杉生君来。

九月一五日（金）
裁判所にて入沢弁護士に会う。一時梅林寺にいく。岡田平太郎、久雄君の年忌。

九月一七日（日）
礼拝にでる。三越で妻と食事をとり帰る。留守に内藤、中島両君来宅。

九月一八日（月）
三崎君公判。小林君来。三時青木君と美村君と都庁にいき万世橋署に佐藤君を訪う。

九月一九日（火）
前田君事件と山本君調停。三時より研修につらなる。永江来。

九月二〇日（水）　島田君公判。林、永江、小林、山田君来所。

九月二一日（木）　谷尾、永江、森戸、足立君来。

九月二二日（金）
中村、高尾、永江、谷尾、網代の佐藤氏の令息とその関係者来。

九月二三日（土）
秋分の日で休み。朝美村君宅を訪い、岸□夫人の葬儀に参列のため鳥居坂教会にいく。長谷川保夫人来宅、夜森戸君一家の赴任を見送る。

九月二四日（日）
礼拝にでる。三越で妻と食事をなし、永森組にいき長谷川君の用で相談す、美村君同席。

九月二五日（月）　午後前田君公判あり。

九月二六日（火）　午後山本事件で裁判所にいき、研修にでる。

九月二七日（水）
林君の招きで朝倉で夕食をとる。高木幹太君来所。重大の話あり、明日も話してみる。

九月二八日（木）
三崎氏の接待をうく。夕刻高木君来、中島君の御馳走になる。午後前田君を訪い礼をのぶ。

九月二九日（金）
三崎君の言論あり。午后永江、林、河合君来所。

九月三〇日（土）
午后三時スミス氏の招きで帝劇にいく。妻と美村君と、歓物後御馳走になる。後あさ倉で林君と美村君と三人で会す。

一〇月

一〇月一日（日）
礼拝にでる。三時半浅草の東武にいき、五時五分発で葛生にいき田村君宅に泊る。美村君と一緒。

一〇月二日（月）
葛生で証人調を現地検証に立合い三時半で帰る。

一〇月三日（火）　山木君来。三時研修にでる。

十月四日（水）
ヒル佐藤君のことで清水判事に会う。一時飯沼君の公判に立合う、証人不参につき延期となる。青木君来。妻と新宿で会い松代君の招きに応ず。

一〇月五日（木）
山本、小林君来、鈴木氏来。午后山木停調につらなる。新氏来、永江来。永江の招きに美村君と一緒に応ず。

一〇月六日（金）
午前三輪君を事務所に訪う。ヒル清水判事に面会。佐藤君保釈許可をうく。田無警察に山崎力雄君を訪う。事務所に帰る。永江来。

一〇月七日（土）
林事務所を訪う。佐藤君の保釈のこと語る。二時半研修にでる。事務所に帰る。佐藤夫人来。山下君と美村君をその宅に訪う。美村君病気で引籠中。

一〇月八日（日）
新宿御苑の野外礼拝に妻と藤間君でいく。午后の親睦会にもでる。帰途御苑門近くで智子に会う。小島君来宅の報せありたり、小島君に会う。夜前田君宅を訪う。平野君より松本淳三君危篤の報ありたり。

一〇月九日（月）
横浜の調停にいく。ヒル頃事務所に帰る。林君、佐藤君の保釈金持参、保釈手続を済す。小林君来。夜松本君宅を訪う。既に同君ハ死去せり、友人多くいる。

一〇月一〇日（火）
裁判所にいく。永江来、ヒル松本君の大葬に列す。事務所に帰る。林事務所によって帰宅。

一〇月一一日（水）
孟さん来、最高［裁］で美村君と孟さんと会見。二時妻来所。研修にいく、講師不参。事務所に帰る。永江の御馳走になり鍛治事務所にいく。山口夫人来。

一〇月一二日（木）
渋谷警察署に山口雄吉君を訪ねて事務所にいく。正午日本橋栗野楼にて林知事を囲み小島、三輪、細野君と会食し事務所に帰る。高尾君来、二時半研修にでる。

一〇月一三日（金）
佐藤君来、判事に面会す。永江来。夕刻松本君の通夜にいく。追放解除の発表ありたり。

一〇月一四日（土）
妻と林事務所による。林君の好意を謝す。事務所による。直ちに松本君の葬儀につらなる。事務所に帰り永江、須佐、美村君と鍛治君を訪い、更に美村君と平安堂による。

一〇月一五日（日）
礼拝にでる。役員会にでる。三時事務所による。夕刻を妻と一緒に。夕食を永江の御馳走になる。

一〇月一六日（月）
今井夫人来宅、永井君来、二時半研修にいく。

一〇月一七日（火）
事務所にいく。二時半研修にいく。

一〇月一八日（水）
横浜裁判所にいく。調停なる。ナンホウにて馬場弁護士と会見。三時事務所に帰る。古島君、山口夫人、山本、小林、平野君来、夜森田兄弟と浅沼君来。

一〇月一九日（木）
日本加毛事件で裁判所。午後渋谷警察に山口君訪問。丸山君来。美村君と林事務所にいく。

一〇月二〇日（金）
古嶋君裁判。ヒル妻、美村君と林事務所を訪い、後初音町に地所をみる。永江、平垣君来、留守中に相沢君来。

一〇月二一日（土） 前田君来所。研修にでる。夜内藤君来宅。

一〇月二二日（日）
礼拝にでる。三時半三輪君宅に訪ねる。小島、河野、杉山、中村、菊地君と会す。

一〇月二三日（月）
内藤君と荒川君を訪う。午後島田君公判に席す。福山の岩本君が来らず、空しく九時半までまつ。

一〇月二四日（火）
美村君宅を尋ね、一緒に荒川警察にいく。森崎君、岩本君来。
午后三時大塚君を訪い好意をうく。子安、永井、前田、岩本、橋本夫人来所。夕刻神戸の塚本君泊る。

一〇月二五日（水）
前田君宅を訪い簡易裁判所にいく。原告代理より延期の届出であり延期となる。曽木君事件に列し、正午荒川君を日考館に中島君と一緒に訪い、午后日村君公判にでる。塚本君泊る。

一〇月二六日（木）
西村君、加藤君、平垣君、林君、金子君、磯野君、永江等来所。塚本君泊る。

一〇月二七日（金）
荒川弁護士来。午后加藤、稲井、藤本、中山、森重、朝日記者、平垣、永江来。

一〇月二八日（土）
裁判所にいく。永江、平垣、丸山君来。

一〇月二九日（日） 礼拝にでる。

一〇月三〇日（月）

前田君事件で裁判所にいく、長谷川與作君来。午后京橋警察にいく。佐藤君来、永江来。三時研修に出る。

一〇月三一日（火）

平垣君来。午后山本君の調停で裁判所にいく。山中君の保釈許可、午後終る。山本君来。中島君と水上警察にいく。丸山君来。夕刻中島君の自動車で送らる。

一一月

一一月一日（水）

森崎君宅を訪う。中島君と水上警察にいく。ヒル高等裁判所を訪う。［田村君の件］、川上、永江、平垣、萩生田君来。越水氏を訪う。

一一月二日（木）

渋谷検事を訪う。中山君夫人来。午后京橋、渋谷警察を訪う。永江、平垣、直君来。

一一月三日（金）

平安堂を訪い海神の長谷川宅にいく。船橋大神宮で與作君の長男と足立芳平さんのお嬢さんの結婚式に立会う。長谷川宅の披露の席につらなる。

一一月四日（土）

山中君をつれ判事訪問、渋佐検事に会う。木崎君来、ヒル三井不動産の一小食にでる。木崎、丸山君の会見につらなる。谷尾、永井君来。夕刻前田君を訪い映画をみる。

一一月五日（日）

教会は六十周年記念、礼拝と感謝会あり。五時帰宅。留守に平安堂来訪。夕刻荻生田と美村君を訪う。奥平君来宅。

一一月六日（月）

大池夫人来。渋佐検事を訪う。三輪君を事務所に訪う。午後長谷川夫婦とゆき子ちゃん来。渋谷警察に山口君を訪う。夕刻、山本、小林、青木君来。

一一月七日（火）

大池君来。小林君の事件で裁判所にいく。三時研修にでる。夜秋定、美村君来宅。

一一月八日（水）

山口、飯沼君来。午後飯沼君公判に立会う。高尾君来、木崎君

来。夕刻林事務所を訪う。柳橋で御馳走になる。

一一月九日（木）

永江、平垣君来、木崎君来、藤本来、稲岡、茅野、山口君来、渡辺君来、加藤、川上、尾崎君来。

一一月一〇日（金）

永江、平垣君来、村越君来。裁判所にいく。田村君事件で、研修にいく。

一一月一一日（土）

山本君調停に立会う。山本君の御馳走になる。永江、平垣、木崎、川上君来所。夕刻加藤、山下両君と中島君の御馳走になる。

一一月一二日（日）

ヒル小島君来、食事をともにし、二時五十分で渡辺、美村君と吉田にいき、渡辺宅に泊る。

一一月一三日（月）

谷村裁判所［現甲府地裁都留支部］にでる。事務所に帰る。前田、谷尾、萩生田、長谷川君来。林事務所による。

一一月一四日（火）

裁判所にいく。永江来、直、田中君来。三越の銘菓展にいく。堀川、岡本君に会う。富士マッチの人、加藤兄弟来。高梨夫婦と娘さん、奥平君来。食事をする。

一一月一五日（水）

日本橋警察に二宮仁君を訪う。正午三信ビルに林君を訪い、用談し電波管理法の話と研修にでる。六時岡本君の迎をうけ、妻と共にアラスカで御馳走になる。河野一郎君に会う。

一一月一六日（木）

椎茸の事件で裁判所にいく。長谷川長君来。夕刻渡辺潜君来所。美村君と一緒で求君宅を訪い御馳走になる。

一一月一七日（金）

裁判所にいく。加藤兄弟、永江、稲岡、市川君来。五時半あさ倉に妻と美村君といく。志ん生、馬生の落語をきく。

一一月一八日（土）

新宿裁判所にいく。午後丸山君来、美村君と三信ビルにいき研修に出る。一先ず事務所に帰り、六時六時（ママ）発で美村君と網代にいき長谷川君宅に泊る。

一一月一九日（日）
長谷寺に佐藤、鳳、長谷川、美村君といき、二時半の列車で帰る。

一一月二〇日（月）
森崎君事件で裁判所。山口君保釈許可、島田君と警視庁に訪う。三時より研修。

一一月二一日（火）
森脇君来宅。事務所に永江、阪本、北村君来。午后橋本君来。
渡辺君と御幸で宮下君の招きをうく、三輪君同席。

一一月二二日（水）
山口君宅を訪い裁判所にいく。山口君保釈す。萩生田、田中北海道知事、岡田君と来所。

一一月二三日（木）　前田君、三宅君来宅。

一一月二四日（金）
山口夫妻、木崎、永江、平垣、浅見、谷尾、山内君来。美村、山下君と水野弁護士を訪う。

一一月二五日（土）
広島号事件で裁判所にいく。永江来。三時より研修。夕刻美村君と林君を訪い柳橋で御馳走になる。

一一月二六日（日）　礼拝にでる。

一一月二七日（月）
日村君の公判午后となる。前田君公判に席し、後日村君の弁論をなす。大島君、永江、平垣、橋本君来所。

一一月二八日（火）
今井君の裁判に列す、山本副検事を訪う。永江、山崎、赤松、田口、松井君来。田口、松井君に山崎に招かる、無儘があたる。

一一月二九日（水）
午後島田君公判に立合う。渡辺君の知人来。

一一月三〇日（木）
伊原君を大蔵省に訪い、西村君事務所を尋ね、自動車で事務所に帰る。午后三信にいく。橋本君の出迎をうけ、美村君と一緒に山岡君の招をうく。

一二月

一二月一日（金）
午后一時古嶋君の棄却の言論あり。日暮の家の棟上式につらなる。夜にピカデリーに映画をみる。

一二月二日（土）
児玉夫人来、橋本、谷尾君来、中山君来。四時木挽町挙蝶へ前田君の招きに応ず。清原、井本、美村君等と。

一二月三日（日）
礼拝にでる。四時二十分より三越で文楽をみる。橋本君の招待。

一二月四日（月）
山口判事を訪う。橋本、平垣君来。夜石原博士宅に森戸夫人を訪う。

一二月五日（火）
峰尾、稲井事件。今井調停。磯の、前田君来。

一二月六日（水）
田村君、執行猶予の言渡あり。ヒル頃二宮君を日本橋警察に訪う。永江、平垣、前田、谷尾君来。夜林事務所を訪う。

一二月七日（木）
二宮君のことで山本副検事を訪ねたるが留守。午后山本君調停成る。永江、前田君来。九時中島、前田君と同車し大阪に向う。

一二月八日（金）
中島君と内藤事務所にいく。若菜氏に会う。学院に中島と大石博士を訪う。田島、大平、田中君、アウスーコリチ氏に会う、鐘紡本部にいく。八事の依頼をなし、大和銀行に若菜を訪う。夜内藤、中島、森田君と会食し、泊る。

一二月九日（土）
前田君の証人調べに立合う。夜京都に大工原君を訪う。十時五十分発で前田、清原、美村君と同車で上京。

一二月一〇日（日）　九時二十分新橋着、帰宅。

一二月一一日（月）
井上君、礼に来る。永江来、午后飯沼君の公判に出る。小林君来。

一二月一二日（火）
山中君来所。小林君の件で裁判所にいく。一時佳子の結婚式につらなる。事務所に帰る。前田、井本君来所。

一二月一三日（水）
渡辺夫人、美村君と谷村裁判所にいく。調停の話にきまる。池谷氏宅で午餐をとり、三時半の電車で帰京。あさくらで林君の招きをうく。

一二月一四日（木）
四ッ谷税務署に美村君といく。谷尾、佐藤、森田氏来所。丸岡君来、前田夫人来。

一二月一五日（金）
前田君の公判で裁判所にいきたるが、延期となる。山中君の公判ものびる。夕刻浴場復興協会の忘年会にでる。

一二月一六日（土）
事務所にいる。伊勢、山内、森田氏等来所。今井君も。

一二月一七日（日）
礼拝にでる。中島君来宅。夕刻中島君と伊原君宅を訪う。留守。

一二月一八日（月）
内藤君一行来所。裁判所にいく、福石と磯の件。四時大蔵省に伊原君と内藤、中島、吉原君と訪う。夜銀座で中島君の御馳走になり、自動車で送らる。

一二月一九日（火）
午前、招集の件と広島号事件。午后は今井君の調停。後藤田君を警視庁に訪う。島田君夫人、内藤君一行、永江、加藤、谷尾君来。夜銀座で内藤君の御馳走になる。前田君を訪問。

一二月二〇日（水）
内藤君一行と周東［英雄］長官を官邸に訪い、安本本部を訪ねたるが内田局長留守。森田君来。午后前田君の公判に出る。前田君病気欠席のため、公判が準備手続となる。二人の証言あり。三信ビル林君を訪う。事務所に帰る。

一二月二一日（木）
前田君を訪う。三時過ぎに安本に内田局長を訪い、課長にも面会す。内藤君一行も同席。朝日の十河君来所。有楽町でスシを食う。ヒル頃駿河屋出張所の五階に食事。胸苦しさ限なし。先般来胸重き感ありしに、この現象に先年の病気再発と心配なり。

一二月二二日（金）
二宮君の公判。午后は島田君の公判。夕刻事務所に帰る。

一二月二三日（土）
ヒル内海検事に面会。午后三時半、後楽園に林大作君を訪う。五時丸岡君宅を美村君と訪う。杉山君に会う。

一二月二四日（日）
礼拝にでる。義夫、森戸君来。夜クリスマス祝会を催す。

一二月二五日（月）
山中君公判カ午前にあり。午后石井君の公判あり。丸岡君来、妻来、夜林君に朝倉で御馳走になる。

一二月二六日（火）　永江来。

一二月二七日（水）　日暮里に移動す。丸岡君来。

一二月二八日（木）　丸岡君来。

一二月二九日（金）
大島君餅持参。高尾君来。美村君の好意で無蓋の金を受ける。

一二月三〇日（土）
よる中島君の招きをうく。場所は山水楼、加藤兄弟来。

一二月三一日（日）
礼拝にでる。事務所にいき、義夫と食事をとり、風呂にいく。三輪君、永森、長谷川與君、高尾君来所。

◇一九五一（昭和二六）年◇

一月

一月一日（月）
赤谷夫人、長男、次女、中島君、義夫と秀夫来。佐藤芳雄夫妻と妹来。

一月二日（火）
智子、活子、チマ来。美村一家来、峰尾君来。

一月三日（水）
小島君を妻と訪う、帰省中。平安堂による。長谷川、藤原君来、和子、立、よる、虎雄、智子、活子来。

一月四日（木）
妻工［具］合悪し、明日三楽に入院する手続をとる。事務所にいく。

一月五日（金）
中島君の好意で、自動車で妻入院。長谷川、中島、美村、義夫の見舞をうく。事務所に曽木、内藤、本田来所。

一月六日（土）
夕刻中島君病院に帰り、輸血がうまくいかぬ由伝えられ、驚いて病院にいく。義夫も来る。

一月七日（日）
礼拝にでる。杉原夫人と病院にいく。金子来る。

一月八日（月）
石井君の公判。大島、山内、佐藤君来。夕刻病院にいく。輸血無事に終る。虎雄よりの輸血なり。美秀来。

一月九日（火）
午后電話で、手術無事済んだとあり、安心せり。峰尾、谷尾君来。峰尾君の御馳走になる。病院にいく。疲れたる様子。

一月一〇日（水）
佐藤君の公判延期。午后石井君弁論。三重の栗岡君来所。高尾君来。留守中、島田君来所。

一月一一日（木）
栗岡君公判に立合う。前田夫人来。山岡君来。年賀のしるしをうく。妻を病院に訪う。

一月一二日（金）
峰尾君公判、夕刻に及ぶ。病院を訪う。順調であるとのこと。

一月一三日（土）
前田君、島田君来。夕刻林君に招かれ、あさくらで御馳走になる。

一月一四日（日）
礼拝にでる。事務所により午餐をとる。風呂に入り、病院にいく。光子来る。島君来。

一月一五日（月）　午后小島君来宅。夜民雄と病院を訪う。

一月一六日（火）
事務所に来訪者なし。夕刻前田君の招きで、築地で御馳走になる。米窪［満亮］逝く。

一月一七日（水）
石井君の言渡、二年半。芝信用組合に渡辺組合長を訪う。留守に伊原君来。三信ビルにいく。河野君来所。

一月一八日（木）
午后米窪氏宅を訪う。夕刻義夫のところで夕食をとり、病院にいく。

一月一九日（金）
竹内判事会見のため、裁判所にいきしが、同判事仙台に出張中で会見出来ず。渡辺氏来所。和子、民雄来。三信ビルにいく。民雄と映画を観る。病院による。

一月二〇日（土）
小林君公判。午后義夫と墓参。足立君来所。病院にいく。

一月二一日（日）
朝、森戸君を民雄と訪う。病院による。帰宅后美村君宅を訪い、風呂に入る。

一月二二日（月）
谷尾君来所、米窪君葬儀につらなる。前田君の公判に立会う。妻明日退院の報をうく。義夫の所で夕食をとり病院による

一月二三日（火）
永江、三村、小林、山本君来。妻退院。夕刻智子、活子、立、弓子来。佐藤夫妻来。

一月二四日（水）
一時曽木君事件で調停にいく。夕刻林君の招きであさ倉で御馳走になる。

一月二五日（木）
一時今井君事件で調停にいく。井碩、高尾、尾崎、西原君来。高尾君の御馳走になる。夕方三信ビルにいく。

一月二六日（金）
上野警察、台東簡易裁判所にいく。白川、平野、高尾君来所、前田君も。二時より相撲をみる。長沼君宅で御馳走になる。

一月二七日（土）　永江、川俣君兄弟、杉原君来所。

一月二八日（日）
礼拝にでる。午后平井、小黒、沢藤、松田、原崎夫人来。智子、活子、夕刻伊集院一家、藤原君来。

一月二九日（月）
前田君事件で裁判所にいく。台東簡易裁判所にいく。飯田君宅を訪い帰る。河野君来、藤田氏の紹介の遠藤君夫妻来。藤江君を訪い、警視庁の□□ Court にいく。あしろの佐藤君の子息遠来。

一月三〇日（火）
美村君帰る。裁判所にいく。永江、河野君、白川君来。

一月三一日（水）
白川君の公判午后となる。夕刻駿台荘に集る。安藤、鍛冶、三村、三輪君と遠藤夫妻来。

二月

二月一日（木）
永江の公判。夕刻藤江事務所を訪う。山内、谷尾君来。

二月二日（金）
台東裁判所にいく。飯田君母来、佐藤君来。一時前佐藤君公判。遠藤君をつれて藤江事務所を訪う。美村君と前田事務所を訪う。

二月三日（土）
六時五十分で新町にいく。税務署長を訪う。山県事務所に帰る。帰途美村君と風呂に入る。

二月四日（日）
礼拝にでる。復員会に出る。午后智子来、森田兄弟来。

二月五日（月）
川上君の事件につらなる。午后山口君を品川に訪う。川上君、高尾君来。遠藤君来り、報告ありたり。

二月六日（火）
台東裁判所にいく。山口君来、高尾、天野来、午后□□Courtで遠藤君裁判あり、遠藤夫妻来所、山下君をつれて浅草でスシを食う。潜君来。

二月七日（水）
五時起床。谷村に向う。調停午后に及ぶ。夕刻谷村を去る。九時近く帰宅。

二月八日（木）
大宮君と飯田君妻君来。山口君の公判で裁判所にいく、午后になる。ヒル伊原君を大蔵省に訪い、後山口君公判につらなる。三信ビルによって事務所に帰り、前田君事務所を訪う。

二月九日（金）
前田君の件で竹田判事に会う。丸岡、森崎君来、島田君も来。午后島田君公判にでる。事務所に帰る。谷尾君来、林君来。林君の三信ビルにいき柳橋あさくらにて御馳走になる。

二月一〇日（土）
台東裁判所にいく。崎尾稲井君公判につらなる。山賀、加藤君来、前田君の招きに応ず。

二月一一日（日）
礼拝にでる。藤野君来宅。智子が子供をつれて夕食を一緒にとる。

二月一二日（月）
台東裁判所にいく。飯沼、五味君来。飯沼君公判。

二月一三日（火）　十時栗岡君公判。

二月一四日（水）
上野警察にいく。崎尾君公判につらなり、六時過ぎ事務所に帰る。前田君来。

二月一五日（木）
昨夜大雪、電車不通。午后事務所にいき、三時過ぎ美村君と一緒に帰る。途中風呂に入る。

二月一六日（金）
谷尾君来、裁判所にいく。峰尾君公判、曽木君の調停、西村、大沢君来。

二月一七日（土）
午后二時丸ノ内常盤で有田氏の出版記念会あり出席す。川上君が水上署にいるため帰宅を求む。九時過ぎ美村君と浅倉《ママ》による。御馳走になる。

二月一八日（日）
礼拝にでる。事務所にいき、菊池氏の関係者に会う。三時より大塚君事務所に美村君とよって相談す。伊集院一家、智子、釈子来。

二月一九日（月）
谷尾君来。前田君公判につらなる。山口君のことで事務官に会う。三時三信ビルにいく。金子君と関係者来、渡辺君等来。

二月二〇日（火）
九時半新宿をたつ。谷村にいく。夕刻吉田に到る。十二時過ぎ帰宅。

二月二一日（水）
午后裁判所にいきしが、調停員の欠席のため延期。前田事務所にいく。事務所に帰る。谷尾君来。

二月二二日（木）
午后小林君の公判に列す。小島君来所、話ありたり。七時平安堂にて浜田君をこゝ《ママ》み小島君の御馳走になる。長谷川君来。

二月二三日（金）
前田君事件で裁判所にいく。谷尾君来、小島君来、桜井君来。

二月二四日（土）
小島弟君来、藤本君来、長谷川君来。

二月二五日（日）

礼拝にでる。事務所にいく。小島君来らず、義夫と一緒に帰宅。母の七回忌をなす。義夫、伊集院夫妻、玲子来。病気で伊集院母、立、川俣子供、光子来ぬ。

二月二六日（月）

小島君と三和にいく。駄目。谷尾君来、夜永江に電話す。永江留守、栄子に語る。

二月二七日（火）

前田君事件で裁判所にいく。小島兄弟、前原君来、足立君来、高尾君来。大蔵省に伊原君を訪う。六時半南甫園にいく。庄野、近、永井、足立、美村君と会食し相談す。

二月二八日（水）

永江、上京。小島、前原、小島弟来、秋定君来。活子入院す。

三月

三月一日（木）

永江来、谷尾、五味、丸岡の諸氏来。六時赤坂千代新で藤井氏の招をうく。三宅、河野君同席、浅沼、三輪君欠。

三月二日（金） 永江、磯野、前田君来。

三月三日（土）

前田君、谷尾君、磯野君来。午后一時、西村勇夫君に原宿駅で会い、砂子弁護士を訪う。夕刻林君に招かれ、朝倉で御馳走になる。

三月四日（日）

礼拝にでる。役員会にもでる。児玉夫人来、伊集院一家、川俣親子来。

三月五日（月）

藤原参院議員、中川、大塚、朝来宅。峰尾、白川の公判につらなる。よる磯野事務所による。同君の御馳走になる。

三月六日（火）

九時半新宿をたち、谷村にいく。八時半帰宅。

三月七日（水）

朝方、腹痛甚しく下痢す。終日引籠る。河野君来宅。

三月八日（木）
椎茸事件で裁判所にいく。午后通産省にいく。磯野君を訪う。永江、小磯、谷尾、丸岡、渡辺夫妻、潜、前田君来。后林君の招きで朝くらにいく。

三月九日（金）
安永、渡辺実、川上、海野君来所。清原君来宅、会わず。

三月一〇日（土）
山中夫人、福石の使、谷尾君来。朝、安永を西村君と訪う。午后裁判所にいく。税務の件で。一寸帰宅し、再び事務所にいき谷尾君に頼む。夜青山で峰尾君のすき焼の御馳走になる。

三月一一日（日）
礼拝にでる。四時民雄と黒水仙を観る。

三月一二日（月）
峰尾公判、前田公判につらなる。永江、谷尾君来。

三月一三日（火）
山口君公判は判事の都合で延期となる。海野君来、五十万円をうく。島本君等来、三輪君来。

三月一四日（水）
高瀬宅を訪ね、後、妻と二人で矢田氏を訪う。ヒル事務所にいく。森戸夫人と渡辺氏来。森戸君の離婚決□。島田君公判に立つ。夕刻渡辺、潜君来。林事務所を訪ね、あさ倉で御馳走になる。

三月一五日（木）
千葉の人来。永江、きょうたつ。午后来客なし。美村君下痢、夕刻来る。

三月一六日（金）
飯沼君公判延期。一時前田君公判、求刑あり、懲役一年罰金三百万円。七時半、妻と新宿で会い矢田氏を訪う。

三月一七日（土）
朝、高瀬君を妻と訪う。事務所に前田、谷尾、長谷川君来。夜牛込にいく。三時前田君の和解につらなる。

三月一八日（日）
礼拝にでる。伊集院、川俣一家来。佐藤信二君、小杉道蔵君のため阪本警察にいく。留守に中島君来。

三月一九日（月）
台東裁判所に折本副検事を訪う。白川君言渡あり、原審通り。事務所に帰り、午后裁判所にいく。川上君事件延期、前田君の弁論あり。三信に林君を訪ね、一緒に三井不動産にいく。高尾、峰尾君来。

三月二〇日（火）
峰尾君公判。午后に弁護士総会にでる。谷尾、峰尾君来。

三月二一日（水）
ピカソ展を民雄とみる。後、青山に墓参をなす。

三月二二日（木）
大塚、呉氏来。呉氏をつれて事務所にいく。午后白川君、後藤君来。大橋［武夫］法務総裁を訪い、建設省に紹介せらる。内藤指導課長に会う。

三月二三日（金）
白川、後藤君来。白川君再来、大塚、佐藤、野路君来。浅草橋で、三君と美村君とうなぎめしを食う。

三月二四日（土）
一時、今井君調停にいく。谷尾君昨日より事務所に来る。森戸和子さん来宅。

三月二五日（日） 礼拝にでる。

三月二六日（月）
丸茂君来。前田、青木事件で裁判所にいく、延期。呉君来、美村君をつれていく。ヨシ邦君来所、夜来宅。

三月二七日（火）
小林君裁判にでる。丸茂君来。よる松代父子来、民雄夫妻も同席、食事をする。

三月二八日（水） 呉君、大塚君、高尾、丸岡君来所。

三月二九日（木）
森戸君の使来、長谷川君来、大塚君来。

三月三〇日（金）
峰尾君の公判につらなる。前川君の子息、加藤、依田、山下君来。

三月三一日（土）　山田君来、山県君紹介せらる。

四月

四月一日（日）
妻と鎌倉に林君を訪ね、結婚の祝いをのぶ。藤原君、智子親子来宅。

四月二日（月）　渡辺実君、足立君来所。

四月三日（火）
午后前田君事件で裁判所にいく、延期。青木君来。

四月四日（水）
島田君公判にでる、延期となる。三信宛の講演出る。菊地氏来。夕刻より宝家で浅原君の会があった。三輪君、西尾、久留間、大渡君来宅。

四月五日（木）
気爺悪し。ヒル三信ビルに集る。岸君、小泉夫妻たちと。四時帰宅、ねる。

四月六日（金）　一時曽木事件で裁判所にいく。

四月七日（土）　谷村裁判所にいく。

四月八日（日）
九時三分桜号で名古屋に向う。三時頃四日市につく。足立君の出迎をうけ、栗岡君宅に到る。中長に泊る。

四月九日（月）
栗岡君宅検証。四日市裁判所で証人調。津裁判所で証人調。井川君宅検証。駅前旅館で夕食をとり、八時十分発で帰る。

四月一〇日（火）
昨夜前田君言渡あり、予想通り。谷尾君をつれて湊製薬社にいく。橋本、諸遊、前田君来。

四月一一日（水）
午后森崎君の事件で裁判所にいく。峰尾君来る。安君来、マクサアー元帥解任せらるる報を、読売の芳賀君より来参。

四月一二日（木）
稲井、峰尾の公判午前午后に及ぶ。夜美村君と平安堂にいく。

四月一三日（金）
山内、前田、杉尾君来。午后前田君の工場にいく。

四月一四日（土）
峰尾君公判。一時今井君調停。四時林家結婚披露会にでる。

四月一五日（日）
礼拝にでる。徳夫人葬儀につらなる。伊集院一家、川俣一家と夕食をとる。

四月一六日（月）
前田君来。午后裁判所にいく。四時浴場復興協会の総会にでる。浅草橋で支那料理の御馳走になり、後村田君の風呂に入り、後村田君に送られて自動車で帰る。永江来。

四月一七日（火）
菊池君来。夕刻あさ倉で林君のご馳走になる、美村君と。

四月一八日（水）
峰尾君公判にでる、午后に及ぶ。兼阪君来。

四月一九日（木）
丸岡君、飯沼君来、三時三信ビルにいく。兼坂君と平安堂の招きに応ず。

四月二〇日（金）
飯沼君公判、午前午后共に延期。井口、山内君来。

四月二一日（土）
前田君、小林君事件。裁判所。一度、事務所に帰る。午后裁判所にいく。椎茸事件延期。呉李君来。夜三信［ビル］、東洋軒で美村君とその友人と食事をとる。

四月二二日（日）
礼拝にでる。佐藤夫妻来。夕刻粕谷氏来。事件で一緒に美村君を訪う。

四月二三日（月）
投票す。裁判所にいく。午后交詢社映画をみる。山内一郎君、山口君、美村君来。美秀来宅。

四月二四日（火）
午后、谷尾君と後楽園に野球をみる。大塚君来。美村君と峰尾君を訪う。

四月二五日（水）
十時島田君公判。夜矢田氏を妻と訪う。

四月二六日（木）
小林君来、今井君来。今井君の調停で裁判所にいく。峰尾君来。鳥平で三人で食事をとる。

四月二七日（金）
山内君来、内藤君来。一時曽木君調停なる。大塚君来。

四月二八日（土）
午後日本石炭の件で裁判所にいく。松野君来。

四月二九日（日）
マチス展をみる。和子、智子、子供つれて来る。

四月三〇日（月）
投票して事務所にいく。磯野君と市川君を訪う。午后交詢社にニ［ユ］ースを観る。粕谷君来。美村君千葉にいきおそく帰る。

五月

五月一日（火）
選挙の結果わかる。追放解除の記事あり。金子多治見市長と杉原君来。六時林事務所による。朝くらで御馳走になる。

五月二日（水）
峰尾君弁論す。三時三信ビルにいく。兼坂君来。

五月三日（木）
宗達・光琳［俵屋宗達・尾形光琳］展を民雄とみる。午后浅沼、三宅君来訪、党情を語る。

五月四日（金）　秋定、子安君来。

五月五日（土）　来客なし。夜美村君宅を訪う。美村君がいる。

五月六日（日）
礼拝にでる。三輪、井上、西村、天田君来、林［虎雄］知事留守に来る。夜美村君来。

五月七日（月）
森崎事件で裁判所にいく。飯沼君来。

五月八日（火）　三時三信ビルにいく。

五月九日（水）
谷村裁判所にいく。夜松沢〔兼人〕、山下〔栄二〕君来。兵庫県選挙の事情の話がある。三宅氏を弔う。

五月一〇日（木）　十時、小島君を事務所に訪う。

五月一一日（金）
宇都宮裁判所にいく。大貫〔大八〕君宅でヒル飯をうく。夜矢田氏宅を訪う。

五月一二日（土）
十時小林君調停なる。一時三信事件の準備手続あり。

五月一三日（日）
礼拝にでる。神々の王国を民雄とみる。伊集院一家、智子母子が来る。

五月一四日（月）　五時、前田君の招きをうく。

五月一五日（火）
栗岡君裁判あり。今井君調停にでる。八時矢田氏宅を訪う。

五月一六日（水）
十一時三輪事務〔所〕にいき、三輪君の御馳走になる。河野君と共に杉山君おそく来る。河野事務〔所〕に寄る。渡辺君来所。

五月一七日（木）
十時、日本石炭事件。一時山口君公判。五時半、後藤君を事務所に迎う。夜大塚君の招きで浅草で食事をとる。

五月一八日（金）
八時、矢田氏宅でネヒア〔ネピア民政局次長〕氏に会う。永江来、子安君来宅。

五月一九日（土）
永江来、西村君来、伊原君来。伊原君の招きを築地でうく。相撲を田村君の招きでみる。食事をとる。

五月二〇日（日）　礼拝にでる。

五月二一日（月）
峰尾君言渡延期。水野君来。前田事務所を訪い築地警察にいく。永江君と河野事務所を訪う。長谷川與作君来所。

五月二二日（火）
風早君来。警視庁にいく。永江、今井、木村正義君、大塚君来。伊原君来。

五月二三日（水）
芳賀君、前田君再度来。海野［晋吉］君、後藤捨夫君来。林知事来、五時半林知事の招きをうく。小島、三輪、上條、松前君同席。

五月二四日（木）
夕刻あさ倉で御馳走になる。夕刻峰尾君来。

五月二五日（金）
峰尾君一年懲役の言渡。島田君公判。午后足立事務所による。

五月二六日（土）
椎茸事件で裁判所。午后川俣君、大沢君来。杉尾君来。五時相撲をみる。あさくらで夕食をとる。

五月二七日（日）
午后伊集院、川俣一家来。夕食後三輪、三宅君来宅。後加藤君も来。

五月二八日（月）
山田君来。同事件で裁判所にいく。ヒル帰る。永江来。午后前田君事件で裁判所にいく。

五月二九日（火）
栗岡君執行猶予の言渡あり、夕刻足利にいき泊る。

五月三〇日（水）
裁判所にいき、三時半事務所に帰る。うちに組会あり。

五月三一日（木）
山口君公判。大塚君事件、今井君調停で裁判所にいく。

六月

六月一日（金）　磯野君と小倉君を訪う。

六月二日（土）
一時日本石炭の件で裁判所にいく。岡本君来。六時白川君の招きをうく。長谷川與作君等と同席。留守に片山哲君来訪。

六月三日（日） 礼拝にでる。来客なし。

六月四日（月）
峰尾君事件で裁判所にいく。前田、永江、芳賀、子安、神戸記者磯野君来。よるあさ倉で林君の御馳走になる。秋定君留守に来宅、帰途中に会う。内藤君来。

六月五日（火）
ヒル頃毎日を妻と訪う。渡瀬君、谷尾君、宮森君に会う。長谷川君来、渡辺兄弟来、大塚君来。内藤君の招きで新橋クラブに夕食をとる。中島君と自動車で帰宅。

六月六日（水）
小金君を訪ねたる、留守。事務所にいく。東京新聞記者三人来。ヒル過ぎ帰宅。夜岡君、三井牧師夫妻、子安君来、原稿を渡す。午后、内藤、中嶋君来宅。

六月七日（木）（記述なし）

六月八日（金）
小金君を磯野君と訪う。小島、堂森［芳夫］君来所。ヒルうなぎ飯の御馳走になる。佐藤君来。

六月九日（土）
中部日本記者来、写真をとる。上妻君来（ニ［ュ］ウエイジ）小林、藤本君来。中島君来る。田所君来。

六月一〇日（日）
読売午前、東日、時事の記者諸君君来。田代君来。伊集院、川俣連中来。

六月一一日（月）
早阪君来、一緒に北見警察にいく。留守に海員組合の松浦君来。佐藤君の公判延期。那須博［士］還暦祝賀会にでる。長谷川君、秋定君、神港新聞記者来。杉山君の説教を銀座教会にきく。

六月一二日（火）
丸茂君来、山内君来。午后日本ニウス［ニュース］来、撮影す。関根君来。五時より三輪事務所にいく。河野君と三人で語る。

六月一三日（水）
民雄と東洋経済社を訪い、大原氏との談話をとる。石橋［湛山］氏に会う。ヒル事務所、井口氏来所。小島事務所を訪う。三時より上棟式ありたり。

六月一四日（木）　朝日記者来所。五時半去る。

六月一五日（金）
滝川君、清和会の人来。大塚君［事業家。依頼者］のところの佐藤君来。

六月一六日（土）
大塚事件で裁判所にいく。三時矢田氏より電話あり、メモケースを撤回の報あり、解除と間違いたり。前田君来。七時三輪君宅に集る。三宅、河の、川俣、浅沼、田原、中村、十一時近く去る。

六月一七日（日）　礼拝にでる。滝川、氏家両君来。

六月一八日（月）
永江、前田君来。午后三楽病院で中島博士の健康診断をうく。森脇君来。前田、永江、森脇と浅草で食事をとり家に帰る。兵庫県連の松沢、松浦、山下、中ノ瀬、小南、森脇君来。追放解除後のことにつき相談ありたり。夜和子、智子来宅。

六月一九日（火）
午后今井君調停成る。向［井］君、磯野君来。

六月二〇日（水）
岡本君来、ヒルを御馳走になる。永江、伊原、大原君来、曽木、内藤君来。

六月二一日（木）
山口君公判。梶竹にて、岡本君の手形訴訟につき打合せす。

六月二二日（金）
梶竹によって横浜裁判所にいき、南邦で食事をとり、岡本君の自動車で市内見物して帰る。渡辺潜君兄弟来。大塚君来。白亜軒に集る。森戸君の話をきく。集るもの三輪、三宅、西村、加藤、山本、浅沼、菊川、河野の諸君。

六月二三日（土）
午后、飯沼、岡本、松岡君来。大塚事務所により、あさ倉にいく。恒松判事、森氏等と志ん生親子の話をきき食事をとる。

六月二四日（日）
ヒル渡辺君来。金内君夫人の葬儀につらなる。弔詞をのぶ。夜ある料亭で、渡辺潜、渡辺惣蔵、内田、中尾、堀越等と食事をとり、党のことにつき語る。自分は聴くのみ。

六月二五日（月）
くらしの手帳の女記者来。午后前田君の事件、和解なる。日本加毛事件和解なる。五時新宿を立つ。美村、潜君と河口湖に至る。池谷氏の出迎あり。レークホテルに泊る。

六月二六日（火）
午后富士吉田市長を訪う。十一時帰る。

六月二七日（水）
七時二十五分宇都宮裁判所にいく。七時帰る。

六月二八日（木）
前田君事件で裁判所にいく。午后永江、阪本君来、夕刻三信にいく。水素会社の株引渡の件で相談あり。夕食をうけて去る。美村君と北原氏を訪う。

六月二九日（金）
米内君来宅、午后河の事務所を訪う。留守に杉山、細田君来。永江君来。夜矢田氏より電話あり、よい報せありたり。

六月三〇日（土）
日本石炭事件で裁判所にいき、ヒル事務所に帰り、午后三信ビル事件で、再び裁判所にいく、延期となる。三信ビルにより、林事務所を訪うて帰る。佐藤君来、山口君細君来。六時三輪事務所にいき、河相達夫君と三人で夕食をとる。

七月

七月一日（日）
礼拝にでる。役員会に出席す。午后森田兄弟来宅。伊集院、川俣一家来宅。

七月二日（月）
山口君来。午后小島事務所を河の君と訪う。三時佐藤君公判にたつ。田所さん来。

七月三日（火）
吉田［富士吉田］裁判所にいく。美村、潜、渡辺夫人と一緒。七時のニウス［ニュース］で解除内定との報あり。

七月四日（水）
品川専売局にいく。曽木君と三日月会に出席。朝日新聞記者来。西村、天田君来。永江と川俣君の招きに応ず。佐藤夫妻来宅。

七月五日（木）
高尾君祝品を持参。午后東洋電業の事件で裁判所にいく。三信ビルによる。林君その他の人に会う。

七月六日（金）
大極東の河合、中島君来。文化会館で茶となり三時洋服屋来。永森組より祝品あり。

七月七日（土）
十一時台湾製糖に社長を訪う。河合、中島君と文化会館で食事とる。夜三宅君来宅。

七月八日（日）
礼拝にでる。午后光子来、川俣、伊集院一家来。

七月九日（月）
熱海の裁判所にいき、網代の長谷川［長］宅に入る。

七月一〇日（火）　宇都宮裁判所にいく。

七月一一日（水）
川村氏の伴で品川の専売局にいく。川村、菊地君来、今津君来。午後三信ビルにいく。夜に一水会［一高の同窓会］にでる。

七月一二日（木）
峰尾君公判。三信ビルにいく。民雄の誕生日。

七月一三日（金）
品川専売局にいく。午后三時三信ビルにいく。夜、中島君の招きで同君のうちにいく。

七月一四日（土）
大塚、岡本事件で裁判所。ヒル事務所に帰る。午后山口君公判のため裁判所にいき、三信ビルによる。松沢君留守に来宅。

七月一五日（日）
礼拝にでる。役員会にでる。虎雄紹介の牛込のもの来。

七月一六日（月）
島田君公判。三信ビルによる。大塚、長谷川長君来。

七月一七日（火）
長谷川国郎君来。郡〔祐一。自民党参院議員〕君来。午后椎茸の件で裁判所にいく。粕谷君来、長谷川国郎君来。

七月一九日（木）
北海道新聞落合君来。座談会に出席せよと強要せらる。三信にいく。帰ってからめまいがするので裏でねる。たおる。

七月二〇日（金）　宇都宮裁判所にいく。

七月二一日（土）
今井、河野、横前来所。自宅に中尾君来る。内田定五郎病気の由、伊原君来宅。一緒に自動車で事務所にいく。

七月二二日（日）　礼拝にでる。横前君来宅。

七月二三日（月）　午后河野君事務所を訪う。

七月二四日（火）
三時 A one に北海道新聞他二社の座談会に出る。山浦〔貫一〕君の司会者で初《ママ》まる。北村、西尾、石橋君と語る。夜清沢、子安君来宅。

七月二五日（水）
夕刻林事務所を訪う。朝くらで夕食をとる。

七月二六日（木）
永江、細田、市川君来。午后裁判所にいく。広島号と福石の事件で。夕方磯野、後藤、佐藤君来。

七月二七日（金）
午後佐藤君事件で裁判所にいく。曽木、内藤君来所。森戸ゆか子さんに渡す。

七月二八日（土）
半谷、沼田君来。午后三輪事務所にいく。河野君の三人で語る。

七月二九日（日）
礼拝にでる。午后小島君来、夕刻伊集院と川俣来。

七月三〇日（月）　永江来所。夜三井牧師夫妻来宅。

七月三一日（火）
最高［裁か］閲覧室にいく。午后林原弁護士を訪う。永江来、大塚、小林君来。

八月

八月一日（水）
森永、長谷川君、今井夫人、瀬尾弁護士、渡辺夫妻来。丸山、川村君来。

八月二日（木）
吉田裁判所にいく。六時平安堂に集る。河野、浅沼、三宅、川俣、田原、細野、三輪、中村［高一］、小島、平野の諸君。

八月三日（金）
永江来、森戸、橋本君来。午后芝信用組合に渡辺理事長を訪う。

八月四日（土）
永江来。一緒に三輪君に弁護士会で会う。午后永江、水野、子安君来、窪美記者来。

八月五日（日）
礼拝にでる。午后三時窪美君が写真班の人をつれて来宅。スズ木君の招きで日本橋でウナギを食う。美村君と一緒なり。

八月六日（月）
五時のニウス［ニュース］で解除確定の報あり。右派の人々の来所ありたり。

八月七日（火）
平安堂主人来宅。一緒に小島君宅にいく。それから各所に礼参にいく。

八月八日（水）
礼参にいく。神戸新聞座談会に出る。学院出身の会にでる。

八月九日（木）
事務所にいく前、永森社による。田中、加藤、永江、河野、市川、川上諸君来所。白川君棄却。

八月一〇日（金）
東海タイムス記者、基督新聞記者、毎日の丸山君、朝日の若宮君来。浅沼、加藤勘十、野上、西村、神戸市長原口［忠次郎］

氏来。内藤、森田君来。

八月一一日（土）
今井、週刊朝日の太田君来。安永君来。過日祝を受けたる人招く。庄野君来。

八月一二日（日）
礼拝後、私の追放解除の祝いの会があった。金子昭君来。

八月一三日（月）
午后河野事務所を訪う。中嶋弥団次君に会う。朝、松沢［兼人］君を妻と訪う。

八月一四日（火）
五時半より、社会党新聞記者たちと陶々亭に会食す。森脇［甚一］君に電話する。

八月一五日（水）
五時より、参議院食堂で私達の歓迎会があった。

八月一六日（木）
松沢君を訪う。山下［栄二］君と会う。夜松沢、山下、松浦を招いて食事をとる。

八月一七日（金） 三輪、河野、三宅君と会食。

八月一八日（土）
二時田万［清臣］君をかこんで三輪、川俣、河野、中村、田原君と語る。五時より本部で書記局を招く。

八月一九日（日）
つばめで発つ。山崎道子来宅。新聞記者十一名、浅沼、三宅、松沢、松浦君同車、神戸で県職の出迎をうけ、みかげ［神戸駅場内のレストラン］で麦酒で祝い冲天閣*で食事。大野屋に泊る。

八月二〇日（月）
朝日、毎日、神戸、神港［新聞］を訪う。知事に会う。党の会議に出る。夜演説会、盛会、大のやに泊る。

八月二一日（火）
各労組を訪う。西宮市長と会い、尼崎にいく。石塚君工場にい

＊ 神戸の中華料理店。関西学院の教え子・井村稔雄が経営

き、市長の招きに応じ永江宅にいく。朝子に会う。大のやに泊る。

八月二二日（水）
各労組を訪う。弁護士諸君の招きに応じ、永江宅にいく。酒井、森脇君と泊る。

八月二三日（木）
各労組を訪う。党員、労組の諸氏の招きに応ず、大野屋に泊る。

八月二四日（金）
永江、松沢、城、神戸製鋼社を訪い神戸をたつ。大阪にて山下、森脇、中川、桐山君の見送をうく。

八月二五日（土）
長谷川横浜で会う。妻と林君を訪う。事務所にいく。文藝春秋社に原稿を渡す。長谷川與作君来宅、美村君弟の御子さん逝くとのこと。

八月二六日（日）　礼拝にでる。

八月二七日（月）
午后島田君公判、読売田村［祐造］君、天田、田中［利勝］、横前の諸君来。

八月二八日（火）
三輪、浅沼、川俣、細田、丸山、今井の諸君来。小林誠、光君［平岩系の親戚］来。

八月二九日（水）　足利裁判所にいく。

八月三〇日（木）
峰尾、稲井君公判に出る。五時丸山君［毎日］、西日本記者来、一緒に議会にいく。六時でたが会がないので交洵社の談話会に出る。事務所による。

八月三一日（金）
郡［祐一］君、井上［良二。衆議院議員］君、森戸君来。

九月

九月一日（土）
松沢、竹盛、安藤［箱根宮ノ下奈良屋主人か］と義弟来。夕刻西日本記者三名来宅。共同通信記者二名来所。

九月二日（日）

礼拝にでる。午后美村君、小島君来。

九月三日（月）

鈴木［茂三郎］委員長、事務所に来る。朝日、毎日、西日本記者来。麻生［良方］君来。ヒル頃三輪事務所を訪う。

九月四日（火）

蒲田のマーケットの人来宅。美村君を妻が迎にいく。前田君来、一緒に銀座で午餐をとる。浅沼君来所、新聞記者八人程来。

九月五日（水）

妻と三越にいき、事務所につく。平野君来。ストーク氏、竹盛君来。

九月六日（木）

宇都宮裁判所にいく。雨宮君に会う。夕刻事務所にいく。

九月七日（金）

ヒル河野君、松岡君来。銀座にいく。栗田、菊地夫人、西村、清沢、川俣［清音］、大塚、長谷川君来。夜佐多、田中君来宅。朝日記者来宅。

九月八日（土）

大塚君事件で裁判所にいく。午后二時議員会館で松本七郎君のコミスコ［国際社会主義者会議。社会主義インターの前身］の報告をきく。よる美村君とあさ倉による。

九月九日（日）

麻生［久］君の墓参、来会者多し。三時半中村屋で僕と河野君の招きがあった。六時半三輪君宅に浅沼、河野君といく。

九月一〇日（月）

島田君事件で裁判所にいく。島田君来らず、ヒル帰宅。民雄と語る。五時半岡半で新聞協会の招きに応ず。

九月一一日（火）

事務所にいく。子安君来。帰宅。五時半丸山君の迎をうけ毎日新聞座談会に出る。丸山君、深町君と一緒に帰る。

九月一二日（水）

加藤、山崎君来。二時参議院別館で党の長老会議あり。六時羅氏の招きに応ず。三輪、河の、小島君同席。

九月一三日（木）
宇都宮裁判所にいく。五時半事務所による。渡辺一族来、三輪事務所にて三輪、河の、水谷君と会見す。

九月一四日（金）
妻と林君を三信に訪う。野溝〔勝〕君来所、河野、永江同席。子安君来、午后佐藤君の公判にでる、証人不出頭のため延期。事務所に朝日の太田君他二名、島君来、子安、田村〔祐造〕君再び来る。島君と渡辺君宅にいく。阿部、山名、平野、島、渡辺君同席。

九月一五日（土）
安井〔誠一郎〕長官を訪う。偶然河井昇三郎君の令息に会う。菊地養之助〔輔〕君来、三時浅沼君来、菊地君再び来、浅沼君と語る。渡辺潜君来。美村君と一緒に求君の招きに応ず。

九月一六日（日）
民雄と礼拝にでる。日比谷映画劇場に入る。後図書館に入り、帰る。引越で多忙*。

九月一七日（月）
木下郁君来。岡本君、朝日記者来。井上肇三郎君来。

九月一八日（火）
川村君来。福田副知事の招きに応ず、荘原、河野、上條君と同席、松浦〔清二〕、桐山、永江、水野君来所、四時神田寺にいく。浴場復興組合の招きに応ず。

九月一九日（水）
永江、桐山、松沢君来、午后品川専売局にいく。留守に杉山〔元治郎〕君来。藤間君来宅。

九月二〇日（木）
岡田夫妻〔平安堂主人〕、大木君来宅。杉山君来、杉山君と河野君を訪う。

＊　牛込山伏町より日暮里への移転のこと、牛込山伏町は小池四郎（元代議士）氏の疎開のあとに入ったもの（昭和一九年）、日暮里は林氏提供。牛込区山伏町二番（一九四四―一九五一）→荒川区日暮里九―一一―一四（一九五〇―一九五六）。

九月二一日（金）
宇都宮裁判所にいく。四時事務所に帰る。杉山君、浅沼、三輪、河野君来。一緒に亀井君の招きに応ず。中村、平野君と前記の人々集る。朝日太田、和田［教美］君来。留守に子安、丸山君来宅。

九月二二日（土）
子安君来、丸山君来。清沢［俊英］、八百板［正］君来。内外タイムス社員来。河野、松井君来。針替父子来。川村君来。

九月二三日（日）
礼拝に民雄とでる。事務所によって秋定君を訪う。

九月二四日（月）
河野君を訪う。夕食后大橋［祐之助］君宅にいく。中島［浩吉］君に会う。

九月二五日（火）　加藤君［鐐造か勘十か不明］来。

九月二六日（水）
松沢君来。長谷川君、渡辺法律事務所に大塚君といく。夕刻河野君を訪い、三輪君を訪う。

九月二七日（木）
和田君来。浅沼君来、浅沼君と一緒に三輪君の招きに応ず。松本、蠟山、波多野［鼎］、荘原君同席、西村君、前田君来。

九月二八日（金）
読売の田村、洲崎夫人［高崎の文具屋］来宅。永江、子安、内藤君来。内藤君と山際君を訪いヒル食をとる。高尾君と飯野君を訪う。特審局の人来。麻生君、金内君、大島君来。同盟の記者、太田、和田君［朝日記者］来。夜日本経済の前川、山浦君来宅。

九月二九日（土）
阪本君、永江来。午后長老会議に出る。来会者少なく中途退席す。内藤君来。林君来、一緒にあさ倉にいき御馳走になる。長野県若林来。

九月三〇日（日）
美村君と高崎の洲崎氏宅に入る。高木君に会い馬場、本間弁護士に会う。夜細田君来。留守に森戸夫妻、棚橋［小虎］君来。

一〇月

一〇月一日（月）
松本君来所、岡本君来、阪本［勝］君来。

一〇月二日（火）
朝松沢君を訪問し梶竹にいく。岡本君等と横浜裁判所にいく、帰京后洋食の御馳走に。事務所に帰る。永江、水野、杉山、三輪、丸山、長谷川君来。□原、前川、大場君来宅。

一〇月三日（水）
九時半三輪事務所で浅沼君と会う。島田君の公判で裁判所にいく。留守中にいろいろの人来る。三時河野君を自宅に訪う。事務所に一先ず帰りて帰宅す。

一〇月四日（木）
永江、子安、加藤、河野君来。夕食を美村、谷尾、金綱君ととる。

一〇月五日（金） 永江、水野、浅沼、河野君来。

一〇月六日（土）
林君来宅、一緒に目白に内ケ崎を水素の幹部と訪う。洲崎、前田、川俣、永江、水野、大田君来。

一〇月七日（日）
美村君を訪う。朝食にいく。日比谷映画館で映画を観る、酒井女史来宅。朝今内君来宅。

一〇月八日（月）
永江、金子、午后埼玉銀行にいく。西川君、長谷川君、横前君来、夜、今内君の新婦来、毎日の丸山君来宅。

一〇月九日（火）
足利裁判所にいく。粕谷君工場で、高崎洲崎さん［高崎の文具店］宅による。

一〇月一〇日（水） 金綱、井上、西村君来、永江来。

一〇月一一日（木）
つばめで発つ、神戸着。学院同窓会神戸支部の招に応ず。神崎、田村その他六、七人集る、永江宅に泊る。

一〇月一二日（金）
森脇君宅を訪う。冲天閣で午餐をとる、森脇、桐山、後藤、佐野、大山君等と一緒。神戸支部を訪うて大阪にいく。駿河屋支部により中央公会堂の学院支部の集会にでる。十時の列車で帰る、多数の見送あり。

一〇月一三日（土）　永江、大田君来。

一〇月一四日（日）
礼拝にでる。二時、故松本淳三君宅で追悼会にでる。三輪、亀井、浅沼とその他多数の人集る。

一〇月一五日（月）
朝、事務所にいく。ヒル近く帰宅。妻と金内一美君の結婚式につらなる。夕刻帰宅。

一〇月一六日（火）
永江、水野、柴尾、前田、大塚君来。青木弁護士来。美村、谷尾と一緒に食事をとる。

一〇月一七日（水）
田村君来宅。その自動車で事務所に入る。足鹿［覚］、岡両君来訪。近江［屋］興業の人と河田氏を訪う。午后裁判所にいき、渡辺弁護士事務所による。極東海運により河野君を訪う。事務所に帰る。青野、大塚、小林、川上君来所。大塚君事務所による。大塚、小林君と相談す、美村君宅による、後帰宅。

一〇月一八日（木）
林事務所を訪う。林君、美村君と一緒に富国生命を訪い、裁判所にいく。永江、水野、大塚、高尾、山岸君来。古川君のために東京マーリス社を訪う。

一〇月一九日（金）
つばめで大阪につく。関学の学生の出迎をうく。駿河屋により切符をうく。永江宅に泊る。朝子に会う。

一〇月二〇日（土）
古川君、永江宅に来る。関学の学生の出迎をうけて自動車で学院につく。講演をなし幹部と食事をともにする。河鰭君を訪い、菊池君を訪い、曽木夫人に向《ママ》い、大阪朝日にいく。関学卒業生と食事をとり、九時の列車でたつ。

一〇月二一日（日）
正午山田寿雄君の結婚式につらなり、一先帰宅し党の長老会にでる。後統一懇談会［社会党右派・中間派連合。講和条約賛成、安保条約反対の立場をとる］の人々と会う。

一〇月二二日（月）
夕刻議員会館で兵庫県代議員の諸君と会食する。

一〇月二三日（火）
臨時［第八回臨時党］大会*があるが感ずるところあり、出席せざりき。谷尾君二度程会場にいく。その様子を伝う。十一時まで事務所にて帰る。

＊　一九五一（昭和二六）年一〇月二三〜二四日、講和・安保問題で分裂。右派（浅草公会堂）、左派（中労委会館）それぞれ集り決別宣言。丈太郎は次のように記している。「私は分裂にあくまで反対し、とにかく統一を守るという原則の上に立って左右両派の妥協ができないもんかと最後の瞬間まで祈っていた。しかし分裂がもはや避けがたいことがはっきりしたので私は大会に出席しなかった。大会中しきりに右派の人々から『会場に来るように』という電話がかかってきたが、私は最後までこれを拒んだ。分裂の惨状を見るに忍びなかったのである」（『私の履歴書』）。

一〇月二四日（水）
ヒル過ぎ西村［勇夫］、加藤君来。永江、西村［栄一］、山崎、桐山君来所。平安堂を美村君と共に警察病院に見舞う。

一〇月二五日（木）
山崎道子さん、お嬢さんと来宅［し］、事務所に桐山、保田、森脇君来。意を決して府県連代表会に出る。浅沼君来所、大塚君も来る。大塚君の車であさ倉にいく。林君と食をとる。

一〇月二六日（金）
林君を訪い、一緒に日本水素にいく。川俣、永江、今井、子安、平野、大槻君等来。渡辺君来。

一〇月二七日（土）
結束、茅野［都議］、永江、平野、大槻君等来。芝信用金庫を訪う。呉君来。

一〇月二八日（日）
あさ三輪君宅を訪う。茅野君宅を訪ねたるが留守。都庁控室で会う、高梨のことで。

一〇月二九日（月）
つばめでたつ。神戸新聞の記者と車内で会う。駿河屋により永江宅に入る。西田、村上、中川、桐山君等と会う。神港記者来。

一〇月三〇日（火）
毎日新聞支局にいく。浅沼君に会う。午餐を毎日新聞社の招きでうく。県連委員会にでる。右派の決定が出来ざりき、吉田、永江、新宮君と夕食をとり、銀河で帰る。

一〇月三一日（水）
島田君公判にでる。三信ビルによる。加藤君来。あさ倉で内ケ崎氏を囲んで会食す。

一一月

一一月一日（木）
椎茸組合事件で裁判所にいく。ヒル曽根［曽禰益］君を訪う。途中で清沢［俊英］君に会う。午后も同一裁判にでる。事務所に帰る前三信ビルによる。木花夫人と子息《ママ》さん来。足立［梅市］君来。松代［中国から引揚ぐ親戚］と支那の人と会食す。

一一月二日（金）
杉山君来。午后島田君公判にでる。平野、大月、阿久津、大塚君来。

一一月三日（土）
茅野君、高梨夫人娘来宅。ヒル羅さんの新築祝の宴にでる。河野君と東京駅で語る。義夫来宅、山田夫妻来宅、丸山君来。

一一月四日（日） キリシマで発つ。

一一月五日（月）
船木藏重久氏を訪う。旧知の人なりき。小池夫人来、小池君に面会。判事と検事に面会。後藏重宅にて町長、判事、町会議員と会食す。厚狭をたつ。

一一月六日（火）
四時着。長谷川、鈴木、足立君来所。金内夫妻来。大槻、島、阿久津君来。船木の結果を報告する。

一一月七日（水）
妻と山崎道子さんを病院に訪う。毎日写真班員来。清瀬一郎氏を訪い会館に松沢君を訪う。平野君、中部日本記者、大塚君来。五島［虎雄］君来所。夕刻三笠会館で三輪、三宅、河の、浅沼君と会食す。美村君来宅。

一一月八日（木）
金内夫妻来宅、北原君来宅。本荘母子、小島君来所。小島君と横浜にいき警察署を訪う。永江、高尾君来所。執行委員会にでる。

一一月九日（金）
高尾君来、五島君来、子安、田村君来宅。

一一月一〇日（土）
岡本君［駿河屋主人］を訪う。山崎君来、一緒に本部にいく。永江、水野［実郎］、平野［学か］君来、松沢君を訪う。大塚君来。美村君と平安堂を訪う。

一一月一一日（日）
美村君一家来。教会にでる、三時より一黍会［銀座教会壮年会］の人々来。

一一月一二日（月）
十時、東京を発つ。大阪駅で山口、東［大阪の党員］、山下に会う。

一一月一三日（火）
藏重氏宅にいく。午后小池君の裁判にでる。夕刻懇談会にて講演。後宴催さる、十一時半たつ。

一一月一四日（水）
大阪駅で下車し中島［浩吉］君宅で、田万、山口、東その他の人々に会う。ハトで帰京。山下［栄二］、福島［玄］君同乗。

一一月一五日（木）
ヒル井上君の招きをうく、森氏と一緒。河野事務所を訪う。浅沼、天田、今澄、加藤［鐐造］君来。松沢君を議員会館に訪う。松浦、山下君と一緒に夕食をとる。

一一月一六日（金）
山下君来。永江と一緒にヒル食をとる。平野、今野、大塚君来。

一一月一七日（土）
横浜裁判所にいく。名菓展を三越にみる。岡本君の御馳走になる。夕方美村、谷尾、山下君と夕食をとる。

一一月一八日（日）　終日家にいる。

一一月一九日（月）
渡辺君来、三徳君来。三時三和にいく。

一一月二〇日（火）
東京をたつ。石井代議［士］、大井秘書と同伴。

一一月二一日（水）
下ノ関に着。小野田、宇部で講演をなし大［空白］炭鉱で泊る。

一一月二二日（木）
田村八郎来訪、下ノ関で懇談会に出る。夜講演をする。

一一月二三日（金）
下ノ関をたつ。益田にいく。松本淳造君の追悼会にでる。泊る。

一一月二四日（土）
出雲、今市、浜田で講演。浜田に泊る。

一一月二五日（日）
浜田をたつ。中国山脈をこえて広島にいく。呉にいき講演、呉に泊る。

一一月二六日（月）
海員組合で懇談会にでる。福山にいく、講演。福山に泊る。

一一月二七日（火）
三谷文太郎君の墓参をなし名古屋につく、泊る。

一一月二八日（水）
多治見にいき金子市長の祝宴につらなる、講演。

一一月二九日（木）
妻木工業組合にいき、その祝宴につらなる。笠原で講演、多治見に泊る。

一一月三〇日（金）
陶器工場を見学して、ヒルの列車で帰宅。美村君宅を訪う。

一二月

一二月一日（土）
十時松沢君を会館に訪い、菊地君、井上君、永江君来。大塚、河野、青野君来。朝くらの新宅に招かる。

一二月二日（日）
教会［銀座教会、新橋五丁目（当時）にあり］にいく。事務所に菊地、日野、谷尾、山下君来。

一二月三日（月）
午后佐藤君公判、警視庁に磯野君を訪う。加藤、天田、大田君来、平安堂に美村君といく。

一二月四日（火）
波崎に村田氏を訪う。一日かかる。和田君来宅。

一二月五日（水） 十二時半のはとで名古屋にいく。

一二月六日（木）
午前二時の列車で帰京。佐野君来、和田君来。

一二月七日（金）
六時半麻生に野呂検察官を訪う。事務所に帰る。中島君、美村君と三人で夕食をとる。

一二月八日（土）
金野、永江、長谷川與作君来。風邪気味であるので新潟いきを中止したり。

一二月九日（日）
新潟の笠原氏宅に電話し、十時二十分の急行でたつ。長岡で演説をなし、十一時で帰る。

一二月一〇日（月）
事務所にいく。平久君来、五時関西学院同窓会にでる。

一二月一一日（火）
三越に浜田［庄司］氏の展覧会を美村、平安堂とみる。三時本部にいく。夜永江の招をうく。美村、谷尾、水野、義夫と会す。

一二月一二日（水）
飯沼の公判にでる、飯沼来らず、延期となる。永江勇君［一夫弟］来所。島田君公判にでる。島田君病院延期となる。三信に林君を訪う。六時浅沼、戸叶夫妻来宅。

一二月一三日（木） 十時参議院副議長室にいく。外交委員会。

一二月一四日（金） 共同、読売記者来。

一二月一五日（土）
前田君事件で裁判所にいく。三時より拙宅で解除祝を林君主催の下に開かる。志ん生、馬生の落語をきく。

一二月一六日（日）
藤野君等来宅、二時事務所に《ママ》浅沼君に会う。藤野君も来る。

一二月一七日（月） 朝日座談会にでる。一時発で山口にたつ。

一二月一八日（火）
船木裁判で小池君の公判に立つ。七時小野田発でたつ。

一二月一九日（水）
午后四時過ぎ新橋着、事務所にいく。

一二月二〇日（木）
午后朝日に今井君を訪う。大田、和田〔教美〕君来所。夕食は美村、丸岡その《ママ》一人と鳥平でとる。

一二月二一日（金）
二時岡本の裁判で横浜にいく。呉君をつれて梶竹にいく。金田家で小島君の同窓会にでる。

一二月二二日（土）
神港の原田君、河野君来所。一時より前田君の調停なる。夕刻三輪君、杉山、森戸君と一松で夕食をとる。

一二月二三日（日）
礼拝にでる。荒川署の人々来、永江、桐山君来宅。夜クリスマスをやる。子供大喜び。美村君を訪い美村君来宅、和歌山に電話す。

一二月二四日（月）
産業新聞記者の池田君来所。よる高尾君の招きで新ばしでうなぎを御馳走になる。阿部、水野両氏同席。

一二月二五日（火）
稲井、峰尾君の公判。三信によりヒル飯をうく。田中君、永江君来。よる岡本君を梶竹に訪う。

一二月二六日（水）
渡辺、□垣、平野、桐山君来。島田君の公判にたつ。長谷川君、丸岡君、橋本、中島君来。よる金子君をつれて美村君と平安堂で御馳走になり霊山の画をみる。

一二月二七日（木）（記述ナシ）

一二月二八日（金）
ハトで桐山君と一緒に神戸にいく。永江に泊る。

一二月二九日（土）
海員組合で会議ありたり、夕刻駿河屋支店にいく。永江に泊る。

一二月三〇日（日）

和久君来。夕刻中［日本］重工業の人々と和久君と会食し十時大阪をたつ。

一二月三一日（月）

九時過ぎ事務所にいく。小島君来。午后三輪、三宅君、大塚君来。夕刻朝くらで林君の御馳走になる。

◇一九五二（昭和二七）年◇

一月

一月一日（火）
正午遠藤一家、一色夫人、谷尾夫妻、永江、義夫、秀夫［丈太郎姪の婿］、美村夫妻、中島兄弟、佐藤夫妻来。

一月二日（水）
高尾、岡八重子、茂木君来所。近所の年賀を済し、鎌倉に林君を訪う。妻と共に。夜十一時五十五分新宿をたつ。留守に松代、麻生［久］夫人と息子とお孫さん、桐谷君来。

一月三日（木）
八時松本につく。棚橋［小虎］君の出迎をうけ、浅間温泉にいく。十二時たつ。長野知事官舎に入る。北沢君も来る、夜名倉の温泉に泊る。

一月四日（金）
林君来、ヒル食をとり二時過ぎたつ。

一月五日（土）
十一時党の執行委員会にでる。三輪君と一緒に東峰楼で小島君の招をうく。事務所に帰る。丸山君、笹口君、永江君がいる。夜丸山君来宅。

一月六日（日）
午后事務所にて、永江と会う。松岡［英夫。毎日新聞記者］君の車で一緒に帰宅、内藤君来宅。

一月七日（月）
内藤君と一緒に広瀬君を訪う。帰途美村君宅訪う。留守。神□祈祷会が七時開かる。集会者約三十名、子安君、美村君来宅。

一月八日（火）
南邦を訪う。松岡、加藤両氏宅を訪う。谷尾君と三信ビルで食事をとる。大田君来宅。

一月九日（水）
事務所に高橋長太郎君［社大党以来の党員］来、夕刻河野君来。

一月一〇日（木）
高尾君等来。銀座教会で望月、赤谷両家の結婚式に仲介人として立つ。渡辺、平野君来所。滞英中の伊原［隆］君より贈物あり、山県君がとりにいく。

一月一一日（金）（記述なし）

一月一二日（土）
八時五十分浅草をたつ。民雄、戸叶夫妻、古河精銅所にいく。講演、泊る。

一月一三日（日） 田沼、葛生、佐野で講演、帰宅。

一月一四日（月）
椎茸事件で裁判所にいく。本部にいく。永江と会う。

一月一五日（火）
九時三十五分、水戸にいく。浅沼、大野、加藤夫人と同行。夜横須賀で演説。十一時横浜をたつ。谷尾君、横須賀に同行。横浜に見送る。

一月一六日（水）
森脇君宅を訪う。永江［宅］に泊る。

一月一七日（木）
各工場を訪う。県庁控室で会議に列席し、夜は水道業者の招をうく。永江に泊る。

一月一八日（金）
九時大阪をたつ。森脇君、山下君同行、森脇君泊る。

一月一九日（土）
参議院会館に中央委員会、午后林［虎雄］知事と三信ビルに林君を訪う。森脇君外泊、美村君を訪う。

一月二〇日（日） 大会［第九回。ただし右派社会党］にでる。森脇君泊る。

一月二一日（月）
大会にでる。閉会后三輪、河野君とちんやで夕食をとる。

一月二二日（火）（記述なし）

一月二三日（水）
大蔵省に北島氏を訪う。相撲をみる。旭化成の宮崎氏に招かる、三輪、波多野、小島君と一緒。

一月二四日（木）
沼津裁判所にいく。夜前田茂君の招をうく、清原、井本君と一緒。

一月二五日（金）
相撲にいく。延島〔英二〕君を招く。

一月二六日（土）
午后四二年会に語る。丸山君の招をうく。河野、松岡君と一緒、後林〔虎雄〕知事と会う、三輪君と一緒。

一月二七日（日）
礼拝にでる。月形君遺児来、青野君来。

一月二八日（月）
青野君事務所に来る。ヒル頃青野君事務所を訪い、一緒に長野県出張所にいく。清水君等と東峰楼でヒル飯を食い裁判所にいく。宣告延期となる。本部執行委員会にでる。長野県出張所にいき、清水君等と林君を訪う。事務所に帰る。田所〔田所輝明〕さん〔夫人〕来所。

一月二九日（火）
永井、岡本、金鋼、横前、清水君等来所。三信ビルに中山君を訪う。鳥平で美村、金鋼、義夫と夕食をとる。

一月三〇日（水） 田中君来。

一月三一日（木） 島田君、言渡延期となる。よる大阪にたつ。

二月

二月一日（金）
内田君の出迎をうけ、日銀支店訪い、尼ケ崎、神戸支店を内藤君と訪い、神戸に向う。県連委員会にでる。後海員組合の代表会にでる。永江宅による。桐山と内藤と同導《ママ》。話が出て、桐山君と内藤君は旧知の間であることが分る。大阪にいく。内藤君と夕食をとる、大阪をたつ。

二月二日（土）
事務所にいき、小島君事務所を訪う。ヒル食を御馳走になる、仮縫にいく。夕刻清水君、小島君、三輪君来所。六時小島、三輪と私共夫妻で岡田家に弔いにいく。東峰楼で夕食をとり帰宅。

二月三日（日）
礼拝にでる。光子来。三時三輪君宅にいく。河野君と三人で会う。

二月四日（月）
永井君来。山口君公判延期となる。二時岡田君葬儀につらなる。五時橋本君来。木挽町千歳屋で林君、乾君、橋本君と水上君と会食。

二月五日（火）
飯沼君公判にでる。松沢君を訪い、十万円渡す。渡辺君、美村君と新宿にいく。前田宅［前田千代さん。依頼者］を訪い帰る。北海道の渡辺［惣蔵］君来。

二月六日（水）
仮縫にいく。夜る《ママ》三輪事務所で河野、曽根［禰］、三宅、下條、浅沼と近藤氏と会食して話をきく。木本氏、丸岡君と一緒に来る。

二月七日（木）
木本氏と茅野君と都庁を訪い、主税局を訪う。ヒル帰宅、演説の□□原稿を整理し事務所にいく。大塚、渡辺君来所、梶竹にて相談する。雪降る。

二月八日（金）
ヒル横浜にいく。岡本裁判であった。夕刻帰宅。

二月九日（土）
日本水素にいく、長野県の問題で。川上、横前君来所、九時半山形にたつ。同行者浅沼、河野、門司［亮］君である。

二月一〇日（日）
上の山よねやに入る。山形市で大会に出席、演説をなし、よねやに泊る。西方君を訪う。

二月一一日（月）
尾花沢で演説、大石田で演説、後藤医師宅に泊る。

二月一二日（火）
砂越で演説、鶴岡で演説。夜に小島宅による。山形ホテルに泊る。

二月一三日（水）
七時過上野着。浅沼君と一緒にウイリアマ［GHQウィリアムズ国会課長］氏を訪う。

二月一四日（木）（記述なし）

二月一五日（金） 十一時たつ。

二月一六日（土）
奈良につく。綿谷、松井君の出迎をうく。奈良郊外と法隆寺をみる。夜に歓迎会。内藤君来。

二月一七日（日）
南海高島屋にいく。岡本君をまつ。一緒に自動車で和歌山にいく。県連の大会に出席し、夜は二回演説をやる、盛会なりき。岡本宅に泊る。

二月一八日（月）
大阪に出る。内藤君に面《ママ》う。和歌山に帰る。海南市で演説をやる。岡本宅に泊る。

二月一九日（火）
五時四十八分岡本宅発、自動車で大阪にいき、伊丹にいきて飛行機に乗る。九時四十五分羽田着。雪降る、事務所に入る。林知事、清水君来、坂田君来、長谷川君来。夜るあさ倉《ママ》で林君の接待あり。林知事初め長野の人々と水素の人の会合。志ん生の落語あり、九時半上野駅で、林知事と小島君と会う。

二月二〇日（水）
長谷川君来。浅沼君と会う。三輪君来、二人で語る。清水君来。一緒に林君と南邦に訪う。花実やで前田君の招きをうく。

二月二一日（木）
警視庁に山田氏を訪う。佐藤豊君公判に立会う。井上路治君来、熊谷君来、島君来。あさくらに林君の招に応ず。

二月二二日（金）
長谷川與作君来宅。ヒル三信にいく。林、永井君と美村君と会食。事務所に帰り、中山君と林君をその事務所に訪う。丸岡君来、前田君来。十時半東京たつ。

二月二三日（土）
大阪着、大極東にいく。内藤と日銀支店を訪う。午后森脇君宅にいく。宮内、桐山その他の人々に会い、冲天閣で食事をして永江宅に泊る。

二月二四日（日）
加藤［勘十・シズエ］夫妻を神戸駅に迎う。県連大会にでる、夜二所で演説、永江［宅］に泊る。

二月二五日（月）
加藤夫妻を大野屋旅館に訪う。加古川に向う。加古川、高砂で演説、永江［宅］に泊る。

二月二六日（火）
栄子とうなぎめしを食い、事務所にいく。桐山、和久君と会い、大阪にいき駿河屋支店と大極東にいく。長谷川氏と会食し、西ノ宮、尼ケ崎で演説をなし、井上［良二］君宅に泊る。

二月二七日（水）
つばめでたつ。五時着。事務所に入る。六時岡田君追悼会にでる。

二月二八日（木）
清水君来。三信にいく、林君に会う。五時再び林事務所を訪い、美村君と一緒にあさくらで夕食をとる。

二月二九日（金）
裁判所にいく。午后事務所に入る。三時執行委員会。四時半事務所に帰る。八重子さん、山田君来、六時東峰楼で民雄の本の*記念の食事を妻と民雄と三人でとる。

＊　G・D・H・コール『イギリス労働運動史』岩波書店、林健太郎・河上民雄・嘉治元郎共訳、一九五二年一月刊、丈太郎はコールやLuckyと同年の生れで格別に愛着をもっていた、息子がコールの訳業に加わったことを喜んだものと思われる。

三月

三月一日（土）
三輪、河の君を事務所に迎う。四時上野発で宇都宮にいく。大会は分裂となる。宇都［宮］に泊る、浅沼君と一緒。

三月二日（日）
朝七時宇都宮発で帰宅、礼拝にでる。光子来る、五時長谷川與作君来宅。自動車でいく、熊本［虎三］応援に。歯が遂に駄目。

三月三日（月）
神戸新聞記者来、ヤマサに外岡君を訪う。夜ル《ママ》新宿にいく。吉元さんの所にいく。美村君と渡辺潜君と一緒。

三月四日（火）
日経の記者来、山東、渡辺君来。一緒に三信にいき、永井、水野君と打合せ。後山東、渡辺君と大和に森田氏を訪う。子安君来。

三月五日（水）　足利にいく。

三月六日（木）
村尾、菊地、山田来。午后丸岡、永江、横前来。夜は熊本君の応援。

三月七日（金）
純子の結婚式に列す。秋元、長谷川、丸岡君来、午前中に裁判所にいく。平山検事に会う。

三月八日（土）
妻と三越にいき、永江と三輪君を訪問。二時ハット博士葬儀。夕刻丸岡君来、熊本君応援。

三月九日（日）　夜熊本君応援。

三月一〇日（月）
二時より山口君公判、延期となる。夜平安堂にいく。子安君来。

三月一一日（火）
二時丸山君来。夜東峰楼で三輪、河の、小島、副島君と会食す。山崎［道子］夫人の著到着。

三月一二日（水）
投票にいく。天野、渡辺、山東君来、長谷川君来、福泉君来。四時半鶴見［祐輔。一高・東大の先輩］君壮行会にで、六時前田君の招にいく。河村、井本、美村君と会食す。

三月一三日（木）
ヒル村尾君来。中央執行委員会にでる。熊本君最高で当選。

三月一四日（金）　西村利一君事務所に来。

三月一五日（土）
一時弁護士会総会にでる。十時半で新宿をたつ。小島、三輪、河の、松井［政吉］、麻生［良方］君と一緒。

三月一六日（日）

飯田市につく。二ヶ所で演説、よるたつ。

三月一七日（月）　前田君の公判にでる。

三月一八日（火）
八時四十分上野をたつ、河の君と一緒。福島で二ヶ所で演説、盛会。

三月一九日（水）
福島市にいく。二ヶ所で演説、よるたつ。

三月二〇日（木）
田代君の裁判にでる、夕刻前田君の車で帰る。

三月二一日（金）　義夫と墓参［青山墓地］。

三月二二日（土）
内藤君来宅、谷尾君も。十一時後楽園十五年記念会にでる。谷尾、後藤君と小川軒で夕食をとる。

三月二三日（日）　医者にいく。臥る。

三月二四日（月）
内藤君来所。山口君の公判にでる。中央執行委員会にでる。事務所に帰る。民雄来所、一緒に帰宅。

三月二五日（火）　三時事務所にいく。清水君来所。

三月二六日（水）
傘骨組合事件と峰尾重郎の弁護、一時浅沼、西村君と会見。三時三信ビルに美村君といく。桐山君と事務所にて会見。

三月二七日（木）
ツバメでたつ。駿河屋支店による、社長と夕食をとり、永江宅に泊る。

三月二八日（金）
今津［菊松］君と日本毛織印南工場にいく。九時加古川駅発で永江［宅］に泊る。

三月二九日（土）
森脇君を訪れ、川重下請兵庫工運を訪い、ヒル食の御馳走になる。中川［光太郎］君も一緒。後尼ケ崎に石塚君を訪い、一緒に芦屋の宅にて夕食をうく。十時大阪でたつ。

三月三〇日（日）
駿河屋の地鎮祭につらなる。帰宅後義夫が来たことを知り、三時義夫を訪う。留守に富山の清瀬君来。

三月三一日（月）
峰尾、稲井君言渡、執行猶予。よる西君の招をうく。

四月

四月一日（火）（記述なし）

四月二日（水）
宇都宮にいく。菊池君の裁判、よる帰る。

四月三日（木）
正年君［長女和子の配偶者伊集院虎雄の弟］の結婚式、一時半より。

四月四日（金）
参議院で東南アジアの講演をきく、四時半東京都知事に会見、よるあしろにいく。

四月五日（土）
沼津の裁判所にいく。午后静岡の日赤病院に佐藤君を見舞う、帰途車中で山崎［剱二・道子］君夫婦に会う。

四月六日（日）　礼拝にでる。

四月七日（月）
渡辺君来と都法務局を訪う。あさ倉で鹿島組の招をうく。徳田君来。

四月八日（火）
渡辺君来、岡君来宅。ヒル三信ビルによる。林、美濃部、三輪、小島君と。清水君来、徳田君来、栗田君来。

四月九日（水）
足利いき中止した。栗田、大塚君来。

四月一〇日（木）
峰尾言渡、執行猶予。三信にいく。ヒル飯を御馳走になる。駿河屋による。福島君来、都市不燃同盟の会にでて講演。石川家に弔いによる。五時徳田君をつれて林君を訪う。七時納棺式にでる。

四月一一日（金）
石川とみの葬儀十一時、十二時岡君宅へ選挙対策会にでる。河野君と妻と一緒に羽田にいく。松沢、山下、曽根［禰］君を迎う。＊

＊　松沢兼人、山下栄二、曽禰、社会主義インターの会議より帰国。

四月一二日（土）
佐藤君公判エンキとなる。一時徳田、山崎君来。二時執行委員会にでる。

四月一三日（日）　礼拝にでる。松沢夫妻来宅。

四月一四日（月）　（記述なし）

四月一五日（火）
新宿をたつ、浅沼、三輪同車。浅間温泉にとまる。

四月一六日（水）　長野にいく。長野上田で演説。

四月一七日（木）　帰京、二時有馬会にでる。

四月一八日（金）　夜たつ。

四月一九日（土）
福井につく。二ヶ場で演説、三国に泊る。

四月二〇日（日）
金沢につく、教会による。演説、夜は小松でやる、たつ。

四月二一日（月）
神戸着、大阪にでる。駿河屋、大極東にいく。

四月二二日（火）
松沢、山下歓迎会にでる、たつ。

四月二三日（水）
岡本君の事件で法廷にいく。午後徳田、白鳥、前田君来、前田君の招をうく。

四月二四日（木）
平の、前田君来。議会内で執行委員会、徳田、白鳥が三宅君と会う。

四月二五日（金）
宇都宮にいく。長谷川君来所、林［虎雄］知事と林［彦三郎］、美濃部［洋次］、美村君と会食する。

（四月二六日〜八月二日欠）

八月

八月三日（日）
毎日、朝日に僕の委員長問題の記事が出る。終日引籠る。午后荒川署員二名、福山の八杉の息《ママ》来訪。朝夕刊に委員長の解説が出る。三井牧師夫妻よる来宅、民雄やむ。

八月四日（月）
十時たつ。山口舟［船］木に向う。

八月五日（火）
朝船木につく。蔵重君宅を訪う。小池君病気で来ないので、裁判所に判事を訪うて語る。蔵重君応接室で陽気の「じいさんばあさん」読む。これは過日阪本君が伝えて来た作品である。三時たち、あそ駅にいく。普通車で広島駅につく。車中で私の前の席にある人が私の写真入の大阪朝日の記事を読んでいた。広島より準急行でたつ。

八月六日（水）
六時半頃三宮駅着。阪神［電車］で甲子園で降る。内藤君宅を訪い、木村君宅を電話で尋ねる。木村君宅に到る。尼ケ崎で大阪特殊製鉄による、君塚君不在。同社の車で大阪に出て、駿河屋と紙工社を訪い、十二時半の「ハト」で帰京、東京駅着。時事通信の河野君来る。同君の車で帰宅。同君は私の委員長問題につき意見を述ぶ。毎日の丸山君、朝日の太田、和田君、放送記者君来。委員長固辞を語る。

八月七日（木）
毎日、朝日に固辞のことが出る。加藤勘十夫妻来宅、委員長につく様にとの話。一次下村海南先生を事務所に訪い、三輪君をその事務所に訪う。河野君も来る。事務所に波多野博士来。私が留守で会わぬ。笹口君、川俣君来。社会党記者一同来所。よる森脇君に電話する。

八月八日（金）
九時林氏を事務所に訪う。蔵前警察署に石塚氏を尋ねたるも、検事局で取調中で面会できぬ。東京新聞記者来。二時河野君を訪う。読売酒井君来。吉川君来、森戸君来。朝倉で小川代議士の送別会にでる。

※八月九日から一二月一六日までの間記述なし。この間、八月二六日、右社第十回党大会で委員長に就任、演説（「委員長は十字架である」）を行なう。原案は河野密作成したが、十字架の件は丈太郎が加筆。八月二八日、議会解散、一〇月一日総選挙（当選）。

一二月

一二月一七日（水）
朝、林君を訪う。ヒル議会にいく。二時～三時日本銀行にガナー氏を河野君と訪う。議会に帰る。又ガナー氏コクテル・パーテ［ィ］ーに出る。事務所に寄って、美村君と一緒に林君の招きで朝倉で夕食をとる。

一二月一八日（木）
ヒル近くに妻と本部にいき議会にいく。藤巻［藤牧］君に金参万円也を政調の費用として渡す。午后規約改正委員会にでる。参議院宿舎で対選［選対］の会議があった、後上田清次郎氏の招きで向島の喜代川にいく。

一二月一九日（金）
十時議会にでる、委員会にでる。十一時半銀座教会にいく。平岡代議士の案内で、三井牧師と民雄で所沢のジョンソン［空白］にいき、講演をなし議会に帰る。平安堂を訪ね字をかく。赤松女史を東京駅に送り、美村君宅を訪ねて帰宅。中島君待つ。

一二月二〇日（土）
林君を訪う。事務所にいき理髪する。議会にいく。協同組合の懇談会にでる。読売記者と会見し、十代の回想を語る。議会終了後、長崎宝家で西尾、松岡、三輪君と会食して、党のことを語る。美村君宅による、事件解決し金一万円をうく。

一二月二一日（日）
キリスト新聞記者来宅。教会にいく。丸善による。洋服屋さんがまつ。後ねる。

一二月二二日（月）
歯医者にいき、議会にいく。部局長会議にでる、議会が三月末日まで延期となる。八時半帰宅。

一二月二三日（火）
妻神戸より帰る、議会にいく。佐野君と来る。三時半閉会。事務所にいく。六時丸の内の久喜で庄野、伊藤、美村、前田君と夕食をとる。美村君と一緒に帰宅。

一二月二四日（水）

新城さんの奥さんが病院で、自動車が使えない。議会にいく。決戦投票をしたが敗れた。十票の差であった。

一二月二五日（木）

歯医者にいき、丸善による。議会にいく。ビルマ行の送別会と加藤女史の歓迎会を行う。体の工［具］合よくないのでねる。

一二月二六日（金）

体の工［具］合悪くねている。二時に車で林君を訪ね、金六十万円也を受く。直ちに帰宅、ねる。

一二月二七日（土）

一時議会にいく。双見君に金二万円渡し、東京新聞によって幹部に会い、原稿の出来ぬ詫をのぶ。事務所にいき、検事局にいき、検事に面会し、本部にいく。朝日記者と会見。事務所にいき帰宅。本部職員を招く。西村君来訪、丸山君来。

一二月二八日（日）

日下君夫妻来訪。金内夫人来、田村、美村君来。読売にいき、山崎［靖純。論説委員］氏と対談*。帰宅、磯部君と一緒、陶々亭にいく。浅沼、河野、加藤、西尾、水谷、小泉、三輪、松岡、杉山、三宅、下条君等と会食。

＊「社会主義政党の進む道」と題し、『読売新聞』（五三年一月六日付）掲載。

一二月二九日（月）

新城君病気で自動車使用出来ぬ。ヒル近く毎日新聞社を訪ね、社長、編輯局長、政治部長に面会。ラングウンの社会主義会議発［派］遣に対する好意に謝意を表す。宝家にて平野力三君を招いて、三輪、三宅君と会食す。本部にいき参拾万円渡す。議会の会議に出る。事務所に帰り、後晩翠軒で丸山君を招き浅沼君と三人で会食す。事務所に帰る。中島君の招きで美村、山県、大和田君と夕食をとる。

一二月三〇日（火）

田村、加藤氏の招きをうく。二時本部にいき、金参拾万円を渡す。松沢、岡君に会う。事務所にいく。五時五十分東京駅たつ。美村、谷尾、山県、大和田君と箱根に向う。奈良屋*に泊る。

＊　箱根宮ノ下の旅館。主人（安藤氏）と気が合い同旅館の顧問弁護士となる。

一二月三一日（水）

十時五十分箱根をたち、一時半新橋着。事務所にいく。夕方帰宅、藤牧君来宅。

◇一九五三（昭和二八）年◇

一月

一月一日（木） 晴
新城さん病気で、駿河屋の堀越さんの車で参内。妻も同伴。年賀の宴ありたり。帰宅、吉川兼光君御夫妻の来訪。

一月二日（金） 晴
三輪君、美村君、横前君、伊藤君、高木君、長谷川夫婦、山県君、美秀君、谷尾君、荒川署員来。八時本部にラングウン［ビルマ。現ミャンマー］行の送別会*あり、後羽田に見送。朝子、八時半東京着。

＊ 第一回アジア社会党会議（団長松岡駒吉、曽禰益、松沢兼人ら）。

一月三日（土）
ヒル本部にいく。河相達夫君と浅沼君を交えて会見。民雄、伊藤君をつれて帰宅。よる義夫、民雄をつれて美村君を訪う。クルミもちを御馳走になる。きょう、午後河上一家の人々を招く。

一月四日（日）
河野君宅を訪う。一時愛野葬儀につらなる。事務所による。智子、新橋にうつる。八時半たつ。

一月五日（月）
神戸着、永江宅に入る。午后勤労会館に県労会議の新年会に列す。四時海員会館で党の市協議会の新年会にでる。原口［忠次郎。神戸］市長もつらなる。六時市長の招待をうく。永江宅に泊る。

一月六日（火）
十時より県会議事堂にて党の県連の会合あり。三時市長と会見す。松浦、森脇、和久君と一緒である。阪本君来る。夜永江宅にて、桐山、小谷、中川、和久、油谷、酒井君等と牛肉をとる。

一月七日（水）
内藤君を訪う、五万円をうく。十一時森脇宅に帰る。神明倉庫を訪う。三時西田君事務所による。三和［銀行］に渡辺頭取を内藤、西田君と訪う。西田君の御馳走になる。八時大阪駅にて記者と会見し、四国いき列車にのる。中村参議〔院議員〕と一緒。高松への船中で東京の記者たちと会見、談話す。

一月八日（木）

九時高知につく。ヒル街頭で演説をする。県連大会にでる。安藝〔盛〕君の墓に詣ず〔墓碑銘は丈太郎の選書〕。夜演説。

一月九日（金）

徳島につく。左派の人々の来訪をうく。七時四国放送で座談会にでる。演説。

一月一〇日（土）

徳島市長の来訪をうく。午后県連大会にでる、演説。徳島泊。

一月一一日（日）

高松につく。県連大会にでる、演説。多度津の国鉄の寮に泊る。

一月一二日（月）

国鉄の人々に語る。午後と夜演説。十時半高松発で船で大阪に向う。

一月一三日（火）

六時半、大阪につく。新大阪ホテルに入る。内藤君に会う。伊藤忠の藤井専務に会う。一時上本町よりたつ。宇治山田につく、演説。津、四日市で演説。名古屋にでる。

一月一四日（水）

四時半名古屋たつ。駅で偶然に棚橋〔小虎〕君に会う。ヒル近く東京着。事務所によって議会にいき、中央執行委員会にでる。事務所による、前田君に会う。

一月一五日（木）

十時半頃、内藤君上京。東京駅に迎えて植場〔鉄三〕君を訪う。銀座でスキヤキを味う。民雄と子安君を清瀬に訪う。小島君を見舞う。夜政調の人来、大会提案の件につき説明をうく。

一月一六日（金）

林君を妻と一緒に訪問。事務所による。議員会館に入る。一時より中央執行委員会、大会の準備なる。よる内藤君来宅、読売の磯部君と他に一人来。朝日の太田君と他に一人来。

一月一七日（土）

芝公会堂に於ける肥料問題大会〔農民組合総同盟結成準備会主催〕にでる。后、中央委員会、府県代表者会議にでる。新橋の事務所のたてまえ。

三輪君来所、森脇君病み、宅に泊る。

一月一八日（日） 党大会［右社第一〇回］を浅草公会堂にひらく。

一月一九日（月） 大会の第二日目である。

一月二〇日（火）

大会終る。再び委員長に選ばる。築地の料亭で御馳走になる。

一月二一日（水）

中央委員会にでる。農民総同盟に祝辞を述ぶ。中央執行委員会にでる。銀河でたつ。

一月二二日（木）

新大阪ホテルに入る、記者会見。一時堂ビルで清交社で講演。産業、毎日、朝日、国際、読売社を訪問。よる大阪拡大委員会にでる。十時たつ。内藤君その他に会う。

一月二三日（金）

午后東京、ＮＨＫ、共同、時事、朝日、毎日、読売、時事、産業、日経社を訪問。よるは議院の関係者を陶々亭に招く。

一月二四日（土）

賀川氏を知事公舎に訪う。植場君を社に訪う。事務所による。一時本部、中央委員会にでる。よる執行委員を晩翠軒に招く。

一月二五日（日）

加藤君より電話あり。委員長［国会対策］を辞退するとのこと。原田昌平氏、高野［岩三郎］先生の御令息の来所をうく。高野房太郎氏［日本の労働運動の創始者の一人。岩三郎の兄］五十周年忌にある由、何か催しを乞うとのこと。午后、加藤君の件で西村［勇夫］君を川崎に訪う。帰途ニウス［ニュース］映画を見て帰る。

一月二六日（月）

十時半、丸の内ホテルに催されたる印度独立記念のレセプションにでる。妻と事務所により、一時半西村事務所にいき、加藤［勘十］、佐竹［晴記］、西村君と会見し、本部にいく。甲斐［政治］君に会う。事務所による、八時半浅沼君を東京駅に迎う。

一月二七日（火）

十時、本部にいく。浅沼、加藤君と会う。一時就任とのこと、議院にいく。局委員長会議、後執行委員会、選対委員会、よる帰宅。

一月二八日（水）
歯医者にいき、教文館の富士アイスで外国人に会う。局委員長会議にでる。印度の労働組合の委員長に会う。事務所による。林君を事務所に訪い、書記局の慰労会にでる。賀川〔豊彦〕先生、十二時に羽田たつ、見送る。新城君泊る。

一月二九日（木）
林君を訪い、歯医者にいく。事務所により、戸叶夫人を訪う。一時より対策委員会にでる。大西君に三輪君と一緒に会見し、一万円ずつ合計二万円を渡す。事務所によりて帰宅、九時過ぎ河相君を大森に訪う。

一月三〇日（金）
十時、議院にいく。岡山県連委員長に河相君の報告をなす。首相その他の演説をきく。陶々亭に印度組合書記長を招く。

一月三一日（土）
歯医者にいく。新城君病気で自動車が使えぬ。議会にいく。三宅君の質問演説あり。終了後陶々亭にて記者倶楽部の人を招く。智子を訪う。羅文生さん家に待つ。

二月

二月一日（日）
礼拝にでる。三時半東京会館でのＮＨＫのテレビジョン記念会にでる、智子の開業日〔新橋に薬局を開く〕なり、ささやかたる記念会をもつ。幸多かれと祈る。

二月二日（月）
ヒル議会にいく。米大統領の message〔アイゼンハワーの大統領教書〕の批判を発表す。事務所による。妻より電話あり。新城さん病気重しとのこと、驚きなり。

二月三日（火）
ヒル議会にいく、妻と一緒。妻は議会の医者をつれて、新城さん見舞にいく。大蔵省管財局長を訪問。議会に帰る。夕刻事務所による。きょうは新城さんの病気よく、一週間もすれば全癒するとのこと、安心したり。よる十時床につく。

二月四日（水）
十時国会にいく。保安庁の予算の説明をきく。一時中央執行委員会。四時半林君を訪う、外出中。駿河屋による。林君に面会し、陶々亭の財務委員会にでる。

二月五日（木）
林君を訪う。豊国別館に渡辺博士を訪う。議会にいく。局委員長会議にでる。田中一君の夫人の母上の葬儀に列す。事務所による。四時外交委員会にでる。帰宅。七時上野たつ。浅沼、平野、三宅、曽根、川俣と多数の記者たち。

二月六日（金）
青森着、船に乗る。函館着発。よる九時過ぎ札幌につく。あべ旅館に入る。

二月七日（土）
あさ保安隊を訪う。道連の大会にでる、札幌教会牧師平野一城君の招きで午后私宅を訪う。西田牧師同席せらる、三時北海道新聞、北海道タイムス社を訪う。よる演説会、十時半過ぎ知事をその公舎に訪う。

二月八日（日）
礼拝にでる。一時札幌たつ。旭川にいく。三浦旅館に入る、よる演説会。

二月九日（月）
八時たつ。岩見沢にいく、演説会。二時たち、小樽に向う。あべ旅館に入る。

二月一〇日（火）
十時〔旅〕館を出て、千歳にいく。十二時の飛行機に乗る、二時四十分羽田につく。新城さん、妻の出迎をうく。事務所によって帰宅。八時九段の議員宿舎の日野〔吉夫〕君の室で新明〔正道〕君に会う、三輪、松井君同席。

二月一一日（水）
林君を訪う。よる九時東京発、広島に向う。同車せし人は三輪、三宅、相馬〔助治〕、山田〔節男〕、池田〔禎治〕、田原、伊藤〔卯四郎〕、今澄〔勇〕、受田〔新吉〕の諸君。

二月一二日（木）
午後三時広島駅着、記者会見。県連大会に出席、大華楼に入る。よる広島と坂で演説。十一時半頃、森戸夫人の訪問をうく。

二月一三日（金）
中国新聞社、放送局を訪う。十二時労組との懇談会でる。二時広島発、森戸夫人と同車。福山で降車、よる演説会。

二月一四日（土）

午前三時福山発、大阪にて下車。新大阪ホテルに入る。内藤君に会い、伊藤忠を訪問。午后神戸にいく。森脇君と前田［平二］君を訪う。離党の手続をやめてほしいと懇願する。よるは森脇［甚一］、桐山［宇吉］その他の諸君と牛肉をとる。八時内藤夫人を神戸駅に見送り、永江宅を訪う。新大阪ホテルに泊る。

二月一五日（日）
内藤君の訪問をうく。十一時大阪発、大津に向う。県連大会にでる、よる演説会。銀河で帰京――妻も同車。

二月一六日（月）
事務所による、議会にいく。地方制度研究会にでる。民雄と歌舞伎座にじいさんばあさんをみる。

二月一七日（火）
議会にいく。途中平安堂による、浜田氏、午后三時帰国ときく。午后二時事務所により、妻と民雄をつれて羽田にいく。森戸君を見送る。浜田氏同時につく。事務所によって帰宅、早くねる。

二月一八日（水）
高嶺氏の来訪をうく。鉄鉱ビルに植場君を訪う。事務所による。永江に会う。教文館にて本を求む。議会にいき、執行委員会にでる。五時過ぎ散会。直ちに加藤夫人と同車して、浦和に向う。懇談会にでて演説をして帰宅す。

二月一九日（木）
よし邦君上京せらる。三時議会にいき、道路の話をきく。清和会で話をする。事務所により帰宅す。よし邦君泊る、玲子泊る。

二月二〇日（金）
井口氏来訪。ヒル過ぎＮＨＫにいき宗教随想の放送をなす、父［新太郎］のことを語る。議会にいき、委員長局長会議につらなる。事務所による、帰宅す。よし邦君泊る。

二月二一日（土）
十時半、議会に入る。野村早大教授の話をきく。全国市会議員団の陳情をうく。新橋ステージで吉川君の演説会にでる。議会の本会議に列す。事務所により帰宅。よし邦君泊る。

二月二二日（日）
礼拝にでる。本屋により帰宅、平野夫人来訪。よし邦君、九時たつ。

二月二三日（月）
ヒル事務所による。議会にいく。細田〔綱吉〕君、参議〔院〕立候補との決意せらる。事務所によって。駿河屋によって帰宅。

二月二四日（火）
林君を訪う。一度事務所による。再度駿河屋を尋ね〔岡本〕善太郎君に会う。議会にいく。三時半の列車で東京駅を妻と一緒にたち箱根奈良屋に入る。きょう私共の結婚日である。

二月二五日（水）
八時半箱根をたち、十時半東京駅着。議会に入る。ヒル頃事務所による。再び議会にいく。本会議ありたり、選対委員会あり。事務所によって帰宅。

二月二六日（木）
議会にいく。局長委員長会議にでる。本会議にでる。五時半帝国ホテルに催されたる朝日新聞よりアイク大統領に送る画の展覧のカクテルパーティに出る。事務所によって帰宅。

二月二七日（金）
一時、読売新聞社内ＩＮＳの支局長と会う、議会にいく。五時神戸新聞座談会にでる。

二月二八日（土）
朝、美濃部洋次君死去の報に接し驚く。十時三信に林君を訪い、胃腸病院を訪ね、美濃部夫人にくやみを申す。本部によって議会にいく。本会議にでる。閉会后西村〔栄一〕君に対する首相の暴言〔いわゆるバカヤロー発言〕が問題となる。十時近くまで議会にいる。

三月

三月一日（日）
十時までに妻と議会にいく。妻は石川、伊藤、水谷三君の見舞にいく。三時雑司谷の安部〔磯雄〕先生追悼会にでる。議会にもどり、夜八時までいる。妻は美濃部君の納棺式につらなる。

三月二日（月）
本部によって議会にでる。首相に対する懲罰動議可決す。予算通過――西尾、三輪君と美濃部宅を訪う。

三月三日（火）
事務所によって本部につく。一時青山葬儀所に、美濃部君の葬儀に立会う。議会に帰る。五時山の茶屋で、神戸建設局の招きうく。事務所による。

三月四日（水）
三信に林君を訪う。本部による、松岡君邸を弔訪す。中央執行委員と国会議員との会合にでる。議会にいく。六時陶々亭にて、神戸大阪の朝日の記者と山口君と民雄と夕食をとる。スターリン重態の報に接す。

三月五日（木）
永江、黒田君来訪。ヒル事務所によって、妻と松岡君邸を訪う。議会にでる。四時浅沼、伊藤、三輪君と上田君を事務所に訪い、議会に帰り、記者と会見。陶々亭にて加藤、西尾、平野、浅沼、三宅、三輪、河野君と時局を論じ、九時近く、朝日の座談会*にでて、浅沼君宅を訪うて打合せをなす。

* 「何を訴える（5）」（『朝日』三月二五日付）か。

三月六日（金）
十時、東京たつ。伊藤、田原、吉川、今澄君等と一緒。新聞記者多数同行、山崎書記も同行。大阪駅で内藤君と神戸駅で森脇君に会う。

三月七日（土）
博多着、翠泉旅館に入る。駅に平岩夫妻と子供、県未亡人来。大会で祝辞を述べ、知事［杉本勝次］の招宴をうく。演説をやって、東京よりの記者諸君と会見して二時になる。午后旅館でフクニチ夕刊記者と会見す。赤松［常子］さんがあとから来る。

三月八日（日）
九時博多発。下関にいき、山口県大会にでる。本間五郎氏に会う。午后の演説会にでる。夜、小野田、宇部で演説をやって富士旅館に入る。

三月九日（月）
ヒル近く小郡につく。池田［禎治］君を迎う。小郡と山口で、夜は下松と徳山で演説し、夜は井上君の経営せる観光旅館に池田君と山崎君と三人で泊る。

三月一〇日（火）
九時近くの汽車で光をたつ。岩国にいく。受田、赤松さん、池田君同行。市長の招きを受け見送をうく。二時飛行機でたつ。五時半羽田につき、議会にいく。佐野学君の通夜を天徳寺でもつ。事務所による。新築の事務所が出来、移っている様子をみる。

三月一一日（水）
本部による、議会にいく。一時佐野〔学〕君の葬儀に列し弔辞をのぶ。三時議会に帰り、執行委員会にでる。事務所による。伊藤〔英治〕君を伴い帰宅。

三月一二日（木）
大蔵省管財局長を訪う。本部による。議会にいく。五時より選対委員会にでる。事務所による。美村君、伊藤君とカヤベ〔茅場町〕町の三好で食事をとる。

三月一三日（金）
本部にいく。東京会館で幣原〔喜重郎〕氏の三周忌記念会にでる。議会に入る。スト禁止法通過。代議〔士〕会を開き、明日の不信任案につき語る。

三月一四日（土）
三信に林君を訪う、情報をうく。議会に入る。不信任案通過し解散。

三月一五日（日）
毎日新聞記者来、美村君来。議会にいく。執行委員会、午后両院議員総会にでる。事務所によって帰宅。日経の記者来、水野君来。妻、午后林君を鎌倉に訪う。留守とのこと。

三月一六日（月）
麻生君来宅。十時半林君を訪う。事務所により、本部にいく。選対と財務委員の合同会議。六時副議長サロンの社会新聞の座談会にでる。事務所により、駿河屋で民雄、新城さんと食事をとる、帰宅。放送局の記者来宅。

三月一七日（火）
妻と民雄を杉原氏宅に送って、本部にいく。府県代表者会議あり。三時半事務所にいき、四時南邦に林君を訪う、妻も一緒。五時半事務所によって陶々亭にいく。記者団を招く。酒井君（読売）と一緒に帰宅。

三月一八日（水）
十時、本部にいく。共同の宮本記者と会見。ヒル九段の宿舎で午餐をとりつつ会議。岩崎君と本部にて会う。帰宅。三井牧師夫妻と大貫〔大八〕君来宅。

三月一九日（木）
西村君来宅。和子を小学校に送って、本部にいく。家庭読売の記者と会い、事務所にいく。萬谷君〔弁護士〕の好意をうく。

三時清水昆氏［漫画家］と会見。事務所に再びいく。永江に会う。本部に帰る。第二区の演説会にでる。阪本［勝］君に電話す。

三月二〇日（金）

永江来宅、戸叶夫婦来宅、二十万円渡す。読売記者来宅、本部にいく。午后共闘演説会にでる。本部に帰る。帰宅し銀河でたつ。プラットホームに永江がいる。立候補するという、驚く。言う辞なし。車中にて記者と会見す。

三月二一日（土）

神戸着。森脇宅に入る。各社の記者と会見し、川崎車両、日通の争議見舞をなす。藤生氏を訪う。一時神戸発で広畑［製鉄所］にいく。工場の人々と会見す。姫路と加古川で演説し、大野屋旅館に泊る。

三月二二日（日）

末、大野屋に来る。浅沼君と記者諸君を迎う。県大会あり、永江の復党を決議す。散会後市部協議会の席上で、永江の立候補に反対の意思を表示す。大黒、摩耶校で演説。大野屋旅館で田万君に会う。十一時半神戸を浅沼君とたち、新大阪ホテルに入る。

三月二三日（月）

七時半、伊丹を飛行機でたつ。活子、新城さんと出迎う。事務所に入る。永江に会う。本部にいく。執行委員会、候補者会議にでる。米内一郎君に会う。事務所にいく。義夫と民雄と新城さんと駿河屋で夕食をとる。新城さんをねぎらう。浅倉に林君を訪い要談す。

三月二四日（火）

事務所による。本部にいく。朝日本社にて徳川［夢声］さんとの対談をなし、三軒茶屋――渋谷、池袋、共立講堂、亀井戸、新橋、大井を経て、再び亀井戸に至り、本部に帰る。義夫宅を訪ね、帰宅す。潮君泊る。

三月二五日（水）

リーチ*の陶芸をみて、本部にいく。正午河野君と一緒に読売にいく。本部に帰る。事務所による。よる伊藤君来宅。

＊　バーナード・リーチの作品は大正時代より愛好す。

三月二六日（木）

石川金次郎君の遺骨を上野駅に送る。本部にいく。ヒル頃帰宅。電通の放送をなす、事務所による、林君の来所あり、本部にいく。

三月二七日（金）
十時東京たつ。静岡で渋谷〔昇次〕君の応援して、名古屋に向う。名古屋で市内一巡、夜る《ママ》演説して一泊。

三月二八日（土）
岐阜にいく。大垣、岐阜、多治見で応援、よる多治見に泊る。

三月二九日（日）
三重にいく。宇治山田、松阪、上野で応援、上野に泊る。

三月三〇日（月）
奈良にいく。奈良高田で応援、高田に泊る。

三月三一日（火） 滋賀にいく、応援。大津に泊る。

四月

四月一日（水） 神戸に入る。

四月二日（木） 神戸で運動す。

四月三日（金） 大西〔正道〕君の応援。

四月四日（土） 山下〔栄二〕、奥〔伍一〕君の応援。

四月五日（日） 神戸でやる。

四月六日（月） 吉田〔賢一〕君応援。

四月七日（火）
尼ケ崎によって大阪にいく。新大阪ホテルで記者会見、午後、田万〔清臣〕、西尾君応援、よる演説、広島にたつ。記者団同行。

四月八日（水）
広島につく。漁市場で応援、市内一巡、午后呉にいく。よる呉と広島で演説、三原に泊る。

四月九日（木）
三原と尾の道で応援、船で愛媛にでる。船中記者団と会見。中村〔時雄〕君の応援。森脇君来る、船で高松にいく。

四月一〇日（金）
香川県で応援して徳島にいく。よる小松島より船に入る、ゆれる。

四月一一日（土）
朝大阪につく。田万、大矢［省三］両君を応援して神戸に帰る。午后毎日新聞社主催の演説にでる。よる金沢にたつ。

四月一二日（日）
八時金沢をたつ。夕刻和歌山に入る。和田［伝五郎］君を応援して岡本［善太郎。関西学院卒］君宅に泊る。

四月一三日（月）　自動車で神戸に帰る。

四月一四日（火）　午后京都にいく。

四月一五日（水）　神戸で闘う。

四月一六日（木）　よる二区を応援す。

四月一七日（金）
七時半伊丹を飛行機でたつ、十時東京着。本部にいく。午后読売ホールの演説をなし、三時の飛行機で帰神。

四月一八日（土）　神戸で最後の闘をなす。

四月一九日（日）
十一時飛行機でたつ、一時東京着。投票し本部にいく。

四月二〇日（月）
開票、当選*。神戸新聞支社に電話で語る。五時読売座談会**にでる。八時本部に集る。十時東京たつ、記者団と同行。小倉君つく。

四月二一日（火）
名古屋につく。波多野［鼎］君の応援、燕で米原につく。シ［滋］賀県応援、大北君宅に泊る。森脇君来る。

四月二二日（水）
京都につく。カニエ［蟹江邦彦］君のために応援し、一時神戸

＊　第二六回衆議院議員総選挙。自由党一九九議席で過半数割れ。この結果、野党が一致すれば、政権交代へ。
＊＊　「政局をどう収拾するか（各党首脳座談会）」『読売』四月二一・二二日。

につく。中地〔熊造〕君のために応援し、よるは演説をやる。

四月二三日（木）
松沢、中地君のために応援、よる演説をやる。

四月二四日（金）
十一時飛行機で伊丹をたつ。事務所により本部にいく。延島〔英一〕君と会見。投票*。よる三輪事務所を訪う。河野君と三人で語る。よる竹内君〔日経記者〕来宅、松沢、田畑〔金光〕、戸叶君当選の報に接す。

* 第三回参院選挙。右社一〇名当選、非改選と合わせ、二六名。左社は一八名当選、合わせて四〇名。

四月二五日（土）
妻、銀河で着。妻と民雄をつれて松岡〔英夫〕君を訪う。事務所により三井牧師を尋ねて帰る。統一首班のことにつき*、西村〔栄一〕、熊本〔虎三〕両君より話をきく。駿河やで民雄と新城さんで食事をとって帰る。よる磯部〔読売記者〕、太田〔朝日記者〕君等来宅。参議院選挙わが党利あらず。

* 丈太郎は、重光首班工作に対し、社会主義共同政権の実現を期し、両社統一候補を提唱。

四月二六日（日）
十時事務所で、浅沼君と会見。後民雄、義夫といと子さん〔義夫妻〕を病院に訪い、本部に至る。午后民雄と伊藤〔英治〕君と山の茶屋でうなぎを食う。事務所による。よる妻と加藤君宅を訪う。首班問題を語る。

四月二七日（月）
浅沼君を訪う。事務所に至る。一時〔党〕本部で執行委員会にでる。夕刻事務所に至る。急に民雄と長谷川長太郎君をつれて箱根の奈良屋に入る、泊る。

四月二八日（火）
午后箱根を去る。四時三田の三春旅館で民労連〔全労会議の前身〕の人と会す。智子のところによる。十時頃帰宅、産経の記者来宅。

四月二九日（水）
十一時半宮中の祝賀の宴につらなる。事務所にいき、三輪君と一緒に有田八郎氏を訪う。慶応病院にいと子さんを見舞い、義夫と新城さんと駿河屋で夕食をとり、美村君宅を訪う。

四月三〇日（木）

十時水素で、林君に会い、事務所によって本部に至る。午后慶応病院にいく。局長委員長会議にでる。事務所によって帰宅。

五月

五月一日（金）

午后小松区議来宅、チマさんのことで。五時虎雄の家で三輪、河野両君に会う。外岡君宅に訪う、外岡君留守。

五月二日（土）

十時半林君を、水素に訪う。本部にいき、豊田君より労働事情をきく。民雄と新城さんで駿河屋で午餐をとる。藤井［丙午］氏を訪いたるも留守。事務所による。美村君をともない、萬谷氏に御礼にいく。事務所に帰る。美村君を日大校に送り、平安堂を訪い、更にいと子さんを見舞い、六時三輪君と朝くらにいく。林君と三人で会食して語る。

五月三日（日）

十時、西尾君を訪う。帰宅后在宅。夕刻秋定君来宅、久し振りの会見なり。夕食を共にする。

五月四日（月）

午後の局長委員長会議にでる。事務所による、帰宅。よる羅文生君外二名の来訪をうく。

五月五日（火）

妻と箱根奈良屋に入る。十時近く帰京、直ちに浅沼君を訪う。

五月六日（水）

十時半本部にて、浅沼、河野両君に会い、議会に入る。両院議院［員］総会と代議士会にでる、事務所による。いと子さんを見舞い、平安堂によって、帰宅。よる戸叶夫妻来宅、小谷［守］君より電話がある。夕刻毎日の原稿を断る。

五月七日（木）

十時川崎製鉄東京支社に、社長を西村栄一君と訪問。事務所により本部に入る。浅沼、河野君と毎日新聞要求の原稿につき語り、河野君の筆に。羅君を東峰楼に訪い、本部に帰る。五時より参議院食堂で落選者の慰労会をひらく。事務所にいき、東京駅に妻の神戸いきを見送る。和子の宅によって帰宅。朝日の太田［博夫］、和田［教美］両君来宅。

五月八日（金）
ヒル事務所にいく。宇部の田村君をつれて野村ビルの［空白］氏を訪う。大槻君も来る。事務所に帰る。朝日の太田君と永江君に会う。駿河屋に岡本君を訪いて帰宅。

五月九日（土）
本部にいく。三信に林君を訪う。美村君、虎雄と三人で午餐をとる。事務所に入る。二時半本部にて三木武吉君［当時鳩山自由党］の来訪をうく。永江に会う。五時半九段議員宿舎にいく。局長委員長顧問会議にでる。

五月一〇日（日）
読売の芳賀君来宅。妻、今晩銀河で神戸発との電話ありたり。終日引籠る。

五月一一日（月）
三日月会［関西学院の同窓会］に出席す。事務所に入る。四時美村君と台東検察庁にいく、芳垣君釈放とのこと。本部にいき、五時林君を南邦に訪う。戸叶君へのものを受く。

五月一二日（火）
朝六時半より、塾*で教会の祈祷会があった。伊藤君を訪問して、駿河屋でヒル食を妻と新城さんととる。イト子さんを妻と見舞い、杉原氏を訪問。大橋君を訪問。事務所に帰り、直ちに本部にいく。きょうの共闘の様子をきく。事務所に帰る。民雄と妻と自分の問題で語る。妻浅沼君を訪う。浅沼君十二時頃来宅。統一首班にて自分の主張、［空白］ため自らの委員長としての責任をとり辞退せんとの旨、浅沼君へ妻を通して告げたるため。浅沼君来宅。

＊　妻末子が経営する自宅に隣接する河上英語塾のこと。

五月一三日（水）
伊藤君より電話があった。向井、山崎両君［共同通信記者］来宅。十二時半林君を水素に訪う。本部にいき事務所にいき、後議会内の執行委員会にでる。事務所に帰り帰宅。民雄銀河で神戸にたつ、見送る。戸叶夫人、朝日の太田君来宅、戸叶夫人に約束のもの渡す。

五月一四日（木）
朝、高嶺［宗］君来訪、全国選挙のことを語る。一時本部にいく。事務所による。五時参議院議員会館で催された労組との懇談会にでる。

五月一五日（金）

朝伊藤君を訪問、本部に至る。中［ノ］瀬君と会う。院内代議士会にでる。後局長委員長会議にでる。よるおそく産経の後藤、永芳両君来、十二時過帰らる。

五月一六日（土）

西村勇夫君と三信入口にて会う。林君を訪い、第一議員会館に入る。拡大中央委員会にいる。閉会の辞として自分の心境を述べたり、委員長の辞退を決意したるが退不避罪*との言により、ふみとどまりて闘う旨を述べたり。

＊　丈太郎は「進不求名／退不避罪／唯民是保」を旨とした。

五月一七日（日）

十一時院内に入る。局長委員長会議、議長副議長問題の話*。二時いと子さんを見舞い、ラジオで野球と相撲をきく。事務所にいく。六時院内にいく。森戸君、事務所に約束通り来る電話で話をする。十一時まで院内いる。

＊　議長には野党の推す改進党の堤康次郎が就任、副議長は左派社会党の原彪。

五月一八日（月）

九時半院内に入る、夜十二時近くまでいる。議長、副議長選挙あり。

五月一九日（火）

早天祈祷会ありたり。九時半院内に入る。総評副会長等来る。重光［葵］首班の勧告。午後首班に吉田［茂］氏指名せらる。我々は河上首班、次は棄権。六時事務所にあって、美村、谷尾、河原田、新城君と駿河や［屋］で夕食をとり帰る。

五月二〇日（水）

自動車故障で使用出来ぬ。十時院内に入る、夕刻去る。事務所によって帰る。

五月二一日（木）

九時半院内に入る、終日院内にいる。よる事務所によって美村君と一緒に自動車で帰る。

五月二二日（金）

九時半院内に入る、夜九時近くまでいる。常任委員長の選定はかどらず、八時過ぎ初めて開会す。我党は委員長をとらぬ態度に終始す。よる妻、中村［菊男］教授を訪問する、後日来宅をなす。

五月二三日（土）

終日家に引籠る、民雄昨夜箱根にいく。

五月二四日（日）

終日家にいる。多田井夫妻午后来訪、よる中村教授来宅。

五月二五日（月）

事務所によって、院内に入る、夕刻までいる。事務所によって帰宅。よる浅沼君を訪問。

五月二六日（火）

深川の双樹寺まで妻を送り、丸善によって院内に入る。ヒル頃事務所に至る。二時三信に林君を訪い、事務所に帰る。美村君を伴うて帰宅す。

五月二七日（水）

南邦による、院内に入る、夕刻までいる。帰宅。

五月二八日（木）

十時院内に入る。第二議員会館の民労連との懇談会にでる。網代町長、助役、長谷川君と会う。一時局長委員長会議にでる。五時陶々亭にて知識人を招く。

五月二九日（金）

十時院内に入る、よる九時までいる。加藤［勘十］、伊藤［卯四郎］、河野の三君による激励をうく、曽根［曽禰益］君よりインド*にいけとすすめられる、会食をする。

* アジア社会党会議幹事会（インド、ハイテラインドにて開催）に党代表として出席の件。

五月三〇日（土）

事務所によって、本部に至る。局長会議にでる。ヒル院内に入る。一時執行委員会――三時両院議員総会。五時東京温泉の新三浦で安藝［盛］君の十年祭の宴。西村、浅沼、加藤、三輪、両佐竹［晴記、新二］、山下、大矢、永江、上條、村尾、天満、望月諸君。山崎剱二君新党の手紙をうく。

五月三一日（日）
礼拝にでる。妻と民雄とサンドイッチで簡単のヒル食をとる。妻と前田君宅を訪問して帰宅。四時美村君来宅。一緒に銀座銀龍で三輪、安藤、浅沼、美村君と永江の事件で打合をなす。

六月

六月一日（月）
院内に入る。本部にいく。静岡県議鈴木君と会う。山崎［劔二］君離党事情をきく。二時帰宅。山崎君へ電話で在宅をたしかめ、五時二十分の電車で沼津にいき、山崎君に語る。九時の電車で帰宅。十二時過ぎ帰宅、京都より来る松木母子泊る。

六月二日（火）
早天祈祷会をもつ。二時事務所による。小塩［完次］氏と会見、世界連邦会議出席の依頼をうけるが、時間の関係で承諾し難しと答う。歯医［者］によって帰宅。妻は伊太利建国記念会にでる、私は歯の関係で欠席した。寿岳文章君より同君輯するウオーズオース氏［前関西学院文学部生］の追悼録を送って来た。美事の本である。

六月三日（水）
歯医者にいく。院内にいく。本部にいく。事務所にいく。後帰宅、吉川［政春］君よる来宅。

六月四日（木）
歯医者にいく。事務所による、本部に至る。あじろ町長等の来訪をうく。二時三輪事務所で三輪、西尾君*と会見す。事務所による。いと子さん明日退院ときく。朝日の柳谷君の来訪をうく。八時半たつ。神戸に向う。

＊　西尾［末広］の昭電事件の主任弁護士。

六月五日（金）
神戸着。県会議員寮に朝食をとる。県連事務所にて記者との会見。后、公安委員長田村［亨］氏を訪問し、藤生氏を更に訪問し、商工会議所、県庁で議員団――知事を訪問し、スシを食うて市役所にいき、市長と議員団を訪う。片山町の宿舎に帰り、中村［馨］の宅を訪問。沖天閣で夕食をとって永江を訪う。

六月六日（土）
石塚君を訪問し、議員会館で催したる労組との懇談会にでる。

民雄、和久、森田君をつれて冲天閣で夕食をとり市部協議会にでる。銀河でたつ。

六月七日（日）

山県［和喜］君の出迎をうく。妻も来りしが、時間がおそくなり会わず。歯医者にいく。義夫を尋ぬ。光子が来る。

六月八日（月）

本部にいく。途中平安堂による。本部に寿岳文章君が来訪ありたり。浅沼、河野、曽禰君と朝鮮休戰*について打合せをなす、議会に入る。読売の田村［祐造］君を伴い、民雄と子安君を清瀬に見舞う。事務所によって、東京駅下の私共夫妻の招きに応じたり（河上後援会）、歯医者によって帰宅、日経記者来宅。

＊　朝鮮休戦協定成立は一九五三年七月二七日。

六月九日（火）

早天祈祷会あり、席上［空白］氏より頼まれたることあり。十時院内に入る。河野、曽根［禰］君と打合せなす。午后、伊関国際協力局長と次長、関氏と会見し、高砂鉄工に宇都宮君を訪う。外遊費の一部として十万円をうく。事務所により歯医者にいき、帰宅。

六月一〇日（水）

十時高島屋に川勝氏を訪う。歯医者にいく。事務所による。ヒル食を義夫一家ととる。毎日新聞政治部長来訪、渡欧の印として金拾万円を贈らる。大塚君来所、大橋［リュウ］夫人来所。餞別料をうく。大橋君を訪うて礼を述ぶ。夕刻帰宅。

六月一一日（木）

歯医者にいく。丸善により、高島屋の書店による。本部にいく。加藤勘十君を会館に訪う。院内にいく。歯医者にいく。事務所による。晩翠軒にて大田君の宴をもつ。

六月一二日（金）

高島屋に合オーバーを注文し、ヒル頃本部にいき、議会に入る。一時より質問の打合せ会があった。事務所により、歯医者にいきしが留守、帰宅。よる歯医者にいく。妻、銀河で神戸にたつ。

六月一三日（土）

歯医者にいく。議会にいく。夕刻帰宅して、よるたつ。準備をなし、品川と浅草の演説会にでて十時半たつ。浅沼、三宅君と記者七名同行。

六月一四日（日）

心斎橋畔の旅舎に入る。中島［浩吉］、山口両君の来訪をうく、午后演説会、よる二個所で演説、十時の列車で大阪たつ。曽根［禰］、西村［栄二］、堤［ツルヨ］君と一緒。

六月一五日（月）

杉本［勝次］福岡県知事と車中で会う。妻も帰京。よる九時河野君を訪う。質問演説の原稿を渡す。

六月一六日（火）

開会式ありたり。執行委員会で原稿の批評ありたり。谷尾君に原稿の筆記を頼む。よるおそくまで民雄と熱議す。

六月一七日（水）

子安君の手術の経過よき由報あり。演説す［国会代表質問］、事務所による。美村君と民雄とで平安堂を訪い、御馳走になる。

六月一八日（木）

八時半、林君を南邦に妻と訪う。歯医者によって高島屋にいく。院内に入る。渡欧の打合せ会にでる。本会議で井上君質問する。事務所によって、谷尾、義夫、民雄、新城さんと六実*でトンカツを食う。帰宅。

六月一九日（金）

本部にいき、航空会社の人と会う。事務所に入る。網代の漁業組合の人に会う。その人達は議会で傍聴せらる。院内に入る歯医者にいき再び議場に戻る。事務所によって帰宅。

六月二〇日（土）

九時半事務所で永江と会う。永江と一緒に西村勇夫君を訪い、井上隆一君の事務所、植場君の事務所を尋ね、広告のことを頼む。院内に入る。歯医者にいき帰宅す。よる神戸の人と海員組合の人々を招く、戸叶夫人来訪。

六月二一日（日）

ヒル会館に河野君を訪う。二時頃帰宅、細田君と藤間夫妻来宅。夕刻より金子一族、伊集院一家、智子一家、信子夫妻と子供来、夕食をとる。午后横山君来宅。

＊　築地にあったとんかつ屋。社会党政審藤牧新平の尊父（医師）の患者たりし人が主人の店。

六月二二日（月）

北原氏を訪問。会館にて幡新君に会う。堤さんと一緒に巣鴨プリゾンを訪う。堤さんと妻と駿河屋でヒル食をとり、本部に入る。局長委員長会議につらなる。曽禰君より印度の会議の話あり。結局一日発で独乙に渡り、独乙よりストックホルムに到ることにする。よる陶々亭にて、新聞記者諸君を招く。

六月二三日（火）

早天祈祷会ありたり。林君を南邦に訪う。議院に入る。寺田君と青山学院に訪、留守。本部により、曽禰君を会館に訪う。代議士会に［出］席し、本会議にでる。藤本［用輔。神戸］市議来。歯医者によって帰宅。鈴木文治君の妹さん来訪。

六月二四日（水）

午后、外務省渡航課にいく。参議院会館にて中村、田畑、中井の国会議員との座談会にでる。夕食に本部の書記の諸君を招く、来るもの五十人に及ぶ。義夫より電話、いと子さん急病入院手術の必要ある旨、伝えらる。驚いて新城さんの車で昭和病院に入らしむ。

六月二五日（木）

外務省渡航課に妻をつれていく。事務所によって、義夫に会う。義夫泣く。聖ルカ病院にいく。議会に入る。事務所によって、六時九段議員宿舎に局長委員長顧問会議あり、帰宅せば日経の記者来訪ありたり。

六月二六日（金）

三輪君を妻と民雄と一緒に訪う、留守。本部にいく。西尾君と外務省渡航課に出頭手続完了した。曽禰君の会館にいき注意をうく。南邦により、浅草の松崎商店でカバンを買う。椿山荘のニウー［ニュー］東京観光バスの発会式につらなる。参議院の控室で［社会主義］インターの打合会があり、後私達の送別の会があった。有田八郎氏の招きをうけたり。

六月二七日（土）

歯医者にいく。丸善による、朝日新聞社に今井君を訪う。議会に入る。三時頃永江を訪い、一緒に事務所によって語る。再び院内に入る。閉会後記者と会見し、民雄、伊藤、新城さんと六実でトンカツを食う。

六月二八日（日）

礼拝にでる。私共夫妻の送別会があった。義夫を訪い、一緒にいと子さんを見舞う。原氏と面会した。六時美村君夫妻の来訪あり。八時半銀河で出発。

六月二九日（月）

京都より産経記者乗る。九時神戸の記者と会見。県庁に知事を訪ね、礼を云う。十時半議員会館で送別会にでる。内藤君来訪。終了后、神港、神戸、産経、読売、毎日、朝日社を訪う。大野屋に東京の記者君達を訪う。永江を訪う。冲天閣で関学の卒業生の会にでる。あき［安芸］にて浅沼君を迎えてそれにのる。浅沼君は神戸泊り、十時慧星で帰京。

六月三〇日（火）

義夫の来訪を求め、十万円を渡す。いと子さんの診察費。妻と曽禰君を訪い、スエーデン公使館にいく。曽禰君の会館で飛行機会社と東京銀行の人に会う。事務所により、新城さんと六実によって歯医者を訪ねて帰る。

七月一日（水）　欧州にたつ。

十一時インド大使館訪問、大使と会見した。四時本部で歓送会ありたり、夕刻たつ。*

＊　七月二日～八月十七日欠。この間、社会主義インターナショナル第二回大会（スウェーデンで開催）出席のため渡欧。帰途アジア社会党会議幹事会出席のため、インドに立寄り、ネール首相と会見。

八月

八月一八日（火）

午后七時半羽田着。多数の出迎人をうく。記者の会見あり。大橋［祐之助］君によって妻は注射をうけ、義夫を訪ねて帰宅。

八月一九日（水）

平山牧師の来訪をうく。小島君夫妻と令息の来訪をうく。日下田君の来訪をうく。二時本部にいく。九時ラジオの放送をなし、神戸新聞記者と会い、妻と共に事務所にいき、妻は大橋君にいく。河野君を会館に訪れ留守中の事情をきき、事務所にもどり、妻と一緒に帰宅。朝日新聞記者来、留守中に林君来訪。

八月二〇日（木）

十時林君を三信ビルに訪問。十一時浅沼君来訪。二時半本部にいき、院内で曽禰君と浅沼君と三人で記者会見。箱根奈良屋に入る、民雄と。

八月二一日（金）

午前十時半、本部に在京幹部会を開く。一時私共の歓迎午餐会ありたり。事務所によって帰宅。東京新聞記者来る。三井牧師来宅。

八月二二日（土）
平安堂夫妻来宅。一時読売ホールにいく。講演をなす。六実でトンカツをとる。民雄、畑、新城さんと森戸君よる来宅。日経、産経の記者来宅。

八月二三日（日）
朝政治春秋社の人来宅。礼拝にでる。私共の歓迎会があった。鉄齋の画展を高島屋にみる、帰宅。親類の者来る。美村夫妻よる来宅、時事新聞記者来宅。明日四時本部で会見を約す。午后横前夫妻、平山、古銭君来宅。

八月二四日（月）
三信ビルに買物にいき、三輪事務所を訪ねたるが、三輪君は弁護士会にいるとのこと。外務省国際協力局を訪ね、神戸のＰＲセンターの反対陳情をなし、次長に面会し、よる曽禰君を参議院会館に妻と訪ね、インド大使館に大使を訪問して、ネール氏会見の御礼を述べ、スエーデン公使館にて公使に会い、本部にいき、それより永江と新宿で会い、一緒に帰宅し銀河で民雄と一緒に神戸に向う。

八月二五日（火）
神戸着、多くの出迎をうく。勤労会館にて記者団と会見し、県庁を訪ねたるも知事も議長も留守。勤労会館にて党の会議に列し、欧州事情を語り、午后私の歓迎会につらなる。三時労組との懇談会、六時より市電市職の会合に出席し、後井村［稔雄］君を訪いたるが留守。永江を訪い、酒井［一雄］君を訪い、片山町に帰舎し、産経の写真員来訪。

八月二六日（水）　つばめで帰京――浅沼君夕刻来訪。

八月二七日（木）
十一時半羽田に、西尾君を出迎う。事務所により、永江と一緒に原口［神戸］市長の招をうく。事務所にて川俣君に会う、帰宅。加藤シズエさん来訪。よる川島、今澄、門司、松井君来訪。東京新聞記者来、おそく酒井君来訪。

八月二八日（金）
藤井［丙午］君を鉄鋼ビルに訪いたるも留守。事務所に入る。一時半藤井君を再度訪う、面会する。駿河屋にてコーヒ［ー］をのむ。事務所に入る、五時帰宅。よるは曽禰、戸叶夫人を初め浅沼夫人も来訪。本部の書記局の人々を招く。朝、神戸新聞記者来訪。新しくラジオを買い求む、モスクワ放送も聴える。

八月二九日（土）

よる七時十分上野発、川俣君同伴。新聞記者の諸君も同伴。記者会見をする。

八月三〇日（日）

弘前につく、大会にでる。地方記者と会見、市内見物、よるは三個所で演説、弘前では二千人以上の聴衆であった。大鰐の山二旅館に入る。

八月三一日（月）

六時たつ。三時半過ぎ山形につく。途中秋田駅にて記者会見、山形駅にて記者と会見。よる演説会の後、上の山温泉村尾旅館に入る。同導《ママ》の記者諸君と会見する。

九月

九月一日（火）

四時たつ。秋田駅にて下車。自動車で一日、市にいく。演説会をもつ。細野［三千雄］君来。よるは能代で演説、三輪旅館に入る。能代市長の招宴をうく。

九月二日（水）

六時たつ。函館にて記者と会見。九時過ぎ登別温泉に入る。

九月三日（木）

七時たつ。十時札幌につく。阿部旅館で記者との会見、* 大会にでる、よる演説会。

＊　左右合同のために、右社で統一委員会を設置することを表明。

九月四日（金）

十時北大、植物園、北海道畜産所にいき、月寒学院で午餐。一時より懇談会、四時半千歳に向う。九時半羽田着。荘原、伊藤［忠治］君の出迎をうく。妻と一緒に帰宅、読売の磯部君来訪。

九月五日（土）

九時過ぎ美村君宅を訪ねたるが、既に出勤せられた。事務所により、裁判所にいく、峰尾君等の公判のため。相［手］被告弁護士の都合により延期となる。一時本部にいく。幹部会にでる。事務所に帰り、義夫をつれて六実で夕食をとり土産を持参して事務所に帰る。永江が来、事務所へ。

九月六日（日）
朝、森夫妻来訪。午后野球放送をきく。よるは早く床につく。
（欄外に九日三時青山学院の記載あり）

九月七日（月）
十時院内に入る。政策審議会にでる。午后三時半本部に入る。夕刻事務所に入る、帰宅。独で選挙の結果が分明する、社民党*敗る。

＊ 結果は失望に終る。保守党四五・二パーセント、社民党二八・八パーセント。当時の社民党はシューマッハー党首時代。

九月八日（火）
十時院内に入る。政策審議会にでる。四時本部で政界往来の記者と会見。古銭君をつれて三輪事務所にいき、事務所による、妻と伊ひ［井伊誠一］、松井［政吉］、佐竹、冨吉君の見送と吉川［兼光］君の出迎のため羽田にいく。

九月九日（水）
議会にいく。政調につらなる、三時青山学院にいく、講演をなす。後箱根にいく、民雄と共に。

九月一〇日（木）
ヒル頃帰京。新橋で食事をなし、本部にいく。執行委員会に出席、統一［問題］調査委員を任命する［委員長・三宅正一］。外人記者と会見し、一先帰宅。銀河でたつ、妻と一緒に。

九月一一日（金）
県連事務所に入り、市警を訪問して姫路に向う。市長の招宴あり。午後一回、よる姫路で演説、姫路に泊る。昨夜寝台車中で、背の腰がいたむ（福崎小学校）。

九月一二日（土）
加古川で乗換て、西脇にいく。よる三木と北条で演説、北条に泊る。

九月一三日（日）
朝、教会を訪問する。豊岡にいく。よる出石と豊岡で演説、城崎、西村旅館に入る。

九月一四日（月）
篠山にいく。演説、よる二回所《ママ》で演説。

九月一五日（火）

神戸にもどり、農協の会合にでる。県立病院で注射をする。大野旅館に入る。ゴム産の会にでる。

九月一六日（水）
九時大阪発急行で島根にいく。松江で演説、玉造温泉に泊る。

九月一七日（木） 出雲市で街頭演説。浜田市で泊る。

九月一八日（金）
益田市で演説。午后三時過ぎ下ノ関につく。街頭演説、二所で演説。

九月一九日（土）
列車事故でおそくなり、熊本に着く。直ちに演説。伊藤［卯四郎］、松前、甲斐両君と一緒。よるは荒尾市でやる、熊本に泊る。

九月二〇日（日）
八代でやる、鹿児島に夕刻つく、演説。

九月二一日（月）
国鉄工場で講演、宮崎につく。宮崎で演説。

九月二二日（火）
延岡で街頭演説をやる。大分に入る、二個所で演説。別府に泊る。

九月二三日（水）
広島につく。呉市にいき、三所でやる。

九月二四日（木）
広島にいき、戸田君と面会。検事長検事及び次席、係検事に会う。夕刻神戸につく。永江を訪う。

九月二五日（金）
暴風雨。三田及び伊丹、あしや［芦屋］の演説中止。

九月二六日（土）
十時より県連執行委員会あり。午後県庁を訪問。よる井上君宅を訪う。神戸の演説会を中止した。

九月二七日（日）
平佐君と岩佐先生を病床に訪う。石塚君宅を訪いたるも留守。井上君宅に入る。渡辺君と会う、五時冲天閣で山下、桐山君と会見、神戸の事情をきく。

九月二八日（月）

つばめで大阪発。東京駅に浅沼、酒井その他の出迎をうく。

九月二九日（火）

ヒル河野君を会館に訪い、本部にいく。局長委員長会議にでる。夕刻六実で民雄、伊藤、新城の諸君とトンカツを食う。中村菊男氏宅に民雄がいく。一緒にいく。

九月三〇日（水）

谷尾君来宅、税務所によって帰られる。事務所によって、議会にいく。後本部にいく。二時曽禰君とヒイロンの自由労連への代表者と芝パークホテルに会う。議会にでる。妻と民雄と、杉原氏を病床に訪う。帰宅後民雄と雁をみる。

一〇月

一〇月一日（木）

議会に入る。政調の会にでる。二時政調の会議再開、三時本部に選対会にでる。四時曽禰、戸叶両君と妻とで印度大使館に印度の三婦人国会議員のレセプションにでる。事務所によって帰宅。よる佐藤夫妻来宅。

一〇月二日（金）

十一時院内に入る、政調会議に列する積り。午後一時より統一委員会にでる。事務所によって帰宅。よる会話の練習、ロイター氏死去に弔電を送る。

一〇月三日（土）

植場君を訪い、保険同人社に大渡［順二］君に会い、本部によって三［日］月会にでる。一時半より本部に執行委員会あり。事務所によって、晩翠軒に放送記者を招く。

一〇月四日（日）

朝ねる。夕刻活子の誕生日の祝をする。伊集院一家来。よる前田、美村両君来、前田［千代子。依頼者］君のことにつき相談する。

一〇月五日（月）

九時、佐々木弁護士をその私宅に訪う。本部によって、英国への送金の金を渡す。議会に入り、後伊藤重次君を訪い、事務所にて中村忠充君と前田君に会う。第一議員会館で新対策の懇談会に出て、院内の凶作対策委員会にでる。事務所に至る。永江に会う。美村君と一緒に帰宅。

一〇月六日（火）

丸善にいく。大協石油本社に社長を訪ね、前田君の件を頼む。院内事務所に入る。後第二議員会館にて開拓者の人々に会う。院内に入り、食事をとり本部にいく。選対の会合にでる。事務所による。義夫と新城さんと三人でトンカツを食う。

一〇月七日（水）

十一時三輪君を事務所に尋ね、事務所に入る。駿河屋の矢野君の来所。一時半九段の宿舎の応接室にて、統一委員会開かる。五時半陶々亭に浅沼、赤松［常子］、堤［ツルヨ］、加藤［シズエ］、山口［シズエ］、戸叶［里子］君等を招く。浅沼君同席。帰宅するや酒井君［読売新聞記者］来訪と同時に、杉原［五郎。銀座教会員］氏危篤の報に接したので、酒井君の車で杉原邸にいく。病篤し。

一〇月八日（木）

朝佐々木弁護士を訪問して後、事務所に入る。前田君と一緒に弁護士会館にいき、美村君に会う。民雄と演舞場にて〝花の生涯〟をみる。後本部にいき松沢君と会う。事務所に帰り、美村君と駿河屋に社長を訪う。朝、妻駿河屋を訪ねたり。よる堂森［芳夫］君来訪、滞欧の感想を述ぶ。

一〇月九日（金）

佐藤君来宅。富士銀行に妻がよって本部に至る。妻は佐藤君を伴い駿河屋にいく。ヒル過ぎまで会議あり。参議院会館食堂で曽禰、木下君と食事をなし、前田君を伴い大協本社にいく。社長留守。高砂製鉄にて宇都宮君に会い、堀内君入社をたのむ。事務所によって民雄と帰宅す。

一〇月一〇日（土）

八時前田君を伴い、大協社長宅を訪ねたるも、病気で面会出来ぬ。殖田君宅を訪ねて大協の件を頼む。第一議員会館のブロック会議に出る。十一時稲井、峰君の公判に立会う。事務所に入る、三時長谷川長太郎君来所。四時明治座に井伊大老をみる。

一〇月一一日（日）

朝、国会通信社の記者来。礼拝にでる。杉原先生昨夜十時昇天の報をうく、帰宅。よる杉原氏邸を訪う。

一〇月一二日（月）

昨夜奈良屋さんの電話で、これに関し美村君の考を述べるために、美村君の来訪を求め箱根に電話する。出かけに竹内夫妻来訪。一緒に事務所にいく。前田君来所、古川はまさんが母親につれられて来所。一時に院内に入る。両院総会にでる。総会の終了後、最近帰朝したる人々の歓迎会。四時林君を日本橋に訪う。六時に美村、畑（政調）、民雄をつれて箱根に向う。

一〇月一三日（火）

ヒル頃帰京。小田原駅で西下の鈴木茂三郎君と会う。院内に入る。三時すぎ帰宅。日通労組の画家来訪、記事をとる。

一〇月一四日（水）

白木屋に陶展をみる。久振りに謹也［新井謹也］君の作品をみる、感深し。本部にいき、参議院会館にて食事をとり、財務委員会にでる。二時杉原さんの葬儀につらなる、帰宅。よる花の生涯の映画をみる。

一〇月一五日（木）

十時より在京幹部会にでる。午后前田［千代］君と大協社長を訪ねたるも留守。国会図書館に人事課長を訪う。事務所に入る、後帰宅。

一〇月一六日（金）

朝平安堂によって本部にいく。山下君に会う。ヒル頃前田君と一緒に大協社長を訪う。事務所に入る。一時今井君の来所をうく。四時近く河野君を会館に訪う。六時ます子さん結婚一週《ママ》記念会が宝屋であげられる、妻と出席す。

一〇月一七日（土）

二時より民社連［民主社会主義連盟］で話をする。本部にいく。五時事務所に入る。六時より浅沼、三輪、三宅、河野の諸君と相談する。十時に加藤君と一緒に東京をたつ。

一〇月一八日（日）

朝四時過ぎ、名古屋につく。宿につく。記者との会見をなし、夕刊に大々的にでる。市役所にいき、県庁にいき、災害の様子［台風一三号］をきく。県庁で地元記者との会見ありたり。それから自動車で碧南市にいき、災害地の調査をなす。それから船にて河［川］上より、他の場所の視察をなし吉田町に入る。町長の話をきく。名古屋に帰り、山本君のために応援をなし、夜二個所で演説をなす。

一〇月一九日（月）

朝五時の列車で京都につく。駅で記者会見。水谷［長三郎］君の出迎をうけ、府庁に入って知事と会見し、後市役所に入り高山［義三］市長に面会し、市長の午餐の招待をうく。一時近く京都をたつ。加古川に向う、神戸駅より松沢、大西［正道］、山下［栄二］、松浦［清二］の諸君同車。加古川市役所で記者会見。労働組合、中小企業者との懇談会あり。よるは別府と加古川に演説。自動車で神戸に帰り大野旅館に入る。

一〇月二〇日（火）

朝永江、桐山両君の来訪をうく。ハトにて大阪をたつ。

一〇月二一日（水）

十時半コルトン〔Kenneth E. Colton. アメリカ人。日本政治研究家。原敬、日本社会党に関心〕氏と会館で面会。院内の対策委員会にでる。陶々亭にて毎日新聞記者の諸君と会見。二時より執行委員会、事務所によって帰宅。

一〇月二二日（木）

コルトン氏と会館で十時より会う。一時に田口氏の葬儀につらなり。二時より九段の宿舎での懇談会にでて、五時より井上、森両氏と天ぷらを食う。山本〔徳源〕君*との会話をなす。

* 英語の達人。のちRCAの経営者となる。

一〇月二三日（金）

八時五十分の列車で仙台に向う。吉川君同車。仙台駅につき記者団との会見後、石巻市へいく。よる仙台市で演説。

一〇月二四日（土）

朝、新明君宅を日野〔吉夫〕、三春〔重雄。戦前からの同志〕両君と訪問。八時半県庁の車で凶作地視察した。最もひどい坂元町に至る。二時の列車で若松にいく。若松で演説。

一〇月二五日（日）

七時四十分たち、新津駅で下條〔恭兵〕君と一緒になり、新潟市に入る。西山旅館に入る。記者会見、午后〔空白〕で演説、よる新潟で演説。

一〇月二六日（月）

問題となっている市場を朝早く視察し、午后三条にいき、演説をなし、今町に夕刻入る。二個所で服部町長選挙の応援をして、夜汽車でたつ。

一〇月二七日（火）

五時四十分上野着。十時より在京幹部会を院内で催す。四時鈴木君、野溝君と私と浅沼君の会見。事務所にて前田君に会い帰宅。

一〇月二八日（水）

十時前田君を伴い大協社長を訪う。院内に入る。ヒル小川軒にて食事をとり、午后両院総会にでる。本部による。平安堂によって帰る。油谷君来泊。

一〇月二九日（木）
十時院内に入る。ヒル頃山口シズエさんと加藤勘十君と三人で食堂でウドンを食っている所を中部日本に写真を撮らる。二時開会式。小笠原、岡崎氏の演説ありたり。五時国鉄の幹部の招をうく。浅沼、河野、加藤、三宅、川島の諸君とつらなる。帰宅、油谷君泊る。

一〇月三〇日（金）
油谷君と一緒に院内に入る。十時国会が午后二時になる。五時散会、事務所に入る。山本君との会話あり。油谷君泊る。

一〇月三一日（土）
十時院内に入る、五時去る、事務所によって帰宅。

一一月

一一月一日（日）
六時に家を出て、九段の宿舎にて伊藤〔卯四郎〕君を迎えて羽田にいく。民雄が見送る、曽根〔禰〕君と三人で福岡に向う。大阪伊丹にて三時間まつ。待合室にて岸田〔幸雄。兵庫県〕知事に会う、四時半板つき〔付〕に着。記者と会見、八幡に向う。支部大会には間に合わず。演説をなし、福岡の金房旅館に入る。

一一月二日（月）
八時十五分発で十二時半頃羽田につく。直ちに議会に入る。執行委員会にでる、帰宅。浅草公会堂にて行わる八周年記念会*にでる、平岩よし邦の妻と子供が泊る。

＊　日本社会党結党大会は昭和二〇年一一月二日、日比谷公会堂で行われた。

一一月三日（火）
一時院内に入る。ヒルを天国でとる。夜食を小川軒でとる。よる十一時議会は散会。

一一月四日（水）
一時芝公会堂にて凶作農民大会に出席し、後市内デモ行進につらなる、四時頃解散。五時参議会館にて赤松〔常子〕さん、院内玄関で加藤〔シズエ〕さんをつれて、妻と四人で中野のホトトギスにいく。セイロン〔現スリランカ〕国会婦人議員の招待をなす。

一一月五日（木）

十時本部によって、今町長の寄贈の果物を書記局に届ける。事務所に入る。妻をまち、二時近く大宮御所に入る。園遊会。院内に入る。保田君をつれ事務所に入る。谷尾も更につれて六実でトンカツを食う。

一一月六日（金）

十時院内に入る。十一時図書館運営委員会に出席し中途にして退席。大協社長を訪問したるも留守。天国で天丼をとって院内に帰る。代議士会、統一調査会、本会議に出席し、帰宅。羅氏来訪、酒井君来訪。美村君を迎えにやる。美村君来、前田君のことにつき話合う。

一一月七日（土）

十時本部にいく。米軍の代表者と会見。平安堂にいく。ヒル近く大協に社長と会う。天国でヒル食をとり、院内に入る。大協社長より電話ありたり。前田宅に電話する、七時上野たつ。土浦にいく。演説、記者会見、泊る。

一一月八日（日）

八時半の列車で帰京、直ちに教会にいく。午后〇時半より杉原氏の記念会あり出席し、院内に入る。水害凶作予算の説明をうく。平岩関係者と伊集院、川俣両家のものとで集る。

一一月九日（月）

美村君来訪、一緒に出る。本部にいく。十一時専売公社総裁入間野君を訪問。事務所に入る。弁護士会館にいき、美村君と大協を訪う。天国でヒル食をとり、院内に入る。一時半在京幹部会にでる。加藤君と一緒に事務所にいく。美村君を伴い、前田君宅を訪い、大協の返事を伝う。五時より東京会館にて川上家の結婚式の招宴につらなる。

一一月一〇日（火）

十時半本部にいく。氏家君に会う。院内に入る。正午左派の鈴木［茂三郎］君等と会食をする。二時統一委員会にでる。五時晩翠軒に共同の向井君等を招く。

一一月一一日（水）

杉原氏の遺骨を上野駅に送り、林君を訪う。駿河屋によりトーストをたべる。岡本君に会う。妻は植場君を訪問にいく。事務所によって裁判所にいく。峰尾言渡延期せらる。事務所に帰る。正午大塚君来所。永江来所。一時半本部にいく。選対委員会にでる。四時事務所に帰る。六時近く妻とスエーデン公使カクテルパーティに出る。

一一月一二日（木）
八時十分新宿発。戸叶〔里子〕夫人と山崎君を伴い、スワ〔諏訪〕に向う。龍東館に入る。午后記者会見、市内の育母養成所と環境不良子の施設をみる。岡谷と上スワで演説。

一一月一三日（金）
ヒル松本につく。戸叶夫人と今澄君と棚橋君とで豊科にいく。棚橋君と二人で明科にいく。各演説、よる松本で演説、浅間の鷹の湯に泊る。

一一月一四日（土）
十時松本をたつ。六時新宿につく、党の書記局の人々の出迎をうく。皆んなで中村屋で食事をとって分る。

一一月一五日（日） 氏家、三好両君来訪。

一一月一六日（月）
ヒル浅沼、河野、曽禰君と会し、外交政策発表の打合をする。四時組織局の会合にでる、九時半たつ。多数の記者同行。

一一月一七日（火）
勤労会館にて記者と会見。鳩山吉田会見*についての意見を求められる。中央執行委員会を二時より開く。午前は労組との懇談会。よるは演説二ヶ所、西ノ宮井上氏宅に泊る。

＊　鳩山は会見後、自由党への復帰を表明。

一一月一八日（水）
十時緑風にて記者と会見、外交政策の発表をなす。ヒル経済同友会と会食、駿河屋による。五時体育会館にて記念会をひらく。神戸灘の谷本〔市議〕君の応援。浅沼、加藤〔勘十〕、春日〔一幸〕君同導。記者諸君は有馬に泊る。大野屋に泊る。

一一月一九日（木）
九時永江君来。加藤〔勘十〕、浅沼、加古川にいく。永江と一緒に原口氏事務所による。十時谷本君事務所に入り、三時頃まで街頭運動をなす。ニクソン副大統領の演説*の批評を求められる。よる九時街頭運動をつづく。選挙は有望らしい。大野屋に浅沼、酒井、畑君と泊る。

＊　ニクソンは日本の非武装化政策を「一九四六年の失敗」と表明。これに丈太郎は「一歩誤れば内政干渉ともなる」と発言。

一一月二〇日（金）

十時半京都駅につく、記者会見。記念午餐会にでる。岩津君に珍らしく会う。午后中小企業懇談会にでる。中座して桂離宮の見物をする。知事邸で夕食をとり、演説二ヶ所、京都をたつ。

一一月二一日（土）

東京駅より妻を母校に送り、銀座で紅茶をのみ、本部にいき、ヒル裁判所にて林〔虎雄〕知事、美村君と判事に会見し、美村君と新城君と天国で食事をとり、院内に入る。事務所に入る、大山君に会う。平安堂によって帰宅。谷本君当選せらる。

一一月二二日（日）

十時米山君来訪。智子来。昨夜川俣君の母堂逝去。北海道いくか否やの相談、いくことに決す。智子七時たつ。妻と民雄見送る。

一一月二三日（月）

家に引籠る。午后幡新君来訪、よる十時加古川にたつ。

一一月二四日（火）

神戸着。森脇君宅を訪ね、勤労会館を訪う。桐山、和久、谷本夫妻、森田の諸君と会う。ヒルメシを沖天閣でとる。谷本君祝賀の意味。和久、森田、桐山、谷本の諸君、石井君を訪い、永江による。朝子に会う。勤労会館に再びもどる。五時谷本君と一緒に加古川に向う。五ヶ所で演説をする。

一一月二五日（水）

朝六時よりトラックに乗り街頭宣伝をなす。四時に及ぶ。よる四ヶ所の演説をなし、浅沼君と一緒に大阪まで自動車で送らる。緑風に泊る。

一一月二六日（木）

七時半の飛行機で伊丹をたつ。事務所による。網代の人地域〔獄〕谷のことで訪問あり。磯部君〔読売新聞記者〕の御母堂の逝去を院内できく。直ちにその葬儀につらなる。二時在京幹部会。終了後、山下君と永江君を訪う。夕食は民雄と新城さんとで六実でとる。夜中森脇君より電話で小南〔真次〕君当選の報。

一一月二七日（金）

朝十時、智子北海道より帰る。院内に入る。ヒル事務所による。一時より院内で統一委員会あり、夕六時より執行委員会あり、十一時近く帰宅。

一一月二八日（土）
十一時本部で外人記者と会見、曽禰君立会う。会見后曽禰君より執行部を辞退する旨の話あり。これが慰留につとむ。浅沼君を会館に訪う。その旨を伝う。三時頃河野君会館に来。浅沼君の室で曽禰君と再び会い、慰留につとむ。四時九段の宿舎で選対の会合あり。十一時近く帰宅。

一一月二九日（日）
九時半第一議員会館に中央委員会に出席する。五時散会。九段宿舎にて兵庫県の中央委員と食事をともにする。

一一月三〇日（月）
十一時院内に入る。中央委員会に出席。院内の両院議員総会にでる。中央委員会散会后、夕食を一同でとる、帰宅。

一二月

一二月一日（火）
十時より参議院会館にて両社の議員総会をひらく。ヒル天国で天どんを食う。一時代議［士］会、一時半本会議――五時過ぎ散会、六時新橋の智子の家による。七時より陶々亭にて曽禰君慰留の会にでる。出席者、浅沼、水谷［長三郎］、伊藤［卯四郎］、西村［栄一］、三輪、西尾の諸君と曽禰君。帰宅すれば朝日の記者来宅。

一二月二日（水）
本部にいく。天国でヒル食をとる。事務所による。会館より電話で神戸の市労連の陳情あり。直ちに会館に帰り、池田君に会す。院内に入る。五時過ぎ事務所による。長谷川、宮内君に会う。

一二月三日（木）
新城さん休み。院内にヒル頃入る。夕刻帰宅。

一二月四日（金）
終日引籠る。六時自動車で読売ホールにいく。左右両社会党共同演説会にて短い演説をなす。直ちに帰宅。

一二月五日（土）
十時三越に浜田［庄司］氏の展覧をみる、教文館によって事務所に入る。ヒル新城さんと天国で食事をとり、一時半議会に入る。代議士会、本会議、休憩。五時会館の私の室で三輪、浅沼両君と会見す。予算成立。十一時過ぎ散会。

一二月六日（日）

九時半新城さん来、院内に入る。集りが悪いので国会対策委員会流会。ヒル天国で食事をとる。民雄、義夫［実弟］、智子、活子［智子娘］、新城さん。平安堂によ［っ］て帰宅。

一二月七日（月）

よる十時十五［分］月光でたつ。小倉君同行。

一二月八日（火）

京都より産経の記者乗車。二時程おそく大阪駅につく。記者と会見。淡路屋に入る。ヒル浅沼君と会う。二時車に乗って応援。五時駿河屋支店で岡本［善太郎。駿河屋主人］君夫妻と津の瀬の夫妻に会う。よる二個所で応援。後山口［昌二］君のフグの御馳走になる。

一二月九日（水）

六時起床。七時四十分上本町発で名古屋に向う。ヒル過ぎ多治見につく。市長の御馳走になる。よる二個所で演説、多治見で泊る。

一二月一〇日（木）

六時起床。七時たち、小牧の飛行場にいく。永野護君［一高の同級生］に会う。三時［間］おそくなり、一時羽田につく。院内に入る。三時より本部に委員長会議にでる。事務所によって帰宅、妻神戸にたつ。

一二月一一日（金）

油谷君来訪。民雄、油谷、新城さんと天国で食事をなし、院内の執行委員会にでる。後政調会にでる。六時朝倉で林君の招きで松坂氏、美村君等と会食し話をきく。

一二月一二日（土）

八時千葉に向う。大塚［幸三郎］君を同導《ママ》し千葉銀行頭取を訪いたるも留守。八代常務に面会す。正午本部に帰る。二時半事務所による。四時半帝国ホテルに結城公使歓迎会をもつ。伊藤君来宅。大阪の補欠選挙勝つ。

一二月一三日（日）　妻帰宅。午後河野君を訪う。

一二月一四日（月）

インドネシアの代表者と本部にて浅沼、曽禰両君と会う。十二時半ハトにてたつ。京都駅で朝子夫妻に会う、大阪駅で内藤君に会う、神戸でスシを食うて片山町の宅に泊る、民雄と一緒。

一二月一五日（火）

勤労会館にいく。記者と会見。会議にでる。市長、永江、谷本、小南君の祝賀会ひらかる。永江宅を永江、民雄と訪う。桐山君来る。市長のオリエンタルホテルで招をうく。神戸駅で安藤弁護士と会う。谷本君見送らる。永江、吉田〔賢一〕両君同乗。

一二月一六日（水）

内藤君に会う、一緒に来宅。院内と本部による。午后事務所によって帰宅して寝る。

一二月一七日（木）

十一時本部に入る。浅沼、伊藤〔英治〕両君と相談、二時河北新聞〔河北新報〕記者との会見。水谷、浅沼、三宅と打合をなし、事務所により、六実で食事をとる。

一二月一八日（金）

本部に入る。ヒル頃帰宅、寝る。五時半陶々亭にいく。幹事会に出席。

一二月一九日（土）

朝九時林君を訪い、帰宅し、十一時院内に入る。ヒル天国で食事をなし、清瀬に子安君を見舞う。事務所によって帰宅。渡辺朗君来訪。

一二月二〇日（日）

九時半、平にたつ。三輪君と伊藤書記と一緒。平駅頭で歓迎をうく。直ちに車にのって各所をまわる。夜二所で演説。

一二月二一日（月）

午前一時三十分湯木発、帰京。ヒル頃本部により、河野君を会館に訪う。一時より院内で防衛問題の評議。五時出井で朝日主催で鈴木君との対談会*、柳瀬君宅に来る。

* 鈴木茂三郎との対談会が各社の企画で行われている。

一二月二二日（火）

岡本一族来宅、結婚仲介者のことで。午後院内に入る、政調会にでる。五時半日本テレビにいく。土屋清君〔朝日新聞論説委員。経済評論家〕との対談。六実で食事をとり帰宅。塾〔河上英語塾〕のクリスマスあり盛会であった由。

一二月二三日（水）

新城さん家族に病人あり休み。妻と民雄と三人で自動車にて日本橋にいき、妻下車した後、裁判所に至る。峰尾君等の判決があった、本部にいく。選対の会。一時会館にて岩淵〔辰雄〕氏と対談。三時本部に日経記者の対談。院内に入り、後事務所によって帰宅。東京新聞記者来宅。

一二月二四日（木）

九時半日本テレビ来る。十一時院内に入る、一時本会議開かる。事務所による、永江に会う。

一二月二五日（金）

産経記者来、浅沼君来。ヒル近く本部で曽禰君に会う。天国で食事をなし事務所に入る。民雄と丸善にいき、本部にいき、それから藤巻君の歓迎会*にでる。

＊　本部で長年つとめた戦前無産運動の頃からの藤巻多一氏の退職にあたっての歓迎会のことか。

一二月二六日（土）

十時妻と民雄とで議会にいく。中執委、開会。三時半 A one で共同の座談会にでる。短時間、直ちに中執委に帰る。五時過ぎ散会。六時半議会を出発して千葉市川の加藤君の参議補欠選挙応援にいく。共同の記者同車、帰宅後補充の談話をなす。

一二月二七日（日）

美村君、三児をつれて来訪。ヒル近く新城さんに来て貰う。朝、妻とみつえさん、新城さん宅訪問。産経の杉本政治部長を訪問、留守。河野君を訪ね、帰途平安堂によって、栄子より求められたる筆を貰う。夕刻は一家のクリスマス、湊〔謙吾〕君もつらなる。産経の山本君来宅。

一二月二八日（月）

十一時事務所による。ヒル近く本部にいき、賀壽老で産経主催の鈴木君との対談会にでる。本部に帰る。後事務所による。永江との連絡がつき、美智子〔永江長女〕の筆を渡す。独りで六実で食事をして帰宅。渡辺〔朗〕君の母君来訪。

一二月二九日（火）

九時林君を訪う、駿河屋に。事務所に入る。ヒル谷尾、山県、大和田君をつれて、天国で食事をなし事務所に戻る。永江に会う。五時帰宅。よるは党書記局員を招く、浅沼君初め多数来会。

一二月三〇日（水）

ヒル南邦にいく。林、永井、松坂、美村の諸君と柳園で食事をなし懇談す。事務所に帰る。大塚君来所。よる三好にて鳥料理の御馳走になる。産経の山本君来宅。

一二月三一日（木）

一時半、新日本放送にいく。伊集院宅により、青山墓参、丸善による、智子の宅による、立、弓子、活子をつれ民雄と一緒で天国で食事をとる。美村君宅によって九時半帰宅。

◇一九五四（昭和二九）年◇

一月

一月一日（金）
新城さん九時に来る。十時参内、妻と一緒。年賀宴につらなる。ティトホテルに田中路子さんを訪う。未だ寝て居られるとのこと。結城、吉岡、本間さんを訪ね帰宅、早く寝る。

一月二日（土）
終日家にいる。来訪者次の通り。美村夫妻、油谷、谷尾、長谷川、伊藤、木下、やな瀬君等である。

一月三日（日）
礼拝にでる。来訪者伊藤夫妻、山島、麻生、江木、麻生夫人、親類の者を招いて食事をとる。

一月四日（月）
平安堂を夫妻で訪う。その後、妻は鎌倉に送り、天国でヒル食をとる。事務所に入る。二時半新城さんの車で美村、谷尾、山県、大和田君をつれて箱根にいく。十時小田原発で西下す。

一月五日（火）
八時過ぎ、神戸着。森脇君宅を訪ね、永江宅に入る。ヒル近く勤労会館で催されたる神戸地労協の新年会にでる。市長も来る。散会。石塚君を訪ね、好意をうく。永江宅に入る。小谷、松下、桐山、和久、中川の諸君とスキ焼をとる。八時の銀河でたつ。

一月六日（水）
美村、大塚君と千葉銀行にいき、常務に会う。帰途荒木氏をみつけたるため、再び千葉銀行にもどり荒木氏と会見したり。本部にいく。帰宅。松山より来たという青年に会う。谷尾、山県君来宅。

一月七日（木）
十時本部で浅沼君と会う。ヒル両国発、記者諸君同伴、千葉駅で下車。地元記者と会う。記者諸君は銚子に直行。後吉川君の自動車で演説会につき、宣伝カーに乗って成田にいき、成田駅より汽車に乗って七時頃銚子につき、市内を加藤君の車に乗って応援を求む。犬吠崎に泊る。

一月八日（金）

八時より車に乗って市内を宣伝し、十時より演説会あり。十二時過ぎ汽車で小見川につき町内を宣伝し、佐原にいき、よるまで宣伝、金田旅館に泊る。記者と会見す。

一月九日（土）

七時自動車で土浦にいく。水戸につく。県庁で記者会見。大田町にいく。西山荘を訪う。演説して四時の列車で帰京。八時半銀河で神戸に向う。

一月一〇日（日）

神戸着。神戸新聞記者来、会見す。粟生にいき、藤原君のためにつくす。よる二個所演説。

一月一一日（月）

午前中、車に乗って宣伝。二時たつ、神戸につく。勤労会館に桐山君を訪う。寺岡君、小谷君をつれてスシを食う。桐山、寺岡君と映画をみて銀河でたつ。

一月一二日（火）

東京につく。民雄来る、いと子さん危篤の由、直ちに新橋にいく。ハッキリと語る。大橋君来診。十時目黒の営林局にいく。銚子の保安林のこと。事務所に帰る。天国で民雄と新城さんと食事をとり、院内に入る、執行委員会のため。事務所より二時半過ぎ電話あり、いと子さん死すと驚いていく。よる三井牧師来。

一月一三日（水）

八時過ぎ、千葉にいく。千葉を一周して宣伝を為す。松平［忠久］代議士と同車し、天国で食事をなし、二時の納棺式につらなる。六時仏の社会党の代表者に日活ビルで会う。曽根［禰］君の通訳で語る、通夜に戻る。河野、三宅、西村、曽根の諸君来。

一月一四日（木）

十二時より葬儀、一時より告別式。二時発桐ケ谷の火葬をなし五時帰る。こん夜より義夫淋しくなる。

一月一五日（金）

八時半浅沼君宅訪問し、千葉に向う。車に乗って応援する。参議院会館で食事をとり、院内に入る。午後［憲法］擁護の会に至る。後執行委員会に出席し、後義夫を尋ねて帰宅。英会話の会があった。

一月一六日（土）

九時に事務所で三宅［正一］氏に会う。第一議員会館にいく。中央委員会に出席し、民社青年同盟に結成式に列し、午後の府県連代表会議にでる。夕刻会館の室で浅沼、三輪、山下［栄二］、加藤［勘十］君と懇談す（人事に関し）、よる眞島女史泊る。

一月一七日（日）

九時半浅草公会堂に入る。大会［右社第一二回］初日、六時半散会。

一月一八日（月）

妻と大会にいく。妻はそれから帝国ホテルにビルマ代表を迎え［に］いく。午后加藤候補者来場。一緒に市川駅にて応援し一端［旦］帰り、六時再び浅沼君と千葉にいき演説をなす。田中さん［糸子さんの伯母さん］の死と神戸の永井孝平さんの死伝えらる。

一月一九日（火）

大会にいく。九時帰宅、委員長に選ばる。*

---

* この大会で、右社は統一促進を決定し、統一問題調査研究委員会を民主社会主義勢力結集委員会に改称。

一月二〇日（水）

十時中央委員会にでる。ヒル中野野菜料理にビルマ総領事と党への代表者を招く。浅沼、曽禰、加藤夫人、戸叶夫人、藤牧君。参議員［院］会館にて伊藤君より選挙の様子をきく、よいとのこと。本部によって天国で民雄、伊藤、新城さんと食事をとり、義夫宅にいく。追悼会に出席す。十二時頃電話あり、加藤君は次点と、残念なり。

一月二一日（木）

八時半、林君を妻と訪う。本部にいく。フランクフルトの新聞記者と藤牧君、通訳で語る。会館にて浅沼君と打合をなす。松前君来訪。一時半より執行委員会開き、局長委員長の決定をなす。参議院会館で執行委員との食事をとる。帰宅。十時、月光にて妻とたつ。

一月二二日（金）

朝、京都駅につく、岡本［善太郎］君の出迎をうけ、都ホテルに入る。午后平安神宮で岡本文之助君と中村隆子さんの結婚式に仲介人としてたち、よる祝宴につらなる。銀河で帰京につく。

一月二三日（土）

妻を清すみ［澄］公園に送って、本部に入る。局長部長との会合をもつ。二時より執行委員会あり。河野君、菊川君の説督［得］につとむ。夕刻より雪が降る。

一月二四日（日）

雪降る。一時半松井君を上野駅に出迎え、共に九段宿舎で伊藤［英治］君を訪い、後浅沼君も来る。四人で懇談す。夕刻河野君を訪う、留守。加西郡選挙敗るとのこと。

一月二五日（月）

開会式。河野君と伊藤［卯四郎］君と三人で懇談す。後執行委員会、両院議員総会あり。後河野君の会館で浅沼、伊藤、三宅と五人と懇談す。河野君遂に局長就任を承諾せらる。事務所による。永江に会う。

一月二六日（火）

十一時印度大使館にRepublic Dayの祝賀会［インド共和国独立記念日］に妻とでる。十二時本部に局長委員長会議、会館で神戸市議清水君その他の人に会い、川俣立夫君［清音弟］と川俣［テツ子］夫人とにも会う。院内で執行委員会。事務所によって帰宅。

一月二七日（水）

林君を妻と訪いたるも留守。駿河屋によってトーストをとる。東京駅にて車で本部に入る。妻は東洋英和にいく。（渡辺［朗］君の母堂と会うた後）、天国で民雄、新城、山県さんと食事をとり院内に入る。首相その他の演説あり。永江を訪ねて事務所に入る。後エベレストの征服をみる。

一月二八日（木）

林君を訪う。東京駅より車で院内に入る。妻は本部にいく。十一時両社首脳部会議ありたり。質問演説あり、南圃園にて記者諸君を招く。

一月二九日（金）

妻、民雄と一緒に出る。院内に入る。夕刻永江に会い、小野弁護士に依頼をする。事務所によって帰宅。山本さんの会話。

一月三〇日（土）

よる十時十五分発で京都に向う。新聞記者の諸君も同行。

一月三一日（日）

京都駅着。浅沼君の出迎をうけ、新聞記者と会見後、八雲荘に入る。選挙事務所によって、ヒル頃県連の事務所に入り、首脳部会議を開く。よる演説会盛会なりき。

二月

二月一日（月）

十時よりトラックに西園寺、鈴木君とのる。市内を廻る。一時頃事務所に帰る。熊本虎三君の急死を伝えらる。よる三所で演説、風邪気味であるので簡単にする。

二月二日（火）

一時より市内にトラックで廻る。よる共同演説会にでて、九時四十五分発で京都を去る。

二月三日（水）

着京、直ちに熊本君宅を訪う。本部にいく。それより平安堂によって丸善にいき、天国で食事をとり、院内に入り、執行委員会にでる。帰宅。七時熊本君の通夜にいく。

二月四日（木）

熊本君の葬儀につらなる、火葬場にもいく。よる会話の会*あり、美濃部夫人来。

＊　英会話の勉強会。英語に堪能な山本徳源氏の来宅を乞うて行わる。

二月五日（金）

高砂鉄工に宇都宮君を訪う。天国で民雄、永江、新城さんと食事をとり、院内に入る。代議士会にでる。事務所による。五時半陶々亭に組織局の部長を招く。浅沼、三宅、菊川、松浦、中村、日野君来たる。

二月六日（土）

本部にいき、参議［院］会館で食事をなし、院内に入る。後宇都宮君を高砂鉄工に訪う。三時より本部に局長委員長会議にでる。事務所によって美村君を伴い平安堂にいく。兼坂君と会食のため、そのうちに気持悪く、井関医師［隣人。平安堂主人の親戚］の診察をうく、帰宅。

二月七日（日）

終日床にいる。午后川口の吉田君夫妻、光子来。

二月八日（月）

妻と共済会に寄る。化学兵器禁止促進大会に祝辞を述べ、事務所に入る。岡本、美村君と横浜興業銀行にいく。調停なる。五時第一議員会館にて浅沼、三輪君と会見し、出井の日本放送協会の祝宴につらなる。八時院内で神戸新聞の神戸三代議士の座談会にでる。浅沼君宅を訪い、大島の選挙の応援金を渡し、帰宅。

二月九日（火）

妻と民雄と自動車で家を出る。院内に入る。午后帰宅。岡本、中村両氏を迎う。自動車で陶々亭にいく。日放、産経の記者を招く。

二月一〇日（水）

本部にいく。書記局会議につらなる。院内に入る、谷本〔光雄〕市議来。四時頃事務所により、六実で義夫、新城さんと食事をとり、帰宅。妻を伴い、熊本君の十日祭につらなる。

二月一一日（木）

九時半、院内に入る。〇時半代議〔士〕会にでる。三時帰宅、寝る。妻銀河でたつ。水野実郎君来訪。

二月一二日（金）

ヒル近く院内に入る。四時頃事務所にいく。帰宅、早く寝る。

二月一三日（土）

新城さんと天国で食事をなし、院内に入る。代議士会にでる。三時半頃事務所による、前田君に会う。立、弓、活子をつれて帰宅。十時たつ。

二月一四日（日）

朝、大津着。九時半より県連大会に出席す。極めて盛会なりき。よる十時銀河で帰る。

二月一五日（月）

朝つく、直ちに河野君を訪う。帰宅し、ヒル頃第一〔議員〕会館にいく。二時日比谷公会堂の憲法擁護大会にでる。本部により会館にいく。妻と新城さんで天国で食事をとり、義夫宅にいく。美村君を伴い、妻と民雄とで帰宅。

二月一六日（火）

平安堂によって、会館にて伊藤君に面《ママ》う、平の君のことで。午后の代議〔士〕会にでて、本会議にのぞむ。警察法改正法案上提、終会後政調の所員を六実に招く。平安堂によって帰宅。

二月一七日（水）

一時中央執行委員会あり。平野君のこと問題になる。三役となる。

二月一八日（木）

ヒル近く院内に入る。ヒル過ぎ事務所によって再び院内に入る。代議〔士〕会にでる。中村馨君院内に来る、よる信子夫妻訪。

二月一九日（金）
MRA［道徳再武装、Moral Re-Armament の略。］の独人その他来訪あり。ヒル近く院内に入る。一時自動車で小田原裁判所にいく。後藤君の検証である。奈良屋に入る、電話あり。自動車を飛し、羽田に浅沼君を迎えにいく。おそくなり面会が出来ざりき。事務所により、帰宅。中村君泊る。

二月二〇日（土）
本部にいき、院内に入り、正午会館で浅沼、伊藤、三輪君と会見し、代議士会にでる。四時より九段宿舎で選対の会議あり。十時頃帰宅。放送局記者来訪。新城さん泊る。

二月二一日（日）
八時、飛行機で伊藤君と一緒にたつ。ヒル過ぎ福岡着、若松にいく。支部大会に祝辞を述ぶ。関西学院同窓会にでる。公会堂の演説ともう一個所の演説をなし、福岡の金房旅館に泊る。

二月二二日（月）
八時福岡を飛行機でたつ。偶然駿河屋の専務岡本君も一緒。西村、伊藤［卯四郎］両君も一緒。ヒル過ぎ羽田着。会館に入る。事務所により、本部にいく。局長委員長会議につらなる。

二月二三日（火）
本部に入る、後会館に入る。天国で食事をとり、代議士会にでる。本会議あり、有田君の件につき討論あり。記名投票、五票の差で動議成立す。後執行委員会を開く。十二時過ぎまで平野［力三］君のことにて論議す*。三役の報告を承認するも、事態の進展に沿い、これを統制委員会に議を附すと、私の発言として承認せらる。新城、伊藤両君泊る。

二月二四日（水）
会館で十一時北村君に会い、天国で食事をなし、代議士会、本会議にでる。六時九段宿舎で顧問会議につらなる。

二月二五日（木）
本部によって、院内に入る。代議士会にて本会議につらなる。後会館で浅沼、伊藤［卯四郎］両君と伊藤［英治］君の会計辞任につき語る。事務所によって陶々亭にいく。政調の顧問会議である。日野［吉夫］夫人泊る。

* 平野は保全経済会事件に関係しているとして問題に。

二月二六日（金）
九時四十分、会館に入る。神戸の代表者に会う。警察［警職法改正］反対の陳情。十一時両社の首脳者会談。一時半会館に入る。三時尼ケ崎出張所、阪本［勝。尼崎］市長、山下［栄二］君を訪う。よる会話の会。

二月二七日（土）
事務所により納税をする。会館に入る。中ノ瀬君の来訪をうく。二時局長委員長会議を開く、伊藤会計辞任のことに関して語る。院内に入り、事務所により、天国で畑、民雄、新城さんで食事をなし、帰宅。

二月二八日（日）　朝より床に入る。午后読売の酒井君来訪。

三月

三月一日（月）
本部に入る、後会館にいく。陳情者に会う。代議士［会］にでる。一時の国民大会にでる。デモの先頭に立つ。院内に入り、新城さんと六実で食事をなし、帰宅。矢野駿河屋支店長と佐藤君来訪をうく。

三月二日（火）
院内に入る。対策委員会につらなる。新城さんと天国で食事をとる。代議［士］会にでる。松屋の大原美術館の展覧会をみる。三時［民主社会主義勢力］結集委員会にでる。事務所によって有楽座で聖衣をみる。

三月三日（水）
院内に入る。渡辺潜君の激励会を院内食堂で持つ。一時本部で執行委員会あり、平野君より離党の手続あり、伊藤君も辞任を撤回する。会館によって事務所によって帰宅。

三月四日（木）
院内に入る、代議士会にでる。平野君離党の辞があった。本会議予算が通過する。六時過ぎ帰宅。

三月五日（金）
院内に入る。一時半留岡会*にでる、事務所による、美村君と六実でとんかつを食い帰宅。

＊　留岡幸助は、東京家庭学校の創立者。その社会事業を父河上新太郎は支援し、最初の同校の建築は新太郎が大工としてかかわった。

三月六日（土）
院内に入る。代議士会、本会議。事務所によって帰宅。夕食后中野区の演説会二ヶ所、十二時近く帰宅。

三月七日（日）
幡新君来訪。六時山葉ホールにて開かれたる田中路子さんのわかれの演奏会に出で、路子さんの歌をきく。

三月八日（月）
三楽病院にいき診断をうく。異常なしとのこと。院内に入る、天国で藤牧、畑、新城さんと食事をなし、院内にもどり、三時事務所にて永江と会い、五時より財務委員会にでる。

三月九日（火）
事務所によって、本部に入る。局長委員長会議——後代議士会、本会議にでる。濱田の栗栖君に中崎君の会館で会う。事務所によって永江に会う、帰宅。

三月一〇日（水）
事務所によって理髪をなし、高砂鉄工に宇都宮君を訪う。院内に入る。会館にて三春［重雄］の訪問をうく。三時より参議院役員室にて結集委員会にでる。天国で新城君と食事をなし、事務所に入る。妻は羽田に田中路子さんを見送る。帰宅。

三月一一日（木）
院内に入る。代議［士］会、本会議。MSAの承認の提案あった。事務所により、帰宅、妻神戸にいく。

三月一二日（金）
院内に入る。代議士会、本会議にでる。帰宅。

三月一三日（土）
院内に入る。桂で有田［八郎元外相。都知事に推す件］氏に浅沼、三輪君と会い、隣の三井倶楽部で一水会［一高の同窓会］にでる。院内にもどる。本会議に出る。事務所によって帰宅。会派の会ありたり。

三月一四日（日）
八時五十分上野発、宇都宮にいく。県連大会にでる、八時宇都宮発、帰宅。妻神戸より、朝帰宅。

三月一五日（月）
朝　林君を南邦に訪い、院内に入る。新城、畑と天国で食事をなし、本部に入る。一時より執行委員会にでる。智子を妻と民雄とで訪い、海員組合の全労会議との会見。

三月一六日（火）

朝、丸善にいく。事務所による。天国で民雄と新城さんと食事をとる。院内に入る。横田〔喜三郎〕博士の国連の話をきく。桐山君を山下君の室で向〔迎〕う。山下君の九段の会館で山下、桐山君と食事をとり、吉田〔賢一〕君も同席せられ、十時頃まで語る。

三月一七日（水）

義夫を訪う、妻と共に永江に会う。院内に入る、第二弁護士会の会長選挙の投票をなす、丸善にいく。院内にもどる。後事務所による、帰宅。会話会あり、よる妻と和子と民雄で語る。

三月一八日（木）

本部と院内に入る。一時より国民運動の総会を第三議員会館に開かる。四時新橋ステージで語る。帰宅。十時十五分、月光で大阪にいく。新聞記者の諸君同伴。

三月一九日（金）

大阪駅着、新聞記者との会見。片山、風見君等と朝日、毎日、産経、読売の各社を訪問。一時より府連との懇談会。三時鈴木〔茂三郎〕君新聞記者と会見。駿河屋にいき、佐藤君と会う。公会堂と東淀川との演説。十時、月光にてたつ。

三月二〇日（土）

院内に入る。教育法案上提せられるやも知れぬため、銀河でたつ能わず、月光でたつ。河野君と。

三月二一日（日）

神戸着。勤労会館の県連大会にでる。地元の記者との会見。午后東京の記者との会見。一時より勤労会館にて座談会。よる二葉、二宮校の演説会。八時五十分の急行で大阪に向い、月光にて帰京。

三月二二日（月）

妻の出迎をうく。白木屋によって、三輪君の令息の結婚の祝品を買う。妻は三輪君宅を訪問。会館に入る。五時三輪家結婚披露会にでる。院内に入る。教育法案上提せず、十一時過ぎ帰宅。

三月二三日（火）

本部によって、会館に入る。民雄と新城さんで六実で食事をなし、院内に入る。後会館に入る。森脇夫人来る。代議士会にでる。懲罰事案が出るので気をもむ、然し自由党が取消した。本会議なしと決る。帰宅。森脇夫人来訪。読売の磯部君来。

三月二四日（水）

十時半神戸区民代表者と会館にて会う。十一時本部で局長委員長会議にでる。天国で食事をなし、会館の室で選対の会議。事務所による。長谷川、佐藤両君に会う。院内に入る。きょうも本会議を開くに至らず、九時過ぎ帰宅。

三月二五日（木）
会館に入る。文部委員会開かる。混乱に陥る。九時過ぎ帰宅。

三月二六日（金）
氏家君来訪。院内に入る。本会議、教育法案通過する。帰宅。
永江勇［一夫弟］新夫婦留守中に来訪。

三月二七日（土）
十一時院内に入る。両社八者会談に列す。後築地錦水で中央公論の鈴木［茂三郎］君との対談会にでる。院内にもどる、本会議につらなる。永江を尋ね、共に事務所による、帰宅。

三月二八日（日）
礼拝にでる。四時氏家君等来訪。よる幡新君来。

三月二九日（月）
丸善によって会館に入る。代議士会、本会議につらなる。事務所によって帰宅。

三月三〇日（火）
院内に入る。正午局長委員長会議あり、本会議にでる。会館にて谷本君に会う。伊藤君と新城さんと六実で食事をとり、世田谷の演説会にでる。十一時過ぎ帰宅。日経の記者来訪。

三月三一日（水）
伊集院を尋ね、前田君を訪ね、一緒に植田君宅を訪う。院内に入る。民雄と新城さんで天国で食事。代議士会、本会議、MSA承認通過。執行委員会開かる、九時に及ぶ。

四月

四月一日（木）
院内に入る。中ノ瀬君来訪、山下［栄二］君と三人で院内で食事をとる。谷本、平［神戸市議］君等の陳情をうく。吉川君博士授与祝賀会にでる。本会議にでる。五時日本テレビにいく。六時より読売記者諸君と語る。六実で酒井、磯部、新城さんと食事をとる。

四月二日（金）

院内に入る、曽禰君と会う。中［ノ］瀬、山下君をつれて六実で食事をとる。一時半より会館の室で加藤［勘十］、西村［栄一］、曽禰、佐竹（晴）君と会う。三時より局長委員長会議。五時藤田、三井両牧師を陶々亭に招く。

四月三日（土）

朝子、七時着。院内に入る。十一時半青年会食堂で開かれたる雲柱社［賀川豊彦の設立になる社会事業法人］の理事会にでる。代議士会、本会議にでる。五時より本部で選対会議が開かる。朝子泊る。

四月四日（日）

終日引籠る。妻は朝子と光子宅を訪う。銀河でたつ。

四月五日（月）

朝、勤労会館で記者会見。県会控室にて執行委員会、一時尼ケ崎市庁の自動車で博覧会にいく。五時神戸駅につき、陛下を出迎う。後松浦［清二］夫妻、山下［栄二］君と冲天閣で食事をとる。片山町に泊る。

四月六日（火）

県庁の自動車で緑地大会にでる。勤労会館に入る。永江を訪う。スシを食い、映画をみて、月光でたつ。

四月七日（水）

十一時、本部に局長委員長会議につらなる。五時、統一委員会にでる。

四月八日（木）

十一時統一委員会にでる。一時毎日新聞で鈴木［茂三郎］君と対談会にでる。本会議にでる。荒川区の演説会にでる。山本［徳源］君来訪。国際放送の原稿の訂正を求む。朝子たつ。

四月九日（金）

院内に入る。妻は三信に虎雄を訪う。タイプを頼む。一時河野君を会館に訪う。松下君会館に来る。丸善によって帰宅す。よるは会話会、よし邦君たつ。

四月一〇日（土）

妻と一緒にでる。妻は読売ホールにいき、事務所に入る。放送の英文原稿のことをなし、会館に河野君を訪ね渡す。会館で小谷君に会う。新城さんと天国で食事をとり、院内に入る。代議［士］会、本会議にでる。犬養氏不信任案否決せらる。事務所による。美村君と一緒に帰る。月光でたつ。十数社の記者も同行。

四月一一日（日）

ホテルで記者と会見。府連事務所で首脳部会議。浅沼君と市内を一巡応援し、丸［円］山公園の演説をなし、鈴木君、浅沼君、水谷君と前知事と同乗市内一巡し、両社首脳部会議に出席し、共同声明を出し、九時の記者で大阪に向い、鳥取にいく。

四月一二日（月）

六時、鳥取着。県連準備員たる米原君、幡新君の出迎をうけ、宿舎に入る。国鉄中央委員会で祝辞を述べ、図書館で催されたる演説会にでる。矢尾君も同行。二時近の急行で大阪に向う。大阪駅には市会議員と市の当局者の出迎をうけ、大会で会見、月光でたつ。

四月一三日（火）

帰宅し、三信によって国際放送の英文原稿のタイプの礼をいう。会館に入る。正午造船下請業者と会見し、院内に入る。本会議につらなる。事務所によって帰宅。

四月一四日（水）

一時より本部に執行委員会あり、夕刻に至る。帰宅し、八時十分の列車で呉に向う。車中、川上良兄君［NHK幹部。親戚］と寝台がむき合う。

四月一五日（木）

二時に呉に到着。直ちにトラックに乗って市内一巡。マイクを取って連呼する。よる二個所演説会ありたり。集るもの、今澄、受田、佐竹、山田、山下、池田、前田の諸君。

四月一六日（金）

一時半の列車で帰京。本部に局長委員長会議あり、これに出席し、杉村君母堂の通夜につらなる。

四月一七日（土）

林君を日本橋に訪う。事務所によって院内に入る。一時杉村君母堂の葬儀につらなる。本会議に出る。事務所よって陶々亭にいく。執行委員と顧問を招く。帰途三宅君とニウス［ニュース］映画をみる。

四月一八日（日）

九時半たつ。自動車で千葉の県連大会にでる。祝辞を述べ、午后片岡君を病院に見舞う。千葉と市川で街頭演説をなして帰る。

四月一九日（月）
事務所と本部によって会館に入り、幡ケ谷に土地を見る。会館に帰る。曽禰君、清水神戸市議の来訪あり。平安堂を訪ね、事務所によって帰宅。

四月二〇日（火）
院内に入る。会館にいき、ひる食を天国でとる。院内にもどる。結集委員会、局長委員長会議にでる。五時陶々亭に松田毎日神戸支局長、名取、五味、曽禰君を招く。

四月二一日（水）
伊集院を訪れたるも、妻も和子も留守。院内に入る。一時半青山墓地にいと子さんの納骨をする。院内にもどる。両院総会にでる。曽禰君の歓送会につらなる。六実で新城さんと食事をなして帰る。

四月二二日（木）
全労会議が渋谷公会堂に開かる、祝辞をのぶ。院内に入る。午後代議士会あり、本会議あり。後新橋ステージにて演説。帰宅、虎雄来。

四月二三日（金）
院内に入る、会館にいく。一時参議院控室にて加藤君の演説の打合せ会があり、三時全労会議の代表者の内閣退陣要求のとりつぎをなし、四時より両委員長書記長の会合があり、選対委員会にでて、帰宅。会話会ありたり。

四月二四日（土）
不信［任］案否決せらる。九時半、秋田にたつ。

四月二五日（日）
横手につき、午后演説をなし、七時二十分たつ。

四月二六日（月）
朝、上野着。十時本部と事務所によって、横浜にいく。市議選挙応援、三時半帰宅につく。六実で食事をなし、本部によって帰宅。

四月二七日（火）
教文館にいき、院内に入る。ヒル浅沼君と会館で会見。代議士会。全電通が代表者の申込をうく。本会議、後本部で執行委員会。

四月二八日（水）

妻と民雄とが土地の買収のために早く出る。丸善によって、会館に入る。平君と会う、ヒル矢尾［喜三郎］君、新城さんで、六実で食をとる。五時海員組会で全労の諸氏と会見。七時半銀座グリルの松本君の会にでる。しげ子［鈴木滋子。姪］さん、その婿さん来宅。妻神戸にたつ。

四月二九日（木）
宮内の宴につらなる。事務所によって、院内に入る。統一委員会、後和子の宅によって帰宅。

四月三〇日（金）
妻帰宅、院内に入る。東京病院戸叶夫人を見舞う。天国で食事をなし、代議士［会］にでる。一時半事務所による。妻と美村君に会う。桐山君の件、永江に会う。帰宅。

五月

五月一日（土）
九時半本部につく。メーデーの祝会につらなる。事務所によって民雄、新城さんと六実で食事をとり、帰宅す。白石君来訪。子安君本日退院の通知をうく。

五月二日（日）
礼拝にでる。一時山下君［河上美村法律事務所弁護士］来訪。ついで藤間夫妻来訪。

五月三日（月）
午前木津氏、よし邦の友人、医師来訪。午后佐藤夫妻来訪。映画を民雄と観る。竹葉［亭］で食事をなし帰る。

五月四日（火）
事務所によって、三信に虎雄を訪ね、地下［で］食事なし、永井健君の古稀の祝に出る。後事務所によって帰る。よる読売の磯部君来、原稿のこと。

五月五日（水）　朝、河野君宅を訪い、原稿を頼む。

五月六日（木）
院内に入る。河野君より原稿をうく。浅沼君にみて貰う。磯部君に渡す。正午東京駅下で関学の午餐会にでる。本会議にでる。執行委員会が開かる。七時半帰宅。

五月七日（金）
会館に入る。午后本会議につらなる。事務所によって帰宅。七時頃、妻銀河で神戸にたつ。

五月八日（土）
十一時院内で局長委員長会議が開かる。二時宇都宮君を高砂［鉄工］に訪い、事務所による。夕刻帰宅。

五月九日（日）
午后朝日に原稿を届ける。高島屋に大観の富士の画をみる。日本鋼管西村元君来訪。

五月一〇日（月）
妻と一緒に自動車ででる。院内に入る。妻は赤松さんを訪う。和田［博雄。左社書記長］君に会う。全国遊説の打合せ会がある。午后代議士会、本会議。帰途畑君をつれて浅草の梅月で甘物をとる。帰宅。

五月一一日（火）
九時、会館着。スレート会社のことにつき、組合の陳情をうく。一時より執行委員会。その間に愛知［揆一］通産大臣に面会す。六時より熊本君の百日祭につらなる。

五月一二日（水）
九時出発、千葉に向う。市長選挙応援。三時頃帰る。会館でスレート組合員に会う。事務所により、美村君と一緒に日大にいき、平安堂による。

五月一三日（木）
九時半会館に入る。スレート組合の人々と平井通産次官を訪う。院内に入る。本会議につらなる。後藤君の公判の打合せをなしたり。

五月一四日（金）
宇都宮君を高砂社に訪う。好意をうく。スレート組合の人と岩武官房長と会見し、局長委員長会議にでる。会館で吉田君に会う。基督教新聞株金を渡す。よる十一時議会散会す。

五月一五日（土）
会館に入る。スレート組合の人と通産大臣に会う。裁判所にいき後藤君の公判につらなる。会館に入り、帰宅。妻と民雄、箱根にいく。

五月一六日（日）
伊藤、堤君来訪。一緒に千葉に向う。街頭演説と連呼をなし、よる帰る。

五月一七日（月）

十時、千葉につく。一時過ぎ帰途につく。途中子安君宅を訪う。三時大蔵次官を本省に訪う。事務所によって永江に会う。帰宅。麻生君来訪。

五月一八日（火）

植場君を呉羽に訪い、事務所によって会館に入る。民雄、土井、新城さんで天国で食事をなし、院内に入る。本会議につらなる。民社〔民主社会主義〕勢力結集委員会にでる。事務所によって美村君と一緒に帰る。義夫に増築費用と税金を渡す。

五月一九日（水）

十一時局長委員長会議。一時チュニジアの来訪者と語る。三時平井次官に会う。四時帰宅。

五月二〇日（木）

丸善によって会館に入る。本会議にでる、後執行委員会。事務所によって美村君と一緒に帰る。十時半曽禰君を羽田に見送る。

五月二一日（金）

MRAの人々来訪。事務所により会館に入る。本会議につらなり、事務所によって帰宅。

五月二二日（土）

十時、スレートの人々と会館で面会。十一時局長委員長会議、代議士会、夕刻本会議。終了後帰宅。

五月二三日（日）

十一時、会館にて浅沼、今澄、佐竹君と会見す。新城さんと天国で食事をとり、美村君宅を訪ねて帰宅。

五月二四日（月）

十時、会館に入る。中央委員会が開かる。午后三時山際君をスレート組合の人々と訪う。散会後、山下君の宿舎で、中ノ瀬、吉田、松浦君と会う。庄野昨朝死去すると新聞で知る。

五月二五日（火）

十時中央委員会、四時半本会議、中央委員会終了後懇親会があった。

五月二六日（水）

十時半浅沼、伊藤君と会見す。一時半、芝信用金庫にいく。事務所により、スレート組合の人々と経済審議庁次長を訪問し、松浦君の宿舎で兵庫県国会議員会議にでる。

五月二七日（木）
十時会館。浅沼、水谷、西村の諸君と会見す。二時半スレート組合の人々と日銀副総裁を訪い、更に外務省に浅〔朝〕海君を訪う。六時九段宿舎に顧問会議をもつ。

五月二八日（金）
事務所による。天国で食事をなし、院内に入る。統一委員会にでる。荘原、山崎、伊藤君等と六実で夕食をとり、目黒の演説会にでる。

五月二九日（土）
十時後藤君の公判に立会う。正午兵庫県国会議員会合にでる。図書館運営委員会にでる。代議士会、本会議。

五月三〇日（日）
本会議があるため会館にいく。河野君の室で松岡君と会う。本会議なし。美村君宅によって帰宅。明日記名投票があるので和歌山いき中止す。

五月三一日（月）
院内に入る。会館に入る。代議士会、本議会。事務所にて永江と会う。帰宅。和歌［山］参議［院］選挙応援のため十一時立つ。伊藤君同伴。

六月

六月一日
和歌山より更に新宮にいく。受田、辻原［弘市］代議士が同伴。二の丸旅館に泊る。

六月二日（水）
新宮より串本に至る。弘［公］道に宣伝し串本で演説をなし［空白］にいく。演説をなし。

六月三日（木）
一時半列車で大阪にいき、新大阪ホテルで休憩をし、十時半の飛行機で帰京。会館に入る。本会議につらなる。よる十二時までモム。遂に流会となる。

六月四日（金）
議長は延期決定せりとのこと。午后両院総会が開かる。よる十二時近くまで参議院にいる。両社の六者会談があった。

六月五日（土）
浅沼君の室で加藤、伊藤、水谷君と会う。決算委員会が正午より開かる。片山君と語る。両院総会にでる。藤牧君父君のくやみにいく。よる毎日社会部記者来訪。

六月六日（日）
九時二十分、上野発で前橋にいく。関東ブロック会議のため。よる前橋と伊勢崎で演説会、盛会。伊勢崎に泊る。

六月七日（月）
六時十二分たち帰京。十時より局長委員長会議につらなる。一時半自動車で大田に向う。大田と館林で演説、盛会。十二時過ぎ帰宅。

六月八日（火）
会館で加藤、伊藤君と会見后、院内で局長委員長会議につらなる。五時新橋ステージで語る。早く帰宅。体の具合わるく寝る。

六月九日（水）
院内に入る。正午本川越にいき［飯］能市、所沢で演説。夕食の御馳走になり帰宅。杉田君来訪。要談ありたり。

六月一〇日（木）
会館にて、甲斐［政治］君離党の意思あり。浅沼君、三輪君と共に会見し院内に入る。執行委員会で出で上野を一時四十分たち、本庄にいく。杉村君の選挙区。よる長瀞に泊る。

六月一一日（金）
八時宿をたち、上野に十時着。直ちに会館に入る。甲斐君来室。浅沼君と会見し離党届を受く。局長委員長会議にで、二時大蔵省に大臣と局長をスレート組合の人々と会う。後、岸氏を訪う。四時より選挙対策委員会にでる。帰宅。美村君宅による。妻、神戸にたつ。

六月一二日（土）
八時三輪君宅を訪う。会館に入る。山際君をスレート組合の人々と訪い、後同君と伊原君のことにつき相談す。十一時局長委員長会議、二時執行委員会。よるたつ、仙台に向う。

六月一三日（日）
六時、仙台着。国鉄の寮に入る。朝食后記者会見。新明君を訪問。労組との懇談会にでる。一時よりブロック会。よる二個所で演説、盛会。三時の汽車でたつ。

六月一四日（月）
会館に入る。対策委員会にでる。午后スレートの組合の人々来る。事務所による。電話あり、院内緊急代議士会にでる。十一時帰宅。

六月一五日（火）
新橋の義夫を訪い、院内に入る。執行委員会。午后スレート組合の人々が来館。兵庫県国会議員座談会。十一時四十分全院協議会を開く。出席する。

六月一六日（水）
十時半より国会対策委員会。午后丸善にいく。事務所によって、永江に会い帰宅。

六月一七日（木）
我党よりの海外発遣のことで相談する。十時四十五分上野発、岩手県遊説に向う。天田君、日野君同車。新聞記者団一行。

六月一八日（金）
十時過ぎ盛岡着。正午すぎ石川、横田両君の墓参。県連大会にでる。県庁を訪問。宿で寝る。よる演説、稀なる盛会。

六月一九日（土）
十時盛岡のため宮古に五時過ぎつく。よる演説会、盛会。沢田旅館にとまる。

六月二〇日（日）
雨降る。釜石にひる過ぎ着。大和田氏宅を訪い、金木夫人の母堂を見舞う。演説をなし、七時過ぎ花巻につく、演説。紅葉館に投宿す。

六月二一日（月） 十時、花巻をたつ。八時上野着。

六月二二日（火）
十時より局長委員長会議にでる。午后日比谷映画館でドンカミロをみる。本部による。事務所によって帰宅。銀河でたつ。

六月二三日（水）
大津より新聞記者が乗込まる。十時より勤労会館で記者会見。二時大阪近江絹糸本社に激励をのぶ。七時より三個所で演説。

六月二四日（木）
九時神戸をたち、岸和田の工場にいく。二時神戸に帰り、勤労会館の会合にでる。永江と安藤弁護士を訪う。阪本君に会う。

よる三個所で演説。

六月二五日（金）
五時の急行で大垣にいき、彦根にいく。七時西ノ宮で二ヶ所で演説。十時の月光でたつ。

六月二六日（土）
一時院内で執行委員会。事務所によって帰宅。米国の婦人客をまねく。

六月二七日（日）　朝より寝ていた。

六月二八日（月）
十時事務所によって、本部に入る。天国で食事をなし会館に帰る。篠崎君来館。本島女史を見舞う。事務所による。帰宅。

六月二九日（火）　よる十時十五分大阪にたつ。

六月三〇日（水）
大阪駅で記者会見。阪本、山下君と三和［銀行］に渡辺君を訪う。緑風［荘］に入る。午后ダイハツ会社見学。庄君脳溢血で倒れたとのことで見舞う。中央公会堂で近江絹糸争議の演説会にでる。もう一ヶ所演説して緑風に泊る。

七月

七月一日（木）
八時四十分で名古屋に向う。駅で河野君に会う。名古屋まで同車。名古屋駅、加藤［勘十］、春日［一幸］両君の出迎。記者会見後、多治見に向う。二所演説。自動車で名古屋に至る。

七月二日（金）
帰京、七時過ぎ。本部による。午后造船問題懇談会にでる。事務所によって帰宅。

七月三日（土）
永末夫妻来館。篠崎、渋井君来館。一緒に井上日銀副総裁を訪う。天国で食事。一時、院内石炭懇談会にでる。後委員長局長会議。事務所による。六実で食事をなし帰宅。

七月四日（日）
八時半外出。智子を尋ね高梨邸にいく。一同と多摩墓地に墓参をなす。高梨邸に帰り、後帰宅。十時半四国に向う。

七月五日（月）

夕刻松山につく。三個所演説。よるは道後温泉岩井屋旅館に泊る。浅沼、曽禰、菊川、佐竹、小平、杉山、松浦の諸君。

七月六日（火）

記者会見。教会の集会にて、街頭で国会解散署名運動をなし、中村君の後援会にて、午后四国ブロック会議にでる。よるは二個所で演説。

七月七日（水）

朝、自動車で土佐に向う。同行者杉山、佐竹、松浦、小平の諸君。途中徒歩連絡。高知市参拾数個所で街頭演説。よる一個所で演説会。佐竹邸で御馳走になる。

七月八日（木）

朝高知をたち、途中池田駅で街頭演説。徳島につく。よる二ヶ所で演説。十一時小松島をたつ。

七月九日（金）

朝三時半、神戸着。小平君を神戸駅に見送って大野屋に入る。ひる頃まで寝る。正午勤労会館で記者会見。永江を訪ね、松すしで食う。冲天閣に井村君を訪い、片山町に泊る。

七月一〇日（土）

妻、広島より来［帰］神。片山町で会う。九時十二分大阪駅に到り、三輪、中村君と一緒に府立労働会館に入る。近畿ブロック会議。五時神戸湊川公園の造船危機突破大会にでる。大阪で三ヶ所演説をして、本部の伊藤君をつれて片山町に泊る。

七月一一日（日）

県連事務所による。三田にいく。よる芦屋と尼ケ崎で演説をなし、九時大阪発銀河に乗る。

七月一二日（月）

妻は栃木県にいく。総評大会に祝辞をのぶ。天国で食事をなし、平安堂によって丸善に入る。帰宅、ねる。

七月一三日（火）

政界春秋社記者と会館で会見。関学の学生来館。十時半より統一委員会にでる。事務所によって教文館に入る。後、帰宅。

七月一四日（水）

十一時会館にて受田君と会う。午后本部により、二時半事務所に入る。五時半帰宅。夕食後岡本文之助君宅を妻と訪う。留守。

七月一五日（木）

妻と墓参をなし。銀座教会にいき、本部に入る。六実で民雄、土肥君、新城さんと食事をなし帰宅。新日本放送の記者来訪。総評大会［第五回］の批評を求めらる。*

＊　大会では、高野実が太田薫を僅差で破り、事務局長に四選された。また総評は、これまでの左社支持に加え、右社・労農党の「三党並列支持」を決定。

七月一六日（金）

朝、浅沼君を東京駅に迎う。会館に入る。スレート組合の人々来館。後放送局を訪問。後本部に入る。五反田、三軒茶屋、阿佐谷の署名運動に参加し、四時より新橋ステージの演説にでる。帰宅。会話会がある。愛媛の三好某突然来る。帰国を迫る。

七月一七日（土）

十時会館で週刊読売の福永君に会い、スレート組合員に会い、新大阪の記者に会う。十二時院内で選対委員会と執行委員会に出席し、九段の会館で東電その他の人々と会う。九時半、加藤君渡南米を送る。

七月一八日（日）

終日床にいる。英字新聞を読む。夕食は民雄の誕生祝い。

七月一九日（月）

会館に九時半入る。経済審議庁に石原次長をスレート組合の人々と訪う。伊藤（卯）君に会い、受田君にも会い、正午三輪君を事務所に訪問す。二時大宮に川島［金次］君の病床を尋ねる。妻と羽田に林君令息の渡米を見送る。十時十五分たち。京都に向う。

七月二〇日（火）

朝、京都着。兵庫県連の吉岡君の出迎をうく。水谷邸に入る。十時記者会見。正午高山市長招待。一時中小企業者との懇談会。二時半より街頭署名運動をなし、四時労組の懇談会にでる。知事［蜷川虎三］の招宴をその公舎でうく。演説会にで、十時五十七分月光でたつ。

七月二一日（水）

着京後直ちに本部に入る。局長委員長会議にでる。天国で食事をなし、事務所に入る。直ちに帰宅、床につく。

七月二二日（木）
一時院内執行委員会にでる。左社より公式に中共訪問の申込ありたり。安藤弁護士と三輪君と会見する。六時新橋亭にて婦研の招待をうく。

七月二三日（金）
会館に入る。妻とNaomiによって金杉の電気治療にいく。事務所による。両長谷川、永森君に会う。よる会話会につらなる。

七月二四日（土）
本部に入る。後平安堂を訪う。会館に入り、天国で食事をなし、事務所によって横浜にいく。海員会館、横船の危機突破大会、労働会館にて演説。

七月二五日（日）
九時半上野発。杉山君同行。平駅に着。福島県連大会にでる。夕刻内郷で、よるは平市で演説。平に泊る。

七月二六日（月）
平発。［空白］駅下車で演説。よる［空白］町で演説。泊る。

七月二七日（火）
原の町駅下車、演説。よるは中村町で演説。原の町に泊る。

七月二八日（水）
原の町発、日立着。日製社を訪問し、日立鉱山訪問。三所で演説。水戸に泊る。

七月二九日（木）
十一時上野着。本部に入る。正午三輪君と小野博士を伴い、真野判事を訪う。六実で新城君と食事をなし、井上餘一君に会い、事務所に入る。よる永森君の招をうけ、美村君と一緒に帰宅。民雄、平安堂と益子訪問して土産持参。美村君に配つ。

七月三〇日（金）
一時院内で局長委員長会議開く。四時経審の役人より経済白書の説明をきく。天国で民雄、伊藤君、土肥、新城さんと食事をなし、帰宅し、後港区白金の演説会にでる。帰宅せり。毎日の丸山君来訪。

七月三一日（土）
十時スレートの人々と大蔵政務次官を訪う。一時よりアジア会議の準備会にでる。五時半帰宅。金子玲子さんの結婚の相手を共に招く。練馬の演説にでる。

八月

八月一日（日）　よる銀河でたつ。

八月二日（月）
勤労会館に入る。後大野屋の主人と日銀の大田君を訪う。それから三宮神戸銀行支店を訪う。勤労会館に入る。永江と桐山君を訪う。後桐山、和久君と沖天閣で食事をなし、今田君に会う。片山町に入り、十一時の汽車でたつ。

八月三日（火）
岩国に下車で大畠まで乗換え、屋代島に渡る。午前中演説。午后講義、町役所で懇談会。よる二ヶ所で演説。

八月四日（水）
柳井で街頭それから光市まで諸所で街頭演説。よる光で演説。井上君の旅館にとまる。

八月五日（木）
岩国にいく。演説。市長の招宴。午後労組を訪問。よる夕刻徳山駅で演説。よる井上君のところにとまる。

八月六日（金）
五時半徳山より汽車にのる。松浦君同車せらる。一時半佐世保駅着、駅前で演説。演説中気分悪くなる。鉱山にいく。よる造船産業危機突破大会にでる。よる早くねる。

八月七日（土）
佐世保をたつ。博多につく。よし邦夫妻、川上泉君出迎えあり。デパートで食事をとる。福岡一高会に出る。よし邦のアパートにいく。板付より伊丹につく。海野氏同乗。金島、小谷君の出迎をうけて、勤労会館で記者会見。后大野屋に入る。森脇、中地君と会う。

八月八日（日）
九時より尼ケ崎、西宮、神戸、加古川で街頭で演説をやって、加古川より安芸に乗り、大阪で月光に乗換えて上京。

八月九日（月）
ヒル近く院内に入る。二時半事務所により帰宅。

八月一〇日（火）
十一時院内に入る。局長会議。正午過ぎ会館でスレート組合の人と会う。一時より執行委員会。帰宅。よる十時新潟にたつ。

八月一一日（水）
六時新潟につく。三宅、小林君も同車。山本君がつく。十時全繊大会にでる。祝辞をのぶ。午后は旅舎にいる。よる二ヶ所で演説。十時たつ。

八月一二日（木）
十一時、局長会議。正午民間放送で語る。一時よりソ連、中共の帰朝者の話をきく。事務所によって帰宅。よる古川はまさんと朝日の柳瀬、一柳君来訪。

八月一三日（金） 家にいる。三時頃事務所にいく。

八月一四日（土）
二時より院内で局長委員長会議、四者会議の報告をうく。帰宅。よる岡本、磯部両君来訪。

八月一五日（日）
鎌倉に林君を妻と訪う。帰京。後平安堂を訪う。帰宅。よる三井牧師と中山さん来訪。

八月一六日（月）
家にいる。夕刻民雄をつれて箱根にいく。

八月一七日（火） 箱根にいる。夕刻妻来る。

八月一八日（水） 妻と民雄とで帰宅。

八月一九日（木）
九時より本部局長委員長会議。一時雲仙でたつ。

八月二〇日（金）
六時広島着。伊藤、西村両君出迎。三輪君の泊る旅舎に入る。保田君を呼ぶ。広島大学を見学して、宮島の旅舎に入って午餐をとり、三時過ぎに森戸君宅を訪う。森戸夫妻に再び政界入りをすすむ。十一時半雲仙にてたつ。岡山駅で武田君来る。

八月二一日（土） 四時過ぎ東京着。帰宅。

八月二二日（日）
礼拝にでる。家に引籠る。よる治療をうく。

八月二三日（月）
午后本部にいく。局長委員長会議にでる。四時頃事務所に入る。五時過ぎ妻と一緒にビルマ使節団の Reception にでる。よる治療をうく。

八月二四日（火）
午后本部に入る。院内参議院議長応接室でビルマ使節夫妻を招く。三時より執行委員会、事務所により美村君と同車して帰宅。

八月二五日（水）
午后事務所による。院内より電話があり、院内に入る。浅沼、曽禰君と会見。事務所による。帰宅。

八月二六日（木）
十時、本部に入る。局長会議。浅沼、曽禰、三輪君と会す。ヒル飯を天国でとり、事務所に入る。永江の紹介せる人に会い、再び本部にもどる。更に事務所によって帰宅。

八月二七日（金）
本部に入る。四時にビルマ〔社会党〕のウ・チョウ・ニエン氏を迎う。七時同氏一行の歓迎晩餐会を催す。

八月二八日（土）
本部にいく。ヒル頃曽禰君、戸叶夫人と会見し、事務所によって帰宅。

八月二九日（日）
朝、鎌倉に妻と林君を訪う。ヒル近く帰宅。四時半海野先生の古稀の祝にでる。後野田市の演説会にでる。十二時近く帰宅。

八月三〇日（月）
十時本部に入る。一時半会館の室で三輪、浅沼、中村、河野君と選挙候補者のことにつき相談する。

八月三一日（火）
朝、賀屋君が巣鴨より電話あり。賀屋君の自宅を十時過ぎ訪う。戦犯者作法に関しての話があった。ヒル過ぎ会館に帰り食事をなし、本部に入る。事務所によって帰宅。

九月

九月一日（水）
十時半より局長会議。一時より地方自治経済危機突破大会にでる。事務所によって帰宅。

九月二日（木）
十一時自動車で、天国で食事をなし、院内に入る。執行委員会である。事務所により帰宅。労働党*団員到着。民雄出迎う。

＊ 英国労働党代表団（フィリップス書記長）。ビルマ使節団と同じく左右統一を勧告。

九月三日（金）
九時、労働党他代表者との初顔合せ会あり。一時より日比谷公会堂にて演説会、盛会なり。五時より椿山荘にてReception、これ又盛会。

九月四日（土）
十時、参議院議長応接室で労働党幹部と懇談。後衆議院議長応接室で食事をとり、一時より参議院食堂にて両社との懇談会。六時英国大使館のレセプション。

九月五日（日）
麻生君を訪問してご家族と同車して多摩墓地に行く。麻生君十五年忌。三時過ぎ帰宅。妻と民雄、労働党一行を羽田に見送る。

九月六日（月）
十時、院内に入る。正午県連小谷書記長院内に来る。松浦、山下、松沢の諸君と小谷君と知事問題につき、その県下の選挙事情につき語る。後政策調査会にでる。事務所により帰宅。

九月七日（火）
十時、会館に入る。山下君の室で松浦君と会う。小谷君と神戸新聞記者と会う。阪本君、知事推挙のことを語る。午后院内で政策調査会にでる。松浦君の宿舎で、山下、松沢、小谷、神戸新聞記者と会食し帰宅。

九月八日（水）
十時、院内に入る。決算委員会の報告をうく。午后局長委員長会議。会館に入る。四時放送局に入る。鈴木君との対談。夕餐をうけて九段の宿舎に入る。統一委員会、帰宅。

九月九日（木）
十時、会館でスレートの人々と会う。ヒル福岡日々記者。二時事務所で桐山君に会い、三時本部。ロンドンタイムス紙の記者［邦人］と会う。六実で食事をして帰宅。よる知性の記者来。藤牧、畑両君立会う。

九月一〇日（金）
十時半政治学校にいき、農民総同盟の大会にいき、院内に入る。事務所によって、五時院内に入る。山崎君歓送会。

九月一一日（土）
山本君と会う。朝、山下君上京電話あり。阪本君よりも電話ありたり。院内で山下君と会見、局長会議にでる。ヒル食を永江、山下、松下、荘原君ととる。会館に帰り、五時木下、伊藤両君をつれて六実にいく。銀河でたつ。

九月一二日（日）
神戸着。勤労会館で記者会見。阪本君と会見。八日市市にいき、よる二個所で演説。車に乗り、マイクをとり市内を応援を求む。月光に米原よりのる。

九月一三日（月）
東京着。本部に入る。院内に入る。会館に入る。事務所により帰宅。

九月一四日（火）
十時、本部に入る。十一時辻君と一緒に開発銀行総裁と運輸大臣を訪問。佐世保造船のことで。十二時政治学校閉校式につらなる。一時院内で対策委員会。会館で山下君と会見して帰宅。直ちに床につく（めまいのため）。

九月一五日（水）
北原氏宅。新橋事務所――院内に入る。一時より執行委員会、閉会後局長会議、中共発遣の人選を打合せる。事務所で永江に会い「たくみ」で買物をして帰宅。

九月一六日（木）
ウ・チョウ・ニエン氏［ビルマ賠償使節団］来訪。曽禰君の件ヒル迄語る。それからビルマの基督監督の共済会議にての命会に妻と出席する。

九月一七日（金）
九時半、上野発北海道に向う。浅沼、三宅、富吉、稲富、戸叶、平岡君と共に。

九月一八日（土）
船中で記者と会見し、朝函館につく。記者と会見し湯の川にいく。市内二ヶ所で街頭演説をなして十一時半の急行でたつ。美唄につき松尾夫妻と長男の出迎をうけ、その家を訪い、美唄で演説をなして、十一時の汽車に乗って網走に向う。

九月一九日（日）
女満別駅に降り、□□地を視察し、演説をなして北見に向う。北見で演説をなし網走にて演説をなし泊る。

九月二〇日（月）
網走を貸切自動車で美幌につき演説をなし、美幌峠より阿寒公園をみて阿寒湖畔に泊る。

九月二一日（火）
ヒル頃阿寒を出て釧路にいく。二ヶ所で演説をなし泊る。

九月二二日（水）
釧路を五時にたつ。池田に降り演説をなし、帯広にて演説。

九月二三日（木）
朝、札幌につき乗換て苫小牧に向う。鵡川、早来、追分で演説をなし、追分に泊る。

九月二四日（金）
追分を自動車でたち、白老駅前で演説をなし、札幌に正午近く着く。新聞社を訪問し、四時宮森君の招きにて石狩で鮭とりと石狩鍋の御馳走になり、札幌で演説をなし泊る。

九月二五日（土）
山中君の車で千歳につき、東京に一時半頃つく。山下君の出迎をうく。局長会議に出て松浦君の送別を兼ねて、松沢、山下君と天ぷらを食う。

九月二六日（日）
網代町長以下多数人の来訪。二時半会館に入る。鈴木君の挨拶をうく。帰宅し七時半頃羽田にいき鈴木君を見送り、直ちに本部に帰り、本部で中共使節の歓送会を開き羽田に送る。二時頃帰宅。

九月二七日（月）
五時頃読売の酒井君より電話で菊川、富吉両君遭難の報に接す。本部に電話した後、八戸の浅沼君より電話あり。九時美村君を訪ねて事務所に入る。後本部に到る。ヒル頃富吉、菊川両家を訪う。院内に入る。選対会と統一委員会に出る。本部に菊川夫人、富吉令息を迎え、これを羽田に送り帰宅。

九月二八日（火）
朝、本部にいく前、新橋で理髪。ヒル天国で食事をなし、本部に戻る。三時半退き丸善によって帰宅。

九月二九日（水）
本部にいく前に、丸善による。二時半浅沼君と上野駅に向う。院内にて青函連絡船事故対策を協議して、永江に会うて知事のことを相談したり。ビルマ使節団離京、妻見送る。

九月三〇日（木）
歯医者にいき、院内に入る。対策委員会を開く。後本部に入る。富吉、菊川両君の想出話を語る。歯医者によって帰宅。

一〇月

一〇月一日（金）
十一時院内に入る。二時小林、平岡両君帰京。現地の報告あり。事務所によって美村君と同車（美村君白木屋で降車）帰宅。よる読売の酒井君来訪。

一〇月二日（土）
妻を三越に送って、院内に入る。対策委員会、局長委員長会議を経て藤牧君を見舞うて帰宅。毎日の細川君来訪。

一〇月三日（日）
礼拝にでる。読売ニ［ュ］ースが映写した。夕刻小平君来訪。現地の様子の報告をうく。

一〇月四日（月）
辻君を会館に訪ね、石井運輸大臣を小村開銀総裁、愛知通産大臣を訪う。小平君を迎えて報告をうく。五時陶々亭に関、［空白］君を招く。

一〇月五日（火）
十時、本部に局長委員長会議。二時両院議員総会。朝日の横山氏と対談。事務所によって帰宅。

一〇月六日（水）
林君を訪ねたるも留守。一度帰宅し美村君を誘うて事務所によって裁判所に至る。金子氏の公判につらなる。美村君を三越まで送って六実で食事をなし、本部に入る。会館にて妻に会い、Stone 氏の葬儀につらなる。本部に入る。富吉君の遺体発見の報に接し、大矢君函館につかわし帰宅。

一〇月七日（木）
八時五分発、佐野にいく。松前、戸叶夫人、伊藤君と同車。十時過ぎ着。直ちに街頭演説、記者会見。午后マイクをもち市内一巡。よる二ヶ所で演説をなし泊る。

一〇月八日（金）
七時発。九時半上野着。直ちに会館に入る。十一時長崎［惣之助］国鉄総裁、本部に来る。天国で民雄、畑、新城さんと食事をなし、院内に入る。一時半執行委員会、夕刻浦君に会う。

一〇月九日（土）
東京駅に富吉、菊川君の遺骨を迎う。徒歩で本部に入る。三時両家に送る。富吉家、菊川家を訪ね、事務所に入る。永江と会う。帰宅。

一〇月一〇日（日）
礼拝にでる。杉原先生一周忌とのこと。午后妻と富吉、菊川両家を訪問。

一〇月一一日（月）
十時、日銀に井上副総裁を訪う。十時半本部に局長委員長会議にでる。天国で食事をなし、教文館、丸善にいき、丸善では来年の英国の雑誌の注文をなし、院内に入る。後事務所によって美村君と同車帰宅。

一〇月一二日（火）
午前中は菊地君より預りたる墓碑をかき、ヒル過ぎ本部に入る。夕刻事務所により福島玄君を兵庫事務所に訪い帰宅。

一〇月一三日（水）
十時、会館に入る。スレートの人々と山際君を訪う。岸氏を訪う。会見し本部に入り、後事務所による。尾崎氏の葬儀につらなる。天国で食事をなし事務所に入る。永江、山下両君と阪本君の知事問題で協議する。四時半九段の宿舎の選対会議にでる。帰宅。妻は佐野の応援にいく。

一〇月一四日（木）
十時、本部で炭鉱業者の陳情をうく。山下君と共に九段宿舎に入り、阪本君宛の手紙を同君に托し東京駅に同君を送る。神戸新聞の荒川君とA one で食事をなし、永江に会い、本部に入る。事務所によって帰宅。よし邦君来訪、泊る。

一〇月一五日（金）
八時、林君を妻と訪う。一度帰宅。十時本部に入る。局長会議につらなる。調達庁にいき院内に入る。小谷君と高杉氏を訪う。夜スレートの人と野原課長を訪い帰宅。

一〇月一六日（土）
朝、上野をたち佐野市に入る。八木先生の応援。自動車で帰宅。

一〇月一七日（日）
礼拝にでる。四時本部に入る。執行委員会にでる。六時より富吉、菊川両君の通夜。

一〇月一八日（月）
一時富吉、菊川両君の党葬あり。四時府県連代表者会議。よる森戸君に幹部諸君と会い、富吉君遺骨のお伴をしてたつ。

一〇月一九日（火）　車中。

一〇月二〇日（水）
朝、鹿児島駅につく。旅舎に入る。一時より県連葬。駅前で見送る。よる市内二個所で演説。

一〇月二一日（木）
国府［国分か］につく。富吉君を訪い、親い人、奥さんに面会し、一時より葬儀につらなる。よる一ヶ所演説。日向山温泉に泊る。

一〇月二二日（金）
久留米駅に下車し、よる一ヶ所演説。久留米ホテルに泊る。

一〇月二三日（土）
午后とよる演説。久留米に帰る。

一〇月二四日（日）
農民大会に祝辞を述べ、よる二ヶ所演説。久留米に帰る。

一〇月二五日（月）
大分県に向う。森駅で街頭、日田でよる演説。浅沼夫人の令妹の夫妻来訪。

一〇月二六日（火）
市内見物して博多にでる。よる汽車でたつ。

一〇月二七日（水）
朝、神戸に着。大野屋に入る。九時記者会見。十時海員組合大会に祝辞を述べ、午後県の知事選挙対策委員会にでる。よるの銀河でたつ。

一〇月二八日（木）
家に帰り、本部にいき、委員長会議にでる。午后永江を訪ねて知事問題で語り帰宅。床につく。

一〇月二九日（金）
星野君とインドのランガー氏来訪。よる高杉君と小倉君来訪。終日床につく。

一〇月三〇日（土）
正午より院内で局長会議、後執行委員会。事務所により白木屋にいる美村君をつれて帰宅。ねる。

一〇月三一日（日）
終日床にいる。午后阪本君より電話あり。湯沢氏知事に立候補するとのこと。直ちに山下君に電話したるが、上京せりとのこと。よる山下君の来訪を求め相談し、阪本君に電話する。

一一月

一一月一日（月）
阪本君の令息来訪。山下、神戸新聞記者荒川君来。湯浅氏に阪本君の返事を伝えたる由なり。午后稲富君来訪。

一一月二日（火）
事務所によって帰宅。北花園中学議会見学には病気で立会をせぬ。

一一月三日（水） 終日引籠る。

一一月四日（木）
九時、林君を妻と訪う。帰宅し、ヒル近く事務所に入り、二時半本部に入る。アジア会議の準備会にでる。山崎ケサヤ［今朝弥］さんの百日祭に顔を出し風邪気味で帰宅。

一一月五日（金）
妻を学（母）校に送り、事務所に入り、天国で食事をなし、第一会館で九周年記念会、中国報告会にでる。四時頃鈴木君が会館の室に来訪。中国訪問の話ありたり。五時懇親会あり。後伊藤君の室で、浅沼、三輪君と語り帰宅。

一一月六日（土）
十時半、本部で局長会議を開く。午后事務所により、四時過ぎ帰宅。よる読売の磯部君来訪。

一一月七日（日）
十時、本部で有田氏来訪。浅沼、三輪君と会見す。午后文化放送の人来る。平安堂による。

一一月八日（月）

会館に入る。正午より参議院控室にて兵庫国会議員と集り、知事対策を協議する。山際君を訪う。永江をその事務所に尋ね、会館に入る。六時三輪、浅沼君と会見する。三宅君も来る。浅沼、三輪君とイスラエル公使館の招きをうく。帰途平安堂による。

一一月九日（火）

十時、裁判所にいく、美村君と共に。後藤君無罪判決をうく。河野君をその自宅に訪う。一時山下君の会館の室に松浦、松沢、大石、吉田君と集る。永江を山下君と共にその事務所に訪う。本部によって帰宅。子安君内祝持参来訪、うれし。中村俊夫君より社会党入党の希望の手紙をうく。

一一月一〇日（水）

十時、本部に局長会議。ヒル天国で食事をなし、一時両社首脳会談、三時に及ぶ。五時海員組合にて全労会議との懇談会。よる柳田、和田両君来訪。

一一月一一日（木）

内藤広等来訪。十時半伊原君を妻と民雄とで訪う。天国で食事をなし治療をうけ、事務所によって帰宅。

一一月一二日（金）

ヒル過ぎ本部に入る。橋本氏来訪。三時より湖月で資金委員会に出席。帰途小倉、池田、山本の書記等をつれて六実で食事をなしたり。よる会話会。渡辺朗君帰朝。

一一月一三日（土）

十時、院内に入る。山下君上京。山下、松浦、松沢君と会す。ヒル頃中崎君が知事選挙に金十万円の寄附ありたり。ハトで発つ。山下君を訳《ママ》に尋ね手渡す。一時執行委員会、五時過ぎに及ぶ。

一一月一四日（日）

妻帰京。終日引籠る。午後、西村栄一君来訪。

一一月一五日（月）

十時、院内に入る。一時事務所で北原君と会う。院内にもどる。会館でスレートの人々と会う。徳田君来。五時帝国ホテルの林家の結婚式につらなる。ハコーヘン夫人来泊。

一一月一六日（火）

朝リーチ氏の展覧会を三越にみる。銀河でたつ。妻はビルマ代表団一行を出迎に羽田にいく。

一一月一七日（水）
十時記者会見、直ちにトラックに乗り市内一巡し、午后東神戸、あしや、西ノ宮、伊丹、尼崎と巡廻り。よる十時月光で帰京。美村君と大阪より同車。

一一月一八日（木）
朝着。一度帰宅。十一時院内で局長会議にでる。夕刻事務所によって六時より神明和楽路で全労会議の人々と党の首脳部の会合にでる。

一一月一九日（金）
アジア社会主義［社会党］会議にでる。午后院内で選挙対策委員会にでる。四時半八方園で代表国のレセプション。

一一月二〇日（土）
九段のアジア会議にでる。ヒル近く会館に入る。日比谷公園の危機突破大会にでる。平安堂によってけさ「朝の訪問」のことを語る。会館に入り、幡新君と永江、安藤君と会う。九段の宿舎の選対会議にでる。

一一月二一日（日）
あさイスラエル公使を訪ね、アジア会議にでる。ひる藤牧君と民雄をつれ天国で食事をなし、アジア会議にもどり、平安堂によって帰宅。六時よりの議長のアジア会議代表団のレセプションにでる。

一一月二二日（月）
本部で印度の新聞記者と会見した。午后日比谷公園音楽堂にて代表団の演説会があり、事務所で永江に会い、清隆亭の都のレセプションにでる。六実で食事をなし、三信の永井氏を自宅に訪問し帰宅。後十時でたつ。

一一月二三日（火）
大阪につく。山下、吉岡両君出迎をうく。尼ケ崎の阪本君の事務所により、井上君宅を訪ね、松のスシを食うて県連事務所に入る。永江宅を訪問。三時オリエンタルホテルで開かれたる井上君と原氏との二つの結婚式披露宴につらなる。よる西ノ宮、尼ケ崎で阪本応援演説をなし。片山町に泊る。

一一月二四日（水）
県連事務所に入る。二時京都に向う。アジア会議代表者一行を京都駅に迎う。大阪府連のレセプションに出る。新大阪ホテルで鈴木君と東京の記者との会見し、小倉をつれて片山町に泊る。

一一月二五日（木）
十時新大阪ホテルで地元の記者と鈴木君と一緒に会見し、ヒル頃帰神。阪本君のトラックに乗る。五時大阪中央公会堂の演説会にでる。吾妻橋の阪本君の演説会にでる。県連事務所によって東京の自宅に電話する。片山町に泊る。

一一月二六日（金）
大阪駅で浅沼君を迎え、一緒に鐘紡本部にいく。正午帰神。平佐君と中村俊夫君を訪う。四時鈴木君、野溝君、浅沼君と記者会見。湊川公園の吉田内閣打倒演説会にでる。片山町に泊る。

一一月二七日（土）
朝大津につく。矢尾君と一緒に県会補欠選挙の援助をなし、よる月光で去る。東京より記者一行と同車。

一一月二八日（日）
東京着。東京は雨。終日降りつづく。引籠る。

一一月二九日（月）
妻と林君を事務所に訪う。帰宅。大阪の田井君と院内に入る。代議士会、午后執行委員会。ヒル頃本部でインドネシア代表者等と会見。夕刻帰宅。

一一月三〇日（月）
朝事務所により、理髪して院内に入る。松浦君の室で薬剤業者と会見。開会式につらなる。本会議。夕刻帰宅。

一二月

一二月一日（水）
本部に入る。後院内に入る。代議士会、本会議。六時帝国ホテルにウーバーセエ氏を鈴木君と一緒に訪問。後海員組合での全労との会議にで、〇時半ウーバーセエ氏を妻と見送る。

一二月二日（木）
十時会館に入る。浅沼、三輪君と会見し、午后代議士会にでる。三時より河北新聞の山浦貫一氏との対談。事務所により帰宅。

一二月三日（金）
十一時、両社委員長会見。午后代議士会、本会議、局長委員長会議。六時半本部で浅沼、三輪君と下條君に会う。新橋のみよしで鳥釜をとる。

一二月四日（土）
麻生君来訪。院内に入る。図書館運営委員会にでる。一時三信ビルに永井氏を中居君と一緒に訪問。院内にもどる。本会議につらなり、十時近くに帰宅。

一二月五日（日）
十時神戸新聞支社で中井〔一夫〕、首藤〔新八〕君との会談。天国で食事をなし院内に入る。選挙スローガンの会。本部によって九段宿舎に入る。選対会議、十時半過ぎ帰宅。

一二月六日（月）
朝、浅沼君を東京駅に迎いたるも遅刻して会えず。自宅を訪問したるが直接院内に入りし由。院内で会う。ヒル永江を招き、三輪、山下両君と共に神戸で立候補のことを語る。夕刻帰宅。明日の演説の原稿をみる。

一二月七日（火）
十一時、議員会館両社の議員総会をひらく。遂に吉田内閣総辞職となる。六実で民雄、藤牧、新城さんとで食事をなし帰宅す。

一二月八日（水）
十時、本部に反動吉田内閣打倒の看板おろしの祝賀会にでる。院内に入る。色々の会合があった。

一二月九日（木）
十時院内に入る。色々の会合がよるに至るまでつづく。鳩山氏首相となる。

一二月一〇日（金）
三越で濱田氏の展覧会をみる。教文館による。院内に入る。午后事務所によって再び教文館に入る。院内に帰る。議長のこと三党で協調出来ず、本会議なく終る。妻神戸にたつ。

一二月一一日（土）
十一時、院内に入る。夕刻本会議、六実で新城君と食事をして帰宅。

一二月一二日（日）
妻帰る。ヒル読売の磯部君来訪。夕刻美村君来訪。よる十時神戸より電話あり。阪本君当選確実の報あり。

一二月一三日（月）
十時、院内に入る。国会対策委員会にでる。午后執行委員会にでる。夕刻天国で阪本君の勝利を祝う意味で、民雄、土肥、新城さんと食事をとる。よる読売の酒井君来。羅氏来訪。

一二月一四日（火）

十時過ぎ、伊原君を東銀に訪う。本部につきビルマ代表と会見。会館で小島氏会う。三好で食事をなし、院内に入る。栃木の金子君と会う。〔民主社会主義勢力〕結集委員会にでる。代議士会、本会議にでる。事務所によって帰宅。

一二月一五日（水）

十時裁判所にいき、金子氏の公判に立会う。ヒル院内に入る。会館で浅沼、伊藤君と会見後、一時半よりの執行委員会にでる。本会議終了。後有田八郎君宅にいき、有田氏、風見氏、片山君と鈴木君と私と会談する。

一二月一六日（木）

中部日本主催の私と鳩山氏との対談は鳩山氏の都合でとりやめ。院内に入る。

一二月一七日（金）

一時、新日本放送の対談会。院内で対策、三時本部で座談会（社会新聞の）、院内で代議士会、本会議、終て帰宅。銀河でたつ。九社の記者同車し、片桐君随伴。

一二月一八日（土）

神戸につく。阪本君、大野屋に宿泊。直ちに記者諸君をつれて大野屋に入る。十時勤労会館で記者会見。十一時知事室を訪う。ヒル沖天閣で東京と地元の記者を招き、阪本君を祝う。県連事務所に入る。永江と会う。三時過ぎ大石兵太郎君の遺宅を訪う。大阪に出て、朝日のアラスカで片桐、吉田君と食事をとり、京都に向う。京都より、島根いき列車に乗る。中崎、矢尾の両君と同車。

一二月一九日（日）

温泉津につき支部大会にでる。演説をなし、よる浜田市にいき演説をなし泊る。

一二月二〇日（月）

浜田をたつ。大阪に向う。大阪で銀河に乗り換えて帰京。

一二月二一日（火）

十時本部でセイロンの労働党代表と会見し、一時より執行委員会。よる自宅に共同の向井君来訪、対談をなす。中部日本の記者来訪。

一二月二二日（水）
金子君の公判に裁判所にいきしが、開廷を待たずして、東京会館にいく。印度社会党の創立者と会見し、永江をつれて事務所に入る。

一二月二三日（木）
八時、妻と林君をその事務所に訪い帰宅。十時院内に入り、会館で河北記者と対談。朝日経済新報社員と会見。ヒル過ぎ本部で資金委員会。丸善にいき、本部に帰り、五時半ＮＨＫのパーテ［ィ］ーにつらなり、九段の料亭で小島君招きをうく。

一二月二四日（金）
妻と伊集院を訪ね、和子に会い、妻を三越に送り、天国で食事をなし、事務所により、二時院内に入る。選対につらなる。帰宅。

一二月二五日（土）
十時二十分椿山荘にて鳩山氏と対談。中部日本主催。毎日主催、鳩山、緒方、鈴木氏との対談、十一時より同所で開かる。本部に入る。事務所によって三時河北新聞にいき、四時北海道新聞の対談を本部でなす。五時より陶々亭にて顧問と局長の忘年会。帰宅後、磯部君（読売）来訪。

一二月二六日（日）
礼拝にでる。帰宅。午後伊藤重次君を訪う。帰宅。平安堂と浜田御夫妻来訪。よるクリスマスを催す。渡辺朗君明日出発。お別れに来る。

一二月二七日（月）
大渡君来訪。選挙の話ありたり。後十時半会館に入り、東京新聞記者と会見。ひる三好で食事をなし、事務所によって二時朝日に笠君を訪い、本部に入り、読売の写真班で写真を撮る。事務所にもどる。帰宅。

一二月二八日（火）
東京新聞写真部来訪。事務所にいき、三時院執行委員会にでる。二時帰宅。書［記］局員を招き、忘年会をやる。多数来会。

一二月二九日（水）
十一時、本部にて浅沼、三輪君と会見。天国で食事をなし事務所に入る。朝日の記者来所。河野君宅を訪問し、椿山荘の四党首座談会*（朝日主催）にでる。美村君宅によって帰宅。

* 四党座談会は、「日本再建の方途（上）（下）」と題し、一月一日と三日に掲載された。他は鳩山一郎（民主党）、緒方竹虎（自由党）、

鈴木茂三郎（左社）。

一二月三〇日（木）

日本経済社と読売社を訪い原稿を渡す。永江に会見して事務所により、三輪事務所にいく。浅沼、加藤、三宅、河野、三輪君と会し、選挙、統一問題につき語る。五時の汽車で美村君と奈良屋にいく。事務所の人々は先につく。

一二月三一日（金）

ヒル食後奈良屋をたつ。事務所により帰宅し、民雄と青山に墓参をなし、平安堂によって帰宅。

◇一九五五（昭和三〇）年◇

一月

一月元日（土）
九時四十分家を出て参内す、妻と共に。後イスラエル公使館により伊集院を訪う。午餐をとり、智子、義夫を尋ね、海野氏宅と外岡君宅を訪いて帰宅。夕刻書記局人々来訪。

一月二日（日）
午前、鎌倉に妻と林君を訪う。午后三輪君来訪。その他の党関係者来訪。夕刻平岩の一族来訪。

一月三日（月）
終日家にいる。親類のものを招く。年賀の客多し。

一月四日（火）
本部で在京執行委員会をひらく。銀河でたつ。新聞記者同行。車中談話をなす。

一月五日（水）
神戸着。直ちに大野屋に入る、記者と一緒。十時勤労会館で記者会見、十一時楼で労組の新年会。阪本知事、原口市長出席。午后豊岡に向う。二ヶ所演説。城之崎に泊る。

一月六日（木）
豊岡の労組懇談会にで、直ちに柏原にいき、後夕刻篠山にいき、よる帰神。片山町に泊る。

一月七日（金）
県連事務所にいき、後大野屋にいく。大阪の山口、東、松浦、同行の二名と猪の肉を食う。正午すぎ舟で淡路に渡り志築と洲本で演説。岩屋に泊る。

一月八日（土）
大阪のブロック会議に出席。よる二所で演説。十時の汽車で下関に向う。

一月九日（日）
下関着。記者会見、労組の懇談会、駅頭で演説。汽車で広島に向う。よる二ヶ所で演説。広島に泊る。森戸夫妻に会う。

一月一〇日（月）
岡本検事長を訪問し、呉に向う。呉造船を訪う。午后街頭、よる三ヶ所演説。よる泊る。

一月一一日（火）　竹原町で街頭、三原、尾道で演説。

一月一二日（水）
午前一時半尾道たち、神戸にいき大野屋に入る。九時より五時まで街頭で一二ヶ所演説をなし、山下、山口、東君と食事をとり、汽車に乗る。

一月一三日（木）
小田原着。箱根に向う。奈良屋により、よる頃妻帰る。八時頃民雄来着。

一月一四日（金）
十時半東京着。本部にいき、院内に入る。選対委員会、執行委員会にでる。よる柳田、松田（朝日記者）慰労。

一月一五日（土）
九時帯刀貞代さん［女性運動家］が婦人公論記者と来訪、対談。松沢君来訪。よる中野のホトトギスで荒垣母子、佐近夫人、伊集院夫妻、智子と民雄と私共夫婦で食事をとる。

一月一六日（日）
十一時、院内に入る。選対委員会に出る。午后執行委員会、六時陶々亭にて全労会議の執行部との会食。よる横須賀の演説会、車で横須賀にいく。

一月一七日（月）
十時、議員会館にいく。中央委員会、午后閉会後、私の室で幹部が集り選対の協議をなす。

一月一八日（火）
臨時大会［右社第一三回］開かる。午后八時閉会。九時鈴木君との対談。九段の宿舎で兵庫県代議員と懇親。

一月一九日（水）
候補者会議の前に、大渡、三木氏と三輪君等と会見。ヒル吉田君をつれて六実にいき、局長委員長会議に出る。民雄相撲を観にいく。

一月二〇日（木）
十一時、主婦の友社記者との会見。夕刻帰宅、寝る。辻岡さんに注射をして貰う。

一月二一日（金）
開会式に列し、九段都市会館で労組の諸君と会見。田中健吉君の葬儀につらなり、院内に帰り政調会議に出席し執行委員会、代議士会にて、事務所により美村君と一緒に帰る。民雄は立坊をつれて相撲を観にいく。

一月二二日（土）
午后首相、外相、蔵相の演説あり。夕刻早く帰宅。明日の演説の清書をなす。潮君来訪。

一月二三日（日）
十一時、院内に入る。午后演説をなす。* 帰途三好によって鳥のすき焼きを食う。明日の解散で当分新城君と分るの［で］宴を設けた。朝九時半平安堂来訪、陣中見舞いをうく。

* 鳩山首相、重光外相、一万田蔵相の演説に対する代表質問。緒方自由党総裁、鈴木左社委員長に続き、右社委員長として質問。

一月二四日（月）
美村君と吉川君来訪。ヒル北海道新聞記者と会見。事務所によって院内に帰り、代議士会、本会議に出席す。解散。よる産経記者来訪。

一月二五日（火）
十一時、外人記者との会見。一時執行委員会。院内に入る、帰宅。妻神戸に立つ。

一月二六日（水）
十時、マンチェスターガーデアン記者と会館で会見。本部にいき、ヒルオーストラリア公使館にテイ Party につらなり、産経社を訪問し、食事を天国でとり、本部にいく。三時の「いでゆ」で曽禰君と一緒に沼津に向う。三島、沼津で演説。長岡の小川旅館に泊る。

一月二七日（木）
八時「いでゆ」で長岡をたつ。帰宅し、十二時両国をたつ。四街道、旭市、佐倉で演説。十時半帰宅。

一月二八日（金） 月光でたつ。

一月二九日（土）
九時つる［敦］賀につき、一時金沢につき、よる泊る。

一月三〇日（日）　午后一時長野につく。よる長野発。

一月三一日（月）
朝五時着。十時飛行機で神戸につく。

二月

二月一日（火）　［第二七回衆院］選挙の告示。街頭演説をやる。

二月二日（水）　街頭をやる。よる銀河でたつ。

二月三日（木）
東京着。午后四党首演説会。阿部真之助君との会見。よるたつ。藤原君が随員。

二月四日（金）
神戸着。よる三所で演説。よるたつ。

二月五日（土）
博多につく。長［正路。福岡一区］君の応援。午后たち佐賀に向う。向君の応援。よる泊る。

二月六日（日）
佐賀をたち、長崎に向う。午后佐世保に向う。泊る。

二月七日（月）
熊本につく。松前、永田君を応援。日奈久温泉に泊る。

二月八日（火）
鹿児島県に入る。マレンヌーフ［マレンコフ・ソ連首相］退陣を知る。日当山温泉に泊る。

二月九日（水）　宮崎につき泊る。

二月一〇日（木）　大分着。別府に泊る。

二月一一日（金）
午后別府をたち、舟で高浜につく。道後に泊る。

二月一二日（土）　香川県に入る。琴平に泊る。

二月一三日（日） 徳島に入る。よる舟でたつ。

二月一四日（月）
神戸着。片山町宅に入る。和歌山につく。夕刻大阪につき銀河でたち。

二月一五日（火） 東京着。飛行機で神戸着。

二月一六日（水） 吉田君を応援。

二月一七日（木） 第二区応援

二月一八日（金） 神戸に居る。

二月一九日（土） 大阪発。鳥取に入る。皆生温泉に泊る。

二月二〇日（日） 雪。よるたつ。よる神戸着。

二月二一日（月） 第四区応援。

二月二二日（火） 神戸に居る。

二月二三日（水）
朝たち岐阜、大垣にいき、五時大阪にいき、よる神戸にもどる。よるたち、岡山に向う。

二月二四日（木） 岡山よる、午後帰神。

二月二五日（金） 神戸にいる。

二月二六日（土） 神戸にいる。

二月二七日（日） 病気で東京いき中止し、ねる。

二月二八日（月） 当選す。

三月

三月一日（火） 飛行機でたち帰京。在京幹部会。

三月二日（水）
一時より、読売本社で会見。朝林君を訪問。夕刻箱根にいく。義夫、伊藤、新城さん。

三月三日（木）
湖畔にいき、夕刻帰宅。宇都宮君宅を美村君と訪う。病院に浅沼君を訪う。

三月四日（金）
小菅に宇都宮君を訪いしが接見禁止。久米進検事を訪う。一時本部で局長委員長会議。三好で事務所の人々と食事をとる。

三月五日（土）
美村君と小菅に宇都宮君を訪う。近三ビルで吉川君に会い、礼を述ぶ。本部に入り稲村〔順三〕君の葬儀に列し、弔詞を述ぶ。本部で局長会議に出る。九段宿舎の会議にでる。読売と日経の記者五人来訪。

三月六日（日）
礼拝にでる。アラスカで民雄と食事をなし、院内の執行委員会にでる。

三月七日（月）
午前、両院議員総会をひらく。丸善によって事務所に入る。美村君と一緒に帰る。銀河でたつ。

三月八日（火）
神戸着。執行委員会にでる。夕刻関西学院を訪う。堀教授、原田、田村、青木の諸君に会い、銀河で大阪よりたつ。

三月九日（水）
妻と共に伊原〔隆〕君を銀行に、藤井〔丙午〕君を八幡〔製鉄〕本社に永田〔雅一〕君を大映本社に訪うて礼を述ぶ。和子宅にいく。平安堂による。妻子宮がんの恐ありしか診察をうく。その恐なしということで安心する。歯医者によって帰宅。

三月一〇日（木）
朝智子来、重大なる告白あり。店を閉ずることを決定する。四時会館と本部にいき、銀河で妻は神戸にたつ。

三月一一日（金）
朝義夫の来訪を求む。浅沼君を病院に訪う。序に加藤君いる。ヒル加藤君と新城さんととる。教文館によって本部に入る。会館に入る。三時頃映画を観る。五時半院内で書記の慰労会にでる。

三月一二日（土）
丸善に椿氏個展をみる。天国で食事をなし、本部に入り、松下君と会い、民雄と和子宅を訪問し、後映画をみる。帰宅。

三月一三日（日）
妻神戸より帰る。内藤の娘家を去る。内藤と電話で話をした結果。三時義夫を妻と訪い、智子の件につき語る。五時民雄をつれて、有田八郎君を訪う。鈴木、三輪、原君同席。よる妻と美村君を訪い、智子のことを話す。

三月一四日（月）
川俣君を六時十五分上野駅に妻と共に迎え、川俣君宅にいき、智子のことの了解を得て、参議院宿舎に山口一郎君と松沢君を訪ね、帰宅し、十一時本部に入る。午後映画をみて、夕刻帰宅す。

三月一五日（火）
ヒル食を三好でとり院内に入る。一時より中央執行委員会、五時半から陶々亭にて記者諸君を招宴。伊藤君の家を訪ねて帰宅。柳田君来訪、鳩山首相論を頼まる［『朝日』五五年三月二〇日掲載］。

三月一六日（水）
八時羽田をたち、福岡に向う。宮城隆治君の応援。金房に泊る。

三月一七日（木）
九時たち一時東京着。本部に入り、後院内に入り、二弁の会長副会長の選挙をなし、院内にもどる。事務所の人々を招き簡単なる食事をなす。

三月一八日（金）
十時、院内に入る。議長問題で野党でとることになる。杉山君、副議長となる。鳩山首相指名す。鈴木君やぶる。

三月一九日（土）
金子一次君来訪。銀座教会に妻がよって院内に入る。妻は安藤邸の同級会。会館に入る。夕刻帰宅。

三月二〇日（日）
礼拝にでる。後、妻と新城君とで金岡で食事をなし、駿河屋で買物をなし、外岡、□川、前田、木島、吉川、田中、伊原に礼に参り、銀座教会によって帰宅。

三月二一日（月）
朝、中西夫妻来訪。十一時妻と伊集院宅にいき、智子を中心に相談す。一度帰宅したる。ある事件が起こったので妻と伊集院宅にいく。先に智子と活子をさきにつかわし、十時半帰宅。

三月二二日（火）

教文館によって院内に入る。午后五時半平安堂を訪ね、九段の宿舎に入る。統一委員会。九時半帰宅。

三月二三日（水）

妻と和子で活子が入学する市ヶ谷小学校長を訪問し、院内に入る。午后条検事正を訪問し、宇都宮君の保釈のことを頼む。院内にもどる。五時より共済会館で労組へのお礼の会にでる。帰途日比谷で映画をみる。よる日経の竹内君等来訪。

三月二四日（木）

第一会館で支部代表者会議にでる。后院内で鳩山首相の来訪をうく。本会議にで、五時より副議長公邸で落選者の集にでる。

三月二五日（金）

院内に入る。綱領委員会にでる。懲罰委員会にでる。二時銀座教会で生原君結婚式につらなる。院内にもどる。神戸の市従の人々に会う。五時トウキョーホテルで蛟龍会［一高弁論部のOB会］にでる。

三月二六日（土）

紀ノ国書店によって院内に入る。正午より局長会議。夕刻帰宅。銀河で神戸に向う。妻は智子をつれて山形の日野さんの仕事をみにいく。

三月二七日（日）

朝、神戸着。十時より新聞記者との会見。一時より県連臨時大会。五時石塚君訪問。九時大阪発で帰京。

三月二八日（月）

帰宅。町村会議にでる。統一全体会議と、一時よりの有田会、二時より執行委員会、五時より副議長公邸で両社首脳者の招宴。本会議、十二時近く帰宅。

三月二九日（火）

院内に入る。十一時有田君応援。天国で食事をなし、院内にもどる。知事選挙応援の打合をなし、帰宅。

三月三〇日（水）

十時、本部によって院内に入る。正午南甫園で兵庫協同組合の招きに応ず。代議士会、本会議、宇都宮君昨日保釈になり、美村君と一緒に院内に来る。平安堂によって小島君の招きに応ず。三輪、田中、中島の諸君席にあり。智子十時三十五分上野発でたつ。見送る。

三月三一日（木）

十時より院内で尾崎行雄氏の像の除幕式があった。一時より本会議、三時より浦和に松永君を見舞う。二時近く院内に帰る。六実で食をとりニウス〔ニュース〕映画をみて帰宅。

四月

四月一日（金）

義夫来訪。一緒に義夫を送る。大蔵省銀行局保険課長と面会し東京生命保険の松本副社長への紹介をうく。正午より局長会議、三時松本副社長を訪い、四時会館でロンドンタイムスの記者と会見、後伊原君を東京銀行に訪い、美村君を訪い、美村君と一緒に平安堂にいく。十時半過ぎ帰宅。

四月二日（土）

院内に入る。アジアアフリカ会議出席者につき相談し、曽禰君に決定す。正午局長会議、五時有田君の応援、八時半銀河でたつ。読売、毎日放送、中部日本、日経の記者随行。

四月三日（日）

神戸着。角谷君を中ノ瀬君と見舞いに訪う。十時より垂水区と須磨区の応援。

四月四日（月）

十時より東灘と灘区の応援。九時に及ぶ。

四月五日（火）

十時より兵庫区、生田区、葺合区の応援。九時に及ぶ。

四月六日（水）

十時より長田区の応援。五時半終了。七時大阪着。大阪で二ヶ所応援演説をなし、月光でたつ。

四月七日（木）

九時半東京着。ニッポン放送にいき本部により、横浜に向い応援し、九時帰宅。

四月八日（金）

ＭＲＡ〔道徳再武装〕のオーストリアの人々が相馬夫人の案内で来訪。教文館により本部に入る。大田区、品川、港区の応援をなし、よるは有田君の応援。川口君の応援。

四月九日（土）

七時二十分羽田発札幌に向う。札幌駅長室で記者会見。小樽に向う。よる札幌で演説をなし、十時の汽車で美唄に向い、ホテルに泊る。小平［忠］君の秘書泉君随伴。

四月一〇日（日）
三井美唄炭鉱と駅頭と、江別と岩見沢その他で演説をなし、六時の千歳発で帰宅。

四月一一日（月）
午前幹部会。よる妻、智子の所にいき、武井君随行、新宿をたつ。

四月一二日（火）
三時上スワ［諏訪］につき、龍東館に入る。よる浅間温泉に泊る。

四月一三日（水）
松本をたち名古屋に向い、よるまで応援。夜汽車でたち十一時過ぎ神戸着。大野屋に泊る。

四月一四日（木）　妻、神戸に来る。

四月一五日（金）　神戸で応援。

四月一六日（土）　大阪に向う、応援。

四月一七日（日）
姫路地方に向い、神戸に帰り応援。船で別府に向う。

四月一八日（月）
別府につき応援、佐野博君の実家に泊る。

四月一九日（火）　福岡に向う、泊る。

四月二〇日（水）
飛行機で東京着。本部に入る。豊田君と有田君応援。銀河で神戸に向う。

四月二一日（木）　神戸で応援。

四月二二日（金）
神戸で五時まで応援。大阪で応援。月光でたつ。

四月二三日（土）　投票して本部にいく。

四月二四日（日）　一時幹事会。神戸結果よし。

四月二五日（月） 本会議。

四月二六日（火）
川崎にいく。よる石室氏の招宴をうく。松尾夫妻同席。

四月二七日（水）
高木さんの応援。午后院内に入る。よる江東区の応援。

四月二八日（木）
院内に入る。本会議。浦和市長応援。川口の金内君の応援。大和でたつ。朝日、毎日、読売、共同記者随行。

四月二九日（金）
和歌山につく。和田君応援。神戸より松下君来る。一緒に尼ケ崎と西ノ宮の応援。月光でたつ。

四月三〇日（土）
帰京。投票。正午院内にて局長会議。酒井君の社員影山君を小平君に紹介して日中貿易のことを頼む。平安堂によって帰宅。

五月

五月一日（日）
メーデーに祝辞を述ぶ。雨しきりに降る。本部によって帰宅。

五月二日（月）
十時ホテルテイトで雷団長に中村君と一緒に会う。院内に入り選挙対策委員会にでる。三時過ぎ帰宅。

五月三日（火）
よる日比谷公会堂にシンホニーオブエーアーをきく。一昨年ロンドンのアルバートホールの演奏会を想い出す。

五月四日（水）
新城さん病気で休み。他の自動車で本部にいき、十一時わらび［蕨］に向う。松永義雄君の葬儀につらなり、後浦和で本田、金内両君の御馳走になる。六時半東京会館の中国使節団の招宴につらなる。

五月五日（木）
影山君来訪。一緒に小平君を訪う。午後は引き籠る。

五月六日（金）
教文館によって、院内に入る。綱領委員会にでる。三時帰宅。よる伊藤君来訪。

五月七日（土）
三越で伊集院一家の写真を観て院内に入る。局長会議と執行委員会にでる。影山君の宿舎によって高野君を羽田に、影山君と一歩に迎えにいき、高野君の宿舎によって相談し帰宅。妻は活子をつれて智子を訪う。ため上野をたつ。

五月八日（日）
礼拝にで、民雄と銀座で食事をとり帰宅。林知事来訪。夕刻和子、立、弓子来。よる楊貴妃をみる。それほどの作品でない。

五月九日（月）
十時半、院内に入る。正午選対委員会あり。原君を埼玉参議［院］候補に定む。影山君を招き、小平君と会うて高野君の交渉の経過を報告して帰宅。

五月一〇日（火）
院内に入る。ヒル頃三輪君と一緒に知事会議の林君を訪い、金沢君のことを頼む。五時影山君の招宴をうく。後帰宅。山本君英会話に来る。読売の子安君等来訪。

五月一一日（水）
院内に入る。二時半神戸新聞座談会、普選三十年にちなみて。事務所による。影山君来。小平君の室を訪ね、院内にもどり陶々亭の政調の会合にでる。

五月一二日（木）
本会議。紫雲丸事件の質疑。陶々亭に両院議員懇親会を催す。月光でたつ。大西君と江田君の事件で、妻と銀河でたつ。

五月一三日（金）
県連事務により検事正と次席に会い、大西君の件を頼み、大野屋によって安藤弁護士と一緒に長田警察署を訪い、係検事と次席とに会い、県連で酒井、影山両君に会い、大野屋による。吉田、松下両君来。永江、澤田に会い銀河でたつ。

五月一四日（土）
丸善により、院内に入り、神戸新聞支局を訪い、天国で食事をなし、第一会館の統一全体会議にでる。後帰宅早く寝る。

五月一五日（日）　終日引籠る。よる妻神戸より帰宅。

五月一六日（月）
法務省入国課に高杉君を訪う。院内に入る。十一時半より局長会議にでる。三時松屋の大観展をみる。銀座のコーヒー屋で相撲のテレビをみて帰宅。日経の記者来訪。後美村君を訪う。

五月一七日（火）
民雄気分悪く家に引篭る。院内に入る。一時執行委員会、後本会議、夕刻帰宅。よる英語会話の会をもつ。

五月一八日（水）
森戸君の手紙来る。三原市長の弁護の依頼あり。三輪君と相談していくことにする。正午埼玉県出身の議員と相談。三時出発。大宮、浦和、わらびの三ヶ所の街頭演説を原君のためにになす。十時半帰宅。

五月一九日（木）
院内に入る。ひる代議士会、本会議でる。帰宅。六時有田君の般若苑の招宴につらなる。

五月二〇日（金）
十時院内に入り、三輪、吉田君と一緒に最高検に検事総長と次席を訪う。大西君の件につき、夕刻院を去る。その間事務所による。

五月二一日（土）
十一時副議長室で局長会議、一時より日比谷公園でソ連引揚完遂の大会に列席し、首相官邸に催されたるＭＲＡの劇□□を観て、西村、曽禰君と会見し、六実で食事をなし帰宅。

五月二二日（日）
美村君を招き熱海の小谷氏と電話で話をする。よし邦君と美秀君来訪。午后金子さんも来。夕食後、妻と伊原君を訪い礼を述ぶ。よし邦君泊る。

五月二三日（月）
朝、井上路治君来訪。十時院内に入る。十一時両社の六者会談。一時より局長会議。長田女史をつれて外務省に中川〔融〕アジア局長を訪問。院内で十河総裁の訪問をうく。夕刻帰宅。

五月二四日（火）
メマイがするのでヒル頃まで就床。午後三時会館で浅沼君と一緒にタイムス局長と会談。曽根君と会見し、夕刻帰宅。後大宮の原君応援にいく。十一時近く帰宅。よし邦泊る。

五月二五日（水）
よし邦たつ。院内に入る。正午板垣局長を通産省に訪う。天国にて食事をなし、埼玉の応援にいく。

五月二六日（木）
十時、本部にて曽木君らに会う。院内に入る。正午首相官邸に鈴木君と鳩山首相を訪問。日ロ交渉に関する党の申込みをなす。本会議あり、七時帰宅。

五月二七日（金）
十一時院内に入る。午后スレート労組の人びとと院内で会見。三時より定期の記者会見。事務所により美村君と一緒に川口に吉田家訪れ、吉田君の死去を弔問す。後埼玉の参議選挙の応援にいく。十一時帰宅。

五月二八日（土）
院内にヒル近く入る。午後本会議。七時よりユーゴスラビア公使の招宴にでる。

五月二九日（日）
昨夜、妻と智子のところにいく。十時川口の吉田君の葬儀につらなる。浦和の選挙事務所にいき、後熊谷に向い五ヶ所の演説をなして十一時半過ぎ帰宅。

五月三〇日（月）
妻、智子帰宅。十一時半副議長室にて局長会議。三時半埼玉に向う。十一時過ぎ帰宅。

五月三一日（火）
院内に入る。代議［士］会。本会議、六時より九段の宿舎で北海道、東北、北信越のブロック会議。帰途美村君を訪う。

六月

六月一日（水）
柴谷、中村忠充君と十時半会館で会う。天国で食事をし、河北新聞の座談会に三輪君と列席の上でる。三時半川口に井堀君宅を訪う。原君の応援。妻、智子をつれて横手に川俣夫人を訪う。

六月二日（木）
院内に入る。正午弁護士会館で宇都宮君等と会うて打合をなす。本会議、九段で東海、近畿中国のブロック会議にでる。

六月三日（金）
松本君来訪。戸田君と三輪君の会館の室で会い、十一時過ぎ所沢にいき平岡［忠次郎］君と一緒に原君の応援をなし、六時九段宿舎に入る。関東、九州、四国ブロック会議。朝、美村君宅を訪う。よる再び訪ねる。

六月四日（土）
松本君来、三万円を渡す。院内に入り、直ちに熊谷の天田君宅にいく。原君の応援。十時近く帰宅。

六月五日（日）
床に休む。天田、原両君来訪。五時渡辺文政君渡欧壮行会にでる。六時より伊藤、小林両夫妻来訪。智子の結婚の仲介者。

六月六日（月）
原落選、惜しい。十一時より副議長室で局長会議。二時より海員組合にて全労との会議。院内にもどり後帰宅。よる山本君の会話あり。

六月七日（火）
小林、伊藤両家を妻と訪う。正午エ［イ］スラエル公使の招宴につらなる。妻と藤牧君。二時本部でユーゴスラビアの人々と会見。浅沼、曽禰両君同席。六時フルンナー氏の講演をきく。中途で院内に帰る。零時二十分予算通過。

六月八日（水）
院内に入り、一時浦和の谷水君の葬儀につらなる。四時院内で執行委員会。六時より会館で両院議員総会、中江君来訪。

六月九日（木）
会館に入る。阪本君を県出張所に訪問。本会議にでる。四時半クイン誕生。祝会に出て平安堂によってフルンナー氏の講演にいき、七時二十分発で美村君と一緒に奈良屋にいき泊る。

六月一〇日（金）
十一時過ぎ帰京。事務所により院内に入る。二時五味君と会見。柳沢君来館。約束のもの渡す。夕刻帰宅。

六月一一日（土）
柴尾、中村君等来訪。後会館に入る。本会議にで、会館で諸氏に会う。帰宅。十一時十五分発津に向う。

六月一二日（日）
朝、津につく。同行の記者諸君は九名。議員会館にはいり朝食。後近江絹糸の工場にいき一周年記念会に祝辞を述べ、デモ行進の先頭にたち会館に帰る。地元記者と会見。午後拡大執行委員会にでる。記者諸君は三時で津をた［つ］ため、神戸大野屋に向う。五時の電車で神戸につき、大野屋で夕食をとる。阪本、永江、小谷、吉岡の諸君に会い、十一時の列車で広島に向う。

六月一三日（月）
朝、広島着。赤城旅館に荷物を置いて森戸君宅にいき、朝食を御馳走になり、森戸君は大学に、私は赤城旅館にいく。地元記者来訪。二時半三輪、戸田、鈴木君等到着。事件の打合せをなす。

六月一四日（火）
午前二時半頃まで打合せ調査。十時裁判所にいき弁論し、ヒル過ぎ森戸君を大学に、三輪君と一緒に訪問。偶然野田文一郎君［元神戸市長］に会う。一時半の安芸でたつ。山下夫人の見送あり。保田君も上京。

六月一五日（水）
朝つき、帰宅。直ちに院内に入る。神戸の安田市議と会見。副議長室にて三役会議。一時よりＭＲＡ代表団との懇談会。歓迎の辞を述ぶ。三時首相官邸のＭＲＡのテ［ィ］パーティにでる。夕刻帰宅。きょう智子の婚約の手続を行う。智子の将来の幸福を祈る。

六月一六日（木）
西谷君訪い、銀座教会によって院内に入る。局長会議、午後本会議。会館に入る。六時妻と東劇でＭＲＡの劇をみる。

六月一七日（金）
会館に入る。松下駒吉君の友人の来訪をうく。院内に入る。本会議。小島君と会見。三越にいき眼鏡のフチをとりかえる。院内にもどり、事務所により美村君と一緒に帰る。よる九時美村君来訪。

六月一八日（土）
院内に入る。正午より学士会館にて行われたる江本君の両親の記念会にでる。院内に帰り、後帰宅。

六月一九日（日）
伊藤君来訪。一緒に浦和の埼玉県連支部長会議にでる。山崎屋でご馳走に。板橋の演説会にでる。

六月二〇日（月）
院内に入る。会館にいき、記者と会見。院内にもどり兵庫県連代議員と相談。戸田三原市長来訪。よる磯部君来訪。

六月二一日（火）
美村君来訪、一緒に院内にいく。美村君は裁判所に。局長会議、代議士会、本会議。五時より副議長の公邸で統一委員会。

六月二二日（水）
美村、足立、武田君の息来訪。院内に入る。三役の会議、一時執行委員会。帰宅。

六月二三日（木）
美村君宅を訪問、昨夜不明の内容証明便で来たりしため。九時半第二弁護士会にいく。三輪君と行違。会館で曽木君等に会う。ヒル過ぎ三輪君と真野知事を訪う。会館に入る。朝日君と会う。本会議にでる。よる総同盟との懇談会。帰宅。九時院内より電話あり。河野［一郎］農相不信任案が予算委員会にで紛糾せるため院内に入る。十一時帰宅。

六月二四日（金）
九時院内に入る。自治労代表者と蔵相との会見、一時に行わる。首長、議員会議にでる。夕刻帰宅。

六月二五日（土）
朝六時半、細野君死去の報に接す。十時美村君裁判所につく。宇都宮君の公判。院内に入る。総評落成式にでる。本会議にでる。四時より局長会議、細野君の葬儀の件。事務所により陶々亭にいく。毎日の五味君の転勤の宴をもうける。後細野君宅を訪い通夜につらなる。

六月二六日（日）
一時、産経会館の自治擁護議員総会にでる。

六月二七日（月）
紀伊国書店によって院内に入る。会館に入る。兵庫県議団の招をうく。四時帰宅。

六月二八日（火）
十一時半、中村、児玉両君来館。第二議員会館に林知事を訪う。ヒルを神楽坂でとる。院内に入る。本会議、三時執行委員会、細野氏党葬を定む。六時陶々亭に新議員を招く。

六月二九日（水）

午後本会議終了後、統一全体会議、九時頃終る。細野君通夜にいく。

六月三〇日（木）
十時本部に入り、会館に入る。一時青山に細野君葬儀あり。三時半より松本重治君の話をきく。

七月

七月一日（金）
院内に入る。副議長室で選挙対策委員会、午後代議士会、本会議。事務所により、妻とカナダ大使のレセプションにいく。赤堀宅を訪い帰宅。加藤、天田両君来訪。

七月二日（土）
中ノ瀬、東畑氏来館。院内に入る。教科書問題の委員会に出る。事務所により、美村君と一緒に帰路につく。

七月三日（日）
八時、箱根にいく。観光会館でブロック会議。よる帰宅。

七月四日（月）
九時半、箱根にいく。散会後関先生と民雄、藤牧、大内君をつれて奈良屋で夕食をとり、弥栄館に泊る。

七月五日（火）
ブロック会議終了。奈良屋で幹部会をひらく。浅沼、西尾、三輪、河の、中村、曽禰、西村、加藤、戸叶、三宅、加藤夫人、赤松、松沢の諸君来。よる帰宅。

七月六日（水）
九時半、裁判所に証人としてたつ、堂森君の事件で。院内に入る。夕刻事務所によって美村君と帰宅。よる美村夫妻来訪。

七月七日（木）
会館に入る。長田夫人来館。院内に入る。本会議、夕刻帰宅。

七月八日（金）
智子と中江君の結婚式を銀座教会でやり、産経会館で披露の宴を開き、中江氏邸にいき、新夫婦の箱根いきを見送って帰宅。妻神戸に向う。

七月九日（土）　院内に入る。八時半銀河でたつ、民雄も。

七月一〇日（日）
県連大会。朝、妻と民雄と永江宅を訪う。ヒル安藤弁護士を永江と訪う。夕刻国会議員と松井君の宴を沖天閣でひらく。銀河でたつ。

七月一一日（月）
院内に入る。四時鈴木君と会談。毎日新聞にいく。銀河でたつ。

七月一二日（火）
大阪で山下君の出迎をうけ、尼ケ崎市役所により伊丹警察署を訪う——田村君の事件。県知事を訪問。阪本、山下君と次席検事を訪問。毎日新聞支局にいく。海員組合によって日銀に大田君を訪ね要談し、後県連により県議員宿舎に入る。小谷君、松下、田村君と食事をとり銀河でたつ。

七月一三日（水）
院内に入る。一時より執行委員会、三時両院議員総会。よる副議長公舎で統一交渉委員会。

七月一四日（木）
十一時、両社委員長会談、四巨頭会議［米英仏ソによるジュネーヴ会議］にアッピールを発表。午後代議士会、本会議。夕刻帰宅。よる美村君来訪。

七月一五日（金） 青山墓参。天国で食事をなしたり。

七月一六日（土） 九時半上野発秋田に向う。

七月一七日（日）
三輪、菊地、日野、川俣君と秋田着。記者会見。細野君葬儀につらなる。知事の招宴。よるたつ。

七月一八日（月）
千代田区長を訪問。立川入会の件。会館に入る。夕刻神戸の佐々木君ら来館。六実で食事をとり、美村君宅を訪ね帰宅。

七月一九日（火）
八時ビルマ首相を羽田に迎う。院内に入る。正午局長会議、本会議。六時半首相官邸に於けるビルマ首相のレセプションに妻と一緒に出る。よる賀屋、山際、新関、伊原の諸氏と会食。

七月二〇日（水）
十一時ビルマ首相と会見。六時ビルマ大使のレセプション、七時副議長公舎で十人会議。

七月二一日（木）

十時NHKにいき、人生読本の放送をなす。院内に入る。午後本会議、帰宅。よる妻と伊原君宅を訪う。

七月二二日（金）
十時独大使来館。午后本会議、六時副議長公舎で統一全体会議。十一時大和でたつ。中井、森下、伊勢、戸叶の諸君と新聞記者五人同行。

七月二三日（土）
奈良着。ブロック講習会。綿谷、松井君来訪。二時半たつ。三重の補欠選挙応援にいく。大和で帰る。

七月二四日（日）
智子里帰りし、昨夜泊る。教会にいく。天国で食事をとる。智子夫妻、和子夫妻と民雄と一緒。午后鎌倉に林君を訪う。

七月二五日（月）
院内に入る。午後本会議。事務所にいく。六時副議長公邸で統一委員会。九時帰宅。子安君来訪。

七月二六日（火）
九時、本部に入る。全労、総評祝辞をのぶ。天国で食事をなし、院内に入る。本会議後会館で、近藤日出造君〔政治風刺漫画家〕と会見。中村教授来館。美村君よる来訪。

七月二七日（水）
朝、智子宅にいき院内に入る。本会議。六時有馬氏の招をうく。八時帰宅。愛川〔重義〕、子安両君まつ。

七月二八日（木）
会館でスレイト組合の人と中ノ瀬君に会う。院内に入る。本会議。九時近く散会。虎雄夫妻、智子夫妻来訪。

七月二九日（金）
スレイト組合の人々と山際、井上、二見、岸、石原の諸氏を訪う。会館に入る。院内に入る。本会議后副議長公舎で統一全体会議。

七月三〇日（土）
十時院内に入る。ヒル過ぎ両院議員総会後、本会議、五時外遊議員の送別会。六時伊集院宅にいき、七時半院内にもどる。十二時時間切れとなる。

七月三一日（日）
十時半、杉村君を慶応病院に見舞う。後小金井の農民支援にいく。

八月

八月一日（月）
宮崎助役を宿舎に訪問。院内に入る。一時県の国会議員会議、二時インドネシア問題で会見。四時鈴木君と首相、外相と会見。

八月二日（火）
会館に入る。十時半文部省に保健課長を訪う。金島君来館。五時東京会館でビルマの代表者に会う。統一委員会にでる。

八月三日（水）
十時、会館で神戸市会の三人と会う。正午副議長室で局長会議。夕刻帰宅。片木氏来訪。

八月四日（木）　教文館、本部会館。午後二時帰宅。

八月五日（金）
十時平岩光子が所夫妻をつれて来訪。ヒル野口夫妻、孫をつれて来訪。終日引籠る。

八月六日（土）
ヒル智子夫妻来訪。よる美村君宅でテレビをみる。日米水泳競争。妻、神戸にたつ。

八月七日（日）
七時四十分羽田たつ。田原君同行。福岡着。記者会見、県連大会。よる泊る。

八月八日（月）
八時四十分たつ。東京着。三好で食事。事務所、本部によって帰宅。

八月九日（火）　引籠る。夕刻畑君来宅。銀河でたつ。

八月一〇日（水）
勤労会館で記者会見、角谷君訪問。県議員団室を訪問。後甲子園に野球をみる。四時摩耶山に登る。六甲山上の大石亭で県議連、市議の人々と会食す。涼しき様なし、片山町に泊る。

八月一一日（木）
明石に八時につき、松浦、吉田君と一緒に第三区各所で街頭演説をなし、三木で演説会あり。片山町に泊る。

八月一二日（金）
八時二十分姫路につき、第四区各所で街頭演説。姫路新城館に泊る。

八月一三日（土）
六時より街頭。赤穂を最後とす。片山町に泊る。

八月一四日（日）
石塚君を訪ねたるも留守。ハトで帰宅。

八月一五日（月）
子安君あさ来宅。午后畑君、夕刻朝日のやなだ〔梁田〕君来訪。よる妻と虎雄宅を訪問。

八月一六日（火）
十時青山墓地にいき、野々村家埋骨式につらなる。後院内に入る。野球のテレビをみる。後帰宅。

八月一七日（水）
十時東京駅、奈良屋にいく。妻、民雄、和子、立、弓子でいく。十一時小田原発で西下。

八月一八日（木）
篠山口で下車。街頭で演説。よる柏原の宿に泊る。

八月一九日（金）
街頭演説。佐々木君の定宿で夕食をとり、銀河で上京。

八月二〇日（土）
ヒル局長会議。二時東條で金子滋子〔丈太郎姪〕の結婚式、一度帰宅。後副議長公邸で統一委員会にでる。

八月二一日（日）　礼拝にでる。留守に西尾君来訪。

八月二二日（月）
十一時副議長公邸で統一全体会議、二時より執行委員会。よる美村君、虎雄夫妻来。

八月二三日（火）
小谷君と会館で会う。ヒル副議長室にて局長会議。帰宅。六時小谷君を六実に招き帰宅。智子夫妻来宅。十時羽田に欧渡り《ママ》議員を送る。

八月二四日（水）
東京新聞記者来訪。伊原君を銀行に訪れたるも留守。事務所によって帰宅。滋子夫妻来訪。民雄、神戸より帰る。妻秋田にたつ。

八月二五日（木）
伊集院宅を訪ね、院内に入る。局長会議。会館で中村教授と会う。夕刻事務所により帰宅、十時新潟にたつ。

八月二六日（金）
新潟県下遊説。村杉温泉に泊る。

八月二七日（土）
川口、長岡、演説。川口のヤナで鮎を食う。よるたつ。

八月二八日（日）　一時副議長公邸で統一委員会。

八月二九日（月）
七時四十分羽田をたつ。見送に妻、和子、三人の孫。ヒル頃板つきに着、記者会見。ヒル飯をエイコーで東京より来た記者達と伊藤［卯四郎］君の御馳走になり、なか川荘に入る。夕刻とよる演説。

八月三〇日（火）
八幡にいく。八幡労組で統一問題について語る。伊藤宅に入り、市長の招宴をうけ、よる演説。後小倉で演説。成重［光貞］君宅に泊る。

八月三一日（水）
八幡工場を見学。後長崎に向う。伊藤、稲富、門司君同伴。教会で語り、後演説。川上屋に泊る。

九月

九月一日（木）
佐世保につく。ＳＳＫで演説。よる二ヶ所で演説。

九月二日（金）
福岡につく。なか川荘に入る。赤松さん来宿。よる平岩一家来、午前市内見物。

九月三日（土）
午后五時下ノ関につく。記者会見、よる演説。
月寒し、海峡の夜美し。

九月四日（日）
藤田君の老母来訪。県連大会にでる。福岡にもどり、四時飛行機でたつ。八時東京着。

九月五日（月）
三宅君来訪。一緒に院内に入る。午后執行委員会、よる朝日の一ツ柳君来訪。

九月六日（火）　会館に入る。六時九段宿舎で統一委員会。

九月七日（水）
栄子夫妻と娘来訪。木村正之介君来。十一時院内、局長会議。三時事務所に入る。四時半陶々亭にて全労会議の人々を招く。

九月八日（木）
十時、会館で毎日記者と会見。子安、本島、児玉、中村の諸君来館。ヒルは児玉氏の招宴を神楽坂のうなぎやでうく。中村君同席。川村兵四郎君来る。事務所により美村君と帰宅。妻神戸にたつ。よる同盟向井君等来訪。

九月九日（金）
毎日の写真班来訪。市ヶ谷小学校に立の作品をみにいく。正午銀座教会の正午礼拝にでる。毎日の写真を撮る。本部にいき会館で山下君に会い、民雄、佐藤寛行、新城さんと六実にいく。よる朝日の太田、和田君来訪。

九月一〇日（土）　九時上野発。時武随行。堂森君同車。

九月一一日（日）
福井着、記者会見。滋子ちゃん来訪。午后大会に出席し、日出会社の町会選挙の応援にいき、夕食の御馳走にになり、福井と三国で演説。よるたつ。

九月一二日（月）
新大阪ホテルに入る。十時朝日放送にいき、鶴、吉岡、東、十河、渡辺君とバタ焼きの御馳走になる。東君に対し、就職の依頼をす。ヒル前読売支社を訪う、山崎君の件で。三時神戸県連にいく。小谷、堺の両君と夕食をとり月光で大阪をたつ。

九月一三日（火）
宇都宮君の件で裁判所にいき、十一時の局長会議にでる。よる松岡家の通夜につらなる。

九月一四日（水）
十時半院内に矢尾君に会い、ヒル松前君たちと会見し、松岡家の葬儀につらなり、練馬区の選挙を応援なし、八時帰宅。読売の磯部君来訪。

九月一五日（木）
朝裁判所にいく。後義夫宅を妻と訪う。秀夫君の祝にいく。和子宅を妻と訪問。会館に入る。丸山君来館。

九月一六日（金）
会館に入る。西村勇夫君を訪い金円をうく。宝亭にて三役、三輪、三宅と会合。二時より執行委員会、後陶々亭にて民社連の学者諸君を招く。後平安堂により会館に入る。二十八委員会［統一交渉委員会か］の結果をまつ。虎雄、和子来。

九月一七日（土）
平安堂によって会館に入る。一時伊原君を銀行に訪う。本部に入る。高教組の人々の来訪をうく。平安堂によって帰宅。智子夫妻来。

九月一八日（日）　二時平岩千代おばさんの葬儀につらなる。

九月一九日（月）
左派大会に祝辞をのぶ。ヒルは天国で食事をなし、本部に入り、運輸省自動車局を訪問。銀河でたつ。

九月二〇日（火）
県連に入る。勤労会館にて記者会見。宣伝車に乗り、松浦君と東灘、灘区で国会報告をなし、よる三ヶ所で演説をなす。

九月二一日（水）
葺合、生田、兵庫区に宣伝国会報告。よる三ヶ所演説。

九月二二日（木）
垂水、須磨、長田区を宣伝。よる三ヶ所で演説。

九月二三日（金）
石塚君を訪問。堺君と清水君を訪問。平佐君と岩佐家を弔訪。一時宮内君らと大阪に三和の渡辺君を訪問。朝日ビルに田中、鶴、吉岡、東君に会う。與太楼で食事となり、神戸にもどり、井村君を訪い、銀河でたつ。

九月二四日（土）
妻と民雄の出迎をうく。京都の加納氏来。夕刻河鰭夫人来。よる智子夫妻来。

九月二五日（日）
多摩墓地の菊川君の墓前祭につらなる。三時副議長邸で統一委員会。六時菊亭で永江の事件の打合。九時羽田に中共いきの同僚を見送る。

九月二六日（月）
院内で統一全体会議、午后執行委員会、両院議員総会、よる陶々亭にて財務委員会。

九月二七日（火）
拡大中央委員会、終了後副議長公邸によって協議。

九月二八日（水）
拡大中央委員会、散会後堺、十川、民雄、新城さん等と六実で食事をとる。

九月二九日（木）
永江の裁判。代表者会議にでる。正午会館で林知事、西村君、中村、児玉両者と会す。後代表者会議でる。本部に入る。会館に入る。池田君帰朝の訪問、丸山君来館。五時半妻と独大使のレセプションに出席。朝ラジオ東京の諸員来、妻テレビをとる。

九月三〇日（金）
美村君を訪い、一緒に事務所に入る。十一時より院内で局長会議、午后は統一準備会、平安堂によって帰宅。

一〇月

一〇月一日（土）
一時帝国ホテルの三輪家の結婚式につらなる。会館に入り、四時より両社の拡大委員会にでる。よる子安君来訪。

一〇月二日（日）
佐藤君来訪。民雄と三人で浦和の県連大会にでる。本田氏宅にて午餐をとり、二時半帰宅。

一〇月三日（月）
鈴木君と有田氏邸を訪問。会館で三輪君に会い、三時より日経主催御手洗〔辰雄。政治評論家〕氏と鈴木君との対談。院内にもどり諸氏と会う。よる磯部君来。

一〇月四日（火）
教文館によって、本部、会館に入る。二時統合委員会、六時又その委員会。

一〇月五日（水）
会館により、院内に入る。一時執行委員会、後五時より陶々亭にて社会新聞社のスタッフを招く。

一〇月六日（木）
院内に入る。渡辺朗君と会見、三時より拡大委員会、四時半事務所、五時半副議長公舎で新産別の幹部を招く。後統一委員会。妻銀河でたつ。

一〇月七日（金）
山下君を九段宿舎に訪い、一緒に旭ガラスにいく。倉田重役に会い、院内に入る。一時より執行委員会、よる横浜演説会、十二時過ぎ帰宅。

一〇月八日（土）
十時、会館によって鈴木君と一緒に総評、新産別、全労を訪問。山の茶屋で共同主催の鈴木君との対談。後院内にいて五時副議長公舎で電労連の幹部と懇談し、六時半陶々亭にて都書記局総員の招待会にでて、七時四十分横浜に向う。二ヶ所で演説をやって十一時半帰宅。

一〇月九日（日）
五時三輪、三宅両君来訪。六時車で古河の演説会にでる。十二時過ぎ帰宅。

一〇月一〇日（月）
鈴木君と南原〔繁〕君を訪問。後天国で食事をなし、一時より執行委員会にで、後三役で語る。酒井一雄君に院内で会見。よる王様一代をみる。

一〇月一一日（火）
加藤清政君を訪問。会館に入る。中央委員会にでる。執行委員会。よる大田君と新橋で茶をのむ。院内に入る。

一〇月一二日（水）
党大会〔右社第一四回〕。翌朝三時まで論議。一時池袋一休館で鈴木君と対談。よる院内で鈴木君と会見。

一〇月一三日（木）
朝、毎日新聞社記者、東京新聞阿野君、九時より院執行委員会。鈴木君と人事に関し相談し、九時共立講堂の統一大会にでる。翌朝二時散会。

一〇月一四日（金）
十一時、会館に入る。松井君に会う。正午過ぎ院内で鈴木君に会い局長問題を解決する。夕刻帰宅。

一〇月一五日（土）
教文館によって会館に入る。松沢君、山下君、加藤鐐造君来訪。夕刻事務所によって帰宅。智子モウチョウで入院手術。

一〇月一六日（日）
終日引籠る。網代の長谷川、読売の磯部君来訪。

一〇月一七日（月）
三楽病院で身体検査をうく。吉川君を訪問。天国で食事をなし帰宅。一時鈴木君来訪。安藤氏の告別式につらなり会館に入る。朝日の太田、一ツ柳君来訪。事務所に入り、義夫と要談す。帰宅するや松村君の死去の報に接す。伊藤卯君と一緒に弔訪す。

一〇月一八日（火）
夕刻、伊藤君と奈良屋に入る。浅沼君あとで来る。

一〇月一九日（水）
午后帰京。三時副議長公邸で十三人委員会、後曽禰君と横浜にいき演説。九時横浜たつ。妻見送に来る。

一〇月二〇日（木）
銀河で着。勤労会館で記者会見。知事、市長その他労組を訪問。よる沖天閣で慰労の宴を開かる。

一〇月二一日（金）
市内の労組を訪問。よる堺で三ヶ所演説。

一〇月二二日（土）
尼ケ崎、伊丹、西ノ宮、芦屋を訪う。夕刻尼ケ崎市長の招をうく。宝塚にて。

一〇月二三日（日）　沖天閣を訪う。

一〇月二四日（月）
沖天閣を訪い、宕麓会員に会う。知事を訪問。宮内君と一緒に大阪にて池末氏に会う。

一〇月二五日（火）
海員組合の大会に祝辞をのぶ。銀河でたつ。

一〇月二六日（水）
午后埼玉本庄の杉村君の葬儀につらなる。

一〇月二七日（木）
村瀬君を訪い会館に入る。夕刻帰宅。

一〇月二八日（金）
終日引籠る。正午頃清沢君来訪。よる毎日の丸山君来訪。

一〇月二九日（土）
妻と鈴木君を訪問。会館でアベッリ女史と会見。二時丸善にて民雄と妻とで野坂さんに会い、会館にもどり、五時より副議長公邸で顧問会議にでる。

一〇月三〇日（日）
礼拝にでる。午後花さん子供をつれて来る。

一〇月三一日（月）
三楽病院にいき、会館に入る。渡辺朗君来。東京大学弁論部員、中央公論社長と社員来。有楽町で映画をみて帰る。

一一月

一一月一日（火）
ヒル頃会館に入る。その前に美村君来訪。二時中央公論社員来、口述筆記をする。夕刻帰宅。美村君来。腹痛で直ちに帰らる。

一一月二日（水）
三楽病院。昨夜受け、林君の好意を銀行に入れる。中共展示会場にいき、天国で食事を。会館に入る。平安堂によって事務所に入る。美村君と四時半南邦興業に林君を訪うて礼をのぶ。

一一月三日（木）
午前吉田賢一君来。智子夫妻と活子来。午後伊藤、武井、瀬尾君来。よる羽田に神戸市長を送る。

一一月四日（金）

みはめ［つばめ］で鈴木君等と大勢でたつ。新聞社の人々随行。五時大阪着。夕刻中島博士宅で食事。後エデンの東をみる。片山町に泊る。

一一月五日（土）

十時ＮＨＫ社にいき、新聞各社を訪問。ヒル同友会の招き。朝日を訪問、竹中、田中、鶴君と会う。天王寺公園で演説。夕刻労働会館にて労組との懇談会。西区で演説。片山町に泊る。

一一月六日（日）

みはめ［つばめ］でたち、ヒル近く名古屋着。新聞各社を訪問。テレビ塔下で演説。よるは伊藤君の誕生の市と豊橋で演説。牧夫人来訪。たつ。

一一月七日（月）

午前、読売新聞社訪問。映画をみて帰宅。夕刻三楽病院にいき診察をうく。よる子安、伊藤君来訪。

一一月八日（火）

一時宮中園遊会にいき、賀屋君の会にでて帰宅。

一一月九日（水）

三楽病院、会館、午後最高［裁］に入江判事を三輪君と共に訪問後、帰宅。よる女子青年会の人来訪。

一一月一〇日（木）

十一時産業会館、展覧会を智子夫妻、末、民雄でみる。会館に入る。午后両院議員総会、代議士会に出席。土肥君、朝日放送一次試験に通る通知あり。六時より蛟龍会にでる。妻銀河でたつを見送る。

一一月一一日（金）

三楽病院にいき、平安堂によって会館に入る。二時伊集院にいき弓子のピアノを聴く。四時に帰宅。

一一月一二日（土）

会館に入る。共同の向井君と会見。後帰宅。畑君来。バタ焼で食事をなす。

一一月一三日（日）

九時四十分上野発、仙台着。出迎盛なり。懇談会、演説。夜行で帰京。

一一月一四日（月）
美村君来訪。伊集院を訪問。三楽病院で注射。金岡で食事。会館に入り、後駿河屋を訪問し祝品を於くる。帰宅。

一一月一五日（火）
十一時半岡本家の結婚式につらなる。一時半本部で放送。会館に入る。帰宅。

一一月一六日（水）
三時土肥君来。一緒に〝生きものの記録〟をみる。帰宅。

一一月一七日（木）　終日引籠る。

一一月一八日（金）
妻と神岡氏を訪問。後、妻を上野毛に送り会館に入る。梁田君、西村君来。四時副議長公邸で杉山君の古稀の祝の宴につらなる。よる子安君来。

一一月一九日（土）
吉川君を訪問。会館に入り、アラスカ朝日の座談会にでる。二時金子の結婚式につらなる。よる伊原君来訪。

一一月二〇日（日）
土肥君と二宮駅に九時過着、曽禰君の応援。よる平塚に泊る。

一一月二一日（月）
雨。街頭演説をやって正午座間より帰京。院内に入り、両院議員総会、代議士会にで、五時過ぎ車で藤沢にいき二所演説、帰宅。

一一月二二日（火）
院内に入る。鳩山氏首相となる。福寿荘にて浅沼、三宅、三輪、河の、中村諸氏と食事をともにする。

一一月二三日（水）
九時半美村君来訪。一緒に神田の東越館に戸田市長を訪う。一一月半［岡本］善太郎君を駿河屋に訪う。天一で善太郎君の御馳走になる。帰宅。藤森新夫婦、光子来。

一一月二四日（木）
みはめ［つばめ］で妻とたつ。京都駅で朝子の出迎をうけ、大工原家にいく。孝君の見舞。よる片山町に泊る。

一一月二五日（金）

沖天閣にいく。県連事務所により勤労会館で記者会見。大阪にいき三和銀行を訪い、朝日放送により、鶴、木村、青木君に会う。沖天閣で宕麓会の発会式。十時大阪たつ。

一一月二六日（土）

事務所によって帰宅。四時国際スタジアムの記念会にいく、盛会。

一一月二七日（日）

十一時大内、花輪さん来訪。午后横前君来。よる民雄と伊原君を訪う。

一一月二八日（月）

四時、レセプションにいく。盛会。

一一月二九日（火）

会館に入る。森脇君つれシセイ［資生］堂で食事をなし、東京駅に送る。会館に帰る。中村教授来。夕食を天国でとり、日本女子大の講堂のテレビ討論会にでる。

一一月三〇日（水）

会館に入る。長田さんに会う。一時千葉医大病院に川島君を見舞う。五時半産経会館で延島、平林さん等と外人と会見し、妻と義夫を訪う。

一二月

一二月一日（木）

内ケ崎光枝さん個展をみる。会館に入る。佐々木、中谷両君と民雄で六実で食事をなし、丸善、富本憲吉の展覧会をみて帰宅。

一二月二日（金）

会館に入る。開会式につらなる。一時本会議。夕刻帰宅。

一二月三日（土）

民雄を青山学院に送り、会館に入る。保阪牧師来。本会議なし。よる佐々木、中谷両君泊る。

一二月四日（日）

正午過ぎ島上君夫人葬儀にいき、一度帰宅。後佐々木、中谷、民雄、新城さんと人形町で野菊の如くをみる。後東宝で落語と万才を聞く。佐々木、中谷君泊る。

一二月五日（月）
政界春秋社長その他来館。ヒル三日月会、本会議。

一二月六日（火）
平安堂夫妻と一緒に三越に浜田氏の新作展をみる。井上隆一君をその社に訪う、留守。会館に入る。本会議、よるはYWC［A］で話をする。

一二月七日（水）
朝、原田君をつれて帝国ホテルに井上君を訪う。防長争議の件。井上君、原田君との面会を拒絶す。話として分る。めまいがするので直ちに帰宅。床につく。井上君より電話あり、争議解決すとのこと。六時半平安堂新築祝にでる。

一二月八日（木）
会館に入る。ヒル、ハトで妻はたつ。よる安芸でたつ。

一二月九日（金）
一時過ぎ、三原着。直ちに平井君の応援。街頭で演説。よる四ヶ所で演説。

一二月一〇日（土）
〇時十五分三原発で神戸につく。片山の家にいき、妻と会う。十時県連で長田夫人を小谷君に紹介し、十一時沖天閣にいき宕麓会の人々と午餐をとり、大阪に向い山口君の応援。よる十二時過ぎ宿舎に帰る。

一二月一一日（日）
井上君を訪い、十時半大阪にいき、山口君の応援。よる十二時近く帰る。

一二月一二日（月）
九時五十分大阪発。浜坂に向う。田渕君応援。湯村に泊る。

一二月一三日（火）
田渕君応援。四時八鹿駅により大阪に向う。大阪駅で東君、山口君に会う。山口君落選。三人で食事をなし銀河でたつ。

一二月一四日（水）
帰宅。ヒル近く、妻と民雄と三人ででる。天国で食事をなし、会館に入る。本会議、事務所によって帰宅。

一二月一五日（木）
伊藤裕太君来訪。会館で時事通信記者と会見。本会議、帝劇でキネマをみる。

一二月一六日（金）
会館に入る。本会議、臨時議会終了。九時三十分上野発。

一二月一七日（土）
米沢に三時半頃着。旅館に入る。寝る。正午会社の労働者に語る。一時より小学校で演説会。四時半米沢出発。山形市の郊外でよる演説。雪降る。小林君宅に泊る。

一二月一八日（日）
四時起き五時発で秋田にいく。十時統一大会、よる演説会。

一二月一九日（月）
七時たつ。横手、川俣家に入る。よるたつ。

一二月二〇日（火）
上野着。十時議会。伊集院による。丸善にいき、天国で食事をなし、会館に入る。

一二月二一日（水）
会館に入る。毎日の細川君来館、子安君も。独りで映画をみる。

一二月二二日（木）
会館に入る。午后荘原、伊藤、山崎、青木の諸君来館。職員一同よりクリスマスプレゼントを贈らる。感謝の極みなり。四時晩翠軒にて井上、秋定君と対談を社会新聞の主催でなす。十時今澄君来訪。

一二月二三日（金）
会館に入る。午後本会議。よるウイ［ー］ン少年合唱団をきく。

一二月二四日（土）
会館に入る。午后事務所にいく。夕刻帰宅。

一二月二五日（日）
ヒル美村君を訪ね、一緒に事務所に入る。箱根奈良屋に事務所の人々と義夫と新城さんでいく。

一二月二六日（月）
一時半院内に入る。顧問会議、夕刻藤牧、畑を招いて六実で食事。後、妻と中江と義夫を訪う。

一二月二七日（火）
事務所に入り、会館に入る。夕刻帰宅。よるはクリスマスをする。

一二月二八日（水）　会館に入る。夕刻帰宅。

一二月二九日（木）
午后事務所に入る。林君より参拾万円をうく。美村君と平安堂によって帰宅。美村君と新城夫人来訪。

一二月三〇日（金）
朝、林君を訪い、礼をのぶ。午后三井牧師来訪。よる浅沼君を妻と訪う。三井牧師より電話で、瀬川氏の死去を伝えらる。

一二月三一日（土）
鈴木君夫妻、小島、浅沼、堤さん来。三時墓参。紀ノ国屋書店によって銀座に出て、買物をして帰宅。留守に松前君来。智子夫妻は活子をつれて□□にいく。

◇一九五六（昭和三一）年◇

一月

一月一日（日）
午后外岡、義夫。鎌倉の林君を妻と一緒に年賀にいく。

一月二日（月）
終日家にいる。いろいろの人年賀に来る。よる伊集院一家、智子親子来。食事をともにする。

一月三日（火）
三輪君を病院に見舞う。後、妻と奈良屋にいく。

一月四日（水）
奈良屋で静養。よる電話で前田満君の死を知る。

一月五日（木）
朝帰宅。前田君の葬儀につらなる。よる銀河でたつ。

一月六日（金）
県議市議多数の出迎をうく。勤労会館で記者会見。十一時より労組の新年会、［ビ］ル食を市長の御馳走になる。松浦君と労組を巡る。よる自治労の会議にでる。松浦君のチリの御馳走になる。

一月七日（土）
京都蒔田君の応援。記者会見。

一月八日（日）
尼ケ崎市内を松浦［清一］、山下［栄二］君と巡る。午后京都にいく。

一月九日（月）
一時西宮附近を松浦君と巡る。冲天閣で食事をなし、中村を訪う。

一月一〇日（火）
東灘区一円を松浦君と巡る。よる第一楼にて記者を招待。

一月一一日（水）
銀河で、妻神戸着。カモメで広島にいく。

一月一二日（木）
佐賀にいき、よる武信で泊る。

一月一三日（金）
トス［鳥栖］でひる演説。四時福岡発。新聞で県連事務［所］全焼（今朝）を知る。伊丹着。堺［豊喜］、松下巌君出迎。冲天閣で中村を慰める会にでる。

一月一四日（土）
松沢［兼人］、永江［一夫］を妻と訪う。県会により正午よりの宕麓会《トウロク》［関西学院の教え子たちからなる後援会。会名は丈太郎の号にちなんでつけられた］に出て、後松浦君と労組を見舞う。よる大石でジンギスカン料理の御馳走になる。

一月一五日（日）
正午、宮内君の招きで勝良荘の御馳走になる。六時の舟で別府に向う。

一月一六日（月）
十一時、別府着。記者会見。小倉、木下両書記と地獄巡りをし、よる別府と大分で演説。

一月一七日（火）
十一時よりレセプション。四時に舟でたつ。

一月一八日（水）
鈴木［茂三郎］君と記者会見。午後松浦君と各所を巡る。よるチリを御馳走になり、十一時和歌山につき望海楼に泊る。

一月一九日（木）
岡本家の葬儀、盛大。よる八時の飛行機で——然し時間のおくれで十一時過ぎ羽田着。畑君出迎え、畑君泊る。一般質問の経過をきく。

一月二〇日（金）
歯医者により会館に入る。河野、川俣両君と会見。一般質問者選定の辞退をきく。ヒル王林教授来館。浅沼［稲次郎］君と会見。一般質問することにする。王林教授、渡辺君と外務省大蔵省を訪う。夕刻帰宅。

一月二一日（土）
鈴木君を訪問。一般質問承諾の旨訪う。会館に入る。勝間田君に電話す。五時伊藤〔英治〕、小倉、木下、瀬尾、新城さんと六実で夕食をとり帰宅。銀河でたつ。池田君随行。

一月二二日（日）

三ノ宮駅着。堺君出迎あり。事務所に入る。山下君来る。一緒に「せと」でたち、岡山に向う。統一大会に出席し、よる演説。夕食は武田その他関学関係者ととる。

一月二三日（月）

午前一時半発、五時半大阪着。八時伊丹発。吉岡、今澄〔勇〕両君と同車。帰宅。ヒル弁護士会館に入る。宇都宮君の公判につらなる。後事務所に入る。美村君と林君とのことにつき話す。雪降る。

一月二四日（火）

終日引籠る。よる伊藤君来訪。杉村夫人来。

一月二五日（水）

一時本会議。事務所による。平安堂による。腹工合悪し。下痢、吐きたり。

一月二六日（木）

ケ〔憲〕法擁護会一時より開かる。よる竹内君来訪。

一月二七日（金）

会館で□□市長、永森、長谷川君と会う。プリンスホテルで朝日君たつ。大田、花輪結婚式の仲介人をする。院内河の政調書記と会し、後政調の書記をつれて六実にいく。

一月二八日（土）

会館に入る。三時事務所による。夕刻帰宅。

一月二九日（日）

谷尾来。演説原稿の筆記を頼む。三時河野〔密〕君を訪うて打合せをなす。後緒方〔竹虎〕氏の急死せることで自宅に弔訪す。

一月三〇日（月）

十二時半、院内に入る。五時近く演説す。*

一月三一日（火）

三輪君を訪問。ヒル天国で食事をなし会館に入る。本会議にで

* 鳩山首相の施政方針演説に対し、「なぜ憲法を改正するのか」と追求。

る。川島［金次］君の令嬢来館をうく。事務所により千葉の病院に川島君を訪問す。

二月

二月一日（水）

一時、緒方氏葬儀。二時半東京タイムスのレセプション。三時ケ［憲］法擁護会。六時熊本［虎蔵］君三年忌。

二月二日（木）

会館に入り、ヒルイスラエル公使の招きをうく。妻と民雄と。事務所による。よる月光でたつ。

二月三日（金）

大阪駅に松浦君出迎え。明日の打合をなし、神戸の新事務所に入る。海員組合の党の会議にでる。井上氏を県病院に見舞う。ビオへ［フェ］ルミン［製薬］に小野君を訪う。冲天閣によって知事［阪本勝］訪問、西山君の件頼む。冲天閣で夕食をとり、片山町に泊る。

二月四日（土）

六時清掃事務所を巡訪す。夕刻テッチリの御馳走になる。片山町に帰る。民雄つく。

二月五日（日）

県連統一大会。よる演説会。

二月六日（月）

関西学院を訪ねて入学試験の依頼をなし、民雄をハトで送り、朝日放送で鶴、田中、松田、渡辺、十河の諸君と会い木村君と要談す。後島田君を訪う。竹中君と会う。近江興業を訪問。奈良にいく。奈良の演説会。京都より月光で帰る。

二月七日（火）

世田谷の三楽病院にいく。二時子安君の結婚式につらなる。会館に入る。平安堂によって帰る。よる桑田、杉原夫人の来訪をうく。

二月八日（水）

三楽病院にいく、故障なし。妻も故障なし。会館に入る。事務所により帰宅。

二月九日（木）

美村君来。大西君の件で打合をなす。正午会館で美村、大西両君会見。一時ケ〔憲〕法擁護委員会、本会議。河の君を会館に訪う。平安堂によって帰宅。妻、銀河でたつ。

二月一〇日（金）

一時半、事務所に入る。大西、戸田両君に会う。陶々亭で法制局員を招く。立教中学に入学の許可ありたり。

二月一一日（土）

美村君をつれて、戸田君と事務所に入る。院内で伊藤君、浅沼君と会い、後伊集院を訪う。会館で三輪君に会い、五時半より林教授夫妻を晩翠軒に招く。民雄、藤牧〔新平〕、渡辺が同席。

二月一二日（日）

大西、長田君来訪。午后民雄とキネマを見にでる。妻帰宅。

二月一三日（月）

午前吉川君、加藤夫妻来訪。午后紀ノ国〔屋〕によって会館に入る。佐々木君一行来館。よる瓢亭に神戸市長の招宴。佐々木君一行泊る。

二月一四日（火）

民雄と新城さんと天国で食事をなし、会館に入る。美村君と大西君に会い、清水〔伊助〕、金島〔義通〕両君の来訪をうけケ〔憲〕法擁護委員会にでる。本会議。帰宅。

二月一五日（水）

永森君来訪。子安〔泰〕夫妻来訪。正午会館に入る。平野学君来館。山下、よしだ、佐々木君と協議。竹中君の紹介の小村氏来館。四時事務所にいく。大西君と相談し帰宅。

二月一六日（木）

平安堂による。杉村君のヒのことにつき頼む。松沢君を病院見舞う。十一時山下君の室で田中〔武夫〕、五島〔虎雄〕両代議〔士〕に大石君のことを諮る。本会議、下川〔儀太郎〕君演説を途中で中止し、休憩に入る。流会となる。中日新聞のレセプション、東京会館にいく。事務所による。美村君と一緒に帰宅。

二月一七日（金）

妻と和子と加藤君、千代田区長に礼にいく。会館に入る。三時半東京会館、毎日のレセプションにでる。本会議、五時半トキワで河野君の送別会。三輪〔寿壮〕、浅沼、中村〔高一〕、三宅〔正一〕君集る。伊集院来。

二月一八日（土）
大西君、戸田君と事務所で会見。一時の汽車で和田君と一緒に静岡にいく。演説、泊る。

二月一九日（日）
午前二ヶ所で街頭演説。三島にいく。労組と懇談。よる演説。演説后教会にいき祈る。九時の汽車でたち、小田原にて降車。奈良屋に浅沼君と共に泊る。

二月二〇日（月）
帰京後、三輪君を訪い、平安堂によって会館に入る。六時銀水で伊原［隆］君の招をうく。河野君のため。

二月二一日（火）
美村君と三輪君を病院に訪う。会館に入る。ヒル作田弁護士を美村君と一緒に訪う。本会議。四時半明治座で新国劇をみる。伊藤君と一緒。后美村、大西君と病院に三輪君を訪う。

二月二二日（水）
立坊、麻布中学入学試験に通過。伊集院を訪ねて立坊に会う。孫三人を夕食に招く。知事の招宴、日本橋浜田屋にある、出席。その途中で美村君と三輪君を訪う。帰宅。伊集院一家と同車して東京駅にいく。月光でたつ。

二月二三日（木）
九時着。記者会見。後堺君と一緒に神戸にいき、県連事務所で松浦君に会い、冲天閣で松浦、堺君と食事をなし、中川［幸太郎］君母堂の葬儀につらなる。海員組合で中地［熊造］君と会う。松浦君のチリの御馳走になる。後大阪で演説、盛会。月光でたつ。

二月二四日（金）
東京駅着。吉田［賢一］、山下両君来る。一緒に美村君を三信に訪い、会館に入る。本会議、よる河野君を羽田に送る。

二月二五日（土）
会館に入る。美村君来る。一緒に事務所による。大西君来。夕刻帰宅。

二月二六日（日）
八時十五分上野発。沼田にいく。蔵住□□地蔵をもうでる。朝教会で奨励。午后二ヶ所で演説、盛会。九時半自動車で帰宅。中江夫妻来。

二月二七日（月）
会館に入る。夕刻事務所にいく。大西、吉田、平松弁護士来。美村君と三輪君を病院に、受田君を宿舎に訪い帰宅。

二月二八日（火）
朝、会館の室の入口でつまづき足を痛む。その後痛みなく本会議へ。予算審議を終了。帰途神田で本を買い、九時近く帰宅。十一時頃より足痛む。夜通しねむれぬ。妻は銀河でたつ。

二月二九日（水）
大阪行を中止し、駿河台名倉病院に入院す。神戸の妻に電話し、本日の大阪の後援会に出席出来ぬことを伝う。

三月

（三月一日～一八日欠）

三月一九日（月）　退院す。

三月二〇日（火）　引籠る。

三月二一日（水）　引籠る。

三月二二日（木）　引籠る。

三月二三日（金）　引籠る。

三月二四日（土）　引籠る。

三月二五日（日）
野阪さんの母子来訪。夕刻伊集院一家来訪。立の卒業を祝う。

三月二六日（月）
名倉病院、加藤君宅、大森博士宅、川島［金次］君宅。川島君今朝死去、くやみにいく。

三月二七日（火）
事務所にいく。会館に入る。子安君来。本会議。六実で民雄、畑、土肥、新城と食事。

三月二八日（水）
会館に入る。夕刻妻、和子、立、弓子、活子来館。五時半頃羽田に向う。河野君一行を出迎。帰途天国で土肥、新城さんと食事。

三月二九日（木）

正午近く大宮の川島君葬儀につらなる。四時本会議中断の中陶々亭で井口［貞夫］大使と林君の招きで会食。

三月三〇日（金）

会館に入る。午后二時安倍能成先生の話をきく。本会議にでる。

三月三一日（土）

美村君来訪。一緒に出て会館に入る。夕刻事務所による。美村君を日大に送って帰宅。

四月

四月一日（日）

朝、鎌倉に林君を訪う。妻と一緒に。二時前田夫人と御子さん達を東京駅に送る。前田君の葬儀が三月下ノ関で行わる。よる川口の吉田氏の息子さん来訪。運送業開店の由。

四月二日（月）

九時、プリンスホテルにいく。大森、加藤両家の結婚式を仲介人としてつかさどる。宇都宮君の公判にたつ。事務所により国会関係の一高会にでる。

四月三日（火）

会館に入る。正午三日月会にでる。後本会議にでる。事務所により、大西君より五万円の弁護料をうく。美村君と一緒に車で帰る。東京新聞記者来る。ヘハンの論文をみて社会党のありかたにつき原稿をかけというも断る。

四月四日（水）

上野駅に大森さん夫婦を送る。名倉病院長宅と外岡君宅を訪い、会館に入る。一時神戸新聞座談会、毎日新聞記者来。河野君に会い、六時星ケ岡で五大市長の招宴をうく。子安君来宅。

四月五日（木）

第一相互会社の新築祝会に美村君とでる。事務所に美村君を送り、会館に入る。市議黒崎君来館。午后中谷君来。五時椿山荘の毎日のレセプションにて、法政大学のうらての高野［岩三郎］先生の追悼会にて、六実で土肥君の送別をする。民雄、新城、山本君等と。

四月六日（金）

午后本会議、三時ケ［憲］法擁護委員会、五時半よりモリソン氏の歓迎茶話会。七時より東京会館でモリソン氏の食事。八時半、東京たつ。

四月七日（土）
三ノ宮着。松浦、小谷［守］、酒井［一雄］、堺、金島君の出迎をうく。県連事務所に入る。十時より記者会見。十一時より沖天閣で大森新夫妻等と食事。一方宕麓会にでる。一時半たち甲子園の野球をみて神戸に帰り、小谷君の御馳走になり、尼ケ崎文化会館にいく。後再び神戸にもどり、冲天閣を訪う。十時大阪発。

四月八日（日）
土肥君に餞別をなしたり。ヒル新城君来。十二時半、妻と民雄で阿佐ケ谷教会にいく。美秀君の結婚式。帰途伊集院によって帰る。

四月九日（月）
加藤シズエさんを会館に訪ね、小野歯科医にいき、天国で食事をなし義夫宅によって会館に帰り、代々木へいく。森田教授に会う、場所をみる。会館に帰る。六時事務所によって東京ホテルの会にでる。

四月一〇日（火）
歯医者にいき、青山学院、紀之国屋書店、会館に入る。本会議、歯医者にいき日比谷公会堂に音楽をきく。

四月一一日（水）
土肥君来宅。一緒に土肥君を東京駅に送る。妻、民雄、新城、山本、畑、前田さん来る。天国で妻、民［雄］、山本、畑、新城君と食事をとり、会館に入る。神戸選挙管理委員の人々、堺、森口、黒崎の諸君来。三時ケ［憲］法擁護会、五時より南原君の話。帰途美村君宅による。

四月一二日（木）
美秀夫妻、ヒル食を一緒にとる。会館に入る。よる妻を東京駅に送る。

四月一三日（金）
岡本君を訪う。会館に入る。よる銀河でたつ。

四月一四日（土）
銀河で神戸着、十時松浦卓郎君等と相生、姫路、神戸で演説をやり、七時より沖天閣で関学十三回卒業生の会合に妻と一緒にでる。片山町に泊る。土肥君来る。

四月一五日（日）
十時元町で小選挙区反対署名をやる。五時より名田夫妻の招待をうく。大阪駅で佐藤一郎君に会う。

四月一六日（月）
一時宇都宮君の公判。三時自転車で鹿沼に向う。よる十二時帰宅。新城、山本君泊る。

四月一七日（火）
七時四十分羽田発。博多につき、よし邦を招く。午后七時過ぎ別府につき、木下［哲］君宅に泊る。

四月一八日（水）
五時半別府発、延岡着。直ちにトラックに乗って街頭に立つ。よる演説会。千五百を越える。九時たち、自動車で熊本に向う。

四月一九日（木）
三時熊本発、八時四十分板つき［付］発。大阪につき山崎［宗太郎］君出迎あり、山口君と三人で午餐をとり、岐阜に四時半つく、よる演説。十時五十分岐阜発。

四月二〇日（金）
帰宅。浦和陸運局にいく。会館に入る。本会議。十一時に帰宅。

四月二一日（土）
会館に入る。一時日比谷音楽堂の小選挙区制反対大会にでて、デモに参加、会館に帰り、五時より陶々亭で幹部会、帰宅。十時新潟にたつ。

四月二二日（日）
新潟着、記者会見、加治川の花見。シバタ［新発田］で街頭演説、よるはレセプション、十時でたつ。

四月二三日（月）
朝帰宅、ねる。十二時三宅母堂葬儀にいく。紀ノ国屋によって本を求む。会館に入る。夕刻帰宅。

四月二四日（火）
筒井母子来、会館に入る。妻、徳氏を訪問。午後本会議。六時あさくらで林、名倉夫妻、古圣氏と美村君と懇談す。

四月二五日（水）
会館に入る。代議士会にでる。一時神戸新聞寄付金のことにつき相談し、可児君の結婚式につらなる。事務所によって帰宅。

四月二六日（木）
代議士会にでる。正午色紙展覧会にいく。本会議。よる十一時まで院内に居る。

四月二七日（金）
九時半代議士会。議会紛糾す。本会議を開かず。十時帰宅。

四月二八日（土）　教文館によって院内。本会議。

四月二九日（日）
零時半本会議、休憩、十時院内に入る。本会議、椎熊〔三郎〕氏のことで紛糾したり。

四月三〇日（月）
三時帰宅、十時院内に入る。よる本会議紛糾、十二時帰宅。

五月

五月一日（火）
十時院内に入る。メーデーのデモを院の門前で迎う。三時岡本君〔駿河屋主人〕を訪ね、お願をする。院内に帰る。民自〔自民〕党譲歩、解決、十時帰宅。

五月二日（水）
十一時院内に入る。一時本会議、五時半前進座をみる。

五月三日（木）
十時加藤シズエさんと山本〔秀市〕で益子に向う。神田〔大作〕宅に入る。街頭演説。后、浜田〔庄司〕さん宅を訪う。夕刻は久下田で演説。よるは真岡で演説。真岡に泊る。

五月四日（金）
岩瀬駅より磯原に向う。和田〔博雄〕、加藤〔シズエ〕両君と同車。よる九時まで街頭演説、鈴木氏宅に泊る。

五月五日（土）
五浦に遊び、十時半列車で帰京。夕刻伊集院一家、内ケ崎幸枝来。広瀬君来。

五月六日（日）　磯原市長当選の報に接す。

五月七日（月）
正午、三日月会に出席。エ〔イ〕スラエル公使を渡辺〔朗〕君と訪問。会館に入る。堺、八代、平の諸君［新三菱重工労組幹部、神戸市議］に会う。

五月八日（火）
さくらでたつ。五時八分大阪着。大阪朝日で話をなし、よる九時で帰京。

五月九日（水）
会館に入る。四時事務所によって美村君を羽田に送る。よる原野教授来訪。

五月一〇日（木）
院内に入る。兵庫県相生と神戸市の基政七君の演説中止となる。六実で畑、山本、新城君と食事をなし帰宅。

五月一一日（金）
十時院内に入る。森戸［辰男］君と院内で会う。九時半帰宅。

五月一二日（土）　九時半院内に入る。

五月一三日（日）
十二時三十五分発、名古屋に向う。加藤シズエさんと一緒。津島、弥富で演説、十一時二十分で名古屋をたつ。

五月一四日（月）
十二時院内に入る。二時平岩潔子［姪］の結婚式。外岡君を訪ね、明日の旅の中止を願う。

五月一五日（火）　十二時院内に入る。十一時近く帰宅。

五月一六日（水）
八時半、美村君を伴い、作田弁護士を訪う。美村君を弁護士会館に送り、一度帰宅。十一時半院内に向う。九時半帰宅。

五月一七日（木）
院内に入る。三時半帰宅。妻と一緒に帝国ホテルの林［彦三郎］君令息の結婚式にいく。九時帰宅。川崎製鉄の山北重役来訪。

五月一八日（金）
〇時後藤勝利君の葬儀につらなる。新城と天国で食事をなし、院内に入る。六時中村教授と民雄、山本、新城と六実で食事。再び院内に入る。十一時帰宅。

五月一九日（土）
院内にいる。五時帰宅。野坂さんと会食。八時半銀河で［た］つ。

五月二〇日（日）
三ノ宮着。堺君等出迎、冲天閣に入る、三時京都ホテルのレセプション、知事の招宴。演説、片山［町］宅に土肥君来。

五月二一日（月）
県連にいく。山下君と一緒に西ノ宮にいき、婦人会で演説。よる二ヶ所演説、片山町に泊る。

五月二二日（火）
つばめでたつ。五時半院内に入る。七時帰宅。

五月二三日（水）
院内に入る。佐々木［大蔵］、堺両君来館。本会議。

五月二四日（木）
午前〇時五分開会、五時帰宅。佐々木君一行泊る。四時半院内に入る。本会議。七時帰宅。

五月二五日（金）
ヒル頃院内、本会議。五時事務所。六時半知事の招宴。

五月二六日（土）
会館に入る。三時帰宅。六時上野発、古河に向う。演説。山水に泊る。

五月二七日（日）
八時宿を出て、各地で街頭演説。よる結城にて演説。山水に泊る。

五月二八日（月）
九時半帰宅。正午陶々亭にいく、麻生君伝記*作成の打合。本会議にでる。白亜軒で寄合。六時帰宅。

＊『麻生久伝』のこと。昭和三三年に麻生久伝記刊行会（代表河上丈太郎）刊で出版。

五月二九日（火）
五時より顧問会議*を副議長公邸にひらく。

＊　顧問会議：昭和三〇（一九五五）年社会党統一後、顧問となる。

五月三〇日（水）
会館に入る。ヒル頃美村君来館、戸叶里子さんの知人の相談をうく。両院議員総会、大映の松［山、関西学院の教え子］君来、六時九段宿舎で中央委員会の出席者と食事をなし、院内に入る。十一時半帰宅。

五月三一日（木） 九時半代議士［会］、十一時半まで院内に居る。

六月

六月一日（金）
美村君来訪。五十万円うく。院内に入る。正午歌舞伎座にいき、中国の芸術に接す。二時院内に帰る。九時本会議。内閣不信任否定。

六月二日（土）
十時院内に入る。議会の事情で名古屋いき中止。ヒル六実へ中ノ瀬君を招く。院内に入る。十時帰宅。

六月三日（日） 議会終了。

六月四日（月）
午前九時半伊藤君を松井［政吉］君と九段宿舎に訪い、四時まで懇談す。九時つばめでたち、六時冲天閣で角谷君の慰労会を持つ。

六月五日（火） 基［政七］君の演説会二所。

六月六日（水）
酒井君と大阪に植場君を訪問。午後、姫路にいく。松浦君と富士製鉄で語る。よる演説。

六月七日（木） 神戸をたち、香川にいく。よる多度津に泊る。

六月八日（金） 松山にいく。道後に泊る。

六月九日（土） 自動車で高知にいく。高知泊る。

六月一〇日（日） 徳島につく。十一時発船で神戸に向う。

六月一一日（月）
神戸につく。神近［市子］さんを送って片山町につく。よる尼ケ崎。

六月一二日（火）

告示。[*]雨中、松浦・佐野［芳雄］の車にのる。六時冲天閣で宕麓会。

＊　第四回参議院選挙（昭和三一年七月八日）に社会党は兵庫地方区に松浦清一、佐野芳雄の二候補を公認して闘っていた。

六月一三日（水）　松浦君の車にのる。

六月一四日（木）　佐野君の車にのる。十時月光でたつ。

六月一五日（金）
横浜につく。横須賀で曽祢［益］君応援。十一時で横浜を去る。

六月一六日（土）　奈良につく。よる五條で泊る。三好君同伴。

六月一七日（日）
和歌山につく。よる望海楼に泊る。岡本［善右衛門］君の好意。

六月一八日（月）
駿河屋の好意で自動車で神戸着。神戸泊る。

六月一九日（火）
大阪で村尾［重雄］、椿［繁夫］両君応援。神戸に泊る。

六月二〇日（水）
京都駅で記者会見。正午より大阪で占部君応援。よる京都にいく。神戸泊る。

六月二一日（木）　滋賀県にいく。よる大阪で泊る。

六月二二日（金）
大阪で基［政七］君応援。よる村尾、椿両君応援。神戸泊る。

六月二三日（土）
ひるすぎ福山着。山田［節雄］君応援。よる十二時福山発。

六月二四日（日）　ヒル熊本着。よる熊本泊。

六月二五日（月）
朝熊本発、佐賀に向う。列車中、朝日新聞で三井牧師の急死を知る。弔電をうつ。佐賀泊。

六月二六日（火）
福岡にでて、街頭演説。平岩夫妻、川上君［平岩夫人の親戚］とホテルで食事。午前の飛行機で羽田着。直ちに三井牧師を教会に弔う。

六月二七日（水） 埼玉にいく。

六月二八日（木） 神奈川に曽祢［禰］君応援。

六月二九日（金） 栃木県にいく。宇都宮に泊る。

六月三〇日（土） 茨城県にいく。よる帰京。

七月

七月一日（日） 群馬県、よる帰京。

七月二日（月） 甲府、よる帰京。

七月三日（火） 千葉、よる帰京。

七月四日（水） 小田原、よる十一時発。三好君同伴。

七月五日（木） 神戸につく。海上遊説*。松浦［清一］君のため終日。

＊ 海上演説：松浦氏は戦前海員組合の創立者の一人。戦後も海員組合の幹部。

七月六日（金） 尼ケ崎で佐野君のため、三好君帰京。

七月七日（土）
午前松浦、正午より二時まで基君、二時以后佐野、よる基、佐の、松浦君の応援演説。

七月八日（日）
宮本君［近江屋興業幹部］訪問。午后片山町で寝る。夕刻県連事務所にでる。森口、小谷［守］君と食事、冲天閣にいく。偶然関学同窓会員と新院長との会食あり、新院長に紹介せらる。松浦事務所にいく。

七月九日（月）
あさ二時帰宅。十時五十分伊丹たつ。ヒル羽田着。天国で食事をなし、本部にいく。好成績。五時浅沼、三宅、河のの諸君と三輪君の病状につき語る。六実にいき帰宅。新築の家に入る。

七月一〇日（火）
加藤、田中、島。事務所による。参議院食堂で曽祢〔禰〕夫妻と会う。事務所に入る。帰宅后、加藤シズエ夫人の招きをうけ、加藤邸に入る。妻が名倉病院で診察をうく。

七月一一日（水） 林君を南邦に訪う。帰宅。一時たつ。

七月一二日（木）
広島つく。戸田〔三原市長〕、保田〔庄一。広島県議〕、平岩夫妻、美村君出迎をうく。旅館に入る。十時裁判所、カモメで去る。神戸着。竹葉〔亭〕で食事をなし、片山町に泊る。

七月一三日（金）
酒井君来る。一緒に冲天閣によって午后阪急百貨店に村上君、堺君と訪う。山口〔昌二〕、東〔久太郎。大阪のOKタクシー重役〕を訪問。三人で清風で食事。アレキサンダー大王の映画をみて神戸に帰る。妻来る。

七月一四日（土）
阪本〔勝〕君を訪問する前に、中ノ瀬〔幸吉〕、小谷、酒井君来訪。森脇、小谷君の御馳走になり、県連事務所に入る。森脇兄弟と王子公園の仁和登利の塔をみる。事務所に入る。堺、基君と会う。五時井村君と妻と三人で大阪のシオン会〔関西学院卒業生からなる後援会〕にのぞむ。十時月光で去る。

七月一五日（日）
美村、伊原君来訪。夕刻民雄と青山に墓参す。

七月一六日（月）
引籠る。来訪者、信子〔実弟義夫娘〕、藤牧君。

七月一七日（火）
森田先生〔西原の家をたてて下った建築家〕宅を妻と民雄で訪問。ヒル日本倶楽部で神川〔彦松〕君と会見、三越にいき本部によって帰宅。よる子安君来訪。

七月一八日（水）
終日引籠る。テレビを林君より贈らる。よる和子、立、弓子来。

七月一九日（木）
十一時近く、会館に入る。ヒル六実で食事、会館に帰る。二時大蔵省訪問。銀行局長、理財局長と会見。労金〔労働金庫〕の件につき話す。三時事務所に入る。大西君と打合せ。六時林君の招きをあさくらにうく。智子開店。将来の幸を祈る。

七月二〇日（金）
三輪君を病院に見舞う。正午院内代議士会、両院議員総会、懇親会。五時野阪さんを迎えて妻と民雄と四人でシセイ［資生］堂で夕食とり帰宅。日経の竹内［静吾］君来訪。

七月二一日（土）
九時十分上野発、高崎にいく。伊藤卯［四郎］、前田［栄之助］、野溝［勝］同車。東海林君の事務所、安国寺、大橋夫人の姉君の寺。藤岡で演説。木村牧師に会い、その教会をみる。夕食は洲崎宅。八時五十分で帰る。

七月二二日（日）
礼拝にでる。午后大内夫妻来訪。妻、野坂家を訪問。

七月二三日（月）
三信本社を訪問。百科辞典買求めのため、林君に会う。義夫をともない浅野スレート会社を訪問し、薬局の建設につき礼をのぶ。会館に入る。西山、宮原君に会う。五時、中野のホトトギスで関［嘉彦］先生を招く。出席者は藤牧、畑、民雄。帰宅。

七月二四日（火）
ハトでたつ。時武君随行。豊橋市内を巡る。数ヶ所演説。牧君の宅による。風呂に入る。

七月二五日（水）
〇時半豊橋たち、朝帰宅。終日引籠る。

七月二六日（木）
和子を訪い、虎雄君を尋ね、妻と四人で相談し、妻、和子、新城さんと天国で食事。三越にいき、智子を訪ね、和子の家に入る。民雄来、立、弓子をつれて五人で帰宅。立、弓子、直ちに帰る。

七月二七日（金）
民雄と山本をつれ、新城さんの車で箱根にいく。奈良屋に入る。十一時帰宅。

七月二八日（土）
林君を訪れ、一緒に賀屋君をその事務所に訪う。正午より一水会［一高の同窓会］にでる。帰宅。

七月二九日（日）
礼拝にでる。ヒル鵜飼牧師就任祝賀会でる。後、副議長公邸で杉山［元治郎］君の渡欧米の壮行会にでる。帰宅。

七月三〇日（月）

会館に入る。民社連高木君と会見。三宅君来談。都財務局を訪問。一時杉山君と妻とでイスラエル公使の招をうく。三時帰宅。森田先生、松本建設の人を招く。

七月三一日（火）

松沢夫妻、黒田牧師来。会館に入る。赤堀君来。二時三宅君と会う。南邦にいき、美村君と一緒で事務所に入る。五時三輪君を病院に訪う。天国で食事をなし、三宅君等とニュース映画をみて浅沼君を東京駅に迎う。三人で相談し帰宅。

八月

八月一日（水）

妻と曽祢［禰］君を会館に訪う。妻は曽祢君と東横にいく。浅沼君と一緒に三輪君を病院に訪う。帰途紀の国屋。よる銀河で山本君と一緒に神戸に向う。

八月二日（木）

神戸着。県連事務［所］に入る。ついで片山町に入る。午后酒井君来訪。新とみずしを一緒に食い、市役所内自治労事務所と市会議員控室を訪い、知事室に入る。知事、酒井君、山本等と六甲山オリエンタルホテルに入る。涼身にしむ。山本と片山町に泊る。

八月三日（金）

ヒル竹葉［亭］で山本と食事をなし、県連事務所に入る。三時ハト［波止］場にいく、酒井君見送のため。七時にのびる。片山町に帰り再びに見送にいき、沖天閣によって帰る。

八月四日（土）

酒井君次男［道雄］来訪、交通組合を訪問。永江宅による。大阪にいく。二時朝日放送による。田中［利一。当時朝日放送編成局長］、鶴［秀茂］、十河［巌］、竹中［一雄。いずれも関西学院出身の朝日記者］の諸君に会う。放送をする。東［久太郎］君来る。東君の御馳走になる。悦ちゃん未亡人も同席。

八月五日（日）

二時勤労会館で浅沼君に会い、奥摩耶に一緒にいく。銀河で浅沼君を送り、松山に船でいく。金島、堺君の見送をうく。

八月六日（月）

朝、松山につく。中村［時雄］君宅で記者会見。岩井旅館に入る。午后街頭演説。

八月七日(火) 松山城をみる。後、街頭演説。

八月八日(水) 街頭演説。よる十時半出帆。

八月九日(木)

船中で、朝食卓で和田春生君［全労会議書記長］と会う。神戸着。海員組合県連事務所によって大阪に向う。東君、大阪駅で見送る。山本、名古屋駅より乗込む。妻、神戸にいく。

八月一〇日(金)

十時、会館で川俣［清音］君に会い旅費の一部を渡す。ケ法［憲法］擁護委員会にでる。正午イスラエルのダーカン博士に会う。菊地［養之輔］君来。事務所によって帰宅。今澄君来訪。ヨシさんの父死去の報あり。

八月一一日(土)

会館に入る。神田大作君、藤牧君来。伊集院によって帰宅。

八月一二日(日)

終日引籠る。名和、油谷来訪、泊る。よる日野［吉夫］君仙台より電話。

八月一三日(月)

会館に入る。菊地君に電話で、日野君の電話の話をする。伊集院に寄って帰宅。

八月一四日(火)

教文館、読売新聞、三輪君を訪問。富士銀行にいき、天国にいきしが当分休業。新宿で食事をなし、帰宅。氏家来、よる藤牧君来。

八月一五日(水)

朝事務所により、美村君と一緒に家庭裁判所長を訪問。後、会館に入る。平野学、藤牧、子安君来。夕刻、伊藤、山本、新城さんと六実で食をとる。よる芳賀君来。

八月一六日(木)

よる七時、羽田に杉山君を送る。その帰途、野坂家を妻と訪う。民雄のこと頼む。

八月一七日(金)

十時、会館で佐多［忠隆］君と会う。帰宅、野々村夫妻来訪。

四時半、妻と羽田に川俣君を見送る。十時五十分上野発、藤原［哲太郎。本部書記］君同行。

八月一八日（土）
仙台着。青木旅館に入る。記者会見。中新田にいく、演説。白土君来る。三十年振である。古河の座談会。よる仙台で演説。

八月一九日（日）
盛岡着。記者会見。車で宮古に入る。演説会盛況。

八月二〇日（月）
中屋市長の招きで浄土浜にいく。夕刻盛岡着。四時レセプション、六時半放送対談、遠山夫妻［医師］の招きをうけ、演説。

八月二一日（火）
八戸着、記者会見。座談会、演説。よる北斗でたつ。

八月二二日（水）
午前十時、上野着。家に入る。午后会館に入る。藤牧、赤坂君に会う。帰宅。塾の建前、虎雄来。

八月二三日（木）
朝平安堂にいく。奈良の墨屋さんと会見。十二時半、足利市にいく。二ヶ所で演説。十時半帰宅。

八月二四日（金）
十時、会館に入る。柴尾君来。名古屋市長のことで、山下君に来てもらい話をする。正午上條［愛一］、山名両君、三輪君の病身のこと、参議院会館食堂で曽祢君と語る。丸善によって帰宅。

八月二五日（土）
二時和子と立をつれて伊集院によって、小島君を事務所に訪う。丸善［に］よって事務所に入る。森脇君をつれて六実で食事をなし、銀河で送る。

八月二六日（日）
朝五時五十分上野発で、小島君と軽井沢に蠟山［政道］君を訪う。林［虎雄］知事と一緒に万平ホテルで食事をとり、戸倉の笹屋に入る。私は一泊。

八月二七日（月）　正午たち、帰宅。

八月二八日（火）
十時、会館に入る。河野、吉田君来。ヒル過ぎ鈴木委員長来会、総評、日ソ問題につき経過の報告をうく。帰宅後、事務所を訪い、美村君と田村君〔銭湯組合の幹部〕を訪問。八時半銀河でたつ。

八月二九日（水）
県連により、沖天閣でヒル食をなし、中村〔馨〕に会う。大阪にいき、山口、東の事務所を訪問。よる御馳走になり、芦屋の応援をなし、片山〔町〕に入る。

八月三〇日（木）　ハトで立つ。車中、湯沢〔三千男〕氏に会う。

八月三一日（金）
木村〔定〕君来訪。一緒に車で朝日社に送り、文明堂で買物をなし、妻と加藤勘十君を見舞う。十二時アラスカで朝日の政治部長中林君の招をうく。鈴木君と一緒、会館に入り、帰宅。

九月

九月一日（土）
五時子安君来訪、六時小松川公会堂にいき話をする。

九月二日（日）
ヒル林知事来訪。終日家にいる。

九月三日（月）
ヒル近く、会館に入る。佐多〔忠隆〕、中西両氏をさそう。二時過ぎ帰宅。よる小島君来訪。

九月四日（火）
上智大学に小林氏を訪う。伊集院により、参議院会館で食事をなし、帰宅。

九月五日（水）
十時、会館に入る。浅沼、水野君と会見。ヒル府《ママ》庁を訪う。天国で食事。二時会館で成田君来。一緒に富士製鉄社長を訪う。後、妻と一緒に吉田〔賢一〕君を羽田に見送る。

九月六日（木）
十一時半東洋経済。後、知事安井〔誠一郎〕君を訪問、財務課訪問、参議院会館で食事をなし、帰宅。五時副議長公邸で懇談会にでる。妻を東京駅に見送る。虎雄と和子と来訪。東京新聞記者来訪。

九月七日（金）
山本来室。十時参議院控室に入る。ケ法［憲法］擁護委員会、一時会館に入る。後、小野歯師《ママ》にいく。直ちに帰宅。よる西日本の向井君来訪。

九月八日（土）
小野歯医にいく。会館に入る。一時平野君来、浅沼君と一緒に相談す。子安君来。帰宅。六時半平安堂にいき、八時過ぎ、小島君を伴い蠟山君を訪う。

九月九日（日）
七時四十五分上の発で、河野君と随行、藤原君と水戸につく。県連大会にでて十一時半の急行で藤原君と仙台につく。記者会見。街頭二ヶ所、よる演説二ヶ所、青木ホテルに泊る。

九月一二日（月）
加藤シズエさんと一緒に仙南地方街頭演説。よる菊地、三春君［宮城県議］と新明君を訪う。

九月一一日（火）
加藤さんと一緒に、石巻にいく。よる十一時半仙台発。

九月一二日（水）
午前中に森戸、伊瀬［幸太郎］君来訪。よる八時半銀河でたつ。

九月一三日（木）
三ノ宮着。酒井父子、堺出迎あり。県庁の車で事務所［党県連本部］に入る。小谷君来。十一時成田君と姫路富士製鉄にいく。交渉うまくいかぬ。よる明石で御馳走になる。三ノ宮を、藤原君を伴い九時十五分にたつ。市会議員諸君多数見送らる。

九月一四日（金）
高立［高安］君の応援、午后九大によし［馨］邦を訪う。九明館に泊る。

九月一五日（土）
午前応援、午后、夜の河をみる。よる八時三十分たつ。

九月一六日（日）
神戸駅着。直ちに新三菱の組合大会にでる。成田君の事務所に入る。ハトで大阪をたつ。酒井孝夫［雄］君泊る。

九月一七日（月）
酒井君と帝国ホテルに田中［利二］君を訪問、一緒に外務省に入る。一時会館で佐多君と会見、後酒井［孝雄］君と農林省を訪い、事務所に入る。戸田君と美村君と三人で相談。帰宅。よる毎日記者来、マナスルの映画の入場券持参。

九月一八日（火）
十時、会館に入る。酒井君と渡辺君と米大使館にいく。宮坂氏来、一緒に小島君を訪ね、□□□のこと。会館に帰る。事務所に入る。再び会館に入る。中崎［敏］君、宮崎［辰雄。神戸市］助役と懇談し帰宅。十時五十分上の発。

九月一九日（水）
仙台着。大沼君の宅を訪ね、中崎、酒井の陣中見舞を渡す。八時より車に乗って、候補者と一緒に街頭に立ちて呼ぶ。よる二ヶ所演説、青木ホテルに泊る。

九月二〇日（木）
七時半、竹谷［源太郎］君宅にいく。九時たつ、三時四十分着。直ちに都庁にいく。帰宅。五時半副議長邸の麻生君の会につらなる。十一時仙台より電話あり。大沼君当選確実らしい。

九月二一日（金）
松沢君を宿舎に訪ね、会館に入る。午后新三菱に清水君を尋ね、磐のこと頼む。紀の国［屋］で本の注文をして帰宅。よる子安君来。

九月二二日（土）
山本来宅。一緒に会館に入る。小島、三輪君令息、赤堀、神戸新聞記者来。帰宅。よる小野医者にいく。

九月二三日（日）　朝、小の［野］医者にいく。終日引籠る。

九月二四日（月）
つばめでたつ。随行小倉君、名古屋選挙応援。

九月二五日（火）　名古屋応援。

九月二六日（水）
大津に向う。市長選挙応援。よる大阪にいき、東君の出迎をうけ、青楓寮に入る。

九月二七日（木）
山口、東君来訪、ヒル食を御馳走になる。三時朝日社による。田中、竹中の諸君に会い、七時の飛行機で［た］つ。十時半過ぎ板付着。自動車で中洲にいく。

九月二八日（金）　中洲で応援。

九月二九日（土）　中洲で応援。

九月三〇日（日）
福沢旧宅大雅堂をみる。木下郁君に送られて自動車で板付にいき、一時の飛行機で帰宅。

一〇月

一〇月一日（月）
新宮城県知事、日野君と一緒に来訪。会館に入る。大西［正道］、伊瀬君に会う。裁判所にいく、公判延期、宇都宮君に会う。日本水素に美村君といく。事務所に入る。七時陶々亭の会食にでる。帰宅。中村姉妹来訪。

一〇月二日（火）
終日雨、引籠る。よる伊藤君を羽田に見送る。帰宅、朝日の梁田君来訪。

一〇月三日（水）
三越にいく。ヒル三日月会にでて、一時発で広島に向う。京都駅で朝子母子に会う。

一〇月四日（木）
戸田美秀夫妻出迎。十時裁判所、よるフグ料理。後、森戸夫人と会い、映画マナスルをみる。時間の関係で中途立去る。十時発で広島を去る。

一〇月五日（金）
六時片山町宅に入る。県連事務所にいき、堺君と一緒に新三菱に清水君を訪う。成田事務所による。三時酒井孝夫［雄］君をみおくる。成田君の御馳走になり、奈良ホテルに入る。綿谷、松井両君来訪。

一〇月六日（土）
朝八時、奈良駅に妻を迎え、一緒に橿原神宮にいく。伊瀬敏郎君の結婚の仲介人として出席。午后法隆寺をみ、奈良につく。綿谷、松井君［奈良の筆墨硯業者。〔くれたけカ〕］の案内で見物、妻は初めての見物、八時四十九分発で去る。

一〇月七日（日）
六時半頃、東京着。終日籠る。よる伊集院一家テレビを観に来る。

一〇月八日（月）
午后五時、参議院会館で開かれたる麻生久伝記刊行会にでる。後、小島君と会館で三輪君の令息に会い、筑紫でたつ。

一〇月九日（火）
県連事務所に入る。海員組合大会で祝辞を述ぶ。市長のオリエンタルホテルで午餐の招を受く。県連事務所に入り、成田君事務所に入る。よるマナスルの映画を観る。小沢君来訪。

一〇月一〇日（水）
十時、勤労会館で記者会見。後、成田君と広畑の富士製鉄を訪う。五時小沢君をつれて成田君の第一楼で御馳走になる。

一〇月一一日（木）
十時、県連事務所に入る。酒井君と連絡をとり、大阪の阪急百貨店の村上君を訪う。後、朝日放送によって田中徹君と会う。よる小谷君の招きで、大石でジンギスカン料理をうく。土肥君来訪。

一〇月一二日（金）
妻、来神。横山君の諸君に話をなし、二時金子さんの葬儀につらなる。大阪のＯＫタクシー*を訪問、東君と会う。神戸に帰り、成田事務所による。よる映画をみて帰宅。

一〇月一三日（土）
県連事務所入る。正午成田事務所、四時佐野勝治君遺族を訪問。六時冲天閣で宕麓会。

一〇月一四日（日）
九時つばめで、妻と大阪たつ。神戸市長と同車。ヒルめしの御馳走になる。

一〇月一五日（月）
十時、丸善にいく。帰宅。野球のテレビを観る。長谷川［長］君来訪。

一〇月一六日（火）
八時、林君を訪問、帰宅。十時半、伊集院によって参議院会館に松沢君を訪問。手渡し。三越にいき、天国で食事をなし、日暮里駅によって帰宅。

＊　戦前無産運動以来の同志の山口昌一、東久太郎氏らで戦後つくったタクシー会社。

一〇月一七日（水）

ＮＳＩの記者来訪。藤牧君来訪、一緒に会館に入る。瀬尾君来訪。紀の国屋によって二時頃帰宅。よる銀河でたつ。

一〇月一八日（木）

県連事務所に入り、水道局で組合の大会に出る。市長訪問。自治労を訪問。午后関西学院にいき、田村君に会い、要件をたのむ。菊地君を訪う。後、神戸で成田事務所を尋ね、よる三［ツ］輪でスキ焼の御馳走になる。土肥、小沢氏来訪。

一〇月一九日（金）

阪本［勝］知事を訪う。午后冲天閣で野球の放送をきき、五時妻を大阪駅に迎え、一緒にシオン会につらなる。十時大阪たつ。

一〇月二〇日（土）

帰宅、三楽病院にいき、中島［克三］博士の診察をうく。平安堂来訪。

一〇月二一日（日）

平安堂夫妻、美村君と益子に浜田氏を訪う。釜びらき、よる帰る。

一〇月二二日（月）

裁判所にいき、後に会館に入る。午後一先帰宅。四時会館に再び入る。赤堀君に会い、阪本、原口両君の麻生伝発刊費を渡す。子安君来る。藤牧、畑、堀米君をつれ六実で食事をし、畑君を家につれてくる。磐君、新三菱会社入社決定の通知があった。

一〇月二三日（火）

午后紀之国によって、三時半新宿発で松本に向う。小島君と一緒、十一時半松本着。浅間温泉、西石川に泊る。林［虎雄］知事同宿。

一〇月二四日（水）

十時、戸塚博士を訪う。準急穂高でたつ。八時半新宿着、帰宅。子安君来訪。伊集院夫妻来る。

一〇月二五日（木）

十時会館で、佐々木君に会い帰宅。五時佐々木君一行を六実に招く。磐君、銀河でたつ。

一〇月二六日（金）

午後六実にいき富士製鉄に中島氏を尋ね、平安堂によって火鉢をもらい、紀の国［屋］によ［っ］て帰宅。八時半銀河でたつ。

一〇月二七日（土）
三宮着。小谷、酒井、堺、井原君出迎をうく。事務所に入る。酒井君と鷹取国鉄支部大会にでる。新富で御馳走になり、映画をみて後、関西学院の旧地の記念碑式に参列し、冲天閣にて服装を変えて神戸駅に陛下を迎う。よるフグの御馳走になり、銀河でたつ。

一〇月二八日（日）
東京駅につく。妻、民雄、山本来る。直ちに上野駅につく。木下君来る。三時近く白石につく。竹谷［源太郎］夫妻の出迎をうけ、青根温泉高嶺閣に入る。よる大沼知事夫妻来る。

一〇月二九日（月）
準急で十一時五十分白石駅をたつ。六時半上野着。直ちに陶々亭の山口［昌一。アジア社会党会議に大阪府連代表で日本社会党代表団に加わる］君の送別会につらなる。

一〇月三〇日（火）
五時本部でアジア会議代表団*の歓送会あり。八時羽田にいき、その一行を送る。一先ず帰宅。九時半再び羽田にいき、浅沼君他三人を見送る。

＊ 第二回アジア社会党会議（インド、ボンベイ）に、日本社会党から浅沼書記長を団長とした大型代表団が送られた。

一〇月三一日（水）
九時半、会館に入る。新三菱の境君来。小谷、高岩両君来館。山下君の室で懇談する。松浦、佐々木、山口の諸君集る。一緒にヒル食をとり、事務所によって帰宅。よる山下君より前田種男君死去を伝えらる。

一一月

一一月一日（木）
午后四時、平安堂にいく。林知事を囲んで、平安堂、小島君等と清談。

一一月二日（金）
午後、三輪君を見舞い、三信によって早慶戦の入場券を受く。夕刻ラジオ東京にて自民党の総裁後継につき語る。十時たつ。

一一月三日（土）

大阪駅につく。東君出迎う。十時半関西学院にいき、講演。ヒル食をなし、十河［巌］君と一緒に大阪文楽にいく。九時半までみる。片山町に泊る。

一一月四日（日）

堺君来訪。成田君迎えに来る。竹葉［亭］でヒルを御馳走になる。勧業会館のテレビで早慶戦をみる。沖天閣によって神戸ステーキで夕食をとり、帰宅。土肥君来。

一一月五日（月）

堀米君を神戸駅に迎え、直ちに大阪にいき、東君の見送をうけ、急行で玉造温泉につき長楽園に泊る。二県会議員、玉造に出迎らる。

一一月六日（火）

松江の県知事を訪い、新聞記者と会見し、大社にまいる。十二時過ぎの列車で温泉津に至る。支部大会にで、よる演説。

一一月七日（水）

温泉津をたち、大田にいき、二ヶ所街頭演説。松江につき、岡千代彦氏の葬儀につらなる。よる演説。松江をたち去る。十二時近く益田につき、津田屋に泊る。

一一月八日（木）

あさ五時たつ。山口にて下車。湯田中で休み、十一時近く防府市に入る。六ヶ所街頭、よる演説。十一時、三田尻駅をたつ。

一一月九日（金）

神戸着。妻、神戸に来る。市役所訪問。森脇君と菊見物。ヒルは松下巌君と竹葉［亭］で食事をなし、沖天閣で妻と会い、酒井夫人と語り、青谷に永江を訪う。成田君事務所により、五時半東天紅開業祝賀会にでる。十時大阪発。

一一月一〇日（土）

帰宅。十一時半院内に入る。両院議員総会。弓子の独奏を山葉ホールに聞く。帰宅。よる山県君等来訪。

一一月一一日（日）

ツバメで堀米君と一緒に名古屋につき、一ノ宮駅で記者会見。後、佐藤［観次郎］君の選挙区二ヶ所演説。よる十一時四十分名古屋駅をたつ。

一一月一二日（月）

六時四十分東京着。帰宅。十時半院内に入る。正午本会議。帰宅。

一一月一三日（火）

朝六時、三輪家より電話で三輪君病気変あり。病院に来られたし〔東大沖中内科に入院〕と。直ちに小島、河の、三宅、浅沼君に電話す。直ちに妻と一緒に病院にいく。病気わるし。然し二時間程にして意識明瞭となり危機を脱す。病院を去り、帰宅。よる井上路治夫人来訪。小島君より電話あり。その三輪君の様子よしと伝えらる。

一一月一四日（水）

朝六時電話あり。三輪君の様子変化なしとあり。九時半病院に入る。十時近く、三輪君の様子急変あり。十時十五分逝く。あゝ、悲い哉。日本の社会主義政党の道徳的支柱たおる。直ちに解剖に附す。その間、林教授、中央大学フェビアン協会を民雄と迎え、レセプションの入場券を渡し、三時病院にもどり、遺体について三輪家に入る。毎日新聞記者来。羽田に浅沼一行を出迎え、浅沼君等と三輪家に帰る。十一時半帰宅。

一一月一五日（木）

十時、院内。十一時開会式。二時頃帰るも風邪気味。ねる。十時三輪宅にいく。三輪君の御通夜。

一一月一六日（金）

三楽病院中島博士の診察をうけ、三輪君の告別式につらなる。火葬場にいき、遺骨に従い三輪家に帰り、直ちに院内に入る。後、晩翠軒で朝日のやなだ〔梁田〕君の会をやる。節子泊る。

一一月一七日（土）

終日床にいる。妻、独乙大使館のオーレンハワー〔西独社民党指導者〕のレセプションに私に代ってでる。

一一月一八日（日）

十二時半、般若苑にいく。党の紀念レセプション。オーレンハワー、ミカルフ両氏来。

一一月一九日（月）　終日引籠る。

一一月二〇日（火）

朝七時二十分羽田発、博多に向う。ヒル近く板付着。エイコウで食事をなし、二時より車に乗り、長〔正路〕君の応援、夕刻旅館に県夫人、松尾夫婦〔平岩家の親戚〕来。よし〔馨〕邦夫人も来る。よる二ヶ所演説。小倉君随員して来る。

一一月二一日（水）

二時間車にのる。三時半の飛行機で帰京。戸田、子安両君来訪。

一一月二二日（木）
一時青山にて、三輪君の葬儀あり。弔詞をのぶ。会館に入る。数名の来客あり。帰宅。

一一月二三日（金）　終日引籠る。長君落選。

一一月二四日（土）
二時半、駿河屋支店で岡本君に夫妻で会い、お礼をのぶ。美村君と一緒に事務所に入る。六実で食事をなし、藤沢の演説会にいく。

一一月二五日（日）
午後、小島君来訪。瀬尾兄弟、内藤さん、光子、正子、あべさん来訪。

一一月二六日（月）
会館で、神戸市会の人々と会う。五時半、小島君と［一］緒に、近藤了馬氏の招きを人形町の浜田屋でうく。七時本会議。

一一月二七日（火）
会館に入る。正午代議［士］会。一時片山君出版記念会。二時本会議。よる、本会議終る。

一一月二八日（水）
妻、三楽病院にいく。午後兵庫県の司法保護［司］の人に会う。後、帰宅。よる口中に血豆が出来、医師にいく。大工原潮泊る。

一一月二九日（木）
妻と潮と一緒に家を出て、会館に入る。法務省に保護局長を訪う。本会議、午后、松浦、山下君と神港新聞記者を招いて天ぷらを食う。

一一月三〇日（金）
会館に入る。三時美村君と平安堂を訪う。後、国会にもどるが、六時過ぎ、本会議の由。よって五時関西学院の東京支部総会にでる。洵に盛会。

一二月

一二月一日（土）
西谷氏の東急会館で店を開いたのでお祝に参る。会館に入る。三時頃帰宅。

一二月二日（日）

十時、白亜館ホテルで浅沼、河の、よしだ、今澄、川俣、松沢、三宅、中崎の諸君と会合。午后、加藤（鐐）君来訪。

一二月三日（月）

会館に入る。十二時半代議士会。本会議。五時両院懇親会。事務所によって帰宅。

一二月四日（火）

中ノ瀬、金島、中村市議をつれ、院内で大蔵大臣、郵政次官、本省で主計局長に陳情す。代議［士］会。本会議。五時般若苑で開かれたる国産自動車普及会の招をうく。

一二月五日（水）

九時、美村君と作田弁護士を訪問。午後吉川君を病院に見舞う。最高裁判所小林氏をヒル訪問。五時事務所で公判延期の理由につき、田中代議士を招き協議す。院内に帰る。後、自宅に帰る。緊急に院内に集る。

一二月六日（木）

事務所によって、最高検事局に清原君を訪い、院内に入る。四時一分本会議、延長決定す。

一二月七日（金）

麻生［良方］君来。柳沢、小阪その他来訪。十一時小阪君を会館に訪う。一時河野、松井君と協議す。五島君と大蔵省にいく。藤牧、読売の酒井、渡辺、畑、広瀬母堂、来訪。九時たつ。

一二月八日（土）

大阪駅で東君と面会。八時過ぎ三宮駅着。妻、井原*、小谷、堺、酒井［一雄］君の出迎をうく。事務所に入る。東天紅で小野［豊］、井村君**に会い、竹葉で知事［阪本勝］、小谷、酒井君と会食、十二時半たち大阪の鈴木悦次郎君十七年忌につらなる。後、山口、東君の招待に預る。十一時半片山町宅に帰る。

* 井原（茂）氏：神戸市長田区片山町の自宅は井原氏宅の一隅を借りていた。
** 小野（豊）、井村（稔雄）は：丈門会の役員。

一二月九日（日）

小谷君来訪。成田君来訪。妻と一緒に、成田君の中華料理の御馳走になる。村井、大山両家を訪う、共に留守。五時潮［大工原潮］の結婚式。九時たつ。

一二月一〇日（月）
東京着と同時に、伊藤好道君死去の報に接し、直ちに東大病院にいく。帰宅。十二時十分明治記念館にいく。瀬尾、内藤両君〔本部書記〕の結婚式。後、大隈会館で披露宴。帰宅。伊藤英二〔治〕君の母堂死去のくやみにいき、副議長公邸で顧問会議。広島いき中止。

一二月一一日（火）
朝平安堂により、岡田夫妻と三越に浜田君の作品展をみる。五時駿河屋にいき、岡本君より銀座で靴を私共夫妻に贈らる。十一時たつ。

一二月一二日（水）
五時過ぎ、名古屋着。加藤出迎。駅で朝食をとり、多治見にいく。金子君に会う。十時頃より街頭演説で可児郡を巡る。

一二月一三日（木）
多治見、土岐津《ママ》両市で街頭演説。四時過ぎ列車で神戸に向う。片山町に泊る。妻も今朝神戸着。

一二月一四日（金）
十時、勤労会館で記者会見。オリエンタルホテルで市の招待。上月君を見舞。勤労会館に帰る。記者待ち。石山〔石橋の誤記〕君総裁当選の感想を求めらる。高岩君宅に令息の死去に弔訪す。五時半商工会議所で関学同窓会にでる。銀河でたつ。

一二月一五日（土）
成田君、東京駅に会う。第一ホテルで朝食をとり、事務所により、青山葬儀場にいく。伊藤君の葬儀。会館に入り、事務所によりボーナスを渡し、西日本〔新聞〕の対談をなし、三輪君宅にいく。

一二月一六日（日）
午後、智子夫妻来。三時学院同窓の人々来。丈門会として会談。

一二月一七日（月）
ヒル前に家に出て、参議院会館食堂で食事をなし、会館に入る。三時成田君来。一緒に富士製鉄にいく。中島氏留守。事務所に入る。七時第一ホテルに兼坂君と成田君と会見し、帰宅。

一二月一八日（火）
朝、林君訪い、帰宅。十時半第一ホテルで成田君をつれて富士製鉄にいく。中島氏留守。西日本新聞社によって事務所による。赤穂市長来館せらる。金島一行来。郵政省に大蔵省に陳情し、四時富士製鉄で中島氏に会い、事務所による。林君の好意をうく。帰宅。

一二月一九日（水）
〇時半西銀座東生園で一水会あり、これに出席し、院内の代議［士］会にで、後、会館で鈴木君と会見。

一二月二〇日（木）
十時、院内に入る。招集日。午後二時本会議。鳩山氏辞職、石橋氏首相に指名せらる。坂東氏来館。六時ビルマ産業大臣一行の招待会にでる。

一二月二一日（金）
事務所により、天国で食事をなし、山和の神港新聞座談会にでる。尾崎部長の家を訪う。後、伊原君を訪う。

一二月二二日（土）
会館に入る。五時、子安君を晩翠軒に招く。

一二月二三日（日）
ヒル副議長公邸で委員長、書記長、会談あり。石橋内閣成立。

一二月二四日（月）
三時神港支社を訪う。事務所によって帰宅。家庭クリスマス、ラジオ東京で放送される。

一二月二五日（火）
九時半発で八巻君と沼津裁判所にいく。よる吉田区議来訪。

一二月二六日（水）
ヒル六実に義夫といく。帰宅、夕刻松沢君を清水外科に見舞う。五月十五夜の茶店を見る。

一二月二七日（木）
千葉裁判所にいき、ヒル近く山水楼で集会。事務所により、白亜軒の民社連の会合にでる。

一二月二八日（金）
小島、丸山父子来訪。麻生君来。妻と三越で電気ス［ト］ーブを求む。六時より錦水で田中君の招宴。河の、伊原夫妻、私共夫妻、出席。

一二月二九日（土）
十時事務所による。妻と新城さんで天国で食事、帰宅。夕刻、稲岡［進］君来、同窓生のオリタタミ椅子十個寄送なる。藤原君来。

一二月三〇日（日）

十時、家を出て藤牧君を横浜に送る。同行者、武田、斎藤、堀米君、民雄、新城さんとヒル食をグランドホテルでとる。よる藤原君来。

一二月三一日（月）

風邪気味で外出せず。よる、和子、立、弓子、来。

◇一九五七（昭和三二）年◇

一月

一月一日（火）
鶏声にめざむ。鎌倉の林君に妻と年賀にいく。五時帰宅。伊藤［英治］君等書記局の人々来訪。

一月二日（水）　終日家にいる。来客多し。

一月三日（木）
新関、義夫、大橋、外岡、平安堂にいき、伊集院でヒル食をなし、目白の本間牧師の司会による金子正子［実妹光子の娘］の婚約式につらなる。後、浅沼君宅に年賀にいく。

一月四日（金）
五時、ビルマ独立記念レセプションにいく。九時銀河でたつ。

一月五日（土）
三ノ宮駅着。大阪駅にて畑［昭三］君を迎えていく。事務所入り、十一時勤労会館の地労協の新年祝賀会。ヒル食は市長［原口神戸市長］の招待でオリエンタルホテル。後、関西劇場にいく。五時、中ノ瀬君の新宅祝。後、フグ料理。三愛でコーヒ、九時、神戸発。松浦、小谷、酒井見送。三ノ宮で堺君来る。

一月六日（日）
九時、東京着。帰宅。十一時伊藤［英治］君来。一時半麻生［良方］君来。よる本島［百合子。都議］女史来。

一月七日（月）
午後、子安君来。四時より藤田、松沢事務所を訪い、六時陶々亭の丈門会にでる。

一月八日（火）
事務所による。大蔵省を経て、六実で食事。紀の国屋書店、帰宅。よる時事通信の記者来。

一月九日（水）
三時、箱根奈良屋に事務所の人々と一緒に入る。

一月一〇日（木）
終日奈良屋にいる。電話で有馬〔頼寧〕氏死去の報に接す。十時帰宅。

一月一一日（金）
午前有馬家を弔訪。金岡で食事をなし、丸善にいき帰宅。四時帝国ホテルで古垣氏歓送会にで、早く帰宅。今澄、三宅君来。

一月一二日（土）
千葉裁判所、加藤君公判にいく。四時半帰宅。

一月一三日（日）
妻、民雄と教会にいく。午後小島君来。後、秋定君久振りに来訪。十時近まで雑談。

一月一四日（月）
有馬氏の葬儀。顧問会議の後、会館で西尾、麻生、松井〔政吉〕君と会う。よる向井君〔共同記者〕来訪。

一月一五日（火）
一時美村君、小島君、事件の依頼者来。よる読売の田村君来。

一月一六日（水）
妻と永田〔雅二〕大映社長を訪問して過日の新居祝としての西山画伯の絵の御礼をいう。後、会館に入る。夕刻佐々木、中谷、朝日の諸君と六実にともない食事。

一月一七日（木）
党大会〔第一三回〕が開かる。十時、会場にいく。午后九時散解《ママ》。

一月一八日（金）
大会にいく。ヒル食を天国でとり、事務所により、大会にもどる。五時半散解《ママ》。小谷君をつれ六実で食事をなし帰宅。よる十一時頃、ＮＨＫの記者、共同の記者より電話あり。運動方針の大修正で右派大騒の由、聞きたり。

一月一九日（土）
朝、浅沼君来る。浅沼君に和田〔博雄〕君を訪問せしむ。話合が成立し無事にすむ。大会は終了。

一月二〇日（日）
いとはん物語を民雄と観る。二時半よし野旅館にいく。浅沼、河の、松井、山下、カヤの〔茅野〕、山口、東の諸君と会す。七時丸山氏邸にいき、ご馳走になる。

一月二一日（月）
正午、事務所に入る。美村君と日本橋警察署にいき、告訴の手続をとる。小島事務所により会議。酒房で食事をなし、丸善にいき、帰宅。よる、ホトトギスで戸叶夫妻を招く。妻と一緒。

一月二二日（火）　終日引籠る。よる三宅君来訪。

一月二三日（水）
午后事務所により、六時山水楼にいく。後、九段宿舎で山下、松井、日野［吉夫］の諸君と会う。

一月二四日（木）
八時半、千葉に向う。加藤君の公判につらなる。平安堂によって五時帰宅。

一月二五日（金）
十時、小島君来。二時イスラエル公使リントン氏と渡辺［朗］君来訪。

一月二六日（土）
事務所に入る。六実で義夫と新城さんと食事。一時より事務所で網代の被告人等と打合せ。四時半帰宅。山中君来訪。

一月二七日（日）
教会に民雄といく。二時小島君の迎えをうけて相撲見物。九時銀河で妻と一緒にたつ。

一月二八日（月）
金島、堺、小谷君の出迎をうく。事務所に入る。正午冲天閣で森氏、山下、森脇君に会う。関西学院にいく。田村君に会う。中学部高橋教頭に会う。菊地、河鰭両家を妻と一緒に訪う。六時宕麓会。

一月二九日（火）
酒井君来訪。ヒル成田君を妻と一緒に訪問。第一楼で食事。三時酒井夫人来。五時冲天閣に入り、八時飛行機で伊丹をたつ。

一月三〇日（水）
十一時代議士会にでる。河野君を会館に訪う。開会式に列し、重光［葵］君の葬儀につらなる。会館にもどり、平野君と会し、事務所により、小島君と美村君と会し、帰宅。

一月三一日（木）
八時四十五分、作田弁護士を美村君と訪問。小野歯科医にいき、一先帰宅。妻と一緒に会館に入る。午後本会議。事務所によって帰宅。

二月

二月一日（金）
田中夫妻、麻生君来訪。午後小野歯科医にいき、会館に入る。六時晩翠軒に神戸新聞在京記者諸君を招く。山下［栄二］、松浦［清一］両君も出席。帰途九段宿舎により、松井［政吉］、山下君と語る。

二月二日（土）
五島［虎雄］君と大蔵省にいく。会館に入り、畑、堀米、新城さんと六実で食事。会館に帰り、事務所によって帰宅。六時半あさかぜでたつ。

二月三日（日）
三田尻の山口県連大会に出席し、午后井上君を光市の自宅に訪い、徳山よりあさかぜに乗り込む。

二月四日（月）
十時東京着、帰宅。午后本会議。

二月五日（火）
ヒル近く院内に入る。本会議。帰宅後、事務所にいく。戸田君等と相談。

二月六日（水）
大阪の植場君に電話し、三時院内。本会議。戸田君に会う。西村君より藤原銀次郎氏の著書を送らる。六時半インドネシア総領事の招待をうく。

二月七日（木）
十時会館で佐多、穂積［七郎］両君と会見。ヒル頃西村君に伴われ戸田君と農林中央金庫にいく。四時事務所により帰宅。妻、銀河でたつ。

二月八日（金）
立教中学にいき、川口市長選挙の応援にいき、帰途六実で食事をなし、帰宅。十時半、大和で奈良に向う。小倉［康男。党本部書記］同伴。

二月九日（土）
カシ［橿］原市会議員選挙応援。よる奈良ホテルに泊る。

二月一〇日（日）

午前中、奈良見物。ヒル江戸三にて御馳走。二時大阪に向い、OKタクシーにいく。山口、東、阪本君と会い、牛肉の御馳走になり、片山町宅に入る。小倉は大阪より帰京。

二月一一日（月）

小谷、佐々木両君来訪。関西学院にいく。大阪にでて朝日放送で田中［利二］、竹中［一雄。いずれも関西学院の教え子で、朝日記者］君に会い、神戸にひき返し、事務所により、七時大阪につく。八時半出雲でたつ。

二月一二日（火）

朝、東京駅着。直ちに浅沼君を訪う。帰宅、麻生君来。民社連の会長の辞退を云う。一時本会議。帰宅の途中、紀ノ国［屋］によって本を求む。

二月一三日（水）

民雄と兵庫県事務所に森脇君を訪ね、会館に入る。子安君来。ヒル食を六実で畑、新城、山本君ととる。后、川口にいく。金内君の応援。七時半帰宅。

二月一四日（木）

会館に入る。十二時憲法擁護委員会に出る。本会議。三時西尾、石井弁護士と会見。事務所に入る。六時、小島、美村君と石岡氏の招きをうく。三人で平安堂による。帰宅。

二月一五日（金）

午後一時頃、川口着。大木、森田、金内の諸君の応援し、夕刻帰宅。

二月一六日（土）

午前十一時、高千穂でたつ。佐藤代議士、小倉書記、栗田の諸君同伴。

二月一七日（日）

十一時近く大分着。知事公邸に入る。大会で祝辞を述べ、後、芥川ダムに案内せらる。大会がのびてよる演説会中止。別府野上ホテルに泊る。

二月一八日（月）

ヒルたち、門司で下車。伊藤夫人の見送をうく。

二月一九日（火）

十時着、会館に入る。よる谷尾君を招き、税務署のことにつき相談す。

二月二〇日（水）
河野君を会館に訪い、会館で松井君に会う。三時帰宅。朝、林君を南邦に訪う。

二月二一日（木）
本会議後、林［虎雄］知事、波多野［鼎］、小島君等来館。小島君と一緒に出て、丸善により、事務所に入る。六時浜田屋の知事招宴。後三輪家にいく。百日忌。

二月二二日（金）
院内で鈴木事務総長を訪い、局長会議にでる。ヒル中村君の招宴に出席。院内で理髪。丸善にいき帰宅。よる畑君来訪。

二月二三日（土）
石橋内閣総辞職となる。これできょうの長野いきとりやめた。上野駅に羽生［三七］君を尋ね、その旨伝言たのむ。局長会議に出席。ヒル畑、新城さんと六実にいく。紀の国屋によって洋書を求めて帰宅。

二月二四日（日）
私共の結婚日。午前紀ノ国屋にいき注文したる洋書を求む。午後、丈門会十数名集る。

二月二五日（月）
局長会議にでる。午後本会議。岸［信介］君首相に当選。夕刻事務所に入る。後、美村君と平安堂を訪う。夕食の御馳走になる。午後リントン公使来館。

二月二六日（火）
院内で鈴木事務総長を訪ね、局長会議にでる。大麻［唯男］氏の葬儀にいく。会館に帰る。麻生、子安、渡辺、リントン公使来館。

二月二七日（水）
「ツバメ」で妻と一緒に大阪にいく。四時半着。山口、東、竹中、井原の諸君の出迎をうけ、直ちに三越の十河君の個展をみる。北京に催されたるシオン会に出席。盛大の集でした。十時半、月光でたつ。

二月二八日（木）
十一時半、副議長公邸に北欧の外相のレセプション。一時本会議。事務所によって帰宅。

三月

三月一日（金）
午後曽禰君に会い、呉羽を訪う。植場君留守。一度事務所に帰り、三時再び植場君に会い、ソ連大使、漁業交渉団の歓迎会にでる。

三月二日（土）
九時五十分、上野発。前橋に石井〔繁丸。前橋市長〕君を訪問。伊藤君同伴。四時水上のひがし旅館に泊る。

三月三日（日）
十二時、水上をたつ。上野着（三時）、矢田氏の葬儀にでて帰宅。六時半たつ。

三月四日（月）
七時、広島着。十時裁判所。よる九時二十分たつ。受田〔新吉〕君と同車。

三月五日（火）
帰宅。事務所による。一時半院内。本会議後、帰宅。森下〔政二〕参議員逝去の報に接す。

三月六日（水）
十時、会館で米国大使館のカーペンター氏と会見。正午、松井君と国策パルプ本社で水野〔成夫〕社長と会見。後、築地蘭亭で御馳走になる。会館にもどり、後、事務所にいき、再び会館にもどり、リントン公使と会見。後、帰宅。

三月七日（木）
十一時、会館に入る。午後本会議。よる八時半頃より築地の佐久間で三宅、松井両君と会食。妻、神戸にたつ。

三月八日（金）
本会議終了後、民雄、畑、山本、新城と六実で食事。朝は伊集院による、留守。中江によって天国でヒル食。

三月九日（土）
午後、本会議。予算通過。あさ会館で神戸市長と会う。六時羽田にいく。森さんの見送。

三月一〇日（日）
妻帰宅。午後日野君、岡本さん来訪。

三月一一日（月）

六時、晩翠軒で朝日の太田［博夫］、和田［教美］、梁田［浩祺］君と会食。

三月一二日（火）
会館に入り、よる十時頃まで院内。朝、紀伊の国［屋］を訪問。

三月一三日（水）
会館に入り、河野君と会見。本会議。後、帰宅。

三月一四日（木）
九時半院内で浅沼、杉山両君と会見。ヒル近く紀ノ国屋にいく。午後本会議。二時半水野君を国策［パルプ］に訪い、四時賀川［豊彦］君を杉山君と一緒に訪問。

三月一五日（金）
小島君来訪。一緒に裁判所にいく。ヒル食は溜池の島やで小島君の御馳走になる。下川［儀太郎］君の出版記念会には風邪気味で欠席し、帰宅。

三月一六日（土）
会館に入る。午後帰宅。よる北條誠さん［作家。義弟平岩馨邦家の親戚］の母堂のおくやみに妻といく。

三月一七日（日）
菅井［敏男。弁護士］君の結婚式が九段の新大阪ホテルで開かれ、媒酌人として立会う。

三月一八日（月）
事務所にて永江と相談。ヒル村田省蔵氏の葬儀につらなる。六時神戸の朝日の記者を招く。新富町のキキョウヤ［桔梗屋］、山下、松沢、松浦の諸君と共に。

三月一九日（火）
本会議。五時神田の青年会館で三井義君［銀座教会三井勇牧師、長男］の結婚披露会にでる。

三月二〇日（水）　本会議。五時帰宅。

三月二一日（木）
二時より左川君の結婚式に出る。河野［密］君訪問。

三月二二日（金）
六時、九段宿舎で兵庫県国会議員会。朝、会館で堺［豊喜］君と会う。

三月二三日（土）
十時、東京駅で森戸君を迎う。出口君来館。三時半帰宅。

三月二四日（日）
礼拝にでる。智子夫妻と活子、和子、立、弓子来。一緒にヒル食をとる。

三月二五日（月）
会館に入る。事務所による。平安堂によって帰宅。

三月二六日（火）
大宮で川島［金次］君の一周忌の儀に列す。本会議にでる。帰宅。

三月二七日（水）
七時半あじろ［網代］にいく。実地調と証人調。十一時近く帰宅。

三月二八日（木）
永江無罪言渡。* 本会議。六時より麻生伝刊行会の会議。

＊ 芦田内閣の農林大臣時代の事件による裁判。

三月二九日（金）
五時半、立教謝恩会にでる。出雲号でたつ。荒瀬［七二］随行。

三月三〇日（土）
夕刻出雲市に着く。街頭で演説。玉造長楽園別館に泊る。

三月三一日（日） 出雲市に出て応援。長楽園別館に泊る。

四月

四月一日（月） 出雲市に出て応援。夕刻出発。

四月二日（火）
大阪着。伊藤君出迎。十時県連につく。永江へいく。午后小谷、堺両君と野球をみる。大阪で応援。神戸泊る。

四月三日（水）
市役所を訪う。石原、宮崎両助役に国際会館で午飯の御馳走になる。後、明石に成田君を訪う。よる大阪で応援。

四月四日（木）

三和の渡辺［忠雄。頭取］君を大阪本社に訪い、後、朝日放送により、ＯＫタクシーにいき、よる大阪の応援。

四月五日（金）

知事を訪い、午後沖天閣で野球のテレビを観て、よる大阪で応援。

四月六日（土）

勤労会館で野球のテレビをみて、西村労働部長の招き、大石でジンギスカン料理を御馳走になる。森脇［甚一］、松下［駒吉］両君も同席。大阪にでて応援。

四月七日（日）

県連大会。よる永江の祝賀会。よる銀河でたつ。

四月八日（月）

着京、林君を訪う。夕刻事務所に入る。南甫園で訪中団*の歓送会。

＊社会党訪中団：団長浅沼稲次郎書記長、団員七名（四月一〇日出発）。この年、社会党は九月に片山哲顧問を団長に初の訪ソ代表団、一行九名（九月二〇日出発）を、また河上丈太郎顧問を団長に一行四名の訪米代表団（九月二八日出発）を正式に派遣した。

四月九日（火）

十時、会館に入る。一時本会議。三時半丸山君の事件の打合会。いきがけに紀伊の国屋に、午后丸善にいく。

四月一〇日（水）

四時半共同記者と赤坂ときわで会食。よる十一時浅沼君一行を羽田に送る。畑君泊る。

四月一一日（木）

十時、会館に入る。十一時、三宅君来る。五時半帝国ホテルで神戸放送の招きをうく。九時妻神戸にたち、九時半上野をたつ。藤原君随行。

四月一二日（金）

秋田着。知事の出迎。公舎で知事に懇請する。石井、藤原両君同席。ヒル知事の招待に預る。一時の汽車でたつ。途中象潟で石井夫人乗車、途中で帰る。温海温泉の戸田屋に泊る。石井、藤原も。よる足をいたむ。

四月一三日（土）

十時温海をたち、新津で急行に乗る。長岡駅で三宅、清沢［俊英］の諸君と会う。七時着。名倉病院にいく。新宿のすずや*で食事をして帰る。よし邦君、昨日来。来泊。

＊　新宿の民芸風洋食店。有吉佐和子、市川房枝両女史も、同じころこの店を訪れる。

四月一四日（日）　終日引籠る。よし邦君泊る。

四月一五日（月）
よし邦君東京駅に送って、名倉病院にいき、松屋にいき、金岡にいき帰宅。夕刻畑君来。民雄帰宅（ハトで）。

四月一六日（火）
名倉病院にいく。六時半あさかぜでたつ。河野君同車。堀米［正道］君随行。

四月一七日（水）
徳山着。市役所で書記《ママ》［記者会見］。後、街頭演説。下松で演説。柳井で演説。泊る。

四月一八日（木）
柳井をたち、岩国に入る。労組訪問。市街で街頭。よる二ヶ所岩国で演説。前市長久能君の招をうく。

四月一九日（金）
二時、岩国発。八時三十六分神戸着。午后朝日［新聞］社を訪問。竹中、鶴君［いずれも関西学院の教え子］に会見。山口君事務所による。よる演説二ヶ所。神戸泊る。

四月二〇日（土）
夕刻まで片山町にいる。大阪に出てアラスカで伊藤、堀米君と会食、よる二ヶ所演説。

四月二一日（日）
ヒル、大阪にいく。市内巡る。よる二ヶ所演説。十時銀河でたつ。

四月二二日（月）
四時チコケン氏のレセプションにいき、事務所により美村君と平安堂を訪う。

四月二三日（火）
笠［信太郎］君を訪問。名倉病院、事務所。天国、会館。松本牧師と会見。後、本会議。帰宅。銀河でたつ。

四月二四日（水）
神戸着、片山町に入る。正午中ノ瀬君の令嬢の結婚式にでる。村尾君惜敗。五時大阪にいく。山口、種田、中村、伊藤、瀬尾、武井［いずれも本部書記］君等と朝日で会食。山口君、車で神戸まで送らる。

四月二五日（木）
雨。午后大野屋の父の死去。くやみにいき、沖天閣に入る。片山町に泊る。

四月二六日（金）
十時、市庁舎落成式。午后二時大野屋の葬儀にいく。後、松沢、松浦君とユーハイムで茶をのむ。五時、Baby drill を観る。銀河でたち、大阪で月光にのり換え帰京。

四月二七日（土）
帰宅。会館に入る。両院議員総会。書記長の帰国報告。本会議。事務所により帰宅。

四月二八日（日）
小林夫妻。和田君来訪。ヒル活子と民雄ですずやで食事。帰宅。午后、畑君来訪。

四月二九日（月）
九時つばめでたつ。西村君と同行、三時津市につく。直ちに街頭演説。よるも数ヶ所で演説。九時過ぎ、津をたつ。

四月三〇日（火）
八時千葉に向う。加藤君の公判。帰途、事務所により美村君と一緒に林君を訪う。後あさくらで夕食の御馳走になる。

五月

五月一日（水）
メーデー祝典につらなる。正午松本楼の西尾君事件打合会*にでる。三時過ぎ帰宅。

* 西尾末広氏の昭電事件裁判の事件。河上は三輪寿壮氏死去以後、主任弁護人をひきうけていた。この事件は昭和三三年一一月一七日、東京高裁で無罪判決。

五月二日（木）
新城さんの車で上野にいき、九時五十分発、一時湯本着。直ちに磯野君の応援。泊る。

五月三日（金）

八時より、車に乗り応援。四時の急行で帰京。すずやで妻、山本、新城さんと食事をなし帰宅。

五月四日（土）

十時、院内に入る。森戸君宅に電話す。森戸君留守。奥様に語る。十一時田畑夫妻と面会。十二時若松で実践実業校の評議員会。二時上野の精養軒で林君の結婚披露式につらなり、銀座で小島君令息の写真展をみて会館にもどり、妻と一緒に帰宅。

五月五日（日）

午後青芳氏来訪。夕刻井村君令嬢等来。泊る。

五月六日（月）

十時西尾君公判。伊藤君弁論、午後に及ぶ。丸山君の公判午後ある。後院内に入る。六時近く本会議。イスラエル独立レセプションにいけぬ。

五月七日（火）

八時半、羽田航空場に井村、宇野嬢をつれて見物にいく。後、会館に入る。二時銀座教会で阿部、金子家の結婚式。五時都市会館で山崎君結婚披露宴。智子を訪ね帰宅。東京新聞渡辺君来。

五月八日（水）

妻、民雄、井村、宇野両嬢「つばめ」でたつ。見送る。十時西尾君公判。ヒル天国で美村、新城君と食事。午後公判。三時事務所に入る。川俣君来。一緒にハンニヤ園にいく。訪中使節団レセプション。和田［博雄］君と同車して帰宅。よる石井五郎夫人、藤原君来。

五月九日（木）

十時、会館に入る。堺、吉本［神戸市議］両君来館。両院議員総会にで、東京会館の平凡社の招きに応じ、中座して六実で私、新城、山本と食事をなし、会館にもどる。午後堺君再び来館。一緒に後楽園で野球をみて事務所に入る。後、よる九段宿舎にいく。吉田［賢二］君留守。山下［栄二］君と話をして帰る。朝、広島と神戸に電話す。森戸君留守。奥さんと話す。民雄の出版記念会盛会の由。

五月一〇日（金）

十時、会館に周東［英雄］君来る。十一時美村君来。井上、川俣君来。午後本会議。三時半事務所に入る。五時半、鶴とくにいく。八時民雄を東京駅に迎う。

五月一一日（土）

九時十分白山で上のたつ。松平［忠久］、西村君同車。上田で降車。松平君と傍陽村で、よるは塩田町で演説。よるは別所温泉和泉屋に泊る。

五月一二日（日）

朝、長野市に出て林知事官邸を訪う。十一時半の白樺で帰る。

五月一三日（月）

十時会館に入る。西尾君の記録を読む。午後浅沼、伊藤君来。佐多君来。五時半ホテルテートで催された田中さんの結婚式につらなる。

五月一四日（火）

十時、会館に入る。午後本会議。帰宅後、鈴木君来訪。

五月一五日（水）

十時、会館に入る。神戸市議員の訪問。三時過ぎ本会議。七時岸田［幸雄。兵庫県］前知事の築地金龍で招宴。

五月一六日（木）

午後、本会議。四時林君訪問。夕刻帰宅。妻、徹夜演説原稿を清書。

五月一七日（金）

午後、本会議で岸内閣不信任案の趣旨の説明演説をなし、四時小島君と渡辺三和銀行頭取と会見。事務所により、山本［秘書］、新城と六実で食事。会館に帰り、よる本会議にでる。

五月一八日（土）

保谷町長選挙応援。二時事務所に入る。三時霞山会館で森戸君と会う。よる十二時まで院内にいる。

五月一九日（日）

午後六時、家を出て院内に入る。十二時過ぎる。国会終了。

五月二〇日（月）

一時、西尾君公判。弁論す。三時頃帰宅。新城さん、私の係を去る。

五月二一日（火）

横山君をつれて千葉裁判所にいく。四時半帰館。妻と川俣君に会う。活子のこと承諾を得ず。事務所によって晩翠軒にいく。政調の人々を招く。

五月二二日（水）
丸善により、美村君と作田弁護士を訪問。事務所に入り、会館に入る。松井、浅沼、伊藤〔英治〕君来る。三時半帰宅。銀河でたつ。

五月二三日（木）
神戸着、片山町に入る。ヒル知事〔阪本勝〕と竹葉〔亭〕で食事。一時県議員会で伊丹空港問題で協議。四時半、新三菱で講演。よる三宮の第一楼で御馳走になる。

五月二四日（金）
大阪より出雲号に乗る。和田山で下車で、第五区遊説。よる城崎に泊る。

五月二五日（土）　よる温泉村で泊る。

五月二六日（日）　篠山で泊る。

五月二七日（月）
神戸に帰る。門司君に市役所で会う。二時市長〔原口神戸市長〕のオリエンタルホテルの招をうく。石原助役を神戸駅に送る。

五月二八日（火）
十時半、勤労会館で浅沼君等の記者会見。十一時半、明石の電機労連大会に浅沼君と一緒にいく。尼ケ崎のレセプションにいく。松浦君と神戸の交通会館の市従委員会の大会にでる。よる訪中使節団の演説会。

五月二九日（水）　八時半、あしや駅前に集合。第二区遊説。

五月三〇日（木）　第二区遊説。

五月三一日（金）　第三区、加古川。井上氏宅泊る。

六月

六月一日（土）　第三区、三木泊る。

六月二日（日）　第四区、赤穂御崎に泊る。

六月三日（月）　第四区、神戸に戻る。

六月四日（火）　神戸。

六月五日（水）
九時半、中ノ瀬君を病院に見舞う。十時半、知事と会見。ハトで大阪たつ。八時半帰宅。

六月六日（木）
十一時、浅沼、西尾と米国大使［ダグラス・マッカーサー二世］と会見。事務所に入る。妻、神戸にいく。

六月七日（金）
裁判所にいく。十一時半、関東クラブで作田、松永、鈴木君と会食。事務所に入り、美村、大西君と語る。銀河でたつ。

六月八日（土）
神戸駅着。井上路治君出迎、一緒に国際ホテルで朝食。片山町に入る。妻と井村君を訪う。片山町に入る。妻と東灘演説会にいく。

六月九日（日）
妻を大阪駅に送る。神戸駅で美村君に会い、戸田君［元三原市長］への伝言たのむ。片山町に入る。土肥君とヒル食を竹葉［亭］でとる。午后市部協議会大会にでる。衣笠［文夫］君を県立病院に見舞う。土肥君と巨人阪神のナイターをみる。十一時五十分、神戸発で広島に向う。

六月一〇日（月）
戸田君の出迎をうく。十時裁判所。午后三時に及ぶ。九時二十分、あさかぜでたつ。

六月一一日（火）
十時着。直ちに帝国ホテルにウー・バア・スエー副総理［ビルマの社会党政権の中心人物］を訪う。渡辺［朗］君通訳、妻も一緒。十一時リントン公使来館。二時あじろの連中と会見。四時私の室で　麻生伝刊行会の打合。帰宅。十時羽田に青年部連中を送る。

六月一二日（水）
河合義一君と古山［皆川古山、日本画家。戦前より社会運動に同情的だった］さんを筑波山麓に訪う。帰途平安堂による。

六月一三日（木）
一時半、会館に入る。三宅、松井［政吉］君と水野［成夫］、堀田氏等［財界幹部］と会見。事務所によって帰宅。よる近藤氏等来訪。

六月一四日（金）

ツバメで妻、民雄、畑君とたつ。大阪着。シオン会に出る。神戸で酒井君の新富すしの御馳走になる。妻、十河君一緒。

六月一五日（土）

民雄、畑、堺君と市役所訪問。御馳走になる。午後六甲山に登る。五時大阪の関西学院同窓会にでる。

六月一六日（日）

妻と石井、城、仁川に田村、曽木、田中の諸氏を訪問。阿部新家庭［姪正子の新家庭］を訪問したるが留守。その教会にいきしが、きょうは来ぬとのこと。井上君を夙川に訪問。冲天閣にいき、再び阿部新家庭にいく。

六月一七日（月）

東天紅で私の後援会の準備会。よる宕麓会。

六月一八日（火）

妻を大阪に送る。十時より地労協の大会にでる。ひるは松浦君と神戸新聞の坂本君と冲天閣で食事をなし、五時半白線会にでる。十時半で神戸をたつ。

六月一九日（水）

三時、宇野着。五時二十分高松着。観音寺にいく。九時より森崎君と同車、応援。よる十二時過ぎ、田万［広文］君に入る。

六月二〇日（木）　七時坂出にいく。高松の川六に泊る。

六月二一日（金）

九時四十分高松発。十二時岡山着、天満屋の食堂で学院卒業生と会食。二時たつ。神戸につき、事務所の職員と竹葉［亭］で食事をなし、銀河でたつ。

六月二二日（土）

三時、事務所に入る。よる渡辺君来訪。餞別を渡す。

六月二三日（日）

二時、丈門会をひらく。よる中村［菊男］教授来訪。

六月二四日（月）

十二時半、家を出て妻を参議院会館に送り、会館に入る。山下［栄二］君と会い、丸善にいき、三時銀座教会の三井先生一周忌につらなる。

六月二五日（火）

九時、羽田に安倍キミ子さんを妻と一緒に送る。会館に入り、厚生省にいき、畑、山本、大田君［新しい国会事務局の運転手］と六実で食事。長野の清水君来館。一緒に事務所にいく。小島君来る。

六月二六日（水）

会館に入る。帰途紀ノ国屋書店による。求むるものなし。

六月二七日（木）

十時、主婦会館の中央委員会にでる前に山県夫人を妻と一緒に迎えにいきたり。ヒル食を参議院会館でとり、会館に入る。六時来々軒で三輪を想う会*にでる。

* 三輪寿壮氏は河上、三輪、河野の日労系トリオと称せられた盟友。昭和三一年一一月一四日没。

六月二八日（金）

中央委員会にいく。ヒル食を兵庫県代議員の諸君ととる。事務［所］に入る。六時半中央委員会閉会後、議員会館で中共いき相談。一一月にいくことを承諾する。

六月二九日（土）

十時、会館に入る。辻、菊地両君来。十二時事務所で鳥肉組合の人々に会い、六実で渡辺君の送別の宴をもつ。妻と民雄でそれから美村君と田村君と風呂屋の新築祝にいき、帰途美村君と平安堂を訪うて帰る。

六月三〇日（日）

智子一家来。和子も来る。四時半妻と民雄とで羽田、渡辺君を送る。

七月

七月一日（月）　西海で沼津にいく。市長選挙応援のため。

七月二日（火）

朝、妻と浅沼君訪問。丸善により、高千穂で沼津にいく。市長応［援］のため。

七月三日（水）
朝、妻と鈴木君を訪い、第一ホテルのブランボー氏の会合に出る。五時半より井上、森両と会食。銀河で立つ。

七月四日（木）
小谷、金島、堺君と穀物輸入業者達の出迎をうく。朝食をとり、衣笠君の宅に弔詞にいく。県庁による。県連に入り、松君と銀行倶楽部の経済同友会の宴に出る。県連に帰る。後松浦、五島君と市長に会う。よる八時三原に向う。

七月五日（金） 七時半着。証人調べにつらなる。泊る。

七月六日（土）
証人調べつらなる。よる九時四十分、列車で福山であさかぜに乗換上京。

七月七日（日） 終日家にいる。よる関屋教授夫妻を招く。

七月八日（月）
終日家にいる。よる山本君来訪。英会話の練習。

七月九日（火） 午後三時過事務所に入る。よる英会話の練習。

七月一〇日（水） 終日家にいる。よる英会話の練習。

七月一一日（木）
九時、高裁にいく。事務所により会館に入る。林知事、東君来館。午後一時帰宅。六時陶々亭で永江の会にでる。妻銀河でたつ。

七月一二日（金）
十時、鉄道会館にいく、検証のため。後大井工場に検証と証人調べ。五時半高岩、松下両君と民雄と六実で食事。

七月一三日（土）
十時丸善にいき、本郷の洋書店に民雄といく。午後事務所に入る。美村君を南邦に送って帰宅。

七月一四日（日）
九時東京駅に妻を迎え、一緒に鎌倉の林君を訪う。二時帰宅。畑、堀米両君来訪。四時三輪宅にいく。三輪君の新ぼん［盆］。

七月一五日（月）
十時、会館に入る。通産省松尾局長との会見を五時に延し、一先ず帰宅。光子来。五時松尾局長訪問。神戸ビルマ協会の人々来訪。一昨日□□組合より金壱万円の三越の商品券の送付ありたるも受ける筋なし、よって近藤氏まで山本をして返した。

七月一六日（火）
妻と平安堂、伊原君、気賀［健三］学長、森田さんと中元を送る。

七月一七日（水）　終日在宅。午后近藤氏来訪。

七月一八日（木）
終日在宅。妻は上野図書館。午後松浦君来訪。山本君の会話。よる朝日、毎日記者来訪。

七月一九日（金）
浦君をつれ、八時半頃浅沼君を訪う。浅沼君留守。妻を上野図書［館］に送り、事務所により会館で佐多君と会見し、天国で食事。一先帰宅。三時林君と会見。事務所により六時ピカデリの映画見物にいく。

七月二〇日（土）
浦君と浅沼君を訪う。三近［近三］ビルに吉川君を訪う。小野歯科にいく。紀伊国屋によってドイチヤアの新書を求め帰宅。六時より本部書記局員数名来訪。

七月二一日（日）
朝、礼拝。十二時丈門会。伊集院宅にいきイスラエル公使宅に及び、青山墓地に平岩の記念会にでる。

七月二二日（月）
九時、事務所で戸田君と会い、十時裁判所にいき丸山公判。小島君のヒル飯の御馳走になり、事務所にいき、美村、戸田君と。一時小野君と事務所で会い弁護を頼む。林君の南邦にいき十万円をうく。帰宅。よる銀河でたつ。

七月二三日（火）
片山町にいく。井原さんに十万円を渡す。知事に会い、県連にいき市役所にいく。市会を傍聴し市長に会い、六時船に乗る。小谷、堺君県連書記の見送をうく。佐多君も同船。

七月二四日（水）
十時、別府着。大分木下君宅によって池田君と県第一区の遊説。よる竹田で演説。堀米君来。

七月二五日（木）
雨の中を街頭演説。私独りでやる。よる大分で演説会。別府野上ホテルに泊る。

七月二六日（金）
宮崎にいき、宮崎ホテル。よる知事の招宴。演説、田中君同行。

七月二七日（土）
青島見物。都の《ママ》城で午後演説。よる小林で演説。京町温泉にとまる。

七月二八日（日） 京町で演説。大口市にいく演説。

七月二九日（月）
鹿児島にいく、市内見物。懇談会。五時より演説。日教組の講習会。七時演説。鶴丸荘に泊る。

七月三〇日（火）
十時五十分、飛行機で博多にいく。よし邦に会いエイコウで食事す。朝日放送、毎日新聞記者、九州ラジオ記者来。あさかぜで広島にいく。美秀夫婦が子供つれて出迎。戸田君と一緒に白兆荘に入る。

七月三一日（水）
十時、美村君着。正午裁判所にいく。カモメでたつ。三ノ宮着。市の秘書課長、堀君、堀米君と有馬中ノ坊に泊る。市長来、一緒に夕食をとる。

八月一日（木）
陸運局を山下、東君と訪う。市会控室で県連顧問会議、市長問題で開かる。一時大阪に向い、中村、山口、山下と大阪陸運局訪［う］。五時事務所に帰る。竹葉［亭］で堀米、小谷君と三人で食事をなし、九時銀河でたつ。妻と会う。

八月二日（金）
畑君より話をきく。十一時に内田定五郎の葬儀につらなる。会館により、丸善にいき、［英字解読できず］の American Governing を求む。帰宅。よる和子、□子来。

八月三日（土）
午前中、浅沼、穂積両君を病院に見舞う。ヒル会館に入る。小谷君来館。三時小谷君と山本で後楽園に野球をみる。八時妻を駅に迎え、九時たつ。

八月四日（日）
神戸着。片山町に入る。中川君に礼にいく。午後勤労会館の県連執行委員会。後、原口君を自宅に訪問。市長推選の決議を伝う。後、小谷君と甲子園に阪神中日の野球をみる。片山町に泊る。

八月五日（月）
山下君と陸運事務所長を訪問。後、大阪の陸運局長を訪問したるも留守。はとでたつ。駅に畑君出迎う。

八月六日（火）
朝、和田君を妻と訪問。会館に入る。外務省に奈良君を訪問。新三菱重工業東京支社に清水君を訪問。天国で食事をなし、平安堂を尋ね帰宅。山本君来。

八月七日（水）
鈴木君を訪い、十時大野屋主人の来訪。午食後会館に入る。佐多君、赤堀君に会い、事務所によって帰宅。山本君来。

八月八日（木）
丸山君来訪。九時半、曽禰君と東京駅にいく。大野屋主人と三人で会う。帰宅。小島君来。伊藤、荒瀬君来。よる山本君来。

八月九日（金）
十時、会館に入る。赤堀君と旭化成宮崎、日本曹ダ［達］二ノ宮、東洋レーヨン社長、山一證券社長、藤井丙午君を歴訪して援助を求む。河の君を訪問し、後民雄、畑君と銀座で茶を飲み、紀伊《ママ》の国屋によって帰宅。

八月一〇日（土）
浅沼君を病院に訪う。河野君に会う。磯部君に餞別を渡す。事務所によって帰宅。

八月一一日（日）　秀夫来。夕刻畑君来。川俣君来。

八月一二日（月）
十時半、八幡製鉄に藤井君を尋ねたが留守。事務所に入る。二時生江氏の葬儀につらなる。

八月一三日（火）
六時半の列車で義夫と奈良屋に入る。湖畔に事務所の人々と遊ぶ。八時半帰宅。

八月一四日（水）
八幡製鉄に藤井君を訪問。帰宅。六時会館食堂で開かれた渡中共闘の打ち合せ。

八月一五日（木）
八時大沢、鈴木君の釧路の人来。明石の矢田氏来。十時朝日の一ツ柳君来、会見。

八月一六日（金）
神戸駅着。大森、宇治、西山君と話をなし、県連に入る。神戸新聞の畑君と酒井君、六甲山上大石で食事をなし、県会議員宿舎の調査団との懇談会に出て、矢田氏を知事に紹介し、片山町に泊る。

八月一七日（土）
小谷、堺、山下君と野球をみる。冲天閣で食事をなし、片山町に泊る。

八月一八日（日）
布施市に王林君を訪いたが留守。大阪の教会で王林君に会った。婦研講師を頼む。冲天閣に入る。ラジオで野球をきく。片山町に泊る。

八月一九日（月）
十時、大阪運輸局長を山下、山口君と訪う。ＯＫタクシーに入る。県連に入る。小谷君に会う。九時銀河でたつ。大阪駅で民雄と畑君に会う。

八月二〇日（火）
十一時佐多君を訪い、帝国ホテルに岡本君を妻と訪う。帰宅。

八月二一日（水）
小野歯医、吉川さん。一時曽禰君と会館で会う。帰宅。五時よりオクハシ電気社で講演。よる山本君来。

八月二二日（木）
中島博士の診察をうく。一時より、副議長室にて渡米委員の打合。事務所により美村君をつれて帰宅。岡本夫妻を羽田に送る。

八月二三日（金）
朝八時、妻と林君を南邦に訪問。十時小の歯科に妻と入る。丸善によって帰宅。よる山本君来。

八月二四日（土）
十時、橋本さんに会館で会う。ヒル帰宅。二時森田氏の葬儀。五時羽田に磯部君を見送る。よる子安君来訪。

八月二五日（日）
礼拝にでる。伊集院一家来。五時、よし邦飛行機で上京、泊る。

八月二六日（月）
早川氏来訪。十一時植場君を訪う。天国で食事をなし、紀伊国屋によって帰宅。夕刻畑君来。畑、民雄と一緒に、十時半羽田に藤牧君の帰国を迎う。

八月二七日（火）

午後、小島君と呉羽化成を訪問。よる山本君来宅。

八月二八日（水）

小野歯科にいき、事務所に入り、近江興業の宮本君に会う。会館に入り、後大蔵政務事務次官に会い帰宅。よる山本君来。

八月二九日（木）

午後歯医者にいき帰宅。よる藤牧、堀米両君を招く。

八月三〇日（金）

九時上の発、福島選挙応援にいく。川俣町川俣ホテルに泊る。

八月三一日（土）

十時半福島駅発帰郷。よる丸山君の宅の裁判の打合せに出席。

九月

九月一日（日）

午後義夫を訪問。帰り藤郎君の車で新宿まで送らる。紀伊の国屋によって帰宅。よる山本君来。

九月二日（月）

十時、丸山君の裁判。松本楼で食事。事務所に入る。箱根にいく。佐多、曽禰、森島［守人］、山口、妻と会合。泊る。

九月三日（火）

十一時のローマンスカーで帰宅。午後歯医者にいき、丸善、平安堂により帰宅。よる妻と伊原君を訪う。

九月四日（水）

麻生君来。会館に入る。国策［パルプ］水野君を訪問。歯医者にいき会館。朝日英文紙記者来。事務所によって帰宅。

九月五日（木）

丸山君来、セン別をうく。十一時歯医者にいき、会館に入る。二時サアルシ氏と会見。事務所による。戸田君に会う。帰宅。

九月六日（金）

歯医者にいく。会館に入る。十一時半 Press Club で今井君の招きをうく。森島、曽禰君と一緒。会館に帰る。高岩君来。神戸の県連に電話す。夕刻近藤氏来。

九月七日（土）

会館に入る。ヒルに帰宅。朝蔵木親子来。一緒に西村君を訪う。

九月八日（日）

長田母子来。よし邦飛行機で帰る。

九月九日（月）

九時半、事務所により美村、戸田君と小野君を訪う。参議院議員控室にいく。ひるめしを松沢、山下、曽禰君と参議院会館の食堂でとり、午後、小島君来館。伊藤君に会う。後帰宅。丈門会をひらく。

九月一〇日（火）

午後、佐藤夫人と中央大学にいき、会館に入る。事務所によって六時半若松で井口、小島、森島、曽禰君等と会食す。

九月一一日（水）

九時、ツバメで妻と一緒にたつ。大阪駅に竹中、東両君出迎あり。東君の車で冲天閣に入る。宕麓会。

九月一二日（木）

九時半、市長訪問。過日の送物を返す。知事と会い、冲天閣で関学同窓会。三時学院に王林君を訪問。後、中島君を訪ね、東君に会い、シオン会に出て、銀河でたつ。

九月一三日（金）

東京着。帰宅。ヒル過会館に入る。山下、三宅、浅沼君と会う。四時帰宅。平沢実践商業校長、毎日政治部長松岡君、伊原君来。餞別をうく。

九月一四日（土）

朝、千葉の裁判所にいく。ヒル帰宅。新三菱に清水君を訪問。餞別をうく。夕刻共同の向井君来訪。九時半上野たつ。

九月一五日（日）

秋田駅につく。新聞記者会見。知事公舎訪問。十時半、細野三千雄君記念碑除幕式。よる演説会に出て、七時十分の急行に乗る。

九月一六日（月）

妻を同窓会に送って、会館に入る。入交君来館。伊藤君と話をなし、三和［銀行］に渡辺君を訪う。餞別をうく。帰宅。よる妻と左近氏を訪う。

九月一七日（火）

朝、佐藤母子、平安堂夫妻来訪。妻と歯医者にいき、三越によって会館に入る。伊藤君の室で、伊藤、浅沼、曽禰、森島君と相談。帰宅。五時宝亭で、三宅、浅沼、伊藤、松井君と会食。

九月一八日（水）

高木さんによって、丸山君の公判にでる。十二時過ぎ会館に入り。山口、曽禰、妻と会う。共同記者と会見。民雄をつれて、藤牧君を見舞う。

九月一九日（木）

朝注射をなし、六実で食事をなし、高裁でアジロ事件の公判に立ち会い、事務所に入り帰宅。

九月二〇日（金）

本部によって、山口君と外務省で松本〔俊一〕次官と会見。会館に入り、フルンナー氏を青山に訪問し、ヒル過ぎ帰宅。

九月二一日（土）

歯医者にいく。会館に入る。橋本重春君の招をうく。曽禰、森島君と会館に帰る。事務所に入る。丸善にいく。林君より旅費の好意をうく。

九月二二日（日）

教会にいき、午後鎌倉に林君を訪い、礼をのぶ。五時帰宅。

九月二三日（月）

夕刻、小島君来訪。銀河でたつ。

九月二四日（火）

神戸着。九時神戸医大で注射。勤労会館で記者会見。十一時市長〔と〕会見。餞別をうく。二時大阪で中島、山口、東君と会う。神戸に帰り、上月家を訪い、パウリスタの壮行会にいく。月光で大阪をたつ。酒井、原、中島、東諸君見送。

九月二五日（水）

東京着。直ちに会館に入る。□木君の案内で米国大使を十時に訪問。晩翠軒で勝間田君を招て聞く。三時検事局を小島君と訪う。神戸新聞記者と会見。四時旧右派の書記達の壮行会。この間一等書記官カーへ〔ペン〕ター氏よりワシントンのスケジュールをうく。帰宅。伊藤と時武とその令夫人来訪。

九月二六日（木）

十時、短波放送。十一時岸首相と会見。アジロ事件全部執行猶予。事務所でアジロの関係者と面会。帰宅。三時会館に入る。旅行費の決済す。六時アメリカクラブで、ウダード氏と会食す。

九月二七日（金）

鈴木君を訪ねたるが途中で会う。十時会館を、奥間、とよだ両君と沖縄について陳情。注射。正午参議院食堂で加藤、相馬両女史と戸叶君と我々一行と懇談。大橋君を訪い、銀座に出て帰宅。

九月二八日（土）

松山君来。妻墓参。十一時曽禰君と会い、歯医者にいき、帰宅。九時三十分、米にたつ。

一九五七（昭和三二年）秋　訪米日記

九月二八日

盛人の見送で驚きました。松岡君の挨拶も身に染みました。私は訪米交渉は我党にとっては難中の難事だ。然しこれを正面よりとり組むのもそのなすべき道だと申しました。飛行機は九時半に立ちました。しばらくすると簡単な前菜の如きものが出てうまかった。十時半から寝《ママ》りについた。座席が寝むるに都合のよい様に出来ていた。飛行機は静かで、少しの動揺もないのでよく寝むれた。

九月二八日

少々やかましいので目がさめた。自分の時計をみると五時だ。然し同乗の人々が洗面せられているので皆んなが終えた後で洗面した頃アナウンサーが直きにウエキ島につくと伝えた。半頃ウエキ島につく。バスに乗って食堂にいく。食堂の時計をみると九時近い。時差三時間だ。時計を直し——飛行機はたつ。午後八時四十分（ハワイ時間）にホノルルにつく。服部総領事夫妻、木村、小林さんの出迎をうく。直ちに総領事夫妻の招きでクインサーフ Surf Hotel で夕食の御馳走になる。同ホテルは海岸にあり、三日月が海上にあって美しい。庭には劇団のオドリや歌があった。ハワイの気分を満喫出来た。二時頃であった。十一時四十五分たつ。ハワイは人口約五十万、日本人が約二十万とのこと。産業は米蔗、パイナップル栽培が重なるものである。観光客が多く居るように四季に渡って水泳が出来るのだが、夏は働いてない人が多くいるが、冬は金持が多く来るとのことである。近く州になるらしいが、そうすると日系人が上院下院に出る機会が出来る。現在ではハワイの政治機関に多くの日本人が進出している。

九月二九日（日）

十二時半San Franciscoにつく。Asia Foundationの人Henry H. Piersonその他の方、総領事及び領事館の人々、東京銀行神戸銀行支店長、古い岡田君の友人である岡君の出迎をうく。直ちにHotel PlazaにPiersonさんの娘さんの□□にいき、シャワーを浴びて休息をとる。四時Pierson夫妻の招きをうく。Golden gate渡り海岸に直面したるAlta Miraに招かる。海を眺めつつ、夕食をとる。七時四十分やっと間にあって飛行機に乗る。乗り込むや直ちに運転初まる。

九月三〇日（月）

午前七時半ワシントンにつく。International educationのKline氏、上田公使、参事官、新聞記者の出迎をうく。新聞記者と会見をなし、上田公使の運転でSheraton Curltonホテルに入る。古風のホテルである。大使館に朝海［浩一郎］大使を訪問し帰舎。ひと寝をして一時半めざめる。三時より外国記者との会見。四時より日本人記者とCocktail party。七時朝日の中村支［社］長の北京楼での招をうく。

一〇月一日（火）

十時婦人参政権同盟を訪う。その団体の連合□議経営、その政治方針をきく。上院外交委員会の職員訪う。午餐の御馳走になり映画協会会長を訪う。私共の方針と立場を語る。帰館。買物に出て、ダレス氏の核兵器の論の外交事報とnew clubとNew Americaを求め帰館。よるTenney氏の招待をうく。来訪者のおおく日本に滞在したる人々である。十一時過ぎに及ぶ。

一〇月二日

十時にSocial Security Administrationにいき、社会保障の話をきく。Voice of AmericaでNHKの出張者の下に感想をのぶ。Voice of Americaの人々の招きでItalian料理をうく。

二・三〇Dulles氏と会見、朝海大使紹介の下に私は次の如く述べた。社会党の発展の歴史をのべ将来政局担当の政党であることを論じて次の五点について述べた。安保条約の解消、（二）原水爆実験禁止、（三）沖縄小笠原（四）通商関係。中国問題である。Dullesはこれ等の問題は日本政府と交渉しているが、貴方等が政局を担当するに至ったらNegotiationする考えであると二十五分で終了。四時一分Walter Robertsonと会う。同氏は反共の考を述べた。六時朝海大使の私共のreception。Robertson以下多数の内外人寄る。八時Ward氏のDinner招かる。

一〇月三日

九時Pentagonにいく。Information agencyにいく。帰館す。昼は朝海夫人の招宴。旅舎の前coffee shopでヒル食をとる。二時半Department of Labourを訪問。四時Murphy氏と会見。六時帰舎。七・三〇Martin氏の招き。十一時帰館。NHKの記者がいた、語る。

一〇月四日

十時半に中小企業行政庁のBarnesを訪問。十一時半にOqkisを訪問。十二時半Amerians for Democratic Actionの招きでAsherを訪問。午餐をうく。二時半労働組合を訪問。四時Coucile of the National Capital Area。帰舎すると阪本君より電話があり今着いたとのこと。来訪をすすむ。朝日の中村君来訪。よる朝海大使の招き。

一〇月五日

九時四十分Mt. Vernonワシントンの旧宅と墓。川に面した美しい所にある。いき道は新道とのこと公園のうちをいくが如し、帰路は旧道で人家が両側にある。十二時四十分Ginsbury氏が迎えに来られ午餐をとり二時半に北京楼にいく。新聞記者と大使館の人々を招き、Dean Molleyさんの案内で市内見物、議会、リンコルレmemorial、Lee将軍住宅、無名戦士の墓、Lincoln博物館。よるHenderson氏の招き。［空白］博物館で彼と彼の父の署名のある古い聖書をみた。私は彼のmemorialよりももっと偉大な印象をうけた。

一〇月六日（日）　今日は雨だ。

十時四十五分Leelom氏の案内でFoundry Methodist churchにいく。聖餐式につらなる。牧師がWorld community dayのためか私共夫妻の来たことを告げる。二時Stivinson君来、その自動車で［空白］の豪邸の家に連れらる。五代大統領のMonoreの家とのこと帰途彼の友人の家によって帰館。磯部君来る。

一〇月七日（月）

九時半にBishop Oxnamを訪問し帰舎。十一時に飛行場に向う。朝海大使夫妻、上田公使、安川参事官見送らる。一時過ぎNew-York着。田中総領事の出迎をうく。三時半にThomasに会う。私共のDelmonicoホテルに入る。四時三十分League for Industrial主張を全部同意せらる。

Democracy を訪問。七時より富士すきやきやで Hoover 氏の招きをうく。Kublin 氏に会う。同氏は潜、秋水、高野［片山潜、幸徳秋水、高野房太郎］氏の研究者である。

一〇月八日

妻は Smith に会うため早く出る。森島君血圧高いので床に入る。午後は医者の診察で心配なしとのこと。然し明日の Boston いきは中止さる。

十時頃 Liace 氏を訪ね、十時四十分国連を傍聴す。

十二時半 New York Times にいき Luncheon をうく。一度帰館し三時 National Assciation for advancement of colored people を訪問。五時近く帰舎。六時半松平大使の招きで料亭で中華料理をとる。外務省の公使その他人々と会食。

一〇月九日

総領事館の中根君来館、色々面倒を頂く。九時四五分でたつ。十一時頃 Boston 着。Cole 教授と上原君の出迎。Commannder Hotel に入る。一時 Harvard 大学の教授連と会食。後 Reischauer 博士と会談し帰舎。本日は用事の多いよるである。

一〇月一〇日

Cole 教授と上原君の迎をうけ Fletcher School にいき、新聞記者の会見後、社会党研究室にいく。正午 Dean の午餐をうく。三時に christin, sciencemoniters にいく Davis に会う。岡氏同席。市内見物、岡君が今井勇一君の婿であることをつげられた。よる Cole 教授宅で食事。各大学校教師さんと語る。よる十二時近く帰館。

一〇月一一日

Sacks 教授の車で飛行場にいき、九時十五分発十時十分頃 New-York 着。中根君の出迎をうく。Delmonico ホテルに入る。こんどは二三階である。Brusnbangh 博士の招きである基督教徒の集会に出る。後［空白］組合を訪ね、後共済会の経営の House を見て帰舎。Press club で dinner を社会党の幹部よりうけ、八時より Reception を社会党党員よりうけ、十一時半過ぎ帰舎。

一〇月一二日（土）

大田東京銀行支店長夫妻の案内で市内を一巡。Empire State に上り市内をみる。Wall Street にいく。自由の女神をみる。sea fare を御馳走になり、大田君の家に立ち寄りカーネギー Hall の劇をみて帰舎。五時ルーズベル［ト］夫人と会見し帰舎。よるは末広で関西学院同窓会に招かる。

一〇月一三日（日）

朝 Sherman 夫妻の案内で、Mr. Totten, Presbytarion 教会にいく。帰舎。二時妻は郊外に戦争花嫁を訪う。夕六時半「都」で日本食の御馳走になる。

一〇月一四日（月）

午前中は旅舎にいた。十一時 Herald Tribune を訪う。正午 Newsweek の press club で会食。三時 Harriman 知事と会見。四時 Coucil on Foreign Relations を訪う。五．より曽禰君の講演。よるは旅舎にいた。

一〇月一五日（火）

十一時 Deuey 氏と会見。Robertson School の人だ。十二時 Columbia 大学で午餐。総長に会い、二時半より曽禰君の講演。写真 center で電気機器展をみる。よる田中総領事の招き。

一〇月一六日（水）

朝早く、田中総領事夫妻の見送をうけて Bufflalo に向う。十時近く着。直ちに自動車を雇いナイヤガラに向う。ナイヤガラについて直ちにエレベーターで滝の下にいく。それは American fall である。それから Horseshot にいく。後カナダ側に渡り両の滝の全貌をみる。雄大豪壮という外なし。Buffalo を七時半にたつ。Detroit に向う。山際教授の出迎をうけ Michigan 大学宿舎に入る。

一〇月一七日（木）

Mrs. Millen の案内で教務制度に関する話をきき、それから日本研究所にいき午餐会にでる。挨拶をなし後［空白］教授に会い、Miller 女史の案内で Campus 内の見物をなし、F教授の夕食会に招かる。

一〇月一八日（金）

Mrs. Millen の案内で、自動車組合の本部にいき Deuther 氏不在。同君の弟君に会い、生産性本部について話をきく。後 Ford 工場の見学。老いたる人の職工の多いのが眼について退職期を六十五才ときき、曽禰君は Pittsburgh の社会党の執行委員会に出席のために十時の汽車でたつ。私は不快のためよるの招を欠席す。

一〇月一九日（土）

正午頃 Devis 教授来訪。同氏の案内で Michigan 大学との対抗フットボール試合を観る。規則を知らぬものにはそれほどの興味がない。四時十五分の飛行機で Chicago に向う。曽野総領事、大山牧師［関西学院の卒業生］の出迎をうけ、Dulmer House に入る。

直ちに私夫妻、森島君と総領事の官邸の招をうく。

一〇月二〇日（日）

十時、大山牧師の出迎をうけてイエスキリスト教会にいく。説教を行ふ Mss. Pring と私共夫妻と大山夫妻で支那食の御馳走になり帰館。曽禰君、四時頃到着。五時過ぎ大山夫妻の迎えで市内を見物して Lakeside 教会にいく。那須さんの令嬢、□□□の夫人等に会う。Welcome Supper で五十分ほど話をなし、八時より合同協議会の主催の下に説教をなし、十一時近く帰舎。

一〇月二一日（月）

十時過ぎ、シカゴ新聞記者来。四人で会見。一時 Dulmer House に働いている望月氏が電話でヒルの食事を求む。同氏は銀座教会の会員とのこと。これに応ず。同ホテルの食堂で私と妻と曽禰君と会食し、三時 Stevenson 氏を訪う。曽野総領事、西村君同伴。帰途総領事館によって帰舎。夕食をとり、八時 Fey 氏宅にいく。Christion Century の編集長である。曽禰君だけ九時に社会党の集会にいく。

一〇月二二日（火）

大山牧師の自動車でミルオーキーに向う。十一時に市長役所につく。Zaitler 市長と会い、市議員十数名に訪米の目的を時間がないので曽禰君が英語で語る。後国連記念日の午餐会に市長の案内でいく。後市長の案内で野球場その他市内見物後 Chicago に帰る。Sun Tines の招宴。

一〇月二三日（水）

首藤君、米国教会の Pastor 来る。妻は首藤君の案内で戦争花嫁のことを聞きにいく。十時半に妻は帰舎。妻は Papping 女史とロービーで語る。飛行場にいく。曽野君の見送をうけて立つ。Sanfrancisco につく。よる Asia Foundation の招宴。

一〇月二四日（木）

Methodist church の本部にいく。後 Miller 教授と語る。World Affair Council で午餐。演説後 Labour Council を訪い、後社会党の Reception、婦人のみの集会。よるは Labour Council の招宴。森島君健康の工［具］合悪く、よる食卓を欠く。

一〇月二五日（金）

朝、本屋にいき、総領事館を訪問し、California 大学にいき、午餐会で日米の教授連と語り Campus の案内をうけ、曽禰君と学生達の懇談会に出て Sanfrancisco に帰る。よる総領事の招宴があった。森島君は終日休む。

一〇月二六日（土）
Los Angels　十時四十分着。…hotel　に入る。東銀の安倍さんの車でHollywoodその他の市内見物をなし、豪華のホテルで食事をとり夕刻帰舎。七時総領事の招宴。私共四人と岡、堂森、原君も一緒。帰宅のとき我が名を呼ぶ日本人あり、そのトヨタ自動車の重役が加藤君、関学卒業生とのこと。

一〇月二七日（日）
町田牧師の出迎をうけてその教会にいく。礼拝後その教会の幹部の諸氏と食事をなし。上井君の車で帰舎。非常に疲労のためねる。五時半頃佐々木牧師来。日本人街の東京でスキヤキの御馳走になり教会にいき話をする。

一〇月二八日（月）
十一時十五発でHonoluluに向う。五時過ぎ着。総領事出迎。Princessホテル入る。常夏の国の情緒満喫。シカゴは雪だと言われている。

一〇月二九日（火）
報告書作成のために在館。夕刻領事館の出迎をうけて両次官にいき夕食をとる。

一一月

一一月二日（土）
正午近く、羽田につく。鈴木君初《ママ》め多数の出迎を受け院内に入る。四時半帰宅。長谷川君がいる。あしろ事件の謝礼に就いて相談あり。

一一月三日（日）
朝、吉田君来宅。十時平安堂、美村、浅沼、義夫、中江、伊原、鈴木、川俣君等を訪問。後鎌倉の林君を訪う。左近氏を訪問、帰宅。

一一月四日（月）
和子来る。和子をＹＷＣに送る。日比谷三和銀行にいき、会館に入る。神港［新聞］記者と会見。フルンナー氏を訪問。小野歯科にいき、三時半事務所に入る。あしろの人来る。帰宅。

一一月五日（火）
小野医にいき、会館に入る。本会議。

一一月六日（水）
午后一時半、急行で浜松にいき、教会で話をする。八百名以上の集り。研究希望百名以上とのこと。

一一月七日（木）
六時東京着。帰宅。会館に入る、本会議。三時帰宅。妻、神戸にいく。十時よりＮＨＫでテレビに出る。片山君と。

一一月八日（金）
正午、晩翠軒で森脇君を囲んで、浅沼、河の君と会食。一時半本会議、予算通過。四時事務所に入る。後陶々亭で、浅沼、三宅、加藤、河の、中村、松井、曽禰、伊藤君らと会食。

一一月九日（土）
十時、経済時代記者と会見。十一時［空白］牧師来館、寄附する。本会議、後般若園［苑］のレセプションに出る。田原君に百万円渡す。大工原潮君来宅。［空白］で食事をなす。

一一月一〇日（日）　終日引き籠る。八時十五分発銀河でたつ。

一一月一一日（月）
神戸着。県連事務所に入る。後県庁訪問、副知事。市役所訪問、同助役に会い、庁内の組合の人々の会合に出席。十一時勤労会館で記者会見。市長に会う。海員組合訪問。竹葉［亭］で食事。神戸新聞、ＮＨＫ、朝日、読売、毎日、産経、神港社を歴訪。永江を尋ね、冲天閣によって事務所に入る。よるは堺、酒井、小谷君とフクを食う。八時三十分で三ノ宮発。

一一月一二日（火）
会館に入る。読売英文記者と会見。午後事務所によって帰宅。

一一月一三日（水）
会館に入る。五時三輪君追悼会、洵に盛会。三輪君の遺徳高し。小島君と平安堂にいく。浜田、河井両君に会う。

一一月一四日（木）
会館に入る。六時小島君の御馳走になる。平安堂夫妻、浜田、河井両君と同席。十一時過ぎ議会開会。二時米国大使を訪問。二時半渡米報告。

一一月一五日（金）
丸善にいく。十二時代議［士］会、議員総会にでる。四時短波放送、片山、風見［章］と三人。

一一月一六日（土）
八時発、千葉裁判所にいく。加藤、片岡両君の裁判。検事求刑弁護士の弁論。よる弓子のピアノの公開をきく。

一一月一七日（日）
教会にいく。ヒル天国で智子一家と妻と一緒に食事をなし、帰宅。夕刻五時過ぎ大阪より堀川君の電話。河合與君、今朝死去すとのこと。痛恨の極み。よる出雲でたつ。

一一月一八日（月）
大阪着。山口君出迎。直ちに河合君の宅を訪問。後ＯＫタクシーに入る。山下君来る。三時葬儀につらなる。よる山口、中島、保カシ君と牛肉のスキ焼。出雲でたつ。

一一月一九日（火）
八時東京駅発で、千葉にいく。有罪の言渡意外なり。一時帰会館、チャン博士来。五時帰宅。よる戸田君来訪。

一一月二〇日（水）
六時半発羽田にいく。訪中団の見送。帰宅。麻生君来。午後会館に入る。曽禰君と会う。三時事務所に入る。五時近く帰宅。

一一月二一日（木）
Bishop Corton の招をうけ、帝国ホテルにいく。二時半会館に入る。堀米、伊藤君と会見し、五時半毎日松岡政治部長の招をうく。

一一月二二日（金）
木村夫人来訪。民雄の結婚のこと。一時木下與市君の葬儀にいき、事務所に入る。よる渡米報告。演説会。

一一月二三日（土）　終日家にいる。

一一月二四日（日）　終日家にいる。瀬戸でたつ。

一一月二五日（月）
神戸駅着。食堂で食事をなし、県連にいく。十一時市長訪問。午冲天閣で神戸の関学同窓会にでる。五時半パウリスタで私の帰朝報告会。片山町で小谷君と語る。

一一月二六日（火）
九時、森脇宅にいく。十時半、堺君と清水君を訪問。竹葉［亭］で食事をなし、大阪にいき、ＯＫタクシーに入る。四時半、妻来阪。一緒に竹中君の案内で関西タールの寮にいく。シオン会に臨む。妻帰宅。片山町に泊る。

一一月二七日（水）
天王寺九時十三分発五条にいく。午後及びよる応援。九時過ぎ五条発。十二時半頃、片山町に帰る。

一一月二八日（木）
九時半、陸運局で山下君と会い、局長と面会。中村君と懇談。OKタクシーにいく。ひる近く森戸、井上両君来る。一時労働会館で高野［岩三郎］文庫の開所式につらなり、よる南謝の松本で御馳走になる。明星で帰る。

一一月二九日（金）
東京駅で江田君に会う。明日岡山に鈴木君の代りに来いとのこと承諾す。午前中会館に入る。ヒル松井君、三時今澄君、五時浅沼、河の、麻生、内田君と麻生伝の打合せ。森脇君来館。森脇君と六実で食事。東京駅まで送る。帰宅。〝日本〟の記者来。

一一月三〇日（土）
八時羽田発、十時伊丹着。市の自動車で県連に入る。小谷君と武蔵で食事。三ノ宮よりたつ。森脇君来。四時倉敷着。演説。夕食市長宅。よる演説。武田君の宅による。潮夫妻、武田、江田夫妻その他の見送。

一二月

一二月一日（日）
東京着。終日家にいる。午後伊集院一家来。妻は栃木にいく。

一二月二日（月）
ヒル近く事務所にいき、義夫をつれて六実にいく。後事務所に帰る。四時帰宅。妻とフランクソン氏と林教授を訪問。

一二月三日（火）
宇都宮君の裁判があるので、十時に裁判所にいく。判事変更で公判延期。事務所に入る。三越の浜田さん個展を美村君、妻、民雄とみる。平安堂とも会う。ヒル山本君を招いて資生堂で、妻、民雄と食事をとり、厚生省、労働省を訪問し、三原の陳情書を秘書官に手渡す。帰宅。七時たつ。広島にいく。

一二月四日（水）
白鱗荘に入る。一時頃迄五時西条にいく。町長の招宴。演説会後、広島に帰る。瀬尾［忠博］君と一緒にたつ。

一二月五日（木）
神戸着。片山町に入る。十時、大阪中央公会堂で部落解放同盟大会に祝辞をのべ、神戸に帰る。三時布引観光ホテルで薬業者の招宴。銀河でたつ。

一二月六日（金）

十時、会館に入る。ヒル川端君来館。四時事務所にいき、直ちに平安堂にいく、民雄と共に。あとで美村君来。浜田君の作品の恵与に預る。

一二月七日（土）

会館に入る。三時、基督教新聞の片山君との対談。後丸善にいく。

一二月八日（日）

十時たち、一ノ宮駅下車。夜二所で演説。よる十一時五十四分一ノ宮発、米原で乗換え福井にいく。

一二月九日（月）

四時半、金沢に着く。堂森［芳夫］君の秘書福井より乗込み、芦原のべにやに入る。湯に入って寝る。正午頃、堂森君来。三時たつ。丸岡と三国で演説。十時二十分金沢発たつ。

一二月一〇日（火）

敦賀で五時半停車。東京にいくこと中止の電報をうつ。神戸にいく。片山町に入り寝る。

一二月一一日（水）

午後、ＯＫタクシーにいく。後、上六劇場で映画をみる。ナイヤガラの映画。食後神戸に帰る。

一二月一二日（木）

小谷君来宅。市役所にいき中ノ瀬君と会い、東天紅に村井君を訪ね、勤労会館にいく。よる阪本知事祝賀会。安藝でたつ。

一二月一三日（金）

午後一時五十分までに羽田にいき、浅沼君に中ノ瀬カイロいき頼む。事務所に帰宅。カイロいき決る。直ちに県連に電話す。帰宅。

一二月一四日（土）

中ノ瀬カイロいき、手続のこと色々と連絡をとる。一時会館で中田参議、中西君と会う。中村教授来。本郷の本屋によって帰宅。

一二月一五日（日）

午後、小島君が上田弁護士をつれて来訪。後伊藤君来。

一二月一六日（月）

八時半家を出て、美村君を訪い、一緒に葛しか［飾］巳歳にいき、後弁護士会館に入り、小島君と一緒に天野検事訪問。会館で中ノ瀬君に会い、小島君の招に若松で中ノ瀬君と三人で食事をなし、清原君を小島君と訪問。事務所にはいる。六時丈門会。

一二月一七日（火）

十一時、会館に入る。藤牧、松井君来る。四時蠟山君との座談会。帰宅。

一二月一八日（水）

会館に入る。ヒル近く小野歯医者にいき、事務所に入る。河の君と会見。五時小島事務所訪問。後美村君と林君を訪い、浅倉で御馳走になる。

一二月一九日（木）

会館に入る。山下君文教委員長の話がある。夕刻帰宅。

一二月二〇日（金）

会館に入り、後十時半裁判所にいく。早く公判済む。正午に帰館。午後本会議。事務所により、常盤の一高会にでて帰る。

一二月二一日（土）

妻と民雄で中ノ瀬夫妻を訪い。小野医科にいく。帰館。夕刻事務所にいく。後帰宅。

一二月二二日（日）

参議院会館で中ノ瀬君の送別会。中座し野田市の党のレセプションにいく。夕刻帰宅。

一二月二三日（月）

午後本会議。成田君より金円をうく。夕刻事務所に入る。堀込君と六実で食事し、帰宅。九時半羽田に向う。中ノ瀬を見送る。

一二月二四日（火）

ヒル近く、鈴木君を見舞う。後事務所に入る。民雄と一緒に帝劇にいく。途中で妻によび出さる、成田君のこと。事務所に入り、後国会で伊関氏に頼む。李徳金女史の夕餐、伊藤好道君の追悼会に出て帰宅。

一二月二五日（水）

長野県総務部長来。一緒に西村勇夫君を訪う。小島事務所にいき、小の歯科にいき、事務所に入る。夕刻帰宅。よる本島女史来。

一二月二六日（木）
五時、曽根［禰］君来。塾で米国旅行の色写真をうつす。後食事を共にし帰る。

一二月二七日（金）
事務所にいて東京会館の李徳金さんの招きに一寸出て、帰宅。右派の書記を招く。

一二月二八日（土）
午前、小島君と検事連の御礼にいく。午後事務所にいて帰宅。

一二月二九日（日）
砂田［重政］氏の葬儀に列し、紀ノ国屋書店によって帰る。美村君と石岡さん来訪。

一二月三〇日（月）
ヒル天国で和子、立、弓子、活子をつれて食事後、ボダイ樹をみる。事務所により、五時晩翠軒にて松前、浅沼、麻生君と食事をなす。

一二月三一日（火）
民雄と墓参し、小野歯科にいき、帰宅。午後民雄と新橋に買物にいく。妻、林君の好意をうけにいく。

◇一九五八（昭和三三）年◇

一月

一月一日（水）
十時半、自動車で妻と林君を鎌倉に訪う。帰途義夫を訪問し、帰宅。大阪の倉本君来。留守に山崎、片桐、藤原君［党本部書記］来訪。

一月二日（木）
麻生［久夫人、良方］母子来。党の書記局の人々来。美村夫妻、八巻君、谷尾夫妻来。

一月三日（金）
浅沼、外岡君に年賀。

一月四日（土）
八時十分上の発、古河着。街頭演説。よる七時に及ぶ。一泊。

一月五日（日）
十時街頭演説。二時半発、帰宅。よる九時、瀬戸で神戸に向う。堀米、山県［和喜。法律事務所事務員］、民雄見送る。

一月六日（月）
長田母子、酒井令息、成田君出迎。長田さん宅訪問。片山［町］に入る。十一時、勤労会館の新年賀会。小谷君と食事。県連事務所に入り、冲天閣にいき、片山町に入る。六時市職の会合。九時発大阪で彗星でたつ。

一月七日（火）
成田君と駅の地下室で食事をなし、後、入国管理局にいく。局長留守。夕刻、畑、坂本［二郎。共に幼友達］両君来。食事を共にして語る。

一月八日（水）
さくらでたつ。妻と六時冲天閣で宕麓会。よる陳情に正宗の関係者来。

一月九日（木）
土肥君、土肥君の母来。正午近、小谷君新築のお祝の宴につらなる。佐々木［大蔵］君同席。四時新聞会館にいき、六時三宮駅より京都。大工原を妻と訪う。十時四十分、彗星で上京。

一月一〇日（金）
帰宅後、入国管理局にいく。後、事務所、インドネシア料理を食う。二時、宇田氏の葬儀。帰宅。中村［菊男］教授来訪。

一月一一日（土）
東［久太郎］君を旅館に訪れ、入国管理局にいき、成田君と羽田にいく。事務所により、一時徳久家の結婚式につらなる。夕刻帰宅。

一月一二日（日） 終日引籠る。

一月一三日（月）
ヒル近く、妻と和子と一緒に女子青年会にいき、新橋で三人で食事をなし、事務所に入る。夕刻帰宅。本島女史、日経記者、読売の芳賀君来。

一月一四日（火）
十一時、会館に入る。中西、麻生君と会う。事務所に入る。四時より佐藤董さんの事件の打合後、東峰楼にて小島、上田、美村、佐藤さんと食事。

一月一五日（水）
妻と鈴木［茂三郎］君を訪い、帰途、細野君を訪う。帰宅。午後、稲岡君等来訪。

一月一六日（木）
九時五十分上の発。原の町［原町］着。自動車で相馬市にいく。今野君の応援。泊る。

一月一七日（金）
午前応援。午後塩業工場視察。よる応援。

一月一八日（土）
午前〇時半、中村駅発。帰宅。中ノ瀬君を議員宿舎に訪い、帰宅。よる中ノ瀬夫妻をホトトギスに招く。

一月一九日（日） 夕刻コマ劇場に新国劇を民雄とみる。

一月二〇日（月）
妻、墓参にいく。会館に入る。三時半事務所により帰宅。

一月二一日（火） 午後、会館に入る。四時帰宅。

一月二二日（水） 会館に入る。民雄、相撲見物。夕刻帰る。

一月二三日（木）
中央委員会。九段会館。閉会後、九段宿舎で上京した県連の人々と会食。

一月二四日（金）
植場君を東京駅に迎え、小島君等と話をなし、会館にいる。堺［豊喜］君来館。堺君と銀座で食事。国会に入る。会館で浅沼君と会う。よる常盤屋で知事の招宴。

一月二五日（土）
会館に入る。ヒル事務所にいき、美村君と林君を訪う。三人つれて椿［貞雄。洋画家］さんの画会を訪い、遺作をみる。帰途あさくらで食事。

一月二六日（日）　午後、長田母子来。よる波多野さん来訪。

一月二七日（月）
十時半、神港新聞記者と会見。午後、清水［伊助］君、原口［神戸］市長と会見。五時ホトトギスで神港記者と伊藤［英治］君と会食。京都にたつ。

一月二八日（火）　京都市長応援。

一月二九日（水）　十時、本会議。

一月三〇日（木）
会館に入る。蔭久さん来。十一時上の発。仙台にいく。

一月三一日（金）　仙台応援。

二月

二月一日
朝六時上野着、堀米君と一緒に帰宅、十時磯野君と会館で会見、後立教中学校に花房先生を訪ね、入学試験のことを頼む。

二月二日
九時五十分上野発、伊藤君と民雄一緒、ヒル頃前橋駅着。石井［繁丸］君宅訪問。石井君の立候補の決意を願う。気動きたるが如し、後水上のひがき旅館に入る、日垣君留守、一夜の静養をとる。

二月三日
十時水上発、一時半上野着。六実で食事をして院内に入る。解散決議案に対す。小沢氏の反対討論でもめる、永江と事務所で会見。よる読売青山、田村両君来宅。

二月四日
十時会館に入る。小沢氏の発言問題で未だもみぬく。夕刻歯科医にいく、後帰宅。

二月五日（水）
美村君をつれて田中〔耕太郎〕最高〔裁〕長官に会い、鈴木人事局長と面会し、山下氏のことを頼む。五時半藝術座に「風雪三十三年の夢」を民雄、伊藤君とみる。面白かった。

二月六日（木）
妻と小野歯医師にいく。後吉川君を三近に訪い、天国で食事をして会館に入る。三宅、松井君に会う。妻銀河で神戸にたつ。

二月七日（金）
十時、会館に入る、河の一郎氏と国会の廊下で会い、相馬塩業のこと頼む。夕刻帰宅、雪降る。

二月八日（土）
十一時、会館に入る。神戸市会議員の方々来、午後中村教授、堀米君来る、夕刻帰る。

二月九日（日）
妻帰宅、午后智子来、村尾夫人来。

二月一〇日（月）
会館に入る。四時事務所によってホテルト〔ウ〕キョーの蚊龍会にでる。

二月一一日（火）
会館に入る。陰久さんを浅沼君に紹介。十一時浅沼、河の、麻生、内田〔佐久郎〕君と麻生伝の協議、よる「さつま」でたつ。

二月一二日（水）
大阪着。東君出迎、一緒に甲陽学院に芥川君を訪問し、後関西学院で河辺高等部長に面会し、県連事務所に入る。一時矢田〔文一郎。明石愛宕園〕君等と県庁を訪問、自治労を訪う。よるフクヤで中ノ瀬、佐々木〔大蔵〕、青木〔昌夫〕、小谷君と会食。よる大阪をたつ。

二月一三日（木）
九時着。十時裁判所にいく、ヒル小島、丸山君と会食。三時裁判所を去り、会館に入る、山崎〔剱二〕君南米で死すとの報に接す。事務所による、長谷川興作君と会う。帰宅。

二月一四日（金）
会館に入る。国会図書館でロンドンタイムスとニューヨークタイムスを読む。夕刻帰宅。

二月一五日（土）
会館に入る。立教中学に花房先生を訪ね、入学の御礼を述ぶ、天国で食事、事務所に入り、再び会館にもどる。四時過ぎ山本とNews映画をみて、二時若松の祝宴にいく。小島、井口、赤尾君と会す。

二月一六日（日）
十時礼拝にでる。中江一家と一緒に新宿すずやで食事をなし、帰宅。

二月一七日（月）
十時、会館に入る。ヒル頃、妻とイスラエル公使館を訪問、ダーカン氏留守、会館に入る。四時事務所にいき、帰宅。五時新橋亭の顧問会に出席。一先帰宅したるが、阪本知事、安藝で帰神のことを知り、東京駅にて会い、明石の矢田氏の仕事の応援をたのむ。

二月一八日（火）
矢田氏、九時来訪。一緒に会館に入り、厚生省社会保険局長を訪問。議会図書館に入り、三時よりの本会議。六時帰宅。丈門会催す、武田徳倫君、京都より上京、来る。

二月一九日（水）
十二時、松本楼で石岡さんの事件打合せ。一時より副議長公邸でイスラエル代表団の歓迎午餐会。会館に入る、四時本会議、帰宅。

二月二〇日（木）
十一時、会館に入る、三時佐藤薫さんの事件で裁判所にいき、事務所によって会館に帰り、五時三宅君と水神の八百松にいく。

二月二一日（金）
十時、会館に入る。ヒル堀米君よりケ〔憲〕法調査会の話をきく。後図書館でロンドンタイムスを読む。金島君一行と会う。事務所により。六時銀座茶廊で大空ヒット夫妻の後援会にでる。

二月二二日（土）
十時、会館に入る、十一時院内で顧問会議、午後林君を訪問、事務所によって帰宅。子安君来訪、六時半妻と野々村を訪問。

二月二三日（日）
午前、和田［博雄］君来訪、よる朝日の今津君来。

二月二四日（月）
中ノ瀬、堺両君と運輸次官を訪う、後大会［第一四回］に出席。

二月二五日（火）
大会に出席。散会後、未だ早かったので平安堂による。

二月二六日（水）　大会にでる。

二月二七日（木）
十時、丸山君公判にでる。ヒル赤坂飯店で食事、小島君、丸山君と。二時半事務所、河野君来る、成田［知巳］君来る。後西尾君を訪問、会館に入り、三宅君と会う、畑君をつれて帰宅。

二月二八日（金）
午後本会議。四時よりプリンスホテルで美濃部洋次君の五周年追悼会、盛会なりき。事務所に書記局員集る、新宿のすずやでその人達を招く。九時矢田君来宅、会館に入る。後丸善にいき、義夫を訪ね、会館に入る、一時半院内で矢田君、真鍋氏を伴い、安田局長に会う。

三月

三月一日（土）
会館で浅沼君と会う、過日の西尾君の伝言を伝う、五時事務所により、六時より晩翠軒で神戸新聞記者を招く。

三月二日（日）
やむ。一時発新小岩にいき、井口君後援会にでる、洵に盛会。四時近く帰宅、床につく、熱八度七分。

三月三日（月）　病床にいる、予算通過、熱降らぬ。

三月四日（火）　病床にいる。

三月五日（水）　熱は降るも床を離れぬ。

三月六日（木）　熱なし、床上にいる。

三月七日（金）　佐々木大蔵君等来訪、午后中西利理君来。

三月八日（土）　来訪者なし、終日床にいる。

三月九日（日）　妻、帰宅。

三月一〇日（月）
よる七時本郷中央教会で断酒の友会に出席して話をなし、後美村君宅を訪問。日本水素の首切のことにつき打合をなす。

三月一一日（火）　（記述なし）

三月一二日（水）　よる出発、妻も別の列車で大阪に向う。

三月一三日（木）
十時大阪駅長室にて、妻と中ノ瀬君に会い、三人一緒に中嶋浩吉君宅にて懇談す。十二時半の列車で妻帰京、私は神戸にいき、県連事務所により、片山町に入る。

三月一四日（金）
市役所で自治労訪問、角谷、佐々木君に会う。一時高槻にいき、街頭応援、四時伊丹に入る、街頭と室内応援、片山町に入る。

三月一五日（土）
一時伊丹に入る、街頭応援。六時中央公会堂で山本宣治君追悼会*で出演し、後、高槻応援。十一時京都により出発。
午前中矢田君片山町に来訪。

* 昭和四年右翼により暗殺されたとき、衆議院本会議にて「屍を越えて」と記憶される追悼演説を行った（昭和四年三月六日）。

三月一六日（日）
よる妻、民雄、伊集院一家、中江一家と十戒をみる。

三月一七日（月）　コマ劇場にバレーをみる。

三月一八日（火）　銀河でたつ、妻と一緒。

三月一九日（水）
九時半大阪駅にて中ノ瀬君に会う。十一時冲天閣に入り、東天紅で私の会。それから大阪でOKタクシーにより、山口、東両君に会い、五時大観楼のシオン会にでる。銀河でたつ。

三月二〇日（木）

十時半、小島君と青木一男君を訪問。本会議にでる、四時半丸の内常盤で会合にでる。

三月二一日（金）

十時半、汽車で沼津の山崎［剱二］君の追悼法要にでる。

三月二二日（土）

赤堀君をつれて、三村起一君［一高・東大の同窓生。石油資源開発社長］を訪問、会館に入る、一時半帰宅。

三月二三日（日）

朝、紀ノ国や［紀伊国屋］にいく、Fabian パンフレットを注文す。

＊ イギリス労働党系の現場政策研究集団の出版物を絶えず購読していた。

（三月二四日（月）～二五日記述なし）

三月二六日（水） 銀河でたつ、本会議にでる。

三月二七日（木）

神戸着、片山町宅に入る。ヒル過ぎ自治労にいき、中ノ瀬君を伴い、浜田君の葬儀につらなる。後、県連事務所に入る、六時沖天閣で中ノ瀬君の自治労の招きの会にでる。銀河でたつ、成田、矢田君見送らる。

三月二八日（金）

東京着、帰宅。妻と教文館にいき、午后気賀学長の葬儀と、内ケ崎幸枝と波多江興輔君の結婚式が青山学院教会堂で行われ、それにつらなり、後、チェッコの祝宴にいく。

三月二九日（土）

九時事務所で戸田君と会見。ヒル会館に入りしが、浅沼君留守で戸田君との会見出来ず。直ちに事務所に入る。二時帰宅、内ケ崎来訪。

三月三〇日（日）

八時上野駅で戸田君に会い、一緒に浅沼君訪問。後、美村君宅により、三人で小野博士を訪問。美村君と安藤氏を沖中内科に田村君をその自宅に見舞う、一時帰宅。

三月三一日（月）
午後本会議。終了后、事務所に入る。後「眼でみたソビエット」を民雄、山本、畑、堀米君等とみて、七時渋谷テアトルSで大空夫妻の万才をきく。

四月

四月一日（火）
午後一時本会議。事務所に入る。後帰宅、伊集院一家来訪。一緒にニューヨーク・シテー・バレイをテレビでみる。

四月二日（水）
一時、青山葬場で山川均氏［戦前からの社会主義運動家・思想家］の葬儀につらなる。会館に入り、四時在京国会議員の会合があり、事務所に入る。美村君と一緒に田村君［浴場組合の幹部］の逝去の弔にいく。

四月三日（木）
会館に入る。ヒル三ケ月会［関西学院同窓会］にでる、阿江［伸三。関西学院の教え子］君のモスコー訪問の話があった。会館に入り、三宅君と会見。帰宅、妻銀河でたつ。

四月四日（金）
十時裁判所にいく、山県君来り。中ノ瀬、佐々木君上京。会館にまつときゝ、直ちに会館に入る、午後本会議、後帰京。

四月五日（土）
林君を日本橋に訪いたるも留守。後水素に訪う。十時半私の室で小谷君、松沢君と懇談。一時前事務所に入り、美村君をつれ田村君の葬儀にいく。会館に帰る、伊藤君来訪。伊集院宅に民雄と一緒によって帰宅。

四月六日（日）　九時上野発、福島に遊説。

四月七日（月）
妻を東京駅に迎うため、六時上野着より直ちに東京駅にいく、直ちに会館に入り、九時半より猪木［正道］教授の話をきく。本会議、四時半新三菱の東京本社移転のレセプションにでる。七時たつ、森戸君と同車。

四月八日（火）
七時半広島着。十時裁判所、午後二時森戸君、宿に来訪、よる九時二十五分発上京。

四月九日（水）
十時着、会館に入る。森脇君来会、一時神戸労働争議の映画、*本会議。七時半丸山君宅にいく。

＊　大正一〇年の川崎・三菱労働争議の貴重な記録フィルムが発見され、それに基く映画が作成された。森脇（甚）君はその争議に労働者として加わる。戦後兵庫県会議員（社会党）。

四月一〇日（木）
会館に入り、十時半丸山君の裁判、ヒル帰館。三宅、松井両君と会う。本会議。三時麻生、平野、内田君来館、平久君も。妻銀河でたつ、こんやは寝台車で。

四月一一日（金）
会館に入る、畑、堀米両君来る。婦人公論社記者来。一時水野氏に三宅君と会う、二時小島君来館、本会議。銀河でたつ。

四月一二日（土）
民雄、妻と神戸駅で会う。民雄ツバメ、妻は桜で帰京。八時半中ノ瀬君と会う。十時小谷君と一緒に勤労会館に入る、記者会見。ヒル知事の招宴、松浦［清一］、松沢［兼人］と同席。午後中央委員会、夕食を沖天閣で国会議員一同でとる。よる演説会、九時五十分伊丹たち、帰京。

四月一三日（日）
七時羽田たち、札幌に向う。道連事務所に入る、ヒル演説。よる小樽。泊る。

四月一四日（月）
札幌に帰り、道庁の案内で市内見物。ヒルは宮森君の招宴、勝間田［清一］、正木［清］、横路［節雄］君とで北海道の珍味をうく。四時飛行機でたち、帰京。

四月一五日（火）
ツバメで、勝間田君と一緒に京都にいく。福地［知］山、綾部で演説。

四月一六日（水）
宮津に入る、浪江君の弟さんに会う。天の橋立をみる。午後演説、よる舞鶴で演説。

四月一七日（木）
五時舞鶴をたち、伊丹で十時の飛行機で帰京。議会に入る。よる八時で上の［野］たつ。

四月一八日（金）
九時半宮古市着、直ちに街頭演説。後候補者と車に同乗して市内を巡る。よる三ヶ所演説、四千人集る。泊る。

四月一九日（土） 朝五時たつ、よる七時二十分着。帰宅。

四月二〇日（日）
九時上野発、小山着。神田［大作］君と一緒に選挙区を巡る。よる九時上の着。帰宅。

四月二一日（月）
十時、堂森［芳夫］君、アジアフハンテーンの［空白］氏と天一に訪問し、直ちに老松にいき、河野、小島君と会見し、会館に入り、四時藤井［丙午］君の八幡製鉄に訪問。

四月二二日（火）
十二時、水野［茂夫］君を国策パルプに三宅君と訪問す。

四月二三日（水）
八時事務所に入り、美村、戸田君［元三原市長］と小野博士を訪問、広島いき承諾。最高裁を訪問、会館に入る。

四月二四日（木）
よる畑君来宅、明日の原稿の整理をなす。畑君泊る。

四月二五日（金）
午后五時、［岸内閣］不信任案の説明をなす、解散。* 浅沼君を通して藤井君の好意をうく。

四月二六日（土）
ヒル、水野君を三宅君と一緒に国策パルプに訪う。事務所により林君の好意をうく。帰宅。

四月二七日（日）
民雄八時五十分たつ、見送る。帰宅。夕刻伊集院一家来訪。午前中和田君来訪。

※四月二八日〜五月二四日記述なし。第二八回衆院選挙のためと思

＊　衆議院選挙（第二八回）昭和三三年四月二五日　解散。五月一日公示。五月二二日　投票日。

われる。

五月

五月一日（木）
選挙告示。メーデー。

日付なし（恐らく五月二五日）
朝から知人に礼廻り、よる銀河でたつ。大阪でスイ星に乗換える。

五月二六日（月）
東京着、帰宅。小島君出迎、一緒に家に帰る、午后本部で伊藤［英治］君に会い、事務所に入る。平安堂によって、陶々亭で松井［政吉］君の慰労会、浅沼、河の、伊藤君と会食す。

五月二七日（火）
妻、つばめでたつ、見送る。歯科者へいき、事務所で美村君と会い、ヒルすゞやで食事、二時半羽田たつ。ＯＫ［タクシー］の車で神戸沖天閣に入る。すゑみ会にでる。大野屋に泊る。

五月二八日（水）
大野屋［神戸の有名な旅館。戦前よりの支援者］に成田君来る。一緒に成田事務所に入る。尼ケ崎市長訪問、後ＯＫタクシーにいき、山口、東君に会い、二時半鶴［関西学院の教え子］君夫人の葬儀につらなり、大野屋に入り、よる十一時西海で広島に向う。

五月二九日（木）
五時着、戸田君出迎、新広島ホテルに入る。一時裁判所、弁論あり、小野君来る。後宮島口の一茶苑に入る、九時広島発で帰京に向う。

五月三〇日（金）
十時着、帰宅。一時代議士会、三時両院議員総会。

五月三一日（土）
平安堂に妻といく、お礼廻り。［空白］古川、藤井、大映社長永田、松山、訪問。参議員《ママ》会館で食事、事務所に入る。会館に入る。五時二十分、虎雄夫妻を東京駅に出迎う、後すゞやで畑君の慰労会、伊藤、堀米、民雄、山本同席。九時過ぎ虎雄［長女］夫妻来訪。

六月

六月一日（日）
七時二十分発で鎌倉の林君を妻と一緒に訪問。帰途は林君の車で送らる。銀座教会に入る。午后、伊原、新関、田中の諸氏を訪問、三時頃帰宅。

六月二日（月）
麻生君、よし田君来訪。本部により伊藤君をつれて、佐々木更三君を東京病院に見舞う。智子のところによって帰宅。よるほととぎすで、山下母子と井上夫人と妻と民雄と会食す。

六月三日（火）
会館に入る。大野屋主人に会う。事務所によって帰宅、妻と民雄、井上夫人に会う。三時東京生命にいく、大野やの件、帰宅、四時半川俣君来訪。

六月四日（水）
大山君等来訪、一緒に会館にいく。大山君等は中小企業庁へ。午後帰宅。四時会館に入り、松前君を若松に招く、浅沼、伊藤［英治］君同席。

六月五日（木）
十時半、会館に入る。正午若松で小島君の招き。後会館に入り、三時過ぎ帰宅、八時妻と神戸に向う。

六月六日（金）
新居に入り、中ノ瀬君来訪。一時関西学院にいき講演。成田事務所に入り、竹葉［亭］で中ノ瀬夫妻と青木君を招く。成田君に金策を頼む、承諾せらる。

六月七日（土）
成田君の車で尼崎市長訪問。市議［会］にいき、十二時中央市民病院に酒井［一雄］君を見舞う。二時ＯＫタクシーで記者と会見後、朝日でオーイルヤキの御馳走になり、関西学院同窓会にで、九時半の銀河で大阪をたつ。

六月八日（日）
八時つく、帰宅。よる天国で関屋夫妻、加藤京子さんと、妻、民雄、和子と会食した。

六月九日（月）
十時半、会館に入る。一時代議士会、三時退館。事務所によって帰宅。

六月一〇日（火）
九時半、議会に入る。八時十五分銀河でたつ筈の所、議会の様子が荒れて遂にたつこと能わず、妻が代人としていく。十時半散会す、帰宅。

六月一一日（水）
会館に入る。羽田飛行場に妻がついたら、直ちに電話をたのむ。十二時半頃妻より電話あり、成田君の好意をうく。夕刻より議会がはじまる、十二時近く散会。

六月一二日（木）
最高検に清原君を訪う。十一時神港新聞座談会、正午県の国会議員会、一時より本会議、六時首相指名終了。妻銀河でたつ。

六月一三日（金）
会館に入る。四時の飛行機で大阪に向う。七時半甲子園で阪神中日の野球をみて、十時の汽車で松江に向う。

六月一四日（土）
九時松江検事正を訪う、留守。三笠次席に会う。十二時たつ。大阪で東君に会う。出雲で東京に帰る。

六月一五日（日）
七時東京着、帰宅。伊集院、中江一族来る。午後に河田、木原、清水君宅を妻と訪問、陣中見舞の礼をのぶ。

六月一六日（月）
会館に入る。中崎君に会う。十一時帝国ホテルの知事の招をうけ、東生園で一高の一水会にでる。後再び帝国ホテルに入り、知事［阪本勝］を中心として［教員］勤務評定につき懇談。会館にもどる。桜井君を事務所につれていき、六時読売ホールの大空さんのリサイタルにでる。

六月一七日（火）
九時、関屋先生御夫妻来訪。十時会館に入る。開会式、一時［岸］首相の演説、三時鈴木［茂三郎］君の質問。八時十五分銀河でたつ。

六月一八日（水）
七時二十分、神戸駅着。八時宮崎助役を成田君と一緒に訪問。十時西宮市長訪問。十二時十分伊丹発、二時過ぎ羽田着。院内に入る。第一国立病院に奈良屋さん、和田［博雄］君を見舞う、小谷見当らず帰宅。

六月一九日（木）
起るとメマイがするので床にいる。堀米〔正道〕君取調をうけると聞く。四時半佐々木大蔵君〔神戸市職員 組合幹部〕来訪。同君泊る。

六月二〇日（金）
佐々木君六時五十分たつ。会館に入る。恩給局を訪問。松井君来館、ひる六実で食事、民雄、畑、堀米君を同伴。三時厚生大臣を三信物産の技師長と訪問、山下〔栄二〕君の室で尼崎市長と会う。事務所によりて帰宅。

六月二一日（土）
会館に入る。ヒル食を伊藤〔英治〕君と銀座でとり、会館にもどり、民雄と本郷の本や〔赤門前の洋書店、原書店のこと〕にいき帰宅。

六月二二日（日）
十時、自治労会館で開かれた全国書記長会議にでる。ヒル帰宅。よしさん、チマ〔佐藤芳子。かってお手伝いとしてきた人。チマさんはその姉〕さんをつれて来る、誕生祝とチマさんの全快祝の食事をとり、再び会議にでる。六時閉会、堀米君をつれて帰宅。

六月二三日（月）
十時半、竹村君をつれて山際日銀総裁と会う。会館に入る。四時小島君を訪問。五時錦水で実業界の巨頭と会う。

六月二四日（火）
国立病院に奈良さん〔奈良屋主人か〕を妻と訪問。会館に入る。午後本会議、後再び病院に奈良さんを尋ね、明日の奈良屋の集会の打合せをする。帰宅、成田君より電話あり。

六月二五日（水）
ヒル藴《うん》帝に水野〔茂夫〕君の招をうく、三宅、松井両君も同席、三時東京駅発で奈良屋にいく、落選者の慰労会。

六月二六日（木）
九時二十分、小田原発。丸山君の公判に立ち会い、午後会館に入る。本会議なし。五時ハンヤ苑〔般若苑のこと〕にて党の落選者の慰労会にでて帰宅。

六月二七日（金）
事務所にいく。本会議、六時羽田発、伊丹に成田君出迎。伊丹福田屋で食事、伊丹より大社いきのる。中崎、曽禰両君同車。

六月二八日（土）
八時松江につく、機関車労組大会に祝辞をのべ、出雲市にいき、大田市につき、よる大社藤原旅館に泊る。

六月二九日（日）

木次、宍道にいき、三時過ぎ玉造［温泉］長楽園に入る。八時の汽車でたつ。

六月三〇日（月）

七時伊丹着、八時半尼崎市長訪問。神戸の三信本社にいき、十一時四十分発でたつ。一時羽田に着、事務所に入る。会館に入る、高槻市長来館、よる蚊龍会にでる。

七月

七月一日（火）

会館に入る、一時本会議。会館で子安君に会う。帰宅。

七月二日（水）

正午、片山君出版記念会、安部磯雄先生の伝記。三時より基督教の会。夕刻帰宅。

七月三日（木）

八時中西君来訪、中西労働省次官を訪う。九時十分上の発、前橋にいく。石井［繁丸］君応援、泊る。

七月四日（金）

ヒル洲崎さん［前橋市内で文具店営む。戦時中より交友つづく］訪問。一時十分発、上野着。直ちに国会につく。五時三十分米国大使館の独立記念レセプションに妻とでる、帰宅。

七月五日（土）

奈良屋さんを訪問。神田の古本やによって丸善にいき、ヒル食を民雄ととる。会館に入る。長野の林［虎雄］君に電話する、中崎君と打合せをする、島口［重次郎］君、辻君に金を渡す。一先帰宅、八時銀河でたつ。

七月六日（日）

七時二十分神戸着。成田君の事務所にいき、十時より県連大会にでる。東天紅にて井村君に会い、成田君の事務所にいき、竹葉で食事をなし、渡辺君を芦屋に訪問、留守。十時大阪発で帰京。土肥君出迎え、見送まで一緒。

七月七日（月）

東京着、会館に入る。後帰宅、ヒル会館に入る、浅沼、川俣君来る。林知事来る、五時ハンニャ苑で新旧当選者を招き、宴を張る。七時帰宅。

七月八日（火）
十時半、事務所に入る。谷尾君と国税庁長官を訪問、留守。会館に入る。夕刻本会議、閉会後陶々亭に右派の代議士の会にでる。

七月九日（水）
九時十分上の［野］発、前橋に向う。よる富久屋に泊る。

七月一〇日（木）
八時半より、市内巡る。五時二十分高崎発で帰る。高崎で洲崎さんによる。妻を東京駅にみおくる。

七月一一日（金）
十時、会館に入る。八王寺［子］検事局を訪う。曽祢君を会館に訪う。夕刻帰宅。よる十一時中崎君を羽田に送る。

七月一二日（土）
十時、事務所により会館に入る。大空君来館。事務所に美村君を訪う。四時小林弁護士来館。子安君来る、帰宅。石井君が勝った電話が大和君よりあった。

七月一三日（日）
妻帰宅、十時羽田に妻と民雄とで森脇君見送にいく。一先ず帰宅。美村、吉田、伊藤の諸君来訪、二時鵜飼牧師母堂の葬儀にでる。四時半関屋氏来館。五時半ホトトギスにてステーブンソン氏*を招く、曽祢、山口［房雄］、渡辺［朗］、妻、民雄。

七月一四日（月）
伊藤さんのために、税務署長を谷尾君と訪問。その間に税理士を訪問、署長留守。会館に入る。夕刻帰宅。

七月一五日（火）
税務署長を訪問。戸田君有罪の言渡。午後八王子検事［局］を訪問。帰宅、つくしでたつ。

＊　一九五二、五六年に民主党大統領候補になった Adlai Stevenson のことか。一九五七年社会党訪米団として、同氏をシカゴに訪ね会議している。

七月一六日（水）
神戸で乗換て加古川に向う、市長選挙応援。二時たち、神戸駅で成田君も同車し、大阪に向う。大阪より竹中、阪本、〔空白〕の案内で宝塚荘にいく。十時半月光で三信の社員と名古屋に向う。

七月一七日（木）
三時、中京ホテルに入る。十時半小林市長訪問。十一時過ツバメで帰京、丸山君邸にいく。

七月一八日（金）
奈良さんに退院のお祝に病院に妻といく。会館に入る、夕刻帰宅。よる大空ヒットさんと山下君来訪。

七月一九日（土）
九時十分上の発、伊藤君同伴。午後赤倉観光ホテルに入る、涼しい。夕刻林〔虎雄〕君来る。林君の進退につき語る、泊る。

七月二〇日（日）
午后二時田口駅発、八時上の着。民雄出迎う、帰宅。

七月二一日（月）
妻、民雄、和子と関屋先生を訪問。会館に入り、後若松で朝海大使を招く、曽祢、守島〔森島守人〕、妻同席。会館に入る。浅のスレートの人々〔同社労組の幹部。スレートによる健康被害問題が起り、しばしば来訪〕、佐々木、青木、その他の人々来訪、四時調布市長選挙応援にいく。八時半頃帰宅。

七月二二日（火）
木村巳之吉君〔関西学院の教え子〕来訪。六時発飛行機を天候の関係でやめてハトでたつ、八時大阪着。与太郎で食事をなし、十時の汽車に乗る。田中幾〔三郎〕代議士同車。

七月二三日（水）
八時松江着。田中君と検事正、次席検事を訪問。十一時の列車で大田市で下車し中崎君の令弟の家に入り、被告人等と会見。八時過ぎ浜田着。白扇に止まる。

七月二四日（木）
公判に立会う。四時の列車でたつ。出雲市で乗換えて大阪に向う。

七月二五日（金）
七時伊丹着。成田君等出迎え、食事をなし、大阪にて本多技官に会い、十一時妻と大阪駅で会い、車で京都にいき、市長、大工原家を訪問。夕刻神戸に帰り、よる永江宅を訪問し、片山町の家に泊る。

七月二六日（土）

九時の列車で大津市長訪問。一時大阪駅で妻と会い、中島博士を訪問し、ＯＫタクシーを訪問。五時より沖天閣で中ノ瀬一家を招く。よる妻は銀河で、僕は彗星で帰る。

七月二七日（日）

午后三時、長谷川、菊間両君来訪。中崎夫人来。戸田君来。

七月二八日（月）

十時裁判所にいく。三時半会館に入り帰宅。六時朝日新館のアラスカの丈門会に妻と一緒に出席。八時半帰宅。美村、戸田両君来。

七月二九日（火）

山本君に餞別をよす。阿久津君来。谷尾君と大蔵省にいく。事務所に入る。後会館に帰る。堀米、藤牧君来。第三会館で堤君に会う。一たん帰宅。六時若松にいく。小島、丸山君と会食。

七月三〇日（水）

九時半、第一ホテルにロスの佐々木牧師一行を迎えにいき、一緒に会館に入り院内見学。一時陶々亭に京子さんとその母上、関屋御夫妻を招く。民雄、和子、妻と一緒。全員うちつれて宅に来る。

七月三一日（木）

武藤運十郎君来訪。十一時半会館に入る。工藤君に会う。五時安西、堺、堀米君をつれて新宿のすしやにいく。妻、民雄、義郎［夫］、智子、和子、活子、立、弓子と京子さんとその母上と天国で会食。

八月

八月一日（金）

事務所に十時にいく。内ケ崎建次郎の夫人が急死の報に接す。会館に入り事務所にいき、美村君をつれて帰宅。午後美村君と妻と一緒に内ケ崎夫人の家にいく。会館に入る。よる十一時上野発、門司君同行。堀米君随行。

八月二日（土）

六時、仙台着。青木旅館に入る。市長、知事夫妻の来訪をうけ、九時過ぎ出発。宮城県北部の遊説。よる古川市に泊る。日野、竹谷両君同行。

八月三日（日）
九時半、古川出発、竹谷君宅に入る。十二時発竹谷君と南部地方にいく。よる仙台で座談会。来客者尠し。泊る。

八月四日（月）
「松島」で発。郡山乗換、須賀川にいく。一時より座談会、よる演説会。鈴木義男君同行。泊る。

八月五日（火）
八時過ぎ発、会津若松につき、座談会を市役所内で開く。四時発、会津城下にいく、街頭演説。よる会津高田で演説会、盛会。泊る。

八月六日（水）
八時半発。郡山で松島にのる。三時四十分上野着。帰宅。山内夫妻、菊野君来訪。

八月七日（木）
成田君の社員二名来訪。麻生君来。成田君の社員と一緒に都庁の清掃局長を訪問、その幹部と懇談し、会館に入る。正午白亜軒で麻生久伝のことにつき会合。会館に入り、四時半厚生省歯科参事官を訪問、帰宅。

八月八日（金）
よる山木の送別会を「すずや」でひらく。妻、民雄、堀米君同席。

八月九日（土）
妻と青山墓地に墓参にいく。よる銀河でたつ。

八月一〇日（日）
成田君と宮崎助役を自宅に訪問。自動車で比叡山にいく。宿院に泊る。

八月一一日（月）
卜部と一緒に山を降り、大阪市役所にいく、市長不在。ヒル東天紅で関西学院午餐会。よる沖天閣で宕麓会、そのうちに酒井君、大山君を病院に見舞う。片山町に泊る。妻はけさ帰神。よるたつ。

八月一二日（火）
七時四十分、西淀川区役所で大阪市長と会見。北川牧師のこと、三信のこと。堺市長を訪問。帰神。午後菊池未亡人を訪問。よる雲仙でたつ。

八月一三日（水）

折尾で下車。畑君出迎。三日間随員として同行。飯塚にいく。午后候補者の車にのる。よるに及ぶ。泊る。

八月一四日（木）

各炭鉱地帯に候補者と一緒にいく。よる二ヶ所で演説。直方に泊る。松岡［駒吉］君の逝去をラジオで知る。祈る。

八月一五日（金）

午前中に田川市に入る。市長と面会。午後候補者の車にのる。よる二ヶ所で演説。よる十二時市役所より、市長の車で博多に入る。

八月一六日（土）

八時十分板つき発、伊丹着。原口市長訪問。三時発東京に帰る。帰宅。

八月一七日（日）

松岡君宅に弔訪。宇佐婦人、糸川夫人来。関屋御夫妻来。

八月一八日（月）

小野歯者にいく。九時五十分上の発。前橋市長訪問。洲崎さんに立ち寄りて帰る。

八月一九日（火）　終日引籠る。

八月二〇日（水）

横前君来訪。十一時会館に入る。平の君来。瀬尾君来。事務所にいく。帰宅。

八月二一日（木）

民雄、名古屋で京子さんに会［い］にいき、神戸につく。見送る。会館に入る。澄田牧師来。田中代議士を第二会館に訪う。武田君来宅の報に接し、直ちに帰宅。

八月二二日（金）

丸善、大学前の本屋、教文館にいき、会館に入る。午後帰宅。中崎君の選挙違反の記録読む。

八月二三日（土）　（記述なし）

八月二四日（日）
澄田牧師来。中崎君帰郷午後にのびたため、午後に澄田牧師来。一緒に四時羽田にいく。澄田君を川崎君に紹介す。後堀米、荒瀬君をつれてすゞやで食事。

八月二五日（月）
十一時、高千穂でたつ。田中代議士と一緒。熱海で瀬尾君より小柳君当選の報に接す。大阪駅で成田、土肥君の出迎をうく。十時島根に向う。

八月二六日（火）
車中、島根県知事に会う。栗栖君と松江駅で会う。十二時過ぎ浜田着。白扇旅館に入る。被告人と会う。栗栖君宿に来る。

八月二七日（水）
十時、浜田裁判所にいく。松岡君の党葬に弔電を送る。四時発。

八月二八日（木）
七時半、三宮駅阪急につく。成田君出迎、三信本社に入る。後成田君をつれ、ＯＫタクシーを訪問。十一時半大津に向う。大津より信楽につく。街頭で町長選挙応援。十一時京都駅をたつ。

八月二九日（金）
九時着、帰宅。十一時会館に入る。スレートの組合員に会う。二時岸氏を訪問。日銀に井上氏を訪問。伊原君を東銀本社に訪う。四時半船山氏を訪問。大蔵省に奥村氏を訪問したるも留守。帰宅。よる中西君来訪。

八月三〇日（土）
妻と本島女史を訪問。神戸市長を訪ねたるも留守。直ちに鎌倉に向う。市長選挙応援。五時たち、帰宅。

八月三一日（日）
中西君来。神戸市長訪問、留守。前田多門君を訪ね、中西君を紹介し、義夫を尋ねて帰宅。

九月

九月一日（月）
神戸市長を訪問。会館に入り、後、郵政省にいき、大臣、次官、局長に会見し、有馬老人ホームのことにつき陳情する。天国で食事をなし、帰館。伊藤君夫妻。事務所によって帰宅。

九月二日（火）
十時発、鎌倉市長応援にいき、五時帰京。事務所により、帰宅。よる畑君来。

九月三日（水）
十時、青山学院礼拝堂をみて、食堂の主任の方と打合をする。後会館に入る。一時事務所にいき、三時に美村君と林君を南邦に訪う。帰宅。

九月四日（木）
三信物産の人来訪。一緒に厚生省に三浦技官を訪問。会館に入る。午後朝日に谷口君を尋ね、花さんの子供の就職の依頼をなす。後民雄と〝すずや〟で食事をして帰宅。妻、銀河でたつ。

九月五日（金）
神戸議員寮に、中ノ瀬、堺君を訪い、ヒル頃運輸省にいき、会館に入る。五時半陶々亭に、浅沼、伊藤、河の、加藤、三宅、中崎、松井と懇談し、八時羽田に向い、有岡助役と渡米を見送る。

九月六日（土）
十一時、多磨墓地にいく。麻生君の年忌につらなる。帰宅。

九月七日（日）　礼拝にでる。帰宅。よる妻神戸より帰宅。

九月八日（月）
第一ホテルに成田君と訪問。事務所により会館に入る。一時より顧問会議、四時秋田の奥田君来。よる畑君と民雄と三人で〝すずや〟で食事をなし、帰宅。

九月九日（火）
会館に入る。ヒルに管井弁護士と奥田君来館。明晩大館にいくことにする。成田君来館。夕刻帰宅。

九月一〇日（水）
会館に入る。妻、民雄、京子さんと銀座でヒル食をなし、丸善にいき、会館に帰る。三時過ぎ帰宅。京子さんかえる。上京中の清水君と電話で打合をなし、よる九時半上のたつ。

九月一一日（木）
秋田駅より奥田君乗込み、一緒に大館簡易裁判所にいく。つがるで去る。

九月一二日（金）　六時半帰宅。会館に入る。夕刻帰宅。

九月一三日（土）
浅沼君に会い、民雄の結婚のことを伝う。スレイトの人々来。通産省次官、大蔵次官等を訪問。帰宅。

九月一四日（日）
朝、紀ノ国やにいく。正午東急会館ゴールデンホールの千代おばちゃんの三回忌につらなる。三時長谷川、菊野君来。

九月一五日（月）　会館に入る。ヒル過ぎ帰宅。

九月一六日（火）
九時に蠟山君宅を訪問、留守。事務所により、会館に入りて食事を朝日楼上のアラスカで、伊藤君と民雄と三人でとる。後帰宅。銀河でたつ。

九月一七日（水）
神戸駅着。食堂で朝食をなし、酒井夫人、道雄君と酒井君を病院に尋ね、後柴田家に向う。香代子さんと酒井家で求婚の申出をなし、その承諾を得。酒井家によってその報告をなし、三信に入る。清水、山田両君に会う。後成田、辻氏とOKタクシーを訪問。雨降る。シネマをみて、瀬戸でたつ。

九月一八日（木）
台風のため列車五時間おくれ、ヒル過ぎ着京。帰宅、外出せず。

九月一九日（金）
会館に入る。久保田の組合の人と山下君来る。市会議［員］吉本［泰男］君等来る。小島、丸山君来る。四時半帰宅。

九月二〇日（土）
会館に入り、吉本君をつれて郵政大臣に会う。義夫をつれて六実で食事をなし、事務所によって帰宅。

九月二一日（日）
八時半美村君宅にいき、浦安にいく。美村君家族の人と事務所の人々。六時半帰宅。

九月二二日（月）
九時半、麻生伝刊行会の打合せ会を会館の室で開く。浅沼、河野、平の、麻生の諸君集る。子安君来館。下田君を文藝春秋社に送って帰宅。

九月二三日（火）
鎌倉の林君を訪問。逗子の藤牧君の新宅を訪問し、夕刻林先生の宅を訪問し帰宅。

九月二四日（水）（記述なし）

九月二五日（木）

七時十分羽田発、札幌に向う。午後局長委員長会議。後レセプション。夜江別で演説会。函館に向う。

九月二六日（金）

函館着。湯川に入る。函館市長と会見。新聞記者と会見後、国《マ》庁《マ》支局を訪問。戸井の十字横で演説。よる函館で演説。湯川に泊る。

九月二七日（土）

福島町長に面会。その楼上で話をなし、よる木古内で演説。十二時近くの連絡船に乗る。

九月二八日（日）

青森発、秋田、横手を経て、東北本線でよる十二時近く上野着。

九月二九日（月）

十時、国会に入る。午後本会議。三時帰宅。

九月三〇日（火）

開会式。一時より本会議。三時より浅沼君の質問演説。夕刻帰宅。

一〇月

一〇月一日（水）

午後、本会議。六時柳光亭で議長の招宴。八時半帰宅。関屋御夫婦、伊集院夫妻、谷尾さんと集って結婚式の順序につき相談す。

一〇月二日（木）

会館に行く。本会議なし、夕刻帰宅。

一〇月三日（金）

午後、本会議。清水市議と会見。五時半、田原君帰朝歓迎会にでて帰宅。妻、銀河でたつ。

一〇月四日（土）

十時、美村君と最高裁を訪問。後事務所に入り、十一時半小島君をその事務所に訪う。会館に入り、二時半帰宅。よる九時三宅君を上野に送る。それは鶴巻一郎君より預りものを返すことを頼む。

一〇月五日（日）
妻、帰宅。夕刻活子の誕生日の祝と民雄独身生活の最後の日曜日と思うて、中江一家、虎雄夫妻と一緒に赤飯をとる。

一〇月六日（月）
十時、会館で三信の辻さん等に会う。後、京子さんの荷物到着の報に接し、一度帰宅。十一時半若松で小島、丸山両君と会食。丸善にいき、新陳の注文をなし、会館に帰る。松井、伊藤君に会い、帰宅。

一〇月七日（火）
十時半、会館で三信の人々に会い、厚生省を訪問。帰館。午後本会議。朝小島君、山崎君、高橋君、民雄の祝に来る。夕刻帰宅。

一〇月八日（水）
会館に入る。山下君の室で伊瀬君の知事立候補のことにつき相談。十二時文春倶楽部で田中君の歓迎会。会館にもどり、平市議と面会後、帰宅。よる藤原、石井夫妻来訪。

一〇月九日（木）
十時、最高裁に美村君と一緒に。下飯坂、高木、齋藤判事を訪い、後美村君と高尾君を訪問。後会館に入る。きょうより齋藤啓子さん秘書補助として来る。

一〇月一〇日（金）
会館で杉下貞男君に会い、十一時山下君の室で久保田会社の人々と会う。五時常磐家にいく。院内による。よる十一時半過ぎまでいた。

一〇月一一日（土）
十時、院内に入る。星島［二郎］議長と会見。午後二時半帰宅。民雄と共同生活の最後の夜である。三人で聖書をよみ、祈をした。而して感謝と新生活の幸福を願うた。民雄は感謝を記して私共に五万円を渡された。深い感謝である。民雄！　よい幸福の世界をつくれ。

一〇月一二日（日）
民雄の結婚日。三時家を出で、青山学院礼拝堂にいく。厳に結婚の儀を行う。六時食堂で披露宴あり。民雄は京子と新婚旅行にたつ。

一〇月一三日（月）

七時四十分妻と出で、智子宅によって、第一ホテルにいく。京子の両親と一緒に関屋先生にお礼にいく筈なりしが、時間の都合で私は会館に入る。十時半まで院内にいる。妻、仙台にいく。

一〇月一四日（火）

八時、院内に入る。よる十二時帰宅。十時より裁判所にいく。隅田牧師来。

一〇月一五日（水）

九時、院内に入る。網代の福間、長谷川夫人来訪。鈴木一君と秋田県の県厚生部長と、石井君のことにつき懇談す。よる六時半帰宅。民雄夫妻新婚旅行より帰る。妻も仙台より帰る。

一〇月一六日（木）

朝、原口市長宅訪問、留守。一先帰宅。妻、民雄、京子と一緒に家を出で、私は会館に入る。よる帰宅。

一〇月一七日（金）

原口市長と九時東京駅で会う。帰宅。よる近く会館に入る。正午帝国ホテル Bishop Raines とひる食と懇談。二時半院内、本会議。十一時半帰宅。

一〇月一八日（土）

十時中央委員会に出席。ひる三好で三宅、辻君と会見し帰宅。五時妻と帝国ホテルに村山朝［日］社長の令嬢の結構披露レセプションに出る。後、陶々亭で我等の会合に出る。

一〇月一九日（日）

十時、教会にいく。礼拝後、午餐会で話をなし、中央委員会にでる。後、新橋亭で県の中央委員と国会議員との会食。

一〇月二〇日（月）

十時、会館に入る。広瀬君の両親来館。事務所により美村君に会い、金円をうく。帰宅。五時半、麻生久伝の刊行記念会。

一〇月二一日（火）

十一時、会館に入る。一時本会議、五分で閉会。兵庫県知事のことで、神戸新聞記者と山下君と語る。帰宅。よる羽田に広瀬君の父上を送る。安藤君も同伴。

一〇月二二日（水）

栃木県行き中止。会館に入る。松沢、松浦、山下君と懇談。

一〇月二三日（木）
ヒル、阪本君と国会議員と懇談。本会議。戸田君と美村君とで鍛冶君を訪問。帰宅。歯痛みのため早く床につく。

一〇月二四日（金）
十時半、会館で河の君、赤堀、伊藤君等で三輪君三周忌の相談。一時半、千葉の八千代台につく。知事選挙応援。よる二ヶ所街頭演説。

一〇月二五日（土）　よる松戸にいく。二ヶ所演説会。

一〇月二六日（日）　終日引籠る。

一〇月二七日（月）
五時、第三議員会館で、新聞の論説委員の方々と党との懇談会に出る。後堀切小学校と浅沼君の隣の小学校で演説。

一〇月二八日（火）
八時半、迎賓館でErhard副首相と会見。十一時半、独逸大使館のErhard氏のレセプションにで、会館に帰り、本会議。よる畑、堀米君来訪。

一〇月二九日（水）
十時、院内予算委員会にでる。午後質問をなす。よる民雄、畑、堀米君と六実で食事。銀河で妻神戸にいく。

一〇月三〇日（木）
十時、院内代議士会。十一時神港［新聞］共同座談会を中座して事務所に入り、天国で齋藤、太田さんと食事をなし、上野一時半発で新潟見附につく。よる三ヶ所で演説。見附の小学校に二千人以上の人が集る。恂に盛会。

一〇月三一日（金）
九時より、三宅君と候補者と三人で車に乗り、私自らマイクを握って走り廻る。一時半列車、帰京。

一一月

一一月一日
九時二十分、立教高校につく。文化祭の講演。直ちに院内に入る。午後本会議。

一一月二日（日）

朝「めまい」をするので床に入る。よる妻帰宅。伊集院夫婦、中江夫婦と活子、民雄の宅に招かる。

一一月三日（月）
「メマイ」去らぬ。原田先生の来診をうく。終日、床につく。

一一月四日（火）　終日引籠る。会期延長を無理に行う。

一一月五日（水）
十時、院内に入る。ヒル帰宅。神戸支部より電話あり。阪本知事選挙対策につき、知事に確認を求めてくれとのこと。山下君と打合せ、山下君より聞くことにした。

一一月六日（木）
十時院内。ヒル三日月会。四時会館を去る。九時山下君を宿舎に尋ね、同君と一緒に阪本知事その宿舎に訪問。

一一月七日（金）
九時半、代議士会。十時より朝日の座談会、東京会館で行わる。午後会館。よる十時帰宅。

一一月八日（土）
本部で九時半より代議［士］会。後、本郷原書店にいき帰宅。毎日新聞記者来訪。

一一月九日（日）
九時半、本部代議［士］会、帰宅。午餐後松戸八柱霊園の吉川兼光君の家墓の建立の式につらなり、四時帰宅。

一一月一〇日（月）
会館に入る。中ノ瀬君来。夕刻築地の治作で山下、松沢、中ノ瀬と食事をとる。

一一月一一日（火）
十時、本部で顧問会議。会館に入る。午後神戸より電話あり。六時陶々亭で右派の党員を招く。よる阪本に電話——留守。

一一月一二日（水）
大田区民会館で臨時大会。大会終了。九段宿舎で県連の人々と会食。

一一月一三日（木）
会館に入る。正午代議士会、終了。県の代議士が集り、県下の警職法反対の運動につき協議。更に三輪君の明日の催につき、赤堀、石原、伊藤と相談し、夕刻帰宅。

一一月一四日（金）
十時発、多摩墓地にいく。三輪君の三年忌。帰途、堀米君来宅。

一一月一五日（土）
西谷さん来訪。私に息子の仲人となってほしいとのこと。会館に入る。民雄、京子、中村教授と一緒に般若苑にいく。党のレセプション。四時帰宅。よる民雄の結婚の祝に党の書記の人々を招く。よる十時たつ。明日の警職法反対のパレード中止の電話をうくけれどもたつ。

一一月一六日（日）
大阪着。三信の人と山下君出迎う。車で神戸に入る。県連松浦君に会う。十一時、勤労会館で記者会見。よる冲天閣で松沢、松浦、森脇、中ノ瀬、五島、小谷君等と食事をとり、後相撲のテレビをみて、六時成田君と会食して、銀河でたつ。

一一月一七日（月）
帰宅。九時半裁判所にいく。西尾君無罪。四時まで裁判所にいる。帰宅。よる日経の竹内君来訪。

一一月一八日（火）
十時半西谷、桜井両家の人々来訪。会館に入る。夕刻帰宅。

一一月一九日（水）
一時宇都宮君の公判。後塚本弁護士と一緒に花井検事総長、岸本検事長を訪問。西尾君の上告をやめてほしいと申込。よる中野で演説たつ。堀米君同伴。

一一月二〇日（木）
朝、大阪着。食事をなし、出雲に乗る。八時浜田着。白扇に入る。

一一月二一日（金）
十時半、裁判所。五時たつ。玉造長楽園別館に入る。堀米君と一緒。

一一月二二日（土）
午前十時半、松江検察庁にいき、次席と検事正に会う。小泉八雲の旧邸をみる。よる泊る。

一一月二三日（日）
七時たち、鳥取にいく。街頭演説。岩井その他でやり、よる若桜にいく。一ノ湯に泊る。

一一月二四日（月）

十時まで街頭。米子にいく。境［港］市にて街頭。よる米子で演説。皆生温泉に泊る。

一一月二五日（火）

白兎で京都着。車で滋賀に入る。よる二ヶ所演説。京都より月光でたつ。

一一月二六日（水）

老人ホームのことで市会議員と郵政省大臣、次官、局長訪問。

一一月二七日（木）

十時、会館に入る。二時帰宅。よる皇太子の婚約発表。

一一月二八日（金）

十時、大蔵次官を市議田中君と訪問。一時帝国ホテルの産経水野社長新任披露宴につらなり、会館に入り、五時東京レストランの北条君の事件打合。義夫を訪問。九時銀河でたち、市長と会見。

一一月二九日（土）

山下君。八王寺［子］裁判所にいき、正午よりの西村彰一君の葬儀につらなり、後左近氏邸を訪問、妻と。よる堀米君来訪。

一一月三〇日（日）

二時、藤原栄美さんの結婚式につらなる。九時上野発、堀米君同行。石川県に向う。

一二月

一二月一日（月）

小松島［小松の誤記］につく。ヒルまで休息。午後小松に街頭演説。よる五時半大聖寺にて終る。北陸で帰京。

一二月二日（火）

十時、大西君の公判にでる。午後弁論。銀河で東京をたつ。尼ケ崎に向う。

一二月三日（水）

大津駅で矢尾君の乗車を求めたので来られた。副知事［に］依頼した。昨日向井君より頼れたもの。尼崎にいく。高岩［進］

君、市長選挙応援。九時半より五時半に及ぶ。よる四ヶ所演説。片山町の宅に帰る。

一二月四日（木）
九時、三宮駅。浅沼君迎う。市役所に入る。鈴木君、浅沼君等と会食。午后三信物産。四時成田君とあしやの仕事をみる。よる尼ケ崎で演説。大阪より銀河でたつ。

一二月五日（金）
会館に入る。藤牧、堀米君来。共同の福田君に矢尾君への依願の返事をなす。明日の講演のため Asahi evening news 社、英文毎日社を訪問。

一二月六日（土）
一時、森三樹二君の葬儀。二時半畑君の結婚式。よる六時 Union Church で警職法改正の講演。

一二月七日（日）
終日引籠る。岡本文之助夫妻とすゑさん達、横前夫人と娘さん来訪。

一二月八日（月）
三時東京会館で下村海南先生の一周忌追悼会があり、五時より自宅で丈門会。

一二月九日（火）
さかきに大朝の竹中君を妻と訪問。後、朝日に谷口君を訪問。院内に入る。六時丸山君宅にいく。

一二月一〇日（水）
一時、三輪会の準備会。四時より西尾君祝賀会。

一二月月一一日（木）
森脇、中川両君上京。一緒に大蔵省にいく。

一二月一二日（金）
五時、プリンスホテルで六大港湾市の招待。妻、銀河でたつ。

一二月一三日（土）
神戸議員寮にいく、市議の諸君と自治庁を訪問。丸山君の公判にでる。ヒル食を丸山君と弁護士等でとり、院内に入る。議長、副議長選挙あり。七時散会。九時銀河でたつ。

一二月一四日（日）

神戸着。三信の人々と酒井夫人、土肥、妻の出迎をうけ、朝食を食堂でとり、酒井夫人と打合の後、片山町の自宅に入る。二時酒井道雄君の結婚式。六時冲天閣で成田君に会い、十時京都発。

一二月一五日（月）　浜田着。十時裁判所にいく。白扇に泊る。

一二月一六日（火）　十時半、裁判所にいく。五時浜田発。

一二月一七日（水）
土肥君、大阪駅に出迎う。片山町の宅に入る。十時三信に入る。五時冲天閣で宴を催す。よる片山町に泊る。

一二月一八日（木）
九時、阪本君をその公邸に訪う。一時三信に入る。四時大阪発こだまに乗る。十時五十分、東京着。齋藤嬢泊る。

一二月一九日（金）
三時、水野邸で、水野、小林、三宅、浅沼君と会見。

一二月二〇日（土）
十時半、八王子裁判所にいき、一時会館に入る。三時鍛治君を訪う。再び会館に入る。

一二月二一日（月）
民雄と銀座教会の礼拝にでる。帰宅。三時由美子の受洗の祝いの会。

一二月二二日（火）
会館で三信の香川君に会い、一緒に厚生省にいき、事務所により、義夫をつれて六実で食事をなし、会館に帰る。四時松本［重治］氏を国際会館に訪う。帰宅。

一二月二三日（水）
午後一時、会館に入る。本会議。五時半蚊龍会にでる。

一二月二四日（木）
三時、箱根にいく。事務所の全員と堀米、瀬尾、高橋君と義夫。よる武井と伊藤君来。

一二月二五日（金）
ヒル帰京。事務所に入る。会館に入る。五時半松前君と伊藤君と三人で懇談。

一二月二六日（土）

会館に入る。ヒル船木君と齋藤さんをつれて六実で食事。大工原磐君来訪。よる河上家のクリスマス。

一二月二七日（日）

車で美村君、北原、名倉医院、小野歯科、智子を歴訪し、会館に入る。五時東京レストランで三輪寿壮会の世話人会。

一二月二八日（月）　朝、吉川君来訪。瀬尾夫妻来。

一二月二九日（火）

朝、丸善と小野歯科。事務所に入る。四時帰宅。

一二月三〇日（水）

麻生、和田君来訪。午後青山墓参。丸善、原書房に民雄といく。夕刻帰宅。

一二月三一日（木）

一九五八年が終わった。きょう一日引籠っていた。来客もなし。

◇一九六〇（昭和三五）年◇

一月

一月一日（金） 祈る。

鎌倉の林君に年賀にいく。午後義夫、智子を訪う。帰宅。堀米君、木村、北口夫妻［親戚］、丸山夫妻、青山夫妻来訪［いずれも弁護士事務所の依頼主］。留守に松前［重義］君来る。

一月二日（土） 祈る。

午後三宅［正一］君、八巻夫妻、谷尾夫妻、美村夫妻、山県君、佐々木さん、小倉父子［党本部書記局出身都議か］、波多江夫妻、伊集院正年夫妻と子供、年賀。四時、書記局の人々、十四人来。夕食をともにする。

一月三日（日） 祈る。

正午、浅沼、三宅、河野の諸君と会見。プリンスホテルで食事を共にする。帰宅。夕刻、本島［百合子］女史来訪。

一月四日（月） 祈る。

十時、事務所に入る。三時までいる。帰宅。豊田君来訪。留守に木村［大森］君来訪。

一月五日（火） 祈る。

八時半、秋定君を妻と訪問。事務所に入る。本部によって酒をおくる。平安堂によって、本郷の治療所にいき、原書店によって本部に至る。後事務所にいく。帰途伊集院を訪問。よる秋定君来訪。

一月六日（水） 祈る。

正午頃、電話が美村君よりあり、松阪［広政。元司法大臣］氏死去の報に接す。林、美村両君と一緒に弔訪問する。終日年賀状をかく。

一月七日（木） 祈る。

三時、事務所に入る。五時晩翠軒に和田耕作君をかこんで藤牧、伊藤、堀米、石原［萠記］、民雄と食事をともにして語る。

一月八日（金） 祈る。

十一時、会館にて東京評論で写真を撮らる。事務所に入る。美村君初め事務所の人は奈良屋にいく。六時晩翠軒で秋定、岩井［章か］、［空白］の三君と河野君とで懇談し、八時四十五分の汽車で奈良屋にいき泊る。

一月九日（土） 祈る。
九時十分前、美村君と二人で奈良屋をたつ。正午、松阪氏の葬儀に列す。事務所に帰り、三時半文部省に大臣と政務次官を訪う。副知事、事務局長と一緒に本部に入る。伊藤〔英治〕君と懇談し、伊藤君を連れて帰宅。十一時まで語る。

一月一〇日（日） 祈る。
九時半、鈴木君来訪。六時すゞやで加藤〔シズエ〕夫人、戸叶〔武・里子〕夫妻と妻と五人で懇談し、小谷君を龍名館に訪う。

一月一一日（月） 祈る。
十時、会館に入る。大貫、神田両君に会う。正午、林君事務〔所〕で美村君と一緒に懇談し、三時会館で木下〔哲〕氏等と会い、後、氷川荘で河上派会合。伊藤君と一緒に帰宅。九時前田夫人。十時秋定君来訪。

一月一二日（火） 祈る。
七時、第一こだまでたつ。同行者浅沼、河の、三宅、加藤シズエさん達。午後、伊勢市につき、京子の里〔吸霞園〕に入る。懇談会あり。よる、松阪と伊勢市で講演会。

＊　民社党は一月二四日結党大会。一月一二日（火）、「河上氏は伊勢市の旅館で記者会見を行い……」（『資料社会党河上派の軌跡』三四七頁とあり、懇談会は記者懇談会。

一月一三日（水） 祈る。
正午に津市に入る。懇談会。よる〔空白〕と上野で演説会。

一月一四日（木） 祈る。
上野市内見〔物〕。大津にいく。よる三ヶ所で演説会。三日月楼に泊る。

一月一五日（金） 祈る。
ひる二ヶ所。よる三ヶ所演説会。大津で泊る。

一月一六日（土） 祈る。
八時二十分、出雲にのる。松尾君と一緒に京都下車。京都ホテルで朝食。市役所訪問。十二時大阪に達し東〔久太郎〕君と会い、関西学院中学部長訪問。OKタクシー本社に入る。よる土肥と一緒にフグ料理をとる。片山町に泊る。

一月一七日（日） 祈る。

九時明石駅にいき、三区の街頭演説をやる。よる土肥と三［ッ］輪ですきやきをとる。


一月一八日（月）　祈る。

九時、あしや［芦屋］市役所に会し、第二区を街頭演説をやる。よる大阪公会堂で演説。後、土肥をつれて、松本で、東、松井、山口の諸君に会い、神戸に帰る。


一月一九日（火）　祈る。

銀河で加藤シズエさんを出迎え大野屋に入る。三人の記者と会見。スマ［須磨］駅に十時にいき、神戸市内、街頭演説。よる二所で演説後、大野屋に加藤さんを訪う。


一月二〇日（水）　祈る。

十時、姫路にいき四区の街頭演説。三時姫路をたち、京都に向う。土肥をつれてアラスカで食事。京都のよるの演説に出て片山町に帰る。


一月二一日（木）　祈る。

十時市職にいき、中ノ瀬［幸吉］に会う。三信物産を訪ねて、和歌山にいく。駿河屋に入る。演説会後、望海楼に泊る。


一月二二日（金）　祈る。

九時、和歌山をたち、大阪で近江屋興業に入る。社長とヒル食を共にし、よる奈良にいき、演説をなし＊、大和で帰る。

＊　奈良市庁別館でひらかれた時局講演会。「河上新党」の推測を全面的に否定。

一月二三日（土）　祈る。

東京着。妻と木村［秘書］出迎。平安堂に入る。九時松前君、十時三宅、河の、加藤シズエ、小島、中井［徳次郎］君来り、色々と懇談し、後事務所に入り、夕刻、木村、山県、高橋君［いずれも法律事務所員］をつれて六実で食事をなし、有楽座でソロモンの映画をみて、出雲でたつ。四時帝国ホテルに林大作君の令息の結婚式のレセプションにでる。


一月二四日（日）　祈る。

大津着。電電公社の紹介の旅館に入り、松前君と会う。十一時県連大会に出席し一時のハトで帰京、森脇君と同車。


一月二五日（月）　祈る。

十時、事務所に入る。十時半山下［栄二］君来訪。離党の挨

拶*。十二時世話人会。事務所に入る。五時半、統一会。

＊　河上側近とみられていたが、支持労組及び長年勤めた企業が民社支持となったためと言われた。

一月二六日（火）　祈る。

十時半、俵屋に東君を訪い、運輸省を訪問。兵庫県事務所にいき、湊君と文部政務次官と大臣を訪問し、礼をのぶ。事務所に入る。夕刻までいて帰宅。中央委員会があったが、出席しなかった。


一月二七日（水）　祈る。

家にいた。午后六時正富旅館に入る。中央委員会に出た人々と会う。後松沢、中ノ瀬君と銀座のフクヤでフクを味う。十時過ぎ帰宅。


一月二八日（木）　祈る。

九時、綾部父子［浴場組合の幹部］来訪。後、妻を本郷に送り、丸善にいき事務所に入る。午后美村君と大西君を三楽［病院］に見舞い、帰途高尾君［TDK重役］に会い帰宅。


一月二九日（金）　祈る。

九時十分、白山で松前君、三宅君、長の［野］にたつので用事で見送に出たが電車事故でやめた。妻と加藤シズエさんを訪問。第二議員会館で河の君に会い、地下鉄で新宿に出てすゞやで食事。紀伊国屋を《ママ》本を求め帰宅。新橋の地主さんの逝去の報に接す。


一月三〇日（土）　祈る。

十一時半に事務所に入る。美村くんと一緒に猪田さん［新橋の家の地主］の葬儀につらなる。一時会館に入る。本会議で中村［高二］君副議長となる。よる七時半帰宅。


一月三一日（日）　祈る。

午後大空ヒット夫妻とマネージャー来訪。夕刻林さん、森夫妻とお子さん達来訪。妻と一緒に東洋英和の院長さんにいく。

二月

二月一日（月）　祈る。

朝、逗子に民雄といく。藤牧君病気で登院出来ぬ旨電話ありしため。十一時に帰京、民雄と会館に入る。五時帰宅。丈門会を開く。九時登院。本会議にでる。十一時半帰宅。

二月二日（火） 祈る。

十時半会館に入る。片寄［北茨城か］市長来訪。正午加藤シズエさんの室にいく。一時本会議。後会館で三宅、河の、伊藤［英治］と会う。五時半帰宅。

二月三日（水） 祈る。

八時、水曜会に出席し会館に入る。正午三日月会［関西学院同窓会］に出る。会館にもどる。三時半本会議。七時帰宅。

二月四日（木） 祈る。

一時、綾部恵造君の結婚式の祝賀の宴につらなる。妻とともに。帰宅。後、林事務所にいき松尾君と会い、五時半陶々亭にいく。中村君祝賀の宴、八時半帰宅。

二月五日（金） 祈る。

十時、会館で中日記者と会見。正午小島君と阪本に会い、後、招宴につらなる。事務所に入り、後知事、副知事と院内に石井［繁丸］君を訪問し、事務所に帰り帰宅。

二月六日（土） 祈る。

前橋市長石井君を松尾君と一緒に訪問。ヒル洲崎さんで御馳走になる。五時半上の［野］松坂屋七階社交室で大空氏夫妻の後援会にて帰宅、八時。

二月七日（日） 祈る。

ヒル中江一家来。食事をともにする。よる佐々木大蔵君泊る。

二月八日（月） 祈る。

正午兼松で前田、川西両兄を招き三宅君と四人で語る。事務所に入る。四時、林事務所で松尾君［弁護士事務所の依頼者］に会う。後、浅倉で林、松尾夫妻、加藤君と会食。よる佐々木、松田、青木［いずれも神戸市職の幹部］、［空白］の諸君泊る。

二月九日（火） 祈る。

十時、会館に入る。一先帰宅、二時本会議。後帰宅。月光で松尾君と一緒にたつ。

二月一〇日（水） 祈る。

七時半、京都着。京都ホテルで朝食。九時市役所訪問。十一時京都発で関西学院にいき、入学のことで頼む。後三信物産訪問。［神戸］市会社会党控室にいき、後大阪に東君を訪問。六時半バスで伊丹に向い、七時半たち九時十分羽田着。

二月一一日（木） 祈る。

十時酒井［一雄］君を第一ホテルに訪ね、一緒に松野［頼三］労相と会見。兵庫事務所により、事務所によって会館に帰る。本会議にでて小泉［秀吉］氏の追悼会にいく。事務所により、妻と一緒に帰宅。


二月一二日（金） 祈る。

十時、会館に入る。後茅野［都議］君の逝去を弔う。事務所に入り、午後林君来所。美村君と三人で相談し、五時半如月会（関学の第一～五回生の会）に出て、神戸議員寮に中ノ瀬君、黒崎君［共に神戸市議］会う。


二月一三日（土） 祈る。

九時五十分上の発。加藤シズエさんと松井君と一緒。平着。記者会見。四ツ谷［倉］にいく。よる内郷と平で演説。平に泊る。


二月一四日（日） 祈る。

平発。浪江につき演説。よる原町と中村で演説。中村で泊る。


二月一五日（月） 祈る。

ひる過ぎ、仙台着。記者会見。宮城ホテルに入る。午後新明君を日野、三春君と訪問。ＮＨＫに川上［行蔵。ＮＨＫ仙台放送局長で戦後親戚となる］さんを訪［う］。夕食は川上さんの御馳走。よる演説。十一時過ぎで仙台をたつ。


二月一六日（火） 祈る。

六時上野、帰宅。原田先生に診察をうく。築地の裁判所にいく。渡辺君の公判。事務所に入り、民雄と一緒に帰宅。角谷君［神戸市議］まつ。


二月一七日（水） 祈る。

八時、水曜会にでる。後、本郷の吉田さんに礼にいき、教文館によって、事務所に入る。正午文春クラブで宮森君の歓迎会。世話人会にで、平安堂を見舞うて帰宅。


二月一八日（木） 祈る。

和田［博雄］君来訪。一時文化放送で対談。民雄と原書店にいき、毎日に秋定君を訪ねたるが留守。事務所により帰宅。一ツ柳［東一郎］君来訪。和田君の訪問につきて問わる。*

＊ 和田は、河上に委員長選出馬を要請。

二月一九日（金） 祈る。

妻と秋定君を訪問。十一時松前事務所に入る。同君と会食。三時帰宅。


二月二〇日（土） 祈る。

九時五十五分上の発。四ツ倉にいき町会選挙応援し、七時半上野着。帰宅。


二月二一日（日） 祈る。

正午すゞやにいき、民雄夫妻と私共夫妻で食事をなし、民雄の渡米を祝う。よる八時同志の来訪を求む。河野、松前、中井［徳次郎］、加藤シズエ、戸叶武、伊藤［英治］の諸君。


二月二二日（月） 祈る。

ＮＨＫの八代君来。会館に入る。小倉君来。母上をつれて来館。一緒に事務所にいく。第二会館で世話人会*後帰宅。

＊ 世話人会は党大会に臨む河上派の態度協議のためと思わる。

二月二三日（火） 祈る。

十時、ラジオ東京。一時岩井、柳本［総評幹部］両君来訪。河の、伊藤同席して会見した。三時半事務所に入り、四時半林彦［三郎］さんを訪問。五時小島事務所に入り、九段「すし政」で三輪君令息をかこみ、中村画伯夫妻、小島、伊藤、赤堀君等と三輪君の碑の相談して、八時頃帰宅。


二月二四日（水） 祈る。

十一時、世話人会に出る。二時帰宅。六時、三信ビルの東洋軒で私共の結婚記念の祝い。子供達によって催さる。帰途一同そろって智子の病気を見舞う。


二月二五日（木） 祈る。

十時、尾崎記念会館落成式に列す。正午世話人会、後本会議。事務所に入り、夕刻帰宅。よるＮＨＫ八代、後島両君来訪。


二月二六日（金） 祈る。

十一時、世話人会に出る。四時帰宅。夕刻、岡［良二］氏来訪。


二月二七日（土） 祈る。

八時十分、新宿発。佐藤君随行。大月下車。都留市、大月市、八ツ代、甲府で演説。十一時半帰宅。


二月二八日（日） 祈る。

十時、妻と秋定君を訪問。ヒル過ぎ帰宅。二時河野君宅訪問。

四時帰宅。


二月二九日（月） 祈る。

十時国会にいき、滞在費をうけ、事務所に入り、十一時半伊原君を訪ね、事務所に帰り、義夫の誕生日を祝う意味で、六実で食事をなし、事務所に入り後帰宅。四時半過ぎ民雄と京子と妻と四人で羽田にいく。七時民雄たつ。米国に向う。八時半過ぎ帰宅。

三月

三月一日（火） 祈る。

十時平安堂を見舞い、加藤シズエさんに会い、世話人会に出、午後若松［九段の旅館］に払をなし帰宅。


三月二日（水） 祈る。

八時、妻と青山墓地にて墓前で祈る。私の平和と栄光のために。東京駅で朝食をとり、会館に入る。湊君と労働大臣に会い、世話人会にでる。午後小倉［康男］君の父君の家と浅野スレートの篠崎君を訪う。事務所に入り、五時半統一会の会合に出る。八時半帰宅。


三月三日（木） 祈る。

八時、妻加藤シズエさんを訪問。帰宅、一緒に事務所に入る。妻は羽田井さんの母上の逝去の弔訪にいく。正午三日月会にでる。会館に入る。二時本会議、本年の予算通過。よる陽子の初節句の祝の食事を私宅でうく。佐々木大蔵君泊る予定なりしが、松沢君の宿舎に泊る。


三月四日（金） 祈る。

十時弁護士会で会長選挙投票し、会館に入る。ヒル佐々木君来館。十一時山室氏と禁酒の対談。午後本会議。五時半読売ホールにて大空三空両君のリサイタルにいく。十一時帰宅。民雄より Anchorage よりハガキ来る。


三月五日（土） 祈る。

九時、松前君来訪。十時事務所に入る。二時半帰宅。七時河野君来訪。


三月六日（日） 祈る。

妻と箱根にいく。泊る。


三月七日（月） 祈る。

九時半、奈良屋をたち、汽車でヒルに東京着。直ちに会館に入る。午后世話人会にでて帰宅。堀米君と一緒。

三月八日（火） 祈る。

十時、会館に入る。十一時松前事務所の世話人会でる。三時事務所に入る。六時あさくらで林、松尾夫妻、美村とで会食。

三月九日（水） 祈る。

八時半、朝めし会。有沢［広巳］君の話をきく。十時半会館に、十一時世話人会、二時事務所。三時半帰宅。六時参議院会館で大内［兵衛］君の話をきく。九時帰宅。

三月一〇日（木） 祈る。

九時氏家［孝夫］君来。あやべ［綾部恵造］君来訪。立教大学入学の件につき、あやべ君にたのむ。事務所に入る。夕刻美村君と一緒に奈良屋にいく。泊る。

三月一一日（金） 祈る。

十時半、東京着。第二会館特別室に入る。世話人会で昨日の小委員会の報告をうく。二時帰宅。五時白亜軒にいく。八時半帰宅。湊謙吾君来訪。

三月一二日（土） 祈る。

伊佐さん来訪。後家庭裁判所長を訪問。伊佐さんの調停委員任命のお礼にいき、事務所に入る。午后会館に入る。再び事務所にいき三時帰宅。妻より電話があり、松前君に会うため、再び会館に入る。松前君と会見して、六時半帰宅。十時松前君来訪。

三月一三日（日） 祈る。

午后吉田（神戸）来訪。不破記者来、戸叶君来。

三月一四日（月） 祈る。

九時に小島君宅を訪問。十一時世話人会。六時記者会見。委員長に立候補の決意を示す。七時帰宅。秋定君と毎日記者。後、伊藤［英治］君来訪。

三月一五日（火） 祈る。

十時、会館に入る。正午第三議員会館［参議院議員会館のことか］で統一会の総会。四時半鈴木［茂三郎］君と会見。後、総会に出て帰宅、八時。戸叶君来訪。

三月一六日（水） 祈る。

九時半、弓子を妻と病院に見舞う。事務所に三時より渡辺文政君［都議］のことにつき。

三月一七日（木）　祈る。

十時、妻と平安堂を見舞う。十一時世話人会。二時事務所に入り、六時過ぎ帰宅。


三月一八日（金）　祈る。

九時半会館に入る。十一時世話人会。午后四時太田［薫。総評］議長、岩井［章］君その他単産委員長と会見し、七時より参議院会館で世話人会。十時過ぎ八代君［家城君。NHK政治記者］。十一時秋定君来訪。


三月一九日（土）　祈る。

十時、妻裁判所にいく。十時半会館に入る。十一時世話人会。一時白亜軒で世話人会。後、伊藤君と一緒に帰宅。色々と話をする。


三月二〇日（日）　祈る。

六時、妻に相談する。十時伊集院に妻といく。十一時参議院会館の世話人会にで、伊集院に帰る。八時過ぎまでいる。十二時近く戸叶［武］君来訪。*

＊　参議院議員は浅沼、河上対決回避のために動いていた。

三月二一日（月）　祈る。

十時半、会館に入る。世話人会にでる。午後事務所にいき、会館に帰り、六実で木村［秘書］と食事をなし一先ず帰宅。よる伊集院に妻といき、十一時自宅で渡辺［惣蔵。大会準備委員長］君をむかえ、明日の鈴木君の会見の約束をする。


三月二二日（火）　祈る。

八時、九段議員会館［九段衆議院議員宿舎］に入る。鈴木、浅沼君と会見。四時帰宅。七時市町村会館での統一会にでる。


三月二三日（水）　祈る。

十時、正富旅館に入る。後築地の裁判所にいく。丸山君は無罪。午後、正富旅館に帰り、後大会［第一七回臨時］にでる。九段宿舎にいき、後美村君を訪問、留守。正富に帰り、後帰宅。


三月二四日（木）　祈る。

十時半、戸田君の最高裁の公判。後九段会館に入る。選挙に敗る。十九票の差。*

＊　投票総数四三七票。浅沼稲次郎二二八票。河上丈太郎二〇九票。棄権十一。「よって浅沼稲次郎君が中央執行委員長」と宣言された。「やがて河上氏が浅沼新委員長の席に近寄り、握手の手をさしのべ

た。

割れんばかりの拍手が起こる。拍手の嵐がおさまりかけた頃、こんどは浅沼氏が河上氏の席に近づいて握手。浅沼氏は自席に戻る途中、鈴木前委員長にも握手を求めた。ここでまたさかんに拍手。浅沼氏と握手を交わした鈴木氏は、つかつかと河上氏の席に歩み寄ると、感激のあまり泣きながら河上氏の肩を抱いた。再び沸き立つような拍手が起こった」と『資料社会党河上派の軌跡』はしるす。危惧された再大分裂はこの瞬間回避された。丈太郎は「あれは突嗟の行動だったのですか」との民雄氏の質問に「あんなことは突嗟の思いつきでできるものではない。一瞬遅れても台無しになるのだから、私はあの家を出るときこのことを心に決めていたのだ」と答えた。


三月二五日（金）　祈る。

午前二時、帰宅。十時原書店と丸善にいき、事務所に入る。二時統一会。四時文化放送。妻と一緒に帰宅。


三月二六日（土）　祈る。

九時、和田［博雄］君を妻と訪問。十時半松前君と総評太田［薫］、岩井［章］両君を訪問し、事務所に入る。一先ず帰宅。五時上野精養軒に徳川義親さんの出版記念会にでる。八時帰宅。


三月二七日（日）　祈る。

中江母上逝去。十時、妻と中江を訪問。午後子安［泰］君の招きで野球をみて、中江にいく。御通夜。十時帰宅。


三月二八日（月）　祈る。

中江にいく。正午副議長公邸でNRAの労働党議員を中心にしたヒル食にで、一時半葬儀につらなる。三時火葬場にいき、中江に帰り、とど［こお］りなく葬儀終了。六時半国際ビルで渡辺君の公判の打合せにでる。十時帰宅。十二時太田さんからの電話で、太田さんの母上危篤で帰郷の由伝えらる。


三月二九日（火）　祈る。

十時、竹中君を春久旅館に訪い、十一時世話人会、三時赤坂宿舎で総会。中座して五時ジャパンホテル湊君の結婚披露宴に紹介者として出席。九時帰宅。


三月三〇日（水）　祈る。

十時、会館に入る。松前君の室にいく。神戸三信物産の辻、香川両君来館。十二時顧問会議、兵庫事務所によって帰館。四時帝国ホテルの東京新聞記念会にで、帰館。妻と一緒に帰宅。


三月三一日（木）　祈る。

十一時、会館に入る。皇家飯店でカバン労働党代議士夫妻と会食し、二時半本会議場でアデナウ［アー独］首相歓迎会。後本会議。後、鈴木君感謝会。六時Following［映画の題名］をみる。十時帰宅。

四月

四月一日（金） 祈る。

十一時会館に入り、妻と独大使館のアデナウ［アー］首相のレセプションにつらなり、会館にもどる。三時帰宅。京子等来訪。五時半、琴平町のいろはで丈門会にでる。


四月二日（土） 祈る。

十時二十分上野発。北茨城市長選挙にいく。六時植田駅発、帰宅。


四月三日（日） 祈る。

午後、堀米君娘をつれて来訪。和子［長女］夫婦来訪。


四月四日（月） 祈る。

十二時、若松に小島君より招かる。河野［密］君と一緒に。会館に入る。四時穴戸君来訪。五時半帰宅。


四月五日（火） 祈る。

十一時多磨墓地の細田［綱吉］君一年忌にでる。二時本会議。六時帰宅。よる伊藤君来訪。


四月六日（水） 祈る。

十時二十三分上野発。その前に猪股［浩三］君を妻と訪問。北茨城市長選挙応援。五浦観光ホテルに泊る。


四月七日（木） 祈る。

九時半上野発、帰宅。二時新宿発で箱根にいく。奈良屋に泊る、妻も一緒。


四月八日（金） 祈る。

一時半帰宅。事務所にいき、五時赤坂宿舎で統一会の会合にで帰宅。九時十五分上野発。岡［良二］君と一緒。


四月九日（土） 祈る。

朝、金沢着。記者会見。東山ホテルに入る。午後、能登地方で二ヶ所演説。よるは金沢市内で二ヶ所演説。


四月一〇日（日） 祈る。

朝、長町教会［日本基督教団金沢長町教会］で説教。午後二ヶ所、よる三ヶ所演説。

四月一一日（月）　祈る。

八時利岡陶業家を訪問。ニューカナザワで党員と朝めし会。九時半の白山で帰京。伊藤、堀米、木村三君と一緒に帰宅。

四月一二日（火）　祈る。

九時半、国会。十一時羽田。一時宮中園遊会。銀河で神戸に向う。

四月一三日（水）　大阪駅で松尾君の出迎えをうけ、その宿舎で朝食、一緒に神戸にいく。市役所訪問。中央病院に保田局長と場長、海老名氏を訪問し、大阪にいき、二時半ＯＫタクシーを訪問。東君に会い、神戸に帰り、成田君を訪問し、冲天閣に入る。多数の人集る。慧星で大阪をたつ。車中で祈る。

四月一四日（木）

九時、東京着。京子、陽子が京子の母上と一緒に帰る。皆元気。帰宅。後、祈る。

四月一五日（金）　祈る。

三時新宿発で、奈良屋に入る。書記局の河上派の人々二十二人。

四月一六日（土）　祈る。

正午、東京駅着。妻の出迎、帰宅。木村君に新潟県に鶴巻一郎氏宅を尋ねさす。

四月一七日（日）　祈る。

十時、京子の母［加藤由喜子］帰る。午後森戸君来訪。奥さんを失いし森戸君の淋しさ身にしみる。六時木村君帰る。報告あり。

四月一八日（月）　祈る。

十時半、会館に入る。昨日の労をねぎらうため木村君をつれて、六実にいき、後事務所に入る。四時妻と一緒に帰宅。

四月一九日（火）　祈る。

十時、代議士会。二時帰宅。四時本会議。五時半事務所によって帰宅。

四月二〇日（水）　祈る。

十時、代議士会。安保委員会傍聴。一時八王寺《ママ》裁判所。四時京橋より国会議員パレードに参加し、五時陶々亭で化粧品組合の招き。六時より藤田観光での渡辺君の打合会、九時帰宅。

四月二一日（木）　祈る。

十時、代議士会にでる。午後三時池袋で街路演説。事務所に入り、六時半院内にもどる。十時帰宅。

四月二二日（金） 祈る。
九時、妻は古田［八重子。お手伝いさん］さんと一緒に「つばめ」でたち、九時代議士会。十二時五分、羽田たつ。大阪駅で妻を迎えて竹中、酒井君と四人で宝塚松涼庵にいく。多数来会。十時慧星で帰京。

四月二三日（土） 祈る。
九時着。京子、木村出迎。直ちに院内に入る。九時半代議士会。一時顧問会議。よる賀川豊彦さん逝去。感想を各社の人にのぶ。最後の代議［士］会で賀川さんの逝去の報告をなし、十二時帰宅。

四月二四日（日） 祈る。
十一時、代議士会。正午、賀川家に弔問。院内に帰る。六時帰宅。

四月二五日（月） 祈る。
十時、代議士会。十一時統一会世話人会、二時智子の家でテレビ早東大戦をみる。四時事務所。六時半帰宅。七時賀川さんの通夜の集会にでる。九時半帰宅。

四月二六日（火） 祈る。
十時、代議士会。午后、請願の受付をなし、六時半帰宅。

四月二七日（水） 祈る。
十時院内、十一時半第一ホテルの米内一郎君の結婚披露宴、二時半ホテルを出て古河に葉山［道雄。茨城県の党活動家。県会議員］君を訪問。七時半帰宅。

四月二八日（木） 祈る。
十時、智子を訪う、妻と。十時半本部にいき、正午産経会館九階で皇太子結婚記念事業のことの会合。一時再び本部。二時半「すゞや」で木村と食事をなし帰宅。

四月二九日（金） 祈る。
九時、羽田にいく。民雄出迎。十一時半着陸。元気で帰る。直ちに賀川さんの葬儀場に向う。四時過ぎ帰宅。

四月三〇日（土） 祈る。
九時、阪本君を旅舎に訪う。妻と一緒に各所を廻る。最後に湊君宅を訪問、夫人だけ。一時半帰宅。

五月

五月一日（日）　祈る。
十時メーデーに参列し、新橋まで行を共にし、十一時半帰宅。

五月二日（月）　祈る。
十時、妻と一緒に家を出て会館に入る。十一時半妻と一緒に松屋にいき、二時東海大学の超短波放送の試験局の発会式につらなり、四時帰宅。六時藤田観光の渡辺君の打合に出て八時帰宅。

五月三日（火）　祈る。
一時半、芝公会堂にいく。基督教の安保反対の会合に出席して話［す］る。三時帰宅。

五月四日（水）　祈る。
十時会館に入り、午後に木村をつれて後楽園に巨人大洋の試合をみて夕刻帰宅。

五月五日（木）　祈る。
六時半日比谷公会堂にて、ボストンの交響音楽団の演奏をきく。和子をつれていく。十時近く帰宅。

五月六日（金）　祈る。
午後、本会議。六時より一高出身新聞記者を招く。陶々亭に十数名来会。十時慧星でたつ。民雄夫妻、陽子と木村が見送る。

五月七日（土）　祈る。
ＯＫタクシーを訪問。東君留守。神戸にいく。三信物産に入る。後市職にいる。二時三宮駅前で署名運動に参加し、五時より生田公会堂での演説会にでる。十時東君と大阪駅で会い、十一時日本海で金沢に向う。

五月八日（日）　祈る。
朝、金沢着。八時能登半島の北尾幸一君の地盤に向う。よる輪島に泊る。

五月九日（月）　祈る。
八時輪島をたち、五時羽咋をたち、金沢を八時に北陸でたつ。

五月一〇日（火）　祈る。
旅行中、風邪にかかり苦しかった。よくないので原田先生を上野着後直ちに訪う。終日床につく。藤牧君の来訪を求む。

五月一一日（水）　祈る。

八時、第一会館の党内基督教徒の祈祷会にでる。後帰宅。六時来間君の追悼会に一寸挨拶をして清話会の講演にいき、八時帰宅。神戸婦研の一行上京。

五月一二日（木） 祈る。
七時、羽田発。鈴木［茂三郎］君と同乗。板付につく。自動車で三池に向う。本部訪問。争議の人々に挨拶。よる荒尾で泊る。

五月一三日（金） 祈る。
九時、三池の社宅街にいく。正午荒尾駅前で請願署名運動。二時市の自動車で熊本に入る。選挙本部［を］訪れ、小旅館に入る。よる三ヶ所個人演説会。

五月一四日（土） 祈る。
九時半より街頭運動。一時半請願署名運動。よる三ヶ所個人演説会。

五月一五日（日） 祈る。
午前二時熊本発。八時板付発、十時伊丹着。十二時県連大会。よる甲子園で小谷君案内で野球をみる。十二時帰舎。

五月一六日（月） 祈る。
十時府庁で安保公聴会に傍聴。四時去る。五時成田君訪問。よる御馳走になり、片山町に帰る。

五月一七日（火） 祈る。
午前酒井［一雄］夫人と道雄［一雄子息、神戸新聞記者］夫妻と娘さん来。後婦研の井村、角谷、小谷、中ノ瀬各夫人来。二時賀川さんの追悼記念会。冲天閣に入る。七時神戸駅にいく。実［土肥実］君と酒井各同夫人見送らる。

五月一八日（水） 祈る。
八時着京。議員祈祷会にでる。十時代議士会。十一時帰宅。二時会館に入り帰宅。

五月一九日（木） 祈る。
十時、代議士会。院内にいる。よる。会期延長。安保単独審議強行。二十日午前二時帰宅。

五月二〇日（金） 祈る。
十一時霊南坂教会で、小崎道雄［霊南坂教会牧師］、河原［春作］両君と三人で同級生の文藝春秋の写真をとる。院内に入る。一時半会館に入る。午後六時半帰宅。

五月二一日（土）　祈る。

銀河で総評の人々上京、出迎う。会館に入る。十時代議士会。南平台の岸［信介］首相宅を訪う。面会出来ず。三時首相官邸で代表団と会見。私も列席す。後請願団の受付。六時帰宅。


五月二二日（日）　祈る。

石原、横前両君来訪。正午院内に入る。代議士会にでる。午後市内パレ［ー］ド。新宿で解散。帰宅。


五月二三日（月）　祈る。

十時半、顧問会議。二時代議士会。後帰宅。五時半池袋で街頭演説。七時赤坂宿舎で河上派の会合。九時帰宅。


五月二四日（火）　祈る。

十一時、代議士会。帰宅。五時新宿駅前で演説。一緒に大空ヒット君と帰宅。


五月二五日（水）　祈る。

戸叶夫人と井伊君をつれて、会館の特別室の祈祷会*にでる。妻と一緒。十一時代議士会。正午事務所。一時裁判所。二時半事務所に帰り、帰宅。五時三鷹駅で演説。


五月二六日（木）　祈る。

十一時、代議士会。二時小谷君上京。県選出の国会議員と協議す。後小谷君について、神田の本屋にいき帰宅。小谷君一緒に来宅。六時十五、羽田に向う。


五月二七日（金）　祈る。

十時、裁判所にいく、渡辺君の事件で。弁護士の都合で延期。渡辺君の中華料理の御馳走になる。事務所に入る。四時第二コダマでたつ。十一時過神戸着。


五月二八日（土）　祈る。

十時、勤労会館で記者会見。市職にいき午餐をうく。午后各労組を五島、尾崎［治］両君と訪問。よる沖天閣に入りテレビ野球をみて帰る。


五月二九日（日）　祈る。

六時半尾崎、五島君と車で姫路に向う。姫路、高砂、加古川、明石、垂水、スマ［須磨］、長田、兵庫、生田の各区を経て、あしや［芦屋］、西宮、尼ケ崎に巡り、七時半沖天閣に入る。私の

＊　社会党クリスチャン議員による国会祈祷会。

選挙対策の会。

五月三〇日（月） 祈る。

六時半。第一コダマで帰京。直ちに妻と一緒に大空君の新築祝にいく。六時半帰宅。木村、堀米両君と語る。

五月三一日（火）

十時、裁判所にいく。十一時院内、正午代議士会。二時加藤シズエさんと戸叶武君と妻と四人で語る。一先ず帰宅。四時半スキヤ橋駅前で津波の募金、七時までやる。帰宅。佐々木〔大蔵〕、青木〔昌夫〕、松田の諸君泊る。

六月

六月一日（水） 祈る。

佐々木君を駅に送って祈とう会にでる。杉山、西村、井伊の諸君、吉田光氏が来られた。帰宅。三時顧問会議。事務所に入る。六時頃帰宅。

六月二日（木） 祈る。

九時半裁判所にいき、妻と美村君に会い、十時半西村〔関一〕、長谷川〔保〕、戸叶夫人〔すべて夫人か〕と妻とで国際キリスト大学を訪問する。懇談して去る。三時半氷川荘にて河上派の会合。八時帰宅。

六月三日（金） 祈る。

十時、裁判所にいく。一時院内。代議士会後再び裁判所。事務所に入る。美村君と平安堂を訪問して帰宅。

六月四日（土） 祈る。

十時請願受付、午後も。五時帰宅。

六月五日（日） 祈る。

木村をつれて、箱根奈良屋にいく。夏の社会主義政策研究会の会合のことについて頼みにいく。妻より電話があり、三時のロマンスカーで五時新宿着。出迎の妻と戸叶宅にいく。夫妻と語り帰宅。

六月六日（月） 祈る。

十時、九段会〔館〕の臨時大会〔第一八回〕にいく。三時半閉会後、米国大使館までデモ。よる八時戸叶宅にて森下〔国雄〕代議士と会見し、戸叶武君と三人で懇談し十時帰宅。

六月七日（火）　祈る。

十時裁判所。三時院内。代議士［会］、顧問会議にでる。五時帰宅。


六月八日（水）　祈る。

七時家を出て妻と一緒に会館に入り、直ちに精養軒にいく。東海林さんの話をきく。会館に帰る。事務所にいき午後一時半、岩田さん（管工事会館の）をつれて建設省にいき会館に帰る。藤牧、中井［徳次郎］代議士、高嶺［宗］、伊藤、堀米の諸君と語り、その間、鈴木［茂三郎］君の室を訪う。六時半帰宅。


六月九日（木）　祈る。

八時東京発で、妻と古田さん神戸にいく。見送って後、美村君宅訪問。渡辺を尋ねて三人で裁判所にいく。二時半事務所に入り、四時半林君を訪問。六時半帰宅。


六月一〇日（金）　祈る。

十時、両院議員総会にでる。一先ず帰宅後すゞやで木村と食事をなし、紀伊国［屋］で本を求め、院内に入り、請願受付をなし、三時事務所に入り、三時高尾君を美村君と一緒に訪問。六時半帰宅。


六月一一日（土）　祈る。

正午院内に入る。代議士会。午后はデモの受つけ。よる八時半帰宅。


六月一二日（日）　祈る。

午前、智子夫妻とつか子［知加子］来る。午食をなして去る。妻、よる十時半帰宅。


六月一三日（月）　祈る。

十時半、本部で伊藤君に会う。十一時より第一会館特別室で河上派の会合。一時半院内で両院議員総会。会館にもどる。五時東海林さんは不明、妻と一緒に帰宅。よる伊藤［英治］、瀬尾［忠博］両君来訪。


六月一四日（火）　祈る。

十一時、院内両院議員総会。十二時半篠山線廃止反対のための会合。三時会館。後河上派の会合。六時半帰宅。


六月一五日（水）　祈る。

八時、会館に入る。祈［祷］会。十時裁判所にいく。会館に午後二時帰る。三時両院議員総会。六時帰宅。

六月一六日（木） 祈る。
十時、会館に入る。十一時新橋駅に寝台券を返しにいく。青森知事選挙応援をやめたため。院内に入る。両院総会。四時半アイク訪日中止になる。九時帰宅。

六月一七日（金） 祈る。
三時、顧問会議。四時半議員面会所の請願受付場にいく。妻も一緒。六時刺さる。直ちに東京病院に入院。

六月一八日（土） 祈る。入院中［入院中の記述は退院後に加えたと思われる］。

六月一九日（日） 祈る。入院中。

六月二〇日（月） 祈る。入院中。

六月二一日（火） 祈る。入院中。

六月二二日（水） 祈る。入院中。

六月二三日（木） 祈る。入院中。

六月二四日（金） 祈る。入院中。

六月二五日（土） 祈る。入院中。

六月二六日（日） 欠。

六月二七日（月）
祈る。入院中。土肥実君、神戸で結婚せらる。

六月二八日（火） 祈る。入院中。

六月二九日（水） 祈る。入院中。

六月三〇日（木） 祈る。入院中。

七月

七月一日（金） 祈る。入院中。

七月二日（土） 祈る。入院中。

七月三日（日） 祈る。入院中。

七月四日（月） 祈る。入院中。

七月五日（火） 祈る。入院中。

七月六日（水） 祈る。
午後一時、退院。松原〔喜之次。財務委員長〕、荘原両君。党より見舞金をうく。久保田〔鶴松。議員〕会長と横前君来。議員よりの見舞金をうく。よる伊藤その他の職員来。

七月七日（木） 祈る。
横前君来。午後天野、坪川両君〔関西学院卒業生〕来。森田君、三宅〔正二〕君来訪。

七月八日（金） 祈る。
九時出で猪俣、松本〔七郎〕、和田〔博雄〕、鈴木〔茂三郎〕、河野、野溝、松前、中井の諸君の家を訪問。見舞の礼をのぶ。ヒル天国で食事。駿河屋により林君、後浅沼君を訪問、礼をのべ、本郷の原書店と伊瀬たん〔伊勢丹〕によって帰宅。田中稔男君来。

七月九日（土） 祈る。
十時、箱根にいく。堀米君同伴。夕刻伊藤〔英治〕君来る。

七月一〇日（日） 祈る。
ヒル頃瀬尾、高橋長〔長年〕、高橋勉〔矢尾喜三郎秘書〕、小田切〔信夫〕〔いずれも河上派〕の諸君来る。

七月一一日（月） 祈る。
夕刻、伊藤、両高橋君来る。

七月一二日（火） 祈る。
十時に堀米、瀬尾、小田切の諸君去《ママ》る。

七月一三日（水） 祈る。
ヒルに妻は木村をつれて来る。三時に一同去る。帰宅。

七月一四日（木） 祈る。
十時、院内に入る。両院議員総会にて謝辞を述ぶ。正午帰宅。六時陶々亭にいく。河上派の会食。

七月一五日（金） 祈る。
十一時伊藤君来宅。堀米君、訪中団の費用金を渡す。妻、岸〔信介〕君の見舞にいく。*大西〔正道〕君逝去。妻くやみにいく。銀河で妻神戸にいく。

＊ 六月二三日退陣表明後、池田勇人新総裁選出の祝賀会で刺さる。

七月一六日（土） 祈る。
ヒル岡本君来訪。
一時半裁判所にいく。弁論する。よる伊集院一家来る。

七月一七日（日） 祈る。
妻銀河で帰る。智子夫妻とちか子が出迎て帰る。

七月一八日（月） 祈る。
十時鈴木［茂三郎］君来訪。二時院内にいき、首相の推センの議決に参加した。事務所により帰宅。よる三信の香川君来。

七月一九日（火） 祈る。
十時丸善にいき、十時半原書店にいき、平安堂による。後、六実で食事をなし帰宅。

七月二〇日（水） 祈る。
朝の祈祷会に出る。十一時伊集院宅を妻と訪い、和子をつれて帰宅。午後中井一夫君来訪。議員増員の件。後、今井義一君［朝日記者］の婿さん岡君来。

七月二一日（木） 祈る。
終日引籠る。来行者なし。

七月二二日（金） 祈る。
二時、院内に入る。本会議。大西君の追悼演説（堀川氏）あり。午後参議［院］食堂で松沢君と、佐々木［大蔵］、青木の三君と語る。五時帰宅。よる、伊藤君来訪。

七月二三日（土） 祈る。
十時半、妻と小島君、十一時秋定君を訪問し礼をのぶ。妻、河合弥八さん［前参議院議長］の葬儀につらなる。

七月二四日（日） 祈る。
午後、木村をつれて奈良屋にいく。湯本で民雄一家をむかえていく。

七月二五日（月） 祈る。奈良屋で静養。

七月二六日（火） 祈る。奈良屋で静養。

七月二七日（水） 祈る。
妻、十時奈良屋に来る。午後帰宅。よる十時三十五分銀河で小田原発で神戸に帰る。


七月二八日（木）　祈る。

神戸着。中ノ瀬、小谷、森口、土肥、長田、井上、まさゑさん［お手伝いさん］の兄さんの出迎。九時中ノ瀬、小谷両君と一緒に阪本［勝］君を公邸に訪う。十時勤労会館で記者会見。その後関西ラジオで会見。市役所訪問。一時姫路に松沢君といく。大西君の葬儀につらなる。六時市役所楼上で私の全快祝。


七月二九日（金）　祈る。

九時、青木、角谷［秀二］両君の案内で市内労組訪問。


七月三〇日（土）　祈る。

九時、酒井夫人訪問。一緒に管氏訪問。井上さん、まさゑさんのうちを訪い、後、森脇君宅訪。森脇君留守、市役所にいく。後遠藤貞吉君宅訪問。永江を訪ねたるが、栄子は留守。大阪にいきOKタクシーを訪い、冲天閣に帰る。後援会の人々と井村さんの婿君両親等と会い、巨人阪神の野球をみる。


七月三一日（日）　祈る。

九時、長田夫人訪問。大阪にいき中島［浩吉］君を訪い、後竹中君［朝日記者。関西学院の教え子］を訪う。午餐の御馳走になり、後、阪急のところで映画をみて四時半第二ツバメで帰京。

八月

八月一日（月）　祈る。

午前に小島君来訪。

午後原書店にいく。松坂屋にいく。妻、民［雄］、和子、木村と一緒。後、事務所によって帰宅。


八月二日（火）　祈る。

十一時出発、川口にいく。大木君の母上の葬儀。四時帰宅。よる大森博士夫妻来訪。


八月三日（水）　祈る。

八時、院内祈祷会。帰宅。十時半羽田にいく。松沢君見送。天国で食事をなし帰宅。よる佐々木大蔵夫妻を東京駅に出迎う。


八月四日（木）　祈る。

午前に伊藤君来。二時半阿部茂夫君の葬儀にいく。よる銀河で妻神戸にいく。

八月五日（金） 祈る。

九時半、川口市、金内、大木君を訪うて、正午過ぎ帰宅。よる伊藤、武井［好夫］君来訪。中国の土産をうく。


八月六日（土） 祈る。

十時学士会館で、参議［院］議員の刑事々件の鑑定証人の意見をきく会にでる。四時帰宅。よる木村帰らぬ。十二時半まで待ったが帰らぬ。


八月七日（日） 祈る。

午前一時半世田谷署より電話があり、木村が酔って家宅侵入して署にとめているとのこと。神戸の妻と数回電話した後、佐々木さん［妻末子が経営する河上英語塾の塾舎留守番役］に迎えにいって貰う。三時頃帰る。民雄と佐々木さんで侵入した家におわびにいく。署にも。よる妻帰宅。土肥君用件。


八月八日（月） 祈る。

十時、土肥君、民雄とで東京タワーにいき、六実で食事をなし、カンカン踊り映画をみて帰宅。よる銀河で土肥君は大阪に帰る。私と妻見送る。


八月九日（火） 祈る。

十一時鈴木［茂三郎］君来訪。

五時第一ホテルに小谷君を訪う。夕食の御馳走になる。


八月一〇日（水） 祈る。

八時キトウ会。杉山、西村［関一］と私共夫妻。十時二十分の列車で瀬尾君をつれて石井［繁丸］前橋市長訪問後、水上ひがきホテルに入る。


八月一一日（木） 祈る。

十時出発、帰京。本部に伊藤［英治］君を尋ね、三時より両院議員総会。鈴木［茂三郎］君渡ソの壮行会［八月にソ連、東欧、西欧諸国を視察］。後帰宅。


八月一二日（金） 祈る。

七時半発、羽田に鈴木君一行を見送る。十一時会館に入る。三宅君と懇談した。二時帰宅。


八月一三日（土） 祈る。


八月一四日（日） 祈る。

朝、妻と民雄とで教会にいく。よる八時半、能登号でたつ。

八月一五日（月）　祈る。

七時十六分、福井駅着。堂森［芳夫］君の秘書出迎え。直ちに階上のホテルに入る。正午記者会見。後三国に堂森君の墓参*、福井に帰り街頭演説、鯖江にいく。ホテルに帰る。

＊　前年一二月に亡くなった堂森氏養母センの葬儀に予告なしに参列し、弔辞でセンさんより息子を運動のため奪ったことを詫びる。

八月一六日（火）　祈る。

能登号で金沢にいき、岡君その他党員と会う。正午福井に帰る。堂森君と福井放送にいき、小浜にいく。千古荘に入る。よる演説。


八月一七日（水）　祈る。

朝、全農林大会にて、正午敦賀にいく。小林別館に入る。午后四時過ぎ街頭演説。よる演説会。


八月一八日（木）　祈る。

能登号でたち福井に帰り、階上のホテルに入る。十一時出発。各地街頭演説。よる武生で演説。油谷君［?］来訪。


八月一九日（金）　祈る。

四時発日本海で、一時半村上着。新発田より伊井［井伊誠一］君乗車。瀬波温泉すゝきが池旅館に入る。よる二ヶ所で演説。


八月二〇日（土）　祈る。

十時より演説会。午後演説会。よる演説会。


八月二一日（日）　祈る。

十時、演説会。午后演説会。よる演説会。十時新発田をたち帰る。


八月二二日（月）　祈る。

六時、上野着。帰宅。八時半羽田に向う。三輪［寿壮］君の令息の渡欧米の見送。十時半帰宅。夕刻斉藤さん来訪。よる伊藤君来る。


八月二三日（火）　祈る。

第一コダマで発つ。二時神戸着。市職にいく。金島、青木両君と小松弁護士逝去のくやみにいき、三信物産を尋ね、五時沖天閣に入る。六時宴会。九時去る。土肥君、影浦君の父と兄と四人、大阪まで見送る。

八月二四日（水）　祈る。
高橋正雄君〔九州大学教授。経済学者〕と高嶺君〔高宗昭敏のことか〕来訪。正午若松で小島君の招き。林〔虎雄〕、河野、三宅も同席。帰宅。八時深川亭で稲葉君に会う。十時羽田に小谷君を見送る。

八月二五日（木）　祈る。
八時新宿発。甲府に着。新聞記者会見。金丸〔徳重〕君の応援。よる湯村のトキワ旅館に入る。

八月二六日（金）　祈る。
六時甲府を去る。新宿着。妻の出迎。平安堂病重しと、妻と一緒に見舞う。後裁判所にいく。渡辺〔文政。都議〕君無罪の言渡。午後参議院事件。後、国鉄総裁に会見し、後、美村夫妻と平安堂を見舞う。後美村君と渡辺君の招きにいく。深川不動の料亭。

八月二七日（土）　祈る。
十時、院内に入る。懲罰委員会に出る。紀ノ国屋書店によって帰宅。よる伊藤君来訪。

八月二八日（日）　祈る。
八時三十五分、平安堂逝く。直ちに妻と民雄と三人で弔問。ヒル美村と吾等三人でフードセンターで食事をなし、妻と私が再び平安堂を尋ねて帰宅。六時三十分、島田君同伴、名古屋にいく。中京ホテルに泊る。

八月二九日（月）　祈る。
九時小林*選挙事務所開所式につらなり、十一時市庁舎前でアイサツし、街頭を五時近くまでやる。六時四十六〔分〕の第二つばめで帰京。

八月三〇日（火）　祈る。
午後、平安堂の葬儀。幡ケ谷火葬でダビに付せらる。よる九時銀河でたつ。

八月三一日（水）　祈る。
十時市職大会にて、ヒル近く冲天閣で酒井夫人と面会し、二時半の列車で帰京。

---

* 小林橘川。一九五二年、五六年、六〇年と革新市長として三選翌年三月一六日に亡くなる。

九月

九月一日（木）　祈る。
九時半、裁判所にいく。丸善にいく。一時富士銀行に金子頭取に吉川君と会見。中井徳次郎君の室に伊藤と三人と相談して六時帰宅。

九月二日（金）　祈る。
よる八時半、能登号で出発。

九月三日（土）　祈る。
金沢につく。北尾［幸一］君出迎。旅館に休憩食事をなし、第二区の遊説にでる。よる和倉温泉に泊る。

九月四日（日）　祈る。
第二区遊説。よる金沢で泊る。

九月五日（月）　祈る。
正午過ぎ福井につく。遊説の福井に泊る。

九月六日（火）　祈る。
遊説。よる堂森［芳夫］君宅に泊る。

九月七日（水）　祈る。
遊説。よる福井に泊る。

九月八日（木）　祈る。
遊説。よる福井に泊る。

九月九日（金）　祈る。
遊説。よる能登号で帰京。

九月一〇日（土）　祈る。
六時二十五分着、帰宅。東君の旅舎を訪い、本部で伊藤君に会い打合せをなし、ヒルすゞやで民雄と木村とで食事をなし帰宅。

九月一一日（日）　祈る。
昨夜歯の痛みで寝《ママ》れぬので朝、小野歯科にいく。正午過ぎ水戸にいく。田山君講演会発会式につらなる。よる帰京。

九月一二日（月）　祈る。
午後三時小野歯科にいき、帰途石原［萠記］君宅により民雄と一緒に帰宅。

九月一三日（火）　祈る。

七時、美村君宅を訪問。原書店にいき、本部で伊藤君と会う。後院内に入る。五島君の室で安藤［弁護士］、鳥居、森田［共に神戸市議］の諸君と会い、後院内の選挙委員会にでる。三時帰宅。

九月一四日（水） 祈る。
七時発。名古屋にいく。午後各選挙区を巡る。よる演説。泊る。

九月一五日（木） 祈る。
七時鶴前［舞］公園で街頭演説。午前中、東区を巡る。午後各労組大会にでる。［愛知］食糧会館でスベって負傷す。よる二ヶ所演説。能登で帰京。

九月一六日（金） 祈る。
六時半着。接骨医の診察をうく。五時渡辺［文政。都議］君無罪の祝の会にでる。前橋市長石井君との会見の約を中止する。

九月一七日（土） 祈る。
朝治療にいく。島田［久］君来。栃木遊説の件、夕刻堀米君来訪。中国の話を聞く。瀬尾夫妻と子供さん、高橋長年君来。

九月一八日（日） 祈る。
治療をうく。伊藤［英治］君来訪。三万円渡す。松沢［兼人］夫妻。中江夫妻とチカ子来。午後長谷川［長太郎］君来。

九月一九日（月） 祈る。
朝治療。後上野発で小山で乗換え、ヒル近く足利につく。街頭演説。後佐野で三ヶ所。栃木で二ヶ所。小山で一ヶ所。九時五十分の列車で帰宅。島田君同伴。

九月二〇日（火） 祈る。
朝治療。帰宅。十時半過ぎ美村君を自宅に迎え、高尾［三郎］君の会社にいく。留守、面会出来ず。ヒル通産省で小島君と会い、大津秘書官に懇談し、九段下のスシ政で御馳走になり帰宅。

九月二一日（水） 祈る。
朝治療。後小島君と渡辺文政君を訪い帰宅。十一時通産省に小島君と一緒にいき、十二時過ぎに美村君と高尾君を訪ねたるが留守。天国で食事をし、朝日社にいき、笠［信太郎。朝日新聞論説主幹］、木村［定。関西学院時代の教え子］両君に会い秋山君の入社の件につき依頼す。後河野君の室にいき、四時より会館の室で稲葉［秀三か］、河野、三宅、中井君と懇談し、五時半、初波奈で桜田［武］君等の招きをうく。よる九時頃、駅の前の通の人々来訪。家屋の件につき相談さる。

九月二二日（木） 祈る。
朝、治療にいき、九時三分発で瀬尾君同伴。湯川原［湯河原］の神戸製鉄［鋼］の総会にいく。三時帰京。瀬尾君と一緒に帰宅。後、堀米君来訪。よる光村、吉川、木村の三君［いずれも関西学院時代の教え子でつくる丈門会のメンバー］来訪。

九月二三日（金） 祈る。
午後、平岡［忠次郎］君の所にいき演説。

九月二四日（土） 祈る。よる秋田にいく。

九月二五日（日） 祈る。横手の川俣［清音］君宅にいく。応援。

九月二六日（月） 祈る。川俣君の応援。

九月二七日（火） 祈る。
横手より秋田駅にいき日本海にのる。金沢駅で北尾君と会う。

九月二八日（水） 祈る。
朝五時四十分、大阪駅につく。神戸につく。正午丈門会。よる演説。

九月二九日（木） 祈る。
正午。宕麓会《とうろくかい》［関西学院の教え子の会］。よる演説。

九月三〇日（金） 祈る。
五時、大道君等と沖天閣で会食し、よる演説会。よる日本海で金沢にいく。

一〇月

一〇月一日（土） 祈る。
金沢着。北国新聞編輯長と会見。後演説。

一〇月二日（日） 祈る。
小松島［小松の誤記］にいく。よる演説。温泉に泊る。

一〇月三日（月） 祈る。午後八時上野着。

一〇月四日（火） 祈る。
一便で羽田発、北海道にいく。小樽で演説して後、安井［吉典］君地盤にいく。

一〇月五日（水） 祈る。安井君応援。安井君宅に泊る。

一〇月六日（木） 祈る。安井君応援。

一〇月七日（金） 祈る。

一時半頃まで安井君応援し、三時旭川駅をたち、飛行機で帰京。

一〇月八日（土） 祈る。

第二こだまで神戸にいく。中ノ瀬、青木、金島、角谷［神戸市議］の諸君出迎う。

一〇月九日（日） 祈る。

二時半より、生田神社で井村君の令嬢の結婚式。仲介として妻と一緒に立会う。よる冲天閣で披露宴。民雄と木村来る。

一〇月一〇日（月） 祈る。

十二時二十分、上本町より三重にいく。民雄、上本町まで見送る。中井君出迎。久居町、青木町、名張で演説。名張に泊る。

一〇月一一日（火） 祈る。

朝五時二十分発、神戸市役所前に八時までに帰る。演説。佐藤君をつれて市長［原口神戸市長］の自宅を訪う。後、青木、角谷君と組合を巡る。よる大阪でシオン会［関西学院の同窓会］、妻と出席。

一〇月一二日（水） 祈る。

朝より各市職の各職場を巡る。午後三時頃、浅沼君が暗殺の悲報*に接す。各新聞記者との会見。八時飛［行］機で帰京。直ちに浅沼君宅を訪問。

* 日比谷公会堂での三党首立会演説会で演説中に、右翼の少年により壇上で刺殺さる。

一〇月一三日（木） 祈る。

十時、大会［第一九回臨時］にでる。後、東大病院にいく。遺体について本部に帰る。よるまではんべる。妻、神戸より帰る。

一〇月一四日（金） 祈る。

ひるまではんべる。正午祭典。二時出棺。火葬場にいく。沿道人多数見送る。五時半、河野君の出版記念会にでる。よるエコノミスト記者と会見。

一〇月一五日（土） 祈る。

九時五十五分、上の発。平にいく。松井［政吉］君応援。

一〇月一六日（日）　祈る。松井君応援。

一〇月一七日（月）　祈る。

六時発。帰京、登院する。直ちに帰宅。妻、神戸より帰る。

一〇月一八日（火）　祈る。

妻、まさえさん［お手伝いさん］をつれて神戸にいく。開会式。午後本会議。よる六区の応援。十五万円本部よりうく。あさ祈祷会。

一〇月一九日（水）　祈る。

十時、吉川［政春］君を訪問。供託金とその利息金をうく。会館に帰る。二時西村［勇夫］君を訪問。見舞金をうく。後三時高尾君を訪問。後帰宅。

一〇月二〇日（木）　祈る。

正午、日比谷公開［会］堂にいく。浅沼君の葬儀*。四時帰宅。

三信［明石にある会社］香川君来訪。

＊　社会党葬。当時、党役職になく、その予定はなかったが、突然友人代表として原稿なしに弔辞をのぶ。浅沼委員長追悼集に収録されている。次の如く。「私は寂しい。つらい。けれども、浅沼君はもういない。死んだ。殺された。私の生涯というものはそう長くはございません。しかし、この短い生涯で浅沼の魂を我が胸に抱きながら、浅沼君が願うた理想の社会をつくり上げるために、私は浅沼君の霊の前に、最後の誓いをしてお別れをいたしたいと思うのであります」。

一〇月二一日（金）　祈る。

十時、院内に入る。十時本会議。午後三時半、本会議。演説*する。後浅沼夫人と副議長室で会見する。七時半江田［三郎］、加藤［勘十］両君と浅沼宅を訪問し、よる十二時過ぎ帰宅。

＊　代表演説は、党としての、また河上としての追悼演説となる。

一〇月二二日（土）　祈る。

九時、美村君訪問。十時浅沼夫人を江田君と訪問し、後本部に入る。一時政治［政界］往来社で社長との会見。三時本会議、四時五十分の列車で前橋にいく。田辺［誠］君のため。泊る。

一〇月二三日（日）　祈る。

朝、石井君宿に来る。十一時五十分の列車で帰宅。

一〇月二四日（月）　祈る。

一〇月二五日（火）
みちのくで茨城日立にいく。石川［次夫］君応援のため、木村同伴。よる帰る。祈る。

一〇月二六日（水） 祈る。
第一コダマで大阪にいく。大阪で演説、片山町に泊る。

一〇月二七日（木） 祈る。
福岡にいく。飛行機で。よし邦を宿舎に訪う。

一〇月二八日（金） 祈る。
午前一時の飛行機で東京に帰る。上野より新潟にいく。鈴木［吉治郎］君応援のため。泊る。

一〇月二九日（土） 祈る。
よる日本海で大阪に向う。朝よりよるまで鈴木君応援。

一〇月三〇日（日） 祈る。
五時、大阪着。告示。選挙開所。上京。よる津軽で弘前にいく。戸叶［武］君同伴。

一〇月三一日（月） 祈る。
弘前につき、戸叶君一緒に島口［重次郎］君応援。よる青森発。

一一月

一一月一日（火） 祈る。
ヒル上野着。宇都宮にいく。宇都宮に泊る。

一一月二日（水） 祈る。
宇都宮たち、め［つ］ばめで名古屋を経て、四日市にいく。小林［正美］君応援。戸叶君同伴。泊る。

一一月三日（木） 祈る。
午前中、中井君応援。三時帰神。よる立会演説。

一一月四日（金） 祈る。神戸にいる。

一一月五日（土） 祈る。

一一月六日（日） 祈る。

一一月七日（月） 祈る。

一一月八日（火） 祈る。

一一月九日（水） 祈る。

一一月一〇日（木） 祈る。

一一月一一日（金） 祈る。

一一月一二日（土） 祈る。

一一月一三日（日） 祈る。
よる広島に向う。衣笠君［党本部書記］随行。

一一月一四日（月） 祈る。
前田［栄之助］君応援。呉に泊る。

一一月一五日（火） 祈る。
山口にいく。細迫［兼光］君応援。* よるたち帰神。

＊　この年の選挙戦では、「河上が殺されようとし、浅沼が殺された」と神戸市内で寒空で訴え続けたことが、語り草になった。

一一月一六日（水） 祈る。

一一月一七日（木） 祈る。

一一月一八日（金） 祈る。

一一月一九日（土） 祈る。

一一月二〇日（日） 祈る。
八時飛行機で帰京。よる本部にいく。松井、川俣当選よろこぶ。直ちに電話す。

一一月二一日（月） 祈る。
八時三十分羽田発、十一時片山の家に至る。後選挙事務所に入る。当選した。
午後神戸、兵庫新聞社にいく。五時関西テレビにいく。大矢［省三］、高崎［達之助］両君と対談。神に感謝す。よる冲天閣で小野、人見、和田、久山、井村両君［すべて関西学院関係者］と会食。

一一月二二日（火） 祈る。
市役所、有岡助役。阪本知事に礼をのぶ。その他労組、新聞各社に礼にいく。よる冲天閣で私の祝賀会にでる。

一一月二三日（水） 祈る。

八時伊丹発。羽田に民雄、木村、智子夫妻と子供出迎う。帰宅。よる祝の宴。伊集院一家、活子来る。午後戸叶、三宅両君来訪。


一一月二四日（木） 祈る。

藤井［丙午］君を八幡製鉄に訪問、礼をいう。林君にも。本部によって一時に河野宅にいく。戸叶、三宅、矢尾、中村、松井、松前、伊藤［英治］の諸君と会食。夕刻帰宅。


一一月二五日（金） 祈る。

鞆絵小学校九十周年記念会にでる。後、事務所に入り田中［二］君を訪問。礼をのぶ。後呉羽にいく、植場君留守。後教文館にいき、本部にいき、後美村君と山崎、高尾両君を訪う。五時松沢君宿舎を訪う。よる神戸新聞記者、川俣君、朝日記者来訪。


一一月二六日（土） 祈る。

十時、事務所に入る。美村君と近江屋興業、本郷の風呂屋さん［吉田松治］、前田［千代］夫人を訪問し、一時より生協連に出席し、四時半千葉につく。羽生さんの応援。八時帰宅。よる朝日の記者来訪。

一一月二七日（日） 感謝と祈る。＊
よる銀河でたつ。

＊ 一一月二七日より、これまで毎日の記事冒頭に記されていた「祈る」の文言が、「感謝と祈る」に変わっている。

一一月二八日（月） 感謝と祈る。

大阪着。妻出迎。食事をなし、中島君訪問。後、ＯＫタクシーにいく。礼をのぶ。竹中［一雄。朝日記者、関西学院の教え子］君宅にいき、ヒル食の御馳走になる。午后近江屋興業訪問。社長に面会し、四時竹中君と一緒に関学同窓会館にいく。諸教授と会見。寿岳［文章］夫妻出席。


一一月二九日（火） 感謝と祈る。

中ノ瀬君を訪問。ヒル牧師さんの会合。午後三信に成田君を訪問。よる丈門会の幹事会にでる。銀河でたつ。


一一月三〇日（水） 感謝と祈。

十時、中央委員会に出席。夕刻浅沼君の五十日祭につらなる。の記者来訪。

一二月

一二月一日（木）　感謝と祈る。

事務所にいく。二時本部にいく。テレビの撮影。三時、中日支社で山口さんに会見。社の論説委員の諸氏同席。六時［東京］丈門会。よる九時四十分上野発。秋田にいく。影浦君［秘書］随行。

一二月二日（金）　感謝と祈。

横手につく。川俣宅に入る。横手警察を初め諸所で検事、警察署長と会見し、よる津軽で去る。

一二月三日（土）　感謝と祈。

上野着。東京駅で食事をなし、七時でたつ。四日市の小林正美君の葬儀につらなる。第二つばめで帰宅。

一二月四日（日）　感謝と祈。

木村君退職する。いずみで分れ《ママ》の宴をはる。妻、民雄、影浦同席。よる産経記者来訪。

一二月五日（月）　感謝と祈り。

十時、院内に入る。後、丸善にいき院内にもどる。議長問題で紛糾する。

一二月六日（火）　感謝と祈。

原書店にいき、本を求め近三ビル吉川［政春］君を訪ね院内に入る。議長問題で解決つかず、よる十二時近く帰宅。

一二月七日（水）　感謝と祈。

和田［博雄］君来訪。午後院内に入る。三時藤牧君と会見。四時都市センターで五大市の招き。六時若松で小島君の招き。河野、松前、三宅、林［虎雄］の諸君と会食。議長選挙、首相指定して十二時半帰宅。

一二月八日（木）　感謝と祈。

十時大蔵省にいく。その人留守。午後再びいく田代氏に面会し、後帰宅。大工原巌［磐］君来訪。よるすずやで食事をなす。

一二月九日（金）　感謝と祈。

十時に三鷹市、都議選挙応援にいく。二時天国で食事をなし院内に入る。石原局長留守。本会議後帰宅。

一二月一〇日（土）　感謝と祈。

十時半、院内に入る。開会式につらなり、清原［邦一］検事総長を訪い、事務所に入る。夕刻帰宅。影浦君今日より下宿にでる。

一二月一一日（日）　感謝と祈。
九時半、妻と平安堂訪問。後、教会にいく。十二時帰宅。一時浅沼夫人と一緒に、福生と日の出村の浅沼君追悼演説会にでる。七時半頃帰宅。

一二月一二日（月）　感謝と祈。
小村を前橋に遣し、鶴巻氏の文章つゝみを返さしむ。午後本会議。

一二月一三日（火）　感謝と祈。
十時懲罰委員会。午後本会議。

一二月一四日（水）　感謝と祈。
八時祈祷会。正午高崎［達之助］氏の訪中報告をきく。三時帰宅。五時半クリスチャン・アカデミーのXmasに招かる。

一二月一五日（木）　感謝と祈。
正午プリンスホテルで、阪本知事の招宴。二時農民組合運動史の発刊祝賀会。五時田中［二］君の祝賀会。六時帰宅。

一二月一六日（金）　感謝と祈り。
十時半、会館。正午伊藤に会い、約束のものを渡し後帰宅。途中紀ノ国屋書店による。本を求む。

一二月一七日（土）　感謝と祈。
七時五十分浅草発で、足利にいく。終日車に乗って応援。よる二ヶ所演説。よる巌華園［昔から文人墨客が訪れた足利の旅館］に泊る。

一二月一八日（日）　感謝と祈り。
八時十分足利発、帰宅。

一二月一九日（月）　感謝と祈。
二時の宝仙寺の戸叶里子さんの父君の葬儀につらなり、四時帰宅。

一二月二〇日（火）　感謝と祈り。
五時半、陶々亭に同人*の同志を招く。伊藤、藤牧、堀米、高宗、民雄。

一二月二一日（水）　感謝と祈り。

---

* 『同人』は昭和三五年三月から、昭和四一年六月まで、一二六号続いた河上派の機関誌。ここに招かれたのは、全て編集委員。

八時、会館にいく。祈祷会。杉山、西村、伊井［井伊］、長谷川の諸君と共に祈る。十時裁判所にいき正午事務所によって帰宅。よる党の書記の方々を招く。

一二月二二日（木）　感謝と祈り。二時本会議帰宅。

一二月二三日（金）　感謝と祈。
一時水谷［長三郎］君葬儀。後会館で共同の記者。東京新聞記者に会う。五時過帰宅。朝、横前君来る。加藤シズエさんの問題で。

一二月二四日（土）　感謝と祈り。
十時、国会にいく。七十年祭。午后一時事務所にいく。五時半すゞやでXmasの食事をする。

一二月二五日（日）　感謝と祈。
七時第一コダマで京都にいく。水谷君の府連の葬儀。五時第二ツバメで京都たつ。堀米君随行。十一時半帰宅。

一二月二六日（月）　感謝と祈り。
十時、院内に入り、十時半産経会館の大ふんすい塔の委員会。正午帰館。伊集院を訪ね、和子と銀座で靴の贈物をうく。四時帰宅。

一二月二七日（火）　感謝と祈り。終日引籠。瀬尾夫妻来訪。

一二月二八日（水）　感謝と祈。
九時半伊集院によって、立をつれて妻と奈良屋に入る。

一二月二九日（木）　感謝と祈。湯につかる。

一二月三〇日（金）　感謝と祈り。静養。

一二月三一日（土）　感謝と祈り。
民雄来る。朝食を三人でとる。十時半奈良屋をたち帰宅する。

◇一九六一（昭和三六）年◇

一月

一月一日（日）
九時半、家を出で教会にいく。教会は十一時開会でありましたので、美村君宅を訪問。昨日美村君病気の由と伝えられたので見舞にいく、妻と一緒。礼拝にでる、帰宅。智子一家、伊集院虎雄と和子、内ケ崎光枝、堀米、青山夫妻、小島の諸君来訪。感謝と希願の祈をなす。

一月二日（月）　感謝と希願の祈。
十一時半、紀ノ国屋にいき本を求む。一時、朝日の中瀬君と党の書記局の人々来訪。山下、八巻、山崎、谷尾夫妻［事務所関係者］とお子さん来。

一月三日（火）　感謝と希願の祈。
十時五十分の電車で、鎌倉の林君を訪問。三時辞去。品川駅で下車し、木原氏を妻と一緒で訪問。六時帰宅。よる大空［テント］君来訪。留守中に長谷川、小島、麻生の諸君来る。

一月四日（水）　感謝と希願の祈。
十時、伊藤英治君を妻と訪問。朝日の記事に関し頼む。午后中瀬君来訪。よる神戸に発つ。

一月五日（木）　祈る。
大阪着、影浦出迎。神戸駅食堂で青木君に会い、一緒に市職にいき、十一時勤労会館での名刺交換会にでる。竹葉［亭］で食事をなし、OKタクシーを訪問。山口、東両君に礼を申上ぐ。直ちに神戸の冲天閣に入る。酒井夫人、虎、田代などに会い、後新年会につらなる。八時五十分銀河でたつ。

一月六日（金）　祈る。
八時半、帰宅。十時半、平山牧師その他の方々来訪。けさ平山牧師の教会の人より電話があり。きょう［都］庁訪問中止してほしいとの事であったので、その旨申して府《ママ》庁訪問を中止した。よる小林光、泰雄君［末子の親戚。麻生中の教師。泰雄はその息、牧師］来訪。

一月七日（土）　祈る。
民雄、京子、陽子、維久子等、伊勢にいくため七時たつ。伊集院、智子の所によって、平山牧師を訪問。教文館により、事務所に入る。ヒル食を義夫ととる。東京駅に妻を迎えて帰宅。よる毎日記者林君来る。

一月八日（日）　祈る。

終日引籠る。

午後小林泰雄来訪。高松次席検事宛紹介状を渡す。

一月九日（月）　祈る。

民雄帰宅。午後堀米君来訪、五時事務所にいき、山下〔吉則。弁護士〕君をつれて如水会館にいく、明日の公判の打合。よる十時秋定、三宅〔久之。共に毎日記者〕両君来訪。

一月一〇日（火）　祈る。

午前、神戸大学々長来訪。午後八王寺《ママ》裁判所にいく。

一月一一日（水）　祈る。

十時半、会館で重田さん外一人の医療問題の陳情をうく。午後、原書店に民雄といき帰宅。平山、小林両牧師来訪、五時晩翠軒に神戸新聞支局の人々を招く。

一月一二日（木）　祈る。

十時半、妻と前田〔千代〕夫人を訪ね、私は帰宅。午後四時デイリースポーツの鈴木君来訪。

一月一三日（金）　祈る。

八時十分新宿発、大月市にいく。市長選挙応援、七時半帰宅。

一月一四日（土）　祈る。

九時発、名古屋駅着。記者会見。山崎常吉氏の葬儀に列す、四時名古屋発、大阪着与太楼で食事をなし、片山町に入る。

一月一五日（日）　祈る。

岡田さん、飼原母子に会見。

十一時冲天閣に入る、酒井君と妻と一緒に会見。二時酒井夫人と道雄君と会見、五時曽根〔禰〕、あみた小学校田中〔武夫〕代議士地元後援会にでる、帰宅。岩井みよ子さんお母上と来訪。

一月一六日（月）　祈る。

妻と中ノ瀬君を訪問、帰宅。長田夫人来訪、婦研〔社会党系の婦人団体〕の方々来訪、丹ぜんを贈らる。それを着て写真をとる。正午冲天閣、牧師さんの会合、市職を訪問、今井さんに会う。五時半丈門会にでる。

一月一七日（火）　祈る。

八時、神戸発。京都大工原を訪問、大阪に出で上六より宇治山田加藤家〔民雄の妻京子の実家〕にいく。八時たつ。


一月一八日（水）　祈る。

七時半東京駅着、帰宅。五時学生会館で弁護の打合せ会〔参議院議員の公務執行妨害事件〕に出席。


一月一九日（木）　祈る。

十時裁判所にいき、十時半退いて家によって、妻を伴い多摩墓《ママ》地の浅沼君の納骨式につらなる。三輪君の墓参、帰宅。よる読売の社会党記者の諸氏来訪。


一月二〇日（金）　祈る。

終日家にいる、よる村田忠男君来る。


一月二一日（土）　祈る。

九時、小林牧師来訪。十一時院内で西沢局長に会い、事務所に入る。三時帰宅。佐藤〔祐次〕君婚約者をつれて来訪。よる津軽で上野発。伊勢より電話、京子女子〔次女牧子〕を生むとのこと、めでたし。


一月二二日（日）　祈る。

八時三十分横手着、川俣君宅に入る。午後二時支部総会で演説。よる八時四十分津軽でたつ。


一月二三日（月）　祈る。

五時四十分、上野着。中尾君同車なりしため来訪。九時本郷原書店によって、川口市長選挙応援にいく。七時帰宅。民雄十二時近く帰宅。


一月二四日（火）　祈る。

デーリー・スポーツの記者来訪。一時出発、川口にいく。七時半帰宅。妻、伊勢にいく。


一月二五日（水）　祈る。

八時会館で祈祷会。杉山、西村、田辺〔誠〕の諸君来集。九時半出発、川口にいく。三時事務所に帰り、後木村と影浦をつれて新宿すずやで夕食をとり、コマ東宝で「名もなく貧しく美しく」をみる。木村泊る。


一月二六日（木）　祈る。

九時四十分出発、川口にいく。午后四時帰宅。

一月二七日（金）　祈る。

終日家にいる。夕刻時武君来訪。


一月二八日（土）　祈る。

十一時、開会式。午後事務所に入る。鈴木千代さん来訪。事務所に来てもらい、事件の打合をする、帰宅。民雄、伊勢にいく。


一月二九日（日）　祈る。

終日引籠る。夕刻永松夫妻〔末子の弟。平岩馨邦の長女夫妻〕と子供に木村が来訪。木村は泊る。民雄より電報、牧子と命名する。


一月三〇日（月）　祈る。

十時、平山牧師を訪問。十時半会館に入る、十一時本会議、午後一時半平山牧師他二人の牧師来館。西村君と一緒に懇談する。四時半本会議再開、七時帰宅。民雄と妻に私の委員長問題に関する考えをのべる。*

* 浅沼氏亡きのち社会党委員長に河上をおす動きがあったことをさす。

一月三一日（火）　祈る。

午後、本会議。夕刻帰宅、よる大和で白浜に向う、時武君随行。

二月

二月一日（水）　祈る。

午後十二時過ぎ白浜着。二時国際電気労連の会であいさつして、四時白浜たち、八時三十分天王寺で大和に乗る。名古屋で時武君の伯父危篤の電報をうけたので、浜松より京都に向うという。


二月二日（木）　祈る。

六時四十分、東京着。島中家の事件*を知る。妻、午后見舞にいく。よる統一会には欠席して休養する。

* 嶋中事件（風流夢譚事件）。

二月三日（金）　祈る。

十時、森戸君来訪。午後院内に入る、本会議。四時帰宅、六［時］晩翠軒にいく。朝日の記者諸君を招く。民雄、伊藤君同席。

二月四日（土）　祈る。

目まいがしたので床にいる。夕刻堀米君来訪。


二月五日（日）　祈る。

十二時半の列車で、塩山の党支部大会にいく。七時半帰宅。


二月六日（月）　祈る。

十一時に、松沢君の秘書の紹介の人来る。午后一時、佐藤君が母堂をつれて来訪。終日引籠る。


二月七日（火）　祈る。

午前中に中ノ瀬君が《ママ》会館より電話があった。大隈会館で佐藤祐次君の結婚式が一時よりあった、仲人としてたった。帰宅後、丸善にいく。直ちに帰宅。


二月八日（水）　祈る。

八時より祈祷会。西村、長谷川、戸叶、田辺と私共夫妻集る。帰宅。よる銀河で妻と一緒にたつ。


二月九日（木）　祈る。

銀河で神戸着、中川君出迎。食事後直ちに関西学院にいく。阪本、田中両君に会う。大阪駅に竹中［一雄］君来る。後学院で面会する。神戸女学院を訪い、学長と会う。食事をなし、後神戸に帰る。検事局を訪問し、三時大阪に向い、ＯＫタクシーを訪問。東君に会い、五時美々卯のオイシ会にて、九時半頃片山町宅に入る。よる小関、坂田夫人をつれて来訪、午前二時まで話をきく。


二月一〇日（金）　祈る。

九時、影浦君と兄さん来訪。美代子さんの母君と伯父さん夫妻来訪ありしが、夫婦で中ノ瀬君を訪問のため外にあったので、道路でアイサツをした。中ノ瀬君訪問、帰宅。小関君来る。三時成田君を訪問、よい話をきく。五時六甲荘で影浦君の結婚式に仲人として立つ。銀河でたつ。妻はのこる。


二月一一日（土）　祈る。

銀河でつく、民雄出迎。民雄と渋谷駅で分れて帰宅。午後横前君、後伊藤君来訪。横前君は加藤シズエさんのことで、伊藤君は委員長のことで。


二月一二日（日）　祈る。

妻、銀河で帰宅。十時過ぎ民雄と河野君を訪問、正午帰宅。午後佐藤新夫妻来訪、よるＮＨＫ記者二人来訪。

二月一三日（月） 祈る。

午后柴尾［親弘］君と山崎［貞一。共にTDK幹部］氏をつれて来訪。五時半若松にいく。河の、三宅、矢尾、松井、伊藤の諸君を招く。私の委員長問題に就て相談した。


二月一四日（火） 祈る。

午後五時半、東京ステーションホテルの関学の如月会［同窓会］に出席し、後八王子市長選挙応援のためにいく。


二月一五日（水） 祈る。

戸叶里子さんをさそって、妻と祈祷会にでる。長谷川［保］、田辺［誠］君と祈る。後八王子市長応援にいき、午後一時半より裁判［所］にいく。八時帰宅。


二月一六日（木） 祈る。

十時半、原書店に民雄といく、直ちに帰宅。四時民雄、柴尾、山崎の諸君と一緒に山本徳源君を訪う。帰途紀伊国［屋］により労働党大会の報告書を求む。


二月一七日（金） 祈る。

一時半、事務所に入る。三時半帰宅。


二月一八日（土） 祈る。

十時、山崎氏をつれて山本君を訪う。後事務所によって帰宅。


二月一九日（日） 祈る。

午後、柴尾、山崎両君来訪。よる銀河でたつ。妻は第一コダマでたち、京子、陽子、牧子さんを訪ねて神戸に入る。


二月二〇日（月） 祈る。

銀河で神戸着。食事をして関西学院にいき、田中、阪本君に会い色々と頼む［共に教え子］、朝日君父子駅に出迎う。十一時、冲天閣に入る。牧師さんの会にでる。一時片山町の宅で婦人の会にでて、市職を訪問し、青木君と会い、六時丈門会にでて、銀河でたつ。


二月二一日（火） 祈る。

午後五時、若松で溝上［正男。長野県議］君の控訴につき相談する。小島君、林［虎雄］君、野溝君、美村君同席。


二月二二日（水） 祈る。

八時、祈祷会に［戸叶］里子さんを誘っていく。妻は東京駅着後、来会。西村、杉山、井伊君、里子さん、妻と会食して帰宅。ヒル参議院内食堂で、兵庫県国会議員と会食し帰宅。

二月二三日（木） 祈る。

十時、中ノ瀬君を宿舎に訪問、後 Prince Hotel の四国淡路本土架橋運動の会にで、会館に入る。後本会議、六時半帰宅。


二月二四日（金） 祈る。

八時半、九段の都市会館の市主催の朝食会にでて、会館に入る。十時半、酒井夫人に電話した。後、Miller 博士と二人の外人と日本人の方々来館。正午過ぎに最高裁判所訪問、奥野［健二］、藤田［八郎］、池田［克］、山田［佐ノ助］の判事さんに、中田君の件*につき懇願し、天国で食事をなして、二時過ぎ帰宅。

* 一九五九年（昭和三四年）六月の参議院選挙で三九票差で中田吉雄（社）で当選したのに対し自民党が当選無効の訴えを起こした裁判。結果は勝訴。一九六三年（昭和三八年）三月判決決定。

二月二五日（土） 祈る。


二月二六日（日） 祈る。

一時家を出て、御茶水で伊藤君をつれて、民雄とで奈良［屋］にいく。奈良屋に泊る、藤牧君も一緒。


二月二七日（月） 祈る。

正午過ぎ奈良屋を去る、四時半帰宅。柴尾、山崎両君まつ。六時大空ヒットさんの後援会の総会にでる、八時帰宅。


二月二八日（火） 祈る。

十時、秋定君の母堂逝去のためくやみにいく。事務所に入る。天国で食事をなし、一先ず帰宅。四時本会議にでる、帰宅中、油谷君［奈良の竿屋さんか。党関係者か］来訪。

三月

三月一日（水） 祈る。

八時祈祷会。西村［関一］、長谷川［保］、田辺［誠］、小柳［勇］と私共夫婦。十時帰宅、日経記者来訪。一時秋定君の母堂の葬儀、代々木の火葬所にいく。四時帰宅、よる三宅、中井［徳次郎］両君来訪。


三月二日（木） 祈る。

十時、日経記者来訪。午後家庭裁判長訪問、留守。事務所により、帰宅。民雄、京子と娘をつれに伊勢にいく。

三月三日（金）　祈る。

九時半、伊藤君来訪。十時半家庭裁判所長訪問、地裁にいく、弁論する。事務所により、六時より太田〔薫〕、宝樹〔文彦〕、河の、松前の諸君と会食懇談した。民雄夫婦と陽子、牧子、伊勢より。


三月四日（土）　祈る。

十時半裁判所にいき、午後泉川さんの島屋で美村君の御馳走になり、山崎〔親弘〕、高尾〔三郎〕君を訪問して援助金のお礼をのぶ。高尾君留守、一先帰宅。七時院内に入る、予算の会議。


三月五日（日）　祈る。

午前二時半、帰宅。十時柴尾君、十二時山本〔幸二〕君来訪。


三月六日（月）　祈る。

十時半、大会〔第二〇回〕にでる。ヒル小島君のおすしの御馳走になる。事務所に入る。午後大会にでる。散会後、小谷君をつれて六実にいき帰宅。


三月七日（火）　祈る。

平安堂宅に四時にいく。松前、三宅、河野、伊藤〔英治〕の諸君と会見して、執行委員のことにつき相談し、後帰宅。


三月八日（水）　祈る。

八時祈祷会。西村、長谷川、田辺、妻と私。正富旅館で伊藤君に会い、後帰宅。二時大会にいく、委員長に選ばる。河上派の会合に出で、九時NHKで愛川〔重義。政治評論家〕君と対談し、若松で民雄、影浦、花輪君〔SP。正しく塙〕と食事をなし、十一時東京テレビで江田〔書記長〕君と藤原〔弘達。政治評論家〕氏と対談。


三月九日（木）　祈る。

八時、朝日テレビニュースが来る。神戸新聞記者、九時に来る。十時に鈴木〔茂三郎〕君を訪問し、帰宅。一時執行委員会に出て、後事務所に入り、本部で伊藤〔英治〕君に会い、五時半米大使館で大使の離別のレセプションに出で、三会亭で落選議員の慰労会に出で帰宅。

妻は一時半、羽田発神戸にいき、松沢〔兼人〕さんのお嬢さんの結婚式につらなり、十一時半飛行機で帰宅。


三月一〇日（金）　祈る。

十時、委員長室に入る。新聞社、テレビ社を訪問し、本会議に出で帰宅。十一時フジテレビにいく、唐島〔基智三〕、坂西〔志保〕両氏と対談。


三月一一日（土）　祈る。

一時会館に入り、伊藤君と会見。後帰宅。

三月一二日（日） 祈る。

八時、日本テレビで対談。九時帰宅。正午若松で秋定、河野君と一緒に小島の御馳走になる。

三月一三日（月） 祈る。

九時、会館で文化放送の会見。十時小笠原君〔組織局長〕等と組合巡り、三時帰館。神戸新聞水谷君等来館、江田君来る。六時新聞記者との会見、帰宅。

三月一四日（火） 祈る。

十時執行委員会、一時本会議、四時帰宅。五時近く和田〔博雄〕君来訪。よる石田日経*、毎日、朝日の記者達来訪。

＊ 石田日経とあるのは日本経済新聞に昭和三十六年三月一二日付から四月六日付まで連載された「私の履歴書」の担当者の石田智彦氏のことか。

三月一五日（水） 祈る。

八時、祈祷会。戸叶、井伊、横川〔正市〕、小柳と私共夫妻。

十一時UP記者、一時プラウダ記者、二時関西ラジオ、三時ブリカリア〔ブルガリア〕記者との会見。

三月一六日（木） 祈る。

十時執行委員会、一時より各労組訪問。五時西村〔勇夫〕*君の招待、江田、椿〔繁夫〕、松井の諸君と会食。

＊ 戦前日本労働組合総連合大阪連合で活動。のち実業に転ず。戦後日本社会党幹部に友人多し。

三月一七日（金） 祈る。

十時執行委員会、五時本会議、八時帰宅。日経の石田君来訪。

三月一八日（土） 祈る。

十時、執行委員会。二時各社の記者会見。五時半丸ビルの九階で丈門会、七時半帰宅。日経の石田君来訪。

三月一九日（日） 祈る。

八時十分、新宿発。江田、成田〔知巳〕、矢尾、佐藤〔観次郎〕、伊藤〔英治〕、影浦の諸君と一緒にスワ〔諏訪〕着。記者会見、午後岡谷の県連大会、よる演説。泊る。

三月二〇日（月） 祈る。

十一時スワ発、午后八時神戸駅着。記者を旅宿に送って食事を共にし、冲天閣丈門会に出る。片山町に泊る。民雄けさ東京発名古屋駅で一緒、江田君は岡山にいく。


三月二一日（火） 祈る。

十時、東京よりの随行の記者と会見。十一時神戸市役所九階オリエンタルホテルで記者会見。正午歓迎パーテ［ィ］ー。一先片山町宅に帰り、五時冲天閣で会合。銀河でたつ。


三月二二日（水） 祈る。

八時着、直ちに祈祷会にでる。帰宅。よる十時半、日本テレビにでる。


三月二三日（木） 祈る。

十一時、京子の妹の結婚式にでる。途中で退席して院内に入る。


三月二四日（金） 祈る。

九時半上野発、新潟着。県庁訪問、記者会見。沈下地区視察*、よる演説。成田［知巳］、石田［宥全］両君と一緒。西山旅館［西山春吉。戦前無産運動時代から戦後社会党にかけての支援者であった］に泊る。


三月二五日（土） 祈る。

基本法懇談会。三時巻で演説、四時半三条より日本海に乗る。十二時福井駅着。


三月二六日（日） 祈る。

九時半、記者会見。十一時基本法の懇談会、五時半丸岡で演説。五時レセプション、能登号でたつ。


三月二七日（月） 祈る。

十時鈴木［茂三郎］君訪問、十一時院内に入る。栗山君名古屋市長推挙。二時帰宅。三時あやべ［恵造］君の妹の結婚式につらなる。事務所に入る。八時緊急中執にでる。


三月二八日（火） 祈る。

十時中執、正午副議長公邸で顧問会議。本会議、八時半中執。


三月二九日（水） 祈る。

八時、祈祷会。杉山、長谷川、横川、田辺、西宮［弘］、戸叶、松沢と私共夫妻。帰宅。

＊　当時大問題であった天然ガス採取に伴う沈下地区の視察。

三月三〇日（木） 祈る。十時中執、午后本会議。

三月三一日（金） 祈る。
十時中執、五時アラブ大使館レセプション。院内にもどる。正午Loyalに三宅、中村、松井、伊藤、中沢、河野、松前、矢尾を招く。午前中に鈴木君夫妻来訪。

四月

四月一日（土） 祈る。
十時鈴木［茂三郎］君を私宅に訪問、十一時帰宅、終日引籠る。

四月二日（日） 祈る。十時、フジテレビ来訪、終日引籠る。

四月三日（月） 祈る。
十時、原書店訪ねルオ喫茶店による。帰宅。一時半健康体操クラブ発会式にでる。事務所によって帰宅。夕刻日経石田［智彦］君来、原稿料をうく。

四月四日（火） 祈る。
神戸いきを中止し、妻代理として飛行機で兵庫県労働運動史の発刊祝会にで、六時帰宅。直ちに岡本文之助君［駿河屋主人］宅を妻と訪問。

四月五日（水） 祈る。
七時、浅野牧師を訪い祈祷会にでる。井伊、猪俣、長谷川、松沢、横川、西村、四ノ宮［西宮弘］、田原、杉山、田辺と私共夫妻。正午東生園で一高の同級会。三時本会議、四時法政大学で高野［岩三郎］先生の追悼会。六時金島君をつれ夫妻で、アラスカで食事。

四月六日（木） 祈る。
高橋［正雄］教授、藤原道子さん来訪。呉羽に植場君に会い、帰宅。五時晩翠軒に日経の石田、鈴木［孝信。日本経済新聞者社会党担当］君を招く、履歴書［私の履歴書］のお礼、民雄、伊藤、影浦が同席。妻は仏大使館のレセプションにいく。

四月七日（金） 祈る。十時中執。よるたつ。

四月八日（土） 祈る。
朝、大津着。十時記者会見、正午東京記者会見、二時レセプション。後堅田の国華荘に入る、よる演説。

四月九日（日） 祈る。
十時県連大会、三時特急で京都駅たつ。夕刻吐く。帰宅。

四月一〇日（月） 祈る。気持悪く、終日床にいる。

四月一一日（火） 祈る。十時中執、一時本会議、三時帰宅。

四月一二日（水） 祈る。
六時、陶々亭に農業団体の職員を招く。

四月一三日（木） 祈る。
九時、妻と中ノ瀬君を訪問。十時代議士会、一時本会議、六時松平［忠久］君を若松に招く。

四月一四日（金） 祈る。
六時、上野弁慶で社会党記者団を招待。

四月一五日（土） 祈る。
七時東京たち、一時京都着。レセプションと演説。随行堀米君と片山町にいく、泊る。

四月一六日（日） 祈る。
午前妻来神。一緒に中ノ瀬、山谷［小谷守］君宅訪問。正午川のほとりの会*にて、三時丈門会沖天閣で開かる。八時五十分銀河でたち、大阪で彗星に乗換て帰京。妻は銀河でそのまま。

＊　妻末を中心とする婦人の会。

四月一七日（月） 祈る。
一時十五分、独逸大使館に妻といく、午餐会。帰宅。

四月一八日（火） 祈る。
十時中執、十一時プリンスホテルにいく。南日本国道建設の会、十二時佐藤観次郎君の令嬢の結婚披露、四時大隈会館で横山［樹。労働運動家］君の結婚式に仲人としてたつ。六時半本部で正木［清］君の通夜。

四月一九日（水） 祈る。
十時半、ガーデアン記者と会館で会見。一時正木君の党葬。よる十時十五分で彦根に向う、影浦随行。

四月二〇日（木） 祈る。
八時過ぎ、京都駅着。九時の列車で中村高一君と一緒に彦根にいく。記者会見、十二時より市長選挙応援、よる二ヶ所で演説。十時十分出雲で帰京。

四月二一日（金） 祈る。
六時四十分東京着、帰宅。一時プリンスホテルの全国新聞編輯局長会議に出る。本会議にで、帰宅。

四月二二日（土） 祈る。十時中執。

四月二三日（日） 祈る。五時、晩翠軒で書記局の人々と会食。

四月二四日（月） 祈る。
七時十分特急で名古屋にいく。市長選応援。

四月二五日（火） 祈る。名古屋で応援。

四月二六日（水） 祈る。名古屋滞在。

四月二七日（木） 祈る。
〇時五分出雲で名古屋たち、帰宅。十時中執。

四月二八日（金） 祈る。
十時中執、三時半、島［清。参院議員］君のお祝のレセプション。院内にいる、本会議開かれず。

四月二九日（土） 祈る。
一時帰宅。代議士会十時、一時半本会議、社会党は出席せず。夕刻智子一家来訪、一緒に食事をなして分《ママ》る。

四月三〇日（日） 祈る。
十時、国際写真画報来訪。午後光子来訪。

五月

五月一日（月） 祈る。
九時半、メーデーにつらなる、新橋まで行進。丸善により六実で食事をなし帰宅。

五月二日（火） 祈る。
十二時、会館に入る。成田君を東京駅に出迎う。二時NHK三党首雑［座］談会失敗す。後、院内に入り書記［記者］会見、七時チェコスロバキア議員団の歓迎会、東京会館で行わる、出席。

五月三日（水）　祈る。

十時、小金井の党中央学校開校式につらなる。正午帰宅、外出せず、ねる。


五月四日（木）　祈る。

八時祈祷会。十時帰宅、外出せず。


五月五日（金）　祈る。

正午中島君令嬢の結婚式につらなる。菊池堯君未亡人来訪。


五月六日（土）　祈る。

十時本部に中執、正午帰宅。二時妻と伊原隆君を訪問。四時帰宅。


五月七日（金）　祈る。

二時柳〔宗悦〕さんの葬儀につらなる。帰宅。後金島夫人来訪、夫君出迎で上京。


五月八日（土）　祈る。

十時会館に入る、中田〔吉雄〕君の秘書と一緒に。事務所に入り美村君と相談し、帰宅。六時晩翠軒でＮＨＫの記者の諸君と会食。


五月九日（日）　祈る。

十時、中執に出席。正午帰宅。妻と一緒にチェコスロバキア大使館に独立記念のレセプションに出て、会館に入り、横前君と後楽園社長を訪問、帰宅。六時椿山荘の議会のチェコスロバキア代表団のレセプションにつらなる。七時帰宅。


五月一〇日（水）　祈る。

よる福住で、総評太田、岩井、宝樹、原、小林、松前と会食した。


五月一一日（木）　祈る。

八時祈祷会。西村、杉山、小柳、横川、戸叶、田辺、私共夫妻。よる晩翠軒で読売の記者の諸君と会食。


五月一二日（金）　祈る。

一時半、各県の統制委員長会議。後安井〔謙。自治大臣〕、池田〔勇人〕氏に会見。


五月一三日（土）　祈る。

朝九時、静岡にたつ。午後のレセプションに出て、よる演説。泊る。

五月一四日（日） 祈る。
八時静岡たち帰宅。一時、日比谷音楽堂に蹶起大会にでる。神戸より妻帰る。

五月一五日（月） 祈る。
正午キュ［ー］バ大使館のレセプションにでる。二時院内で北洋漁業の陳情をうく。本部によって帰宅。六時晩翠軒で共同通信の諸君と会食。

五月一六日（火） 祈る。
十時中執。六時小岩の関さんの新築祝の宴に招かる。

五月一七日（水） 祈る。
午後、本会議。四時基督学校学生連合会で話をなし、六時晩翠軒で毎日新聞記者と伊藤、堀米君等と会食。

五月一八日（木） 祈る。
八時祈祷会、Halverson と後藤牧師来会。十時中執、午後高尾、田中、井原の諸君を訪問。事務所に入り、帰宅。

五月一九日（金） 祈る。
中執が開かる。よる銀河で妻と影浦とたつ。

五月二〇日（土） 祈る。
神戸着。成田君の会社に入る。市長訪問、知事訪問、一時より関学で講演。四時沖天閣で牧師さんの会合、七時より丈門会。

五月二一日（日） 祈る。
九時県連大会。四時レセプション、第二部六時、八時より演説、よる彗星で帰る。

五月二二日（月） 祈る。九時着、帰宅。終日引籠る。

五月二三日（火） 祈る。
十時中執、後自動車で湯河原にいく。四時たち奈良屋によって、十時帰宅。

五月二四日（水） 祈る。
正午皇家飯店で、河上派の会食。事務所によって帰宅。六時、新代議士を招く、八時帰宅。

五月二五日（木） 祈る。
第一コダマでたつ、名古屋下車。自動車で岐阜にいく、午後レセプション、よる演説。堀米君随行。

五月二六日（金） 祈る。

八時過ぎ、準急で大阪につく。直ちにOKタクシーにいく。山口、東両君に会いヒル食のご馳走になる。片山町の自宅に入る。六時沖天閣の三十周年記念宴にでる。片山町に堀米、土肥君泊る。


五月二七日（土） 祈る。

瀬戸に乗る、正午高松着。直ちにレセプション、よる演説。


五月二八日（日） 祈る。

九時栗林公園、屋島見物。十時たつ、大阪で第二コダマで帰宅。


五月二九日（月） 祈る。

九時鈴木［茂三郎］君を訪問。帰宅、宅で静養。


五月三〇日（火） 祈る。

十時中執。午後事務所に入る。再び院内、二時沖縄の陳情団と会見、六時帰宅。


五月三一日（水） 祈る。

九時半、江田、佐々木［更三］君と委員長室で会見、後中執。ヒル中田君の裁判の打合せ、一時半検事正、次席検事に阪［谷本壮。中田議員秘書］君と一緒に会う。大柴［滋夫］君の件で帰宅。

六月

六月一日（木） 祈る。

八時祈祷会、十時中執。四時帰宅。八時和田［博雄］君訪問、留守。


六月二日（金） 祈る。

九時、和田君を訪問。後十時最高裁判［所］で中田君の事件に弁護。三時帰宅。五時半院内に入る。政暴法［政治的暴力行為防止法］、委員会を通過したという。十二時半帰宅。


六月三日（土） 祈る。

九時半、東京駅にいく。院内に入る。中執。一時に牧野良三氏の葬儀につらなる。一時院内で本会議で政暴法を通す。四時帰宅。


六月四日（日） 祈る。

終日引籠る。午前、智子一家来訪。

六月五日（月） 祈る。

八時遠山夫人*の渡ソの御祝いに妻といき、伊集院を訪問し、新宿の冨士銀行にいき、本部によって金を渡す。代議士会、中執、ヒル水田君の送別を尾崎会館で開く。院内に入る。事務所にいき、院内に入る。八時帰宅。

* 女医。盛岡市内に遠山病院経営。その父君依頼の戦前からの知人。

六月六日（火） 祈る。

十時中執、十一時半生活協同組合の総会にでる。院内にいる、五時抗議集会で演説。


六月七日（水） 祈る。

午前二時帰宅。十時より院内に入る。

六月八日（木）
午前五時帰宅。十時院内に入る。十一時帰宅、国会終る。

六月九日（金） 祈る。

正午燕京亭で中執。三時帰宅。六時河野君渡ソ祝いの会、池袋西武百貨店上で開かれ出席。銀河で、妻神戸にいく。


六月一〇日（土） 祈る。

十時中執、正午燕京亭で顧問会議。三時毎日グラフが撮影に来る。六時英大使［館］で女王の誕生祝いのレセプションにでる。


六月一一日（日） 祈る。

十時教会にいく、妻、京子、陽子と。


六月一二日（月） 祈る。

十時労働金庫の大会にで、Christian Academy の国際文化会館の会合にで、一時半阪本［勝。兵庫県］知事を東京駅に迎え、三時三浦［清二］県議と一緒に大蔵省に次官を訪ね、事務所に入り、六時陶々亭で党の書記局会員を招く。


六月一三日（火） 祈る。

八時、妻と阪本君を訪問。小野歯医者にいく。帰宅。夕刻まで床に入る、五時小野歯医者にいき、晩翠軒にて書記の諸君と会食。


六月一四日（水） 祈る。

九時三十分、ブリタニカを注文。十時本部で中執、一時Sweden の記者と会見。二時社会党市長会議、六時天国で私のケガの記念会を子供達が開いてくれた。

六月一五日（木）　祈る。
十時九段会館で、中央委員会。五時晩翠軒で小谷、鳥居、森口君を囲んで国会議員との会食。六時共立公堂で樺美智子さんの記念会にて、陶々亭の河上派の会合にでる。

六月一六日（金）　祈る。
十時中央委員会、六時自宅に河上系の書記局の人々を招く、私のケガの記念のため、*十時五分上の発。

＊　前年一九六〇年六月一七日衆議院議員面会所入口で安保条約反対請願受付中、暴漢に襲われ重傷を負っている。

六月一七日（土）　祈る。九時盛岡着、色々の催があった。

六月一八日（日）　祈る。
九時盛岡をたち、小牛田につき、小牛田、古川にて演説。よるは［空白］で演説。仙台で泊る。

六月一九日（月）　祈る。
福島に十一時につく、街頭演説。二本松でも街頭演説。よる本宮で演説。郡山に泊る。

六月二〇日（火）　祈る。十一時郡山発、三時上野着。帰宅。

六月二一日（水）　祈る。
七時半、長谷川清氏宅を妻と訪問。小野歯医院にいき、帰宅。七時ハンガリー公使の dinner に招かる、江田、山口両君と。

六月二二日（木）　祈る。
六時、都市センターで経済懇談会にでる。銀河で妻とたつ。

六月二三日（金）　祈る。
神戸着。食堂で食事をなし、十時に妻と女子学院にいく。礼拝にて、話をして正午過ぎ沖天閣に入る。神戸の教職政治懇談会［阪神地区の牧師有志による丈太郎を囲む会］にて、午後成田君を三信本社に訪う。六時丈門会。銀河でたつ、妻は神戸に泊る。

六月二四日（土）　祈る。
東京着、直ちに帰宅。十時本部の中執にでて、正午過ぎ幡がやの火葬場に青野［季吉］君の遺族を弔問。本部に入り、事務所に入って、四時半羽田発伊丹着。大阪に出で与太楼で食事をなし、芦屋市と東灘で演説をなし、片山町に入る。中ノ瀬君が待っていた。

六月二五日（日） 祈る。

第一コダマで発つ。偶然佐々木大蔵君も同車、一時半東京着。直ちに経堂北教会にいく、松代信子さん［長女和子の夫の姉］の葬儀。朝日新聞記者来訪。


六月二六日（月） 祈る。

十時、本部にいく。後事務所にいく、ヒル過ぎに帰宅。


六月二七日（火） 祈る。

午前本部にいき、ヒルに帰宅。妻と民雄と和子が横浜に左近夫妻の見送にいく。


六月二八日（水） 祈る。

九時半、東京着。水害で日光遅延、宇都宮で日光号に乗換て行く。日光駅で記者会見、中禅寺ホテルの全労働の大会にで帰る。七時半、東京駅着。直ちに大空君夫妻のリサイタルにいく。


六月二九日（木） 祈る。

原書店にいき、ルオー喫茶店により、森田夫妻と会う。正午帰宅。五時横須賀にいく、市長選応援。


六月三〇日（金） 祈る。

二時瀬尾君を病院に見舞、後本部にいく。佐藤君の母堂逝去をきく。四時事務所に入る、五時帰宅。

七月

七月一日（土） 祈る。

十時中執、十一時半東京会館の ghana のレセプションに妻といく。玄関で米大使夫妻に会う。帰宅。四時半上野発、九時半福島につく。金村旅館に入る。


七月二日（日） 祈る。

十時記者会見、十一時レセプション。一時半たち Sky Line を経て猪苗代湖畔を経て、阪下につく。よる柳津と阪下で演説をなし、東山温泉で泊る。


七月三日（月） 祈る。

七時、会津若松駅をたつ、十二時二十分上野着。スシ政で食事をなし帰宅。五時半ボルショイレセプションに顔を出し、直ちに帰宅。


七月四日（火） 祈る。

十時歯科医にいく。帰宅。五時フ［ィ］リピンの独立レセプションに高輪 Korin Kan にいく。後米国大使館のレセプションにいく、妻と共に。六時半晩翠軒で朝日の橋本君の送別をなす、村上記者と伊藤、藤牧、堀米君同席す。

七月五日（水） 祈る。
七時十五分羽田発、北海道に向う。夕刻夕張にいく、市長の出迎をうく。よる演説、盛会。

七月六日（木） 祈る。
三笠市にいく、二ケ所で演説。よる砂川、滝川で演説。

七月七日（金） 祈る。ひる池田町、よる帯広。

七月八日（土） 祈る。午後札幌につく。よるテレ［ビ］塔で演説。

七月九日（日） 祈る。
七時十五、千歳発、十時十五分羽田着。よる伊集院の招き。

七月一〇日（月） 祈る。
十一時、文化放送。二時総評の太田、岩井両君と幹部との会見。文化放送を訪問、放送の訂正を求む。事務所に入る、五時若松で河野君の送別会、小島君主催。秋定、原勝氏来客。

七月一一日（火） 祈る。
十時、本部で中執。一時宮本君をつれて山口社長訪問。帰宅。六時主婦会館で開かれた私の激励会にでる。

七月一二日（水） 祈る。
十時、会館で米人記者と会見。七時歯科会館で講演。

七月一三日（木） 祈る。
十時、本部に入る。十時半総評を訪問。人権を守る会のことにつきお願する。十一時美村君と長谷川与作君の令嬢の葬儀にいき、三時田中稔男君と会見。四時築地の田村で外岡［松五郎］君の招をうく。妻を東京駅に送る、帰宅。十時毎日記者来訪。

七月一四日（金） 祈る。
十時中執、閉会後帰宅。三時半羽田発。六時芦屋荘につく。シオン会、片山町に泊る。

七月一五日（土） 祈る。
十時半発、高野山に向う。朝、影浦神戸に来る。宝蔵院に入る、党学校の開校式につらなる。六時半、車で下山。東区補欠選の応援にいく。片山町泊。

七月一六日（日）　祈る。
夕刻まで床にいる。影浦をつれて大阪にいき、土肥君と三人で食事をなし、東区補欠選の応援。西海で神戸をたつ。島田君、東京より同車。

七月一七日（月）　祈る。
七時半、小郡着。直ちに湯田温泉野原に入る、十時国鉄大会に出席し、十二時四十分かもめで三原につき、戸田［勝巳。元三原市長］君を見舞、元気で安心す。三原をたち、九時過ぎ神戸着。

七月一八日（月）　祈る。
六時半発、島田君と一緒。静岡駅で松前君乗車。帰京後会館に入り、四時記者クラブにいき内閣改造の所見を述ぶ、ラジオ、テレビにも述ぶ。帰宅。六時晩翠軒で過日北海道随行記者を招く。

七月一九日（水）　祈る。
十一時清瀬［一郎］議長を会館の室に来訪《ママ》、渡欧の報告をうく。伊藤君来。事務所に入る。二時柳田誠一郎君を訪問。本部にいき、松岡君に柳田氏の紹介名刺を渡し、事務所にいき、理髪して帰宅。五時伊藤君来訪、松前君の好意を持参。

七月二〇日（木）　祈る。
九時たつ、大阪駅下車。車で神戸に入る、よる東川崎摩耶校で演説。

七月二一日（金）　祈る。
車で大阪東区応援にいき、与太楼で食事をなし、神戸に帰る。よる大黒、浜山、橋［各小学校］で演説。よる大阪駅にいき、広島いきに乗る。

七月二二日（土）　祈る。
広島着。午后レセプション。よる呉と広島で演説、よるたつ。

七月二三日（日）　祈る。
片山町に入り、午後三時明石より岩屋に渡り、志築に四時につく、演説。よる洲本と福良で演説。

七月二四日（月）　祈る。
六時洲本をたち、十時神戸着。よる杭瀬と伊丹で演説をなし、月光で大阪をたつ。

七月二五日（火）　祈る。
九時半東京着。直ちに本部中執に出席し、事務所に入る。二時羽田発、よる姫路で演説。

七月二六日（水）　祈る。よる赤穂、相生で演説。

七月二七日（木）　祈る。
七時五十分姫路発で帰京。直ちに裁判所にいく。参議院議員の事件の弁論、四時帰宅。

七月二八日（金）　祈る。
十時ライシャワー米大使と会見。和田［博雄］、山口［房雄。国際局長］両君同席。六時朝倉で谷尾君公認会計士試験パスの祝の宴につらなる。

七月二九日（土）　祈る。
七時十五分羽田発、札幌につく。午後レセプション。八時十五分発で、十一時半羽田着。

七月三〇日（日）　祈る。
十時、東京都連大会にて出る。午後帰宅。

七月三一日（月）　祈る。義夫を十時訪問、直ちに帰宅。

八月

八月一日（火）　祈る。
十時政調の室にいき、佐藤［祐次］君と会い、直ちに帰宅。よる大阪にいく。

八月二日（水）　祈る。
神戸着、片山町に入る。張牧師より電話があり、十一時県庁に総務部長を訪問。冲天閣で食事をなし、四時大阪にOKタクシーを訪問、山口、東両君に会う。与太楼で食事をなし、土肥君の会社［近江屋興業］にいき、七時に田辺小学校にいく。野原［覚］君後援会。よる片山町に泊る。

八月三日（木）　祈る。
八時、金島君のソ連でとったフィルムをみる、午后、妻神戸に来る。よる丈門会にでる。

八月四日（金）　祈る。
妻と中［ノ］瀬君を訪問、後小谷君を訪問。午後成田君を訪問。

夕刻酒井［一雄］君と会う。八時片山町に帰る、民雄より電話で、田中俊二君［関西学院の教え子］の細君の死を報じて来たので、妻と一緒に甲東園の田中家を弔訪。

八月五日（土） 祈る。
瀬戸に神戸より乗る、徳島にいく。レセプション、よる演説。
観光ホテルに泊る、佐藤君随行。

八月六日（日） 祈る。
松山市にいく。レセプション、よる演説。十一時半浜松《ママ》を船でたつ。

八月七日（月） 祈る。
十時半、神戸着。冲天閣にいき食事をなし、午後成田君に会う。三時県連にいき、車で三田にいく。五時レセプション、七時演説、十時二十分大阪発。

八月八日（火） 祈る。
東京着。本部に入る、中執。三時たつ、箱根奈良屋にいく。民雄と一緒に。

八月九日（水） 祈る。箱根に滞在。

八月一〇日（木） 祈る。箱根に滞在。

八月一一日（金） 祈る。午後六時半、奈良屋を去る。

八月一二日（土） 祈る。
九時五十分上野発、水戸にいく。茨城県連のレセプション。四時半去る。

八月一三日（日） 祈る。終日家にいる、来訪者なし。

八月一四日（月） 祈る。
十時発羽田に向う。ミコヤン氏*［ソ連副首相］の出迎。一時本部にいき帰宅。よる堀米君来訪。

* 当時、ソ連でフルシチョフ首相に次ぐナンバー2の実力者。八月一四日から二二日まで訪日。ソ連見本市出席のため、滞在中、池田首相、河野一郎氏、社会党指導者らと会う。折からヨーロッパではベルリンめぐり米ソ緊張、東ドイツ、ベルリンの壁をつくる（八月一二～一三日）。

八月一五日（火） 祈る。
十時、ソ連の見本市の開会式に列す。一時本部の中執、その前に事務所に入る。美村君の好意をうく。ソ連大使館のミコヤン氏のレセプションにでる。

八月一六日（水） 祈る。
午后一時、丸善地下の食堂でユーゴー公使と会見。和田〔博雄〕、山口〔房雄〕両君同席。事務所に入り、後四時東京会館の日ソ協会主催のミコヤン歓迎会に出席し、帰宅。

八月一七日（木） 祈る。
午後に小島、赤堀両君来訪、五時三十分にインドネシア大使の記念レセプションにで、帰宅。

八月一八日（金） 祈る。
十時中執。堀米、瀬尾、太田〔衆議院自動車課の運転手〕、花輪〔塙〕の諸君で、九段下でスシを食い会館に入る、ブリタニカの人と会う。三時帰宅。よる瀬尾他二人の書記来訪。

八月一九日（土） 祈る。十時田中トシ〔稔〕男来訪。

八月二〇日（日） 祈る。終日引籠る、午后智子とちか子来訪。

八月二一日（月） 祈る。
九時本部に集り、ミコヤン氏会見の打合。十一時ソ連大使館と会見。一時 New Japan ホテルで Hesrrik 氏と藤牧君の通訳で会見、六時ミコヤン氏国民歓迎会にでる。

八月二二日（火） 祈る。
七時成田〔知巳。政審会長〕君と一緒に七時羽田発、十一時福岡着。知事室で記者会見、知事公舎で党員と懇談、よる二ヶ所で演説。

八月二三日（水） 祈る。
午前中、産炭地視察。* ヒル記者会見。飯塚で演説、よる戸畑で演説。

八月二四日（木） 祈る。
ヒル近く熊本着、駅長室で記者会見。午後党員懇談。よる熊本市で演説。

八月二五日（金） 祈る。
ヒル近く鹿児島につく、記者会見。四時枕崎市にいく、大歓

＊　産業エネルギーが石炭から石油に転換されるなかで、労働者の雇傭確保をめざし石炭政策転換闘争が激しく行われていた。

迎、よる演説。

八月二六日（土） 祈る。
鹿屋［鹿児島］市にもどる。午后党員と懇談、よる二ヶ所演説。よる十一時たつ。小倉君随行。

八月二七日（日） 祈る。
五時半博多着。板付にいき、七時飛行機でたつ、大阪着。あそ号、名古屋着。記者会見。岡崎にいき、太田［一夫］君後援会で講演。八時発、羽田に八時四十五分着、帰宅。

八月二八日（月） 祈る。
十時中執。午後清水君訪問。事務所によって、帰宅。よる木村道徳君［元秘書］来。

八月二九日（火） 祈る。
院内に入る。帰途九段の平安堂によって、スシを食い帰宅。六時赤堀、伊藤両君来訪。

八月三〇日（水） 祈る。十時酒井君来、終日引籠る。

八月三一日（木） 祈る。
十時半、義夫を訪ぬ。直ちに帰宅、午後二時日野［吉夫］君来訪。

九月

九月一日（金） 祈る。
十時、在京幹部会、ソ連の核実験再開のことにつき。朝、新潟の石田［宥全］君に電話した。午後二時、晩翠軒で過日九州遊説したものと同行記者を招いて食事をした。

九月二日（土） 祈る。
終日引籠る。午後堀米君来訪、夕食を共にして帰る。

九月三日（日） 祈る。
朝子より、重大の手紙来る。妻と京子と教会にいく。夕食に伊集院一家来る。

九月四日（月） 祈る。
十時、院内委員長室で炭労幹事と会見。一時東急ホテルの毎日放送記念レセプションに出て、帰宅。六時共済会館の三輪会世話人に出席する。

九月五日（火） 祈る。
五時、独乙大使館のレセプションに妻といく。

九月六日（水） 祈る。
午後三時、藤牧君来訪。六時陽子の誕生日の祝宴が開かれ、私共夫妻と和子がつらなる。

九月七日（木） 祈る。
十時中執。スシ政で食事。一時、本部会館基金につき委員会。三時帰宅。

九月八日（金） 祈る。
八時羽田発、神戸に行く。正午牧師さん達の会合、二時片山町で川のほとり会［地元婦人支持グループ］。三時明石に湊［謙次］君の病気見舞、六時沖天閣で丈門会。

九月九日（土） 祈る。
八時半、阪本［勝］君を自宅に訪問。十時五十分伊丹発帰京。天国で食事をなし帰宅。

九月一〇日（日） 祈る。朝、妻帰京。来訪者なし。

九月一一日（月） 祈る。
十時、会館で佐々木［更三］君と会う。ヒル食を九段下のスシヤでとる。民雄、堀米、花輪［塙］さん同行。院内で理髪し、小野歯科医にいく。四時帰宅。夕刊で松山［英夫。関西学院の教え子。大映常務］君の夫人の逝去を知り、七時半同君宅を弔訪した。

九月一二日（火） 祈る。
十時中執。一時帰宅。後松山夫人の葬儀にいき、小野歯科医に妻といく。四時帰宅。

九月一三日（水） 祈る。
十時丸善と教文館にいき、正午頃帰宅。松山君父子来訪。

九月一四日（木） 祈る。
十時、院内委員長室で中執。院内で食事をなし、一時半帰宅。

九月一五日（金） 祈る。終日家にいる。

九月一六日（土） 祈る。
十時本部にいき、事務所と智子の所にいく。後赤堀［馨］君を訪問し、九段でスシを食って帰宅。

九月一七日（日）　祈る。

十時教会にいき、小野歯科医にいき、すずやで食事をなし、帰宅。三時半羽田にいく。有岡助役［神戸市］見送のため、五時半帰宅。


九月一八日（月）　祈る。

十時中執。一時半、羽田にスカルノ大統領出迎。院内に帰る。国労の人々と会見、一先帰宅。夕刻小野歯科医にいく。よるNHKの記者来訪。川上行蔵*さん来訪。

＊　NHK役員。妻末の弟平岩馨邦（九州大学教授）が広島で原爆被災、妻を失ったのち再婚した夫人の親戚。

九月一九日（火）　祈る。

十時、神宮内青年会で中執。十時半活動者会議。歯の工［具］合わるし、小野さんにいく。中々《ママ》よくならぬ。三時会館で佐々木［更三］君と会見、後帰宅。


九月二〇日（水）　祈る。

八時江田［三郎］君を訪問して後、九時原［茂。炭労委員長］*君を訪問。会館で江田、佐々木君と会見、帰宅。

＊　九月二五日社会党、総評、炭労で石炭対策転換最高指導会議を発足、河上が議長となっている。

九月二一日（木）　祈る。

よる愛子［平岩馨邦の三女］と婚約者Fisher［Gerry Fisher アメリカ人。のちに政治学者となる］君来訪。


九月二二日（金）　祈る。

九時、都庁にいく。十時中執、後小野歯科にいく。一時学士会［館］で浅沼追悼集会の打合せにでる。四時半院内委員長室で高柳［賢三］ケン（憲）法調査会長の来訪をうく。五時半会館で赤堀、伊藤君と会見。


九月二三日（土）　祈る。終日引籠る、午後智子とチカ子来。

九月二四日（日）　祈る。終日引籠る、来訪者なし。


九月二五日（月）　祈る。

九時発、会館に入る、十時院内に入る、中執。後小野歯科にいき、事務所に入る。一時、院内両院議員総会。本会館［議］、三時半室で佐々木、江田、成田、穂積、中島、山本君と相談。五時帰宅。

九月二六日（火）　祈る。

九時半、院内に入る。十時中執、十一時都庁にいく。用賀教会の願が認めらる。後小野歯科にいき、院内にもどる。一時会館で協力会議にでる。四時中執、後訪中団員*と協議し、晩翠軒にいく。毎日記者諸君を招く、九時帰宅。

* 訪中団はこの年の一二月三〇日、鈴木茂三郎顧問を団長とし、成田知巳、細迫兼光、石橋政嗣、穂積七郎、千葉信、高沢寅男を団員として出発した第三次訪中使節団のこと。

九月二七日（水）　祈る。

九時半、院内に入る。十時中執、十一時開会式。後小野歯科にいき、九段下でスシを食い会館にもどる。二時本会議、三時石炭対策会議。五時帰宅。

九月二八日（木）　祈る。

八時会館で祈祷会。十時中執、十一時小谷、大久保〔忠喜。いずれも兵庫県議〕、鳥居〔豊〕、森口〔新一。共に神戸市議〕の諸君来室。十二時半代議士会、一時本会議、四時帰宅。湊謙吾*夫妻来訪。

* 明石のミート製薬の創始者湊謙治の長男。のち同社の後継者。

九月二九日（金）　祈る。

十時中執、十一時本会議、一時本会議。四時最高検察庁に清原君を訪問し、歯科医にいき帰宅。よる佐々木〔大蔵〕、河野〔隆次〕両君泊る。

九月三〇日（土）　祈る。

十時中執。十二時半たち、横浜にいく。神奈川県主催のシルクホテルのレセプションに出席し、帰途小野歯科によってスシ政でスシを食い、八時半帰宅。

一〇月

一〇月一日（日）　祈る。

七時、第一コダマで名古屋着。自動車で津に入る、三重県連のレセプション。一時半初《ママ》る第一部、三時記者会見、四時第二部、六時知事祝宴。七時京子の父、兄と京子の宅にいく〔長男民雄の妻。実家は伊勢市内にある吸霞園（旅館）〕。八時半伊勢市発帰京。

一〇月二日（月）　祈る。

十時半、成田〔知巳〕君を会館に訪う。十一時党本部にいき、伊藤〔英治〕君に約束のもの渡し、義夫を訪う。後小野歯科にいき、帰宅。

一〇月三日（火） 祈る。
一時半、帝国石油のレセプション。三時院石炭対策委員会、六時晩翠軒で三輪君伝記のことにつき懇談。

一〇月四日（水） 祈る。
十時中執、十一時成田君と三村起一君〔石油開発公団総裁〕を訪問。一時プラウダ記者と会見、小野歯科にいき、帰宅。

一〇月五日（木） 祈る。
八時、祈祷会。後西村〔勇夫〕君来室、用件をうく。十時幹部会、正午プリンスホテルでビルマのウーチヨネン氏*の歓迎会。二時帰宅。伊藤、森永〔栄悦〕君来。NHK岡村君も。後事務所にいく。西村君の頼れた用事を済す。小野歯科にいき、六時プリンスホテルのビルマ代表団の外相のレセプションに出て、帰宅。よる日経の石田君と外一人来訪。

＊ ビルマ社会党幹部。アジア社会党会議以来親交あり。ビルマ賠償再検討代表団十二名（団長タキン・ティン）のひとりとして来日。

一〇月六日（金） 祈る。
九時、日銀山際〔正道。日裁〕君を松原〔喜之次〕君と訪問。十時清酒大会にでる。二時本会議、三時政暴法反対議員パレードに参加し、六時ビルマ大使のレセプションにでて、帰宅。

一〇月七日（土） 祈る。
第一コダマでたつ、一時半大阪着。大阪のレセプション盛会。よる中ノ島公会堂で集会。よる片山町に泊る。〔土肥〕実君来、広島づめに任ぜらる。

一〇月八日（日） 祈る。
八時、大阪天王寺若松にいく。災害視察、十一時五十分の列車で土佐に向う。

一〇月九日（月） 祈る。
十時県連大会、三時半レセプション、よる演説会。

一〇月一〇日（火） 祈る。
九時半土佐たち、十時過ぎ大阪着。十一時大阪、十二時半羽田着。本部に入る。

一〇月一一日（水） 祈る。

十時中執、午后一時二紀展覧にいく。四時本会議、六時半体育館で浅沼君の追悼国民集会にでる、八時半帰宅。京子やむ。

一〇月一二日（木） 祈る。

八時祈祷会、西村、戸叶と私。伊藤［英治］君をつれて多磨墓地にいく。浅沼君の命日。ヒル過ぎ帰宅。三時全繊会館の落成レセプションにで、本部に入り、杉原、松山両君と三井銀行本社を訪問。歯科にいき帰宅。八時半江東で浅沼君記念演説会にでる。

一〇月一三日（金） 祈る。

九時半に議会にいく。十時中執、十一時院内で炭労の代表者と会う。十二時会館で正木［清］、伊賀［定盛。兵庫県議］両議員の陳情をうく。一時半代議士会、本会議後インドの牧師さんと会見。浅沼享子［稲次郎夫人。衆院議員］さんの室で朝日放送。小野さんにいき、帰宅。妻、三時半神戸にたつ。

一〇月一四日（土） 祈る。

十時半、三越の浜田［庄司］君の展覧をみる。十一時半高尾君と対談。二時帰宅。六時浜田君の祝賀の会にでる。

一〇月一五日（日） 祈る。

妻、神戸より帰宅。十時発上スワ［諏訪］にいく。十一時五十分羽田発で神戸にいく。冲天閣に入る。五時同志を招く、八時垂水区で二ヶ所演説、片山町に泊る。

一〇月一六日（月） 祈る。

七時半家を出で、九時の飛行機で十時十分羽田着。帰宅。東京放送の会館落成祝のレセプションにで、院内にいき政調で藤牧、堀米君に会［い］、小野さんにいき帰宅。よる堀米君来る。

一〇月一七日（火） 祈る。

十時院内で中執、十一時顧問会議。一時半外務省旅券課を訪問。本会議、小野歯科にいき、院内にもどり石炭対策幹事会にでて、六時帰宅。

一〇月一八日（水） 祈る。

十時半、会館に入る。一時九段会館で、日ソ平和条約締結促進大会にでる。帰宅。七時杉並公会堂で浅沼君追悼会、後羽田にいく。佐藤［観次郎］君のローマの［社会主義］インターの大会にでるのを見送る。

一〇月一九日（木） 祈る。

十時中執、午后本会議。後小野歯科にいき、夕刻帰宅。

一〇月二〇日（金） 祈る。

午前一時半の飛行機で板つき［付］につく。旅館で休み、十一時記者会見。後炭坑地視察、よる知事の祝宴。


一〇月二一日（土） 祈る。

佐賀にいく。知事記者会見、一時よりレセプション、三時教組に出席。よる演説会。


一〇月二二日（日） 祈る。

十時過ぎ、博多着。十二時十分飛行機でたつ。四時十分羽田着、帰宅。


一〇月二三日（月） 祈る。

十時、会館に入る。一時［池田］首相と会見。二時石炭政策首脳会議。小野歯科にいき、帰宅。


一〇月二四日（火） 祈る。

十時中執。十二半時、松前［重義］君還暦の祝宴にいき、院内にもどる。本会議、江田君来室。小野歯科にいく。帰宅。


一〇月二五日（水） 祈る。

午后名古屋にいき、よる浅沼君追悼会にで、大和で去る。


一〇月二六日（木） 祈る。

七時半着。直ちに会館に入る。八時祈祷会にでる。十時中執、四時事務所で谷村、塚本両氏と会見。


一〇月二七日（金） 祈る。

十時、太田［薫］、原、宝樹諸氏と会見。北海道参議［院］候補の問題。九時二十五分北陸で、上野たつ。江田、矢尾と一緒。堀米君同行。


一〇月二八日（土） 祈る。

金沢着。茶々旅館に入る。記者会見、労農代表者との会見。十一時、一時実業家との懇談。三時半レセプション、よる一ヶ所演説、北陸で去る。


一〇月二九日（日） 祈る。

六時四十分上野着、帰宅。


一〇月三〇日（月） 祈る。

十時中執、午后本会議開くに至らぬ。政暴法で参議院で難行。


一〇月三一日（火） 祈る。

午前三時、帰宅。四時江田君より電話あり、緊急中執ひらくとのこと。九時半、院内に入る。午後小野さんにいく。一先ず帰宅。九時院内に入る、国会終了。十一時半三和［銀行］の渡辺［頭取］君に会う。

一一月

一一月一日（水） 祈る。

十一時本部に中執。一時半宮中にいく、園遊会。四時帰宅。八時鈴木［茂三郎］君を訪問、帰宅するとＮＨＫと読売の記者来訪。


一一月二日（木） 祈る。

一時十分発、高崎にいく。記者会見後、二時レセプション、よる伊勢崎で演説。十時四十五分上の着。


一一月三日（金） 祈る。

十一時五十分上の発、宇都宮にいく。午後レセプション、よる演説。堀米君泊る。


一一月四日（土） 祈る。

十時、院内政調の室に入る。藤牧君と会う。十二時半院を出発し、浦和に向う。二時埼玉県連のレセプション。六時半帰宅。


一一月五日（日） 祈る。

十時半、国鉄の書記長等来訪。三時半に浦和教会にいく。西宮［弘］君のお嬢さんの婚約式につらなるため。七時半帰宅。


一一月六日（月） 祈る。

十時中執。六時蘭亭で伊原君と民雄とで会食。


一一月七日（火） 祈る。

九時中執、十時半中央委員会、よる七時 Soviet 大使館の革命記念のレセプション。


一一月八日（水） 祈る。

九時中執、十時中央委員会。よる小野歯科にいく。


一一月九日（木） 祈る。

十時小金井で幹部学校、正午中執。一時半ラジオ関西で対談会。院内に入り、四時小島君を事務所に訪問。よる毎日記者来訪。


一一月一〇日（金） 祈る。

朝、名古屋にいく。堀米君同伴。午後レセプション、泊る。

一一月一一日（土）　祈る。

朝、名古屋発、長野に午后つく。二時よりレセプション。よる演説会、大空夫妻丁度長野に来たので会見。よるたつ。

一一月一二日（日）　祈る。

六時半、名古屋着。七時半発で神戸につく。垂水公会堂にいき川上〔清。神戸市議〕候補の応援。午后は街頭応援、よる三ヶ所で演説。

一一月一三日（月）　祈る。

午前〇時一分神戸発、五時半呉着。山下君応援。十一時二十分呉発、五時二十二分神戸着。八時五十分伊丹発、二十二時十分羽田着。

一一月一四日（火）　祈る。

七時上野発、一時過ぎ山形着。レセプション、よる演説。よる作並温泉に泊る、田中一君〔社会党参院議員〕、堀米同伴。

一一月一五日（水）　祈る。

ヒル近く、仙台に入る。午后街頭演説、よる演説。十時五十分去る。

一一月一六日（木）　祈る。

六時十分着、帰宅。小野歯科にいき、十時新宿発、甲府にいく。レセプション、八時十分新宿着、帰宅。堀米君同伴。

一一月一七日（金）　祈る。

十時中執、三時中沢〔茂二〕君と会見。よる八時上野発、富山に向う。

一一月一八日（土）　祈る。

十時、県庁で記者会見。三鍋〔義三〕君の宅を訪問、正午知事祝宴、二時レセプション、五時〔空白〕で市議選応援、よる高岡で演説。影浦同伴。

一一月一九日（日）　祈る。

十一時党員と懇談、正午発。大阪着。神戸沖天閣で夕食。

一一月二〇日（月）　祈る。

奈良にいく。午後レセプション、よる五条市議選応援。よる神戸に帰る。

一一月二一日（火）　祈る。

十時半、阪本〔勝〕君を県庁に訪問。十一時沖天閣で教職員の会〔キリスト教牧師の会〕、二時川のほとり〔の会。神戸の妻末を中心とする婦人の会〕。四時有馬銀水に入る。よる丈門会。

一一月二二日（水）　祈る。一時伊丹発、帰京。

一一月二三日（木）　祈る。

三時半、平田［ヒデ］さんの令嬢の結婚式。

一一月二四日（金）　祈る。

十時中執。よる七時半発、山口に向う。

一一月二五日（土）　祈る。

小郡下車。湯田温泉に入る。一時宇部でレセプション、五時下関でレセプション。下関発。

一一月二六日（日）　祈る。朝、帰京。

一一月二七日（月）　祈る。

七時発、京都に入る、午后福知山に入る。綾部と二ヶ所演説。

一一月二八日（火）　祈る。

ヒル京都に入る。よる知事祝宴、二ヶ所で演説。

一一月二九日（水）　祈る。

十一時大津に入る。ヒル知事祝宴、よる二ヶ所演説。彦根に泊る。

一一月三〇日（木）　祈る。

十一時、日野町に入る。三ヶ所演説、午后十二時近く、大津たつ。

一二月

一二月一日（金）　祈る。

十時、院内で鈴木［茂三郎］、佐々木［更三］、和田［博雄］の諸君と会見。午後清水博士来訪。よる堀米、瀬尾両君来訪、党内事情の話しありたり。小谷［守］君に電話す。

一二月二日（土）　祈る。

七時羽田発。山花［秀雄］と大阪まで同乗、大阪から別に、宮崎につく。直ちに市内遊説。午后、都城につく。市内遊説、よる小林市にいく、演説とレセプション。泊る。

一二月三日（日）　祈る。

七時杉浦候補と児玉〔末男〕代議士と車に同乗し、市内一巡。八時たつ。都城につき、一時休み宮崎につき、一時の飛行機に乗る。四時に十分羽田着、帰宅。

一二月四日（月） 祈る。
十時、本部でルウマニア公使と会見。小野歯科にいき、九段下でスシを食い、帰宅。「働く人」* の編輯者来訪、ケ〔憲〕法問題を語る、よる十時半新潟に向う。

* 労働者キリスト教徒向けの雑誌。

一二月五日（火） 祈る。
朝四時過ぎ長岡着、旅館でひと眠して、八時記者会見。市内遊説。後新潟市までいく。よる柏崎にいき、千人以上の集会。泊る。

一二月六日（水） 祈る。
九時たち、新津にいき、シバタ〔新発田〕を廻りて新潟市にいく。駅頭で推セン演説、三時の急行で帰る。

一二月七日（木） 祈る。
十一時懲罰委員会、六時参議院会館で打合せ。

一二月八日（金） 祈る。
十時、参議院事件で裁判所にいく。午后六時陶々亭に過般京都、滋賀に随行した記者諸君を招く。

一二月九日（土） 祈る。
十時登院、十一時国際文化会館にいく。院内で両院議員総会。一時半たち千葉にいく、七時帰宅。前田一郎君〔NHK記者〕と会見。

一二月一〇日（日） 祈る。一時、都連合会の総会にでる。

一二月一一日（月） 祈る。
十時、水谷〔長三郎〕君一周忌にでる。十二時総評の幹部と党の長老の会合を燕京飯店に開かる。二時半事務所に入る。一先帰宅。六時栄林で秋定君の退職記念の会にでる。

一二月一二日（火） 祈る。
十時中執。十一時佐々木君と会見。半に事務所に入り、九段でスシを食い会館に入る。中井〔徳次郎〕、中沢〔茂一〕両君来、五時帰宅。

一二月一三日（水） 祈る。

十時中執、正午代議士会、一時竹中会長訪問。* 帰宅。

* 竹中工務店。社会文化会館の設計建築について当初、竹中工務店に依頼すべく打診したが、価格で折り合いつかず結局江田三郎書記長の線で西松建設に決まる。

一二月一四日（木） 祈る。

十時中執、十一時代議士会、同時に石炭対策委員の総会。三時アルゼンチン大統領歓迎会、四時横山〔利秋〕君と会見、六時占部〔秀男〕君と会見。


一二月一五日（金） 祈る。

十時猪股（俣浩三）君に会う。十一時石炭最（高）会議、十一時半代議士会、一先ず帰宅。七時半、首相官邸でアルゼンチン大統領の歓迎午餐会にでる。


一二月一六日（土） 祈る。

正午頃発、一時Palace Hotelにいく。一時半、議会面会所で炭労の請願をうく。事務所にいく。三時中日新聞社にいく。メマいがす〔る〕ので帰宅。床につく。


一二月一七日（日） 祈る。

八時半、鈴木〔茂三郎〕君を訪問。終日引籠る。


一二月一八日（月） 祈る。

午後小野歯医にいく。

一二月一九日（火）
十時中執、一時伊藤、みぶ〔壬生啓。浅沼稲治郎委員長の長年にわたる秘書〕君と浅沼夫人のことを相談した。

一二月二〇日（水） 祈る。

正午、議長公邸落成式。十二時半燕京飯店で書記長、松原、山花、佐々木、伊藤の諸君と会し、一時日比谷公園の音楽堂で予算要求大会にでる。二時院内で鈴木、佐々木、原、和田君と会し、訪中使節団の人員を決める。* 事務所にいく。七時本部の記者祝宴、九時半アルゼンチンのレセプション。風見〔章〕君逝去。

* ここで決定した第三次訪中使節団のメンバーは、団長鈴木茂三郎（顧問）、成田知巳、細迫兼光、石橋政嗣、……。

一二月二一日（木） 祈る。

十時林虎雄君のことにつき、林、中沢［茂一］、松平［忠久］、中島［巌］君と相談す、* 三時タイム記者来訪。

＊ 次期参議院選挙に長野地方区から立候補を促すため。

一二月二二日（金） 祈る。

十時中執、七時半最高裁の中田君の判決言渡。* ヒル頃中ノ瀬君来室、後佐々木［大蔵］君来室。二時本会議、三時半岩井［章。総評］事務局長と伊藤［英治］君と会見。小野歯医にいき帰宅。

＊ 昭和三四（一九五九）年六月参議院選挙の鳥取選挙区で中田吉雄（社）氏、宮崎正雄（自民）に僅差で勝つも自民党より当選無効の訴を起す。最高裁、原判決棄却。広島高裁松枝支部に差戻しとなる。最終的に勝訴となるまで四年を要す。党委員長として、弁護士として中田裁判に終始かかわる。

一二月二三日（土） 祈る。

中日記者来訪。十一時丸善にいく。ヒル伊藤君をつれ、九段でスシを食う、帰宅。四時半すずやにいく。一家のクリスマスディナー、民雄、伊集院、智子一族来る。六時より本部で風見君の通夜。

一二月二四日（日） 祈る。一時、風見君の葬儀。

一二月二五日（月） 祈る。

十時、会館で高宗［明敏。民社連事務局長。のち東海大学教授］君と会見。十一時両院議院総会、一時前北海道知事田中［敏文］君と山花［秀雄］、伊藤君と一緒に会見。事務所を訪れ、小の歯医者にいき帰宅。

一二月二六日（火） 祈る。

十時中執、六時晩翠軒に田中［稔男］、穂積［七郎］、石村［秀雄］、岡田［春夫］、飛鳥田［一雄。いずれも当時最左派グループ］の諸君を招く。

一二月二七日（水） 祈る。

十時水海道市の風見君の市葬儀につらなり、一時よりの矢内原忠雄* 君の葬儀に参し、三時訪中使節団の歓送会にて、六時堀米、小谷、民雄とすずやで会食す。

＊ 東大総長。一高、東大以来河上を弁論部の先輩として偶す。

一二月二八日（木） 祈る。

十時小野歯医にいき、院内に入り、ラジオ、テレビをとる。九段でスシを食し、事務所に入る。三時半政調に堀米君を訪ね、帰宅。

一二月二九日（金） 祈る。

九時、堀米君来訪。十二時半ＮＨＫに入る。杉葉子さん［女優］、高橋［正雄］教授と対談。小野さんにいき、帰宅。東京新聞写真班来る。林彦三郎君来訪。よる磯部君［読売記者］来る。

一二月三〇日（土） 祈る。

八時二十分、札幌にたつ。ヒル近く田中前知事宅に入る、山花君と同伴、荒君と会見、成功せず。七時十五分羽田着。小野さんにいき、帰宅。

一二月三一日（日） 祈る。

午後、朝日記者と写真班来訪。読売、毎日、東京各社より電話かかる。

◇一九六二（昭和三七）年◇

一月

一月一日（月） 祈る。
午後、信子夫妻来訪。堀米、青山夫妻来訪。

一月二日（火） 祈る。
八時半杉葉子、高橋正雄さんの対談がテレビで放送せらる。小谷君より、それが終った直後電話があった。午後小島、美村、山県、山下、八巻の諸君、大空夫妻は弟子さんをつれて来る。書記局の諸君と卓を囲んで快談した。長谷川君、網代の青年をつれて来。よる朝日の中瀬君来訪。

一月三日（水） 祈る。
正午頃、大森［暢久］博士夫妻来。午後伊集院、中江一家来訪。年賀客多し。夕方毎日［空白］君来訪。片山［宗二］博士夫妻来賀。

一月四日（木） 祈る。
一時半、紀ノ国書店にいく。青山墓地、本郷吉田［松治。浴場経営］さんに年賀にいき、帰宅。妻、民雄、陽子同伴。四時頃河野君来、五時ビルマレセプションにいく。留守中に三宅君来訪。妻、足の爪を手術してレセプションに同伴出来ず。

一月五日（金） 祈る。
十二時に羽田着、五十分発。二時半伊たみ［伊丹］着。ＯＫタクシーにいく。電話で山口［房雄］君とアイサツする。五時冲天閣に入る、五時半より河上会盛会。

一月六日（土） 祈る。
十時勤労会館に入る、記者会見。十一時名刺交換会。一時竹葉［亭］で小谷君と食事をなし、成田君を三信に訪う。四時冲天閣に入る。小野［豊。丈門会々長］君に会い、五時半丈門会にでる。四十数人洵に盛会。

一月七日（日） 祈る。
九時十分伊たみ着。成田君と同伴。十時十五分羽田着。後事務所に入り、車で箱根奈良屋に入る。

一月八日（月） 祈る。

二時十三分発で小田原発。事務所に入り、五時帰宅。星野君来訪。

一月九日（火） 祈る。

十時、法務省にいく。青山［正二］元参議［院議員（自民）］、成田君と帰化のことで。小野歯医にいき、すし政で食事をなし、本部に入る。三時帰宅。よる三宅君来訪。

一月一〇日（水） 祈る。

十一時本部、中執。堀米君をつれて「すゞや」で食事、帰宅。

一月一一日（木） 祈る。

十時、会館で神戸市水道局長と会見。後小野歯医者にいき、院内に入り藤牧君と会い、本部に入り国際局を訪問し、堀米、瀬尾君をつれて「すし政」にいき、帰宅。よる六時ロシア大使館に妻と一緒に食事に招かる。

一月一二日（金） 祈る。

十時半、立教中学にいき高橋校長に会う。本部にいき、昨夜会見の模様を山口君に報告し、事務所に入る。ヒルを天国にいく、義夫と信子をつれていく。事務所にもどり、三時帰宅。妻銀河で神戸にいく。

一月一三日（土） 祈る。

十時、本部に入る。十一時、会館で矢尾君と語る。再び本部にもどり、瀬尾君をつれて山口自動車本社にシズエさんを訪う、留守。秘書に頼む。帰途六実にて瀬尾君と食事をなし、小野歯医者にいき帰宅。

一月一四日（日） 祈る。

家に引籠る。午后毎日スワ君来訪。

一月一五日（月） 祈る。

八時半、妻帰る。家に引籠る。松岡君、婚約者をつれて来訪。

一月一六日（火） 祈る。

十時半、立教中学を訪問。七時訪中使節団［団長・鈴木茂三郎］帰国、出迎う。

一月一七日（水） 祈る。

十時中執、両議員総会。十一時開会式、一時千代田公会堂で訪中使節団の歓迎会にでる。午后六時「活」にて秀夫［弟義夫の娘信子の夫］の［公認］会計［士］試験通過の祝を事務所の主催で開く。義夫、信子を招く。

一月一八日（木） 祈る。

十一時日大歯科にいき、鷲見博士の治療をうく。五時半陶々亭に松前、河の、三宅、中村、松井、戸叶、矢尾、伊藤、中沢の諸君を招く。

一月一九日（金） 祈る。

九時半本部、中執。一時、本部で支部代表者会議。二時本会議、六時帰宅。

一月二〇日（土） 祈る。九時半中執、党大会［第二二回］。

一月二一日（日） 祈る。

九時半中執、党大会。一時半帰宅、三時大会にいく。夕刻帰宅。

一月二二日（月） 祈る。

党大会にいく、委員長に再選せらる。

一月二三日（火） 祈る。

正午中執、一時本会議、質問演説をする。清原検事総長を訪問、帰宅。七時横浜着、相沢重明君の激励会にでて、九時帰宅。

一月二四日（水） 祈る。

十時半、委員長次室で米国人一行と懇談。十一時半より各新聞社訪問。二時本会議。四時羽田発、仙台にいく。六時記者会見。仙台市長選応援、泊る。

一月二五日（木） 祈る。

市長選応援、よる十一時仙台たつ。

一月二六日（金） 祈る。

十時中執、十二時豪州のレセプション。五時インドレセプション、後山口シズエさんを訪問。

一月二七日（土） 祈る。

七時東京たつ、岐阜にいく。農民大会にでる。泊る、酒井［良知］君随行。

一月二八日（日） 祈る。

田中君を訪問。二時京都着、市内パレード。中執、記者会見、よる演説。

一月二九日（月） 祈る。

午前一時、片山町に入る。仙台市長［島野武夫］大勝利の電話を二時うく。一時大矢［省三］君葬儀、三時市議選、七時沖天閣で食事、銀河でたつ。


一月三〇日（火）　祈る。

五時熱海で乗換、奈良屋に入る。六時半帰宅、七時中沢［茂二］、伊藤［英治］両君来訪。


一月三一日（水）　祈る。

十時中執、正午林［虎雄］君と会見。二時鷲見医師の診察をうく。

二月

二月一日（木）　祈る。

八時祈祷会。一時、浅草本願寺で針替［豊］君の父君の追悼会にでる。五時、燕京飯店で総評の幹部と会食。


二月二日（金）　祈る。

十時、全電通の中央会議。一時ブルガリア記者と会見。二時本会議、三時中執。岡落葉さん［画家。親戚］の死去、訪問。


二月三日（土）　祈る。

十時、住宅公団訪問。一時、岡［落葉］氏葬儀につらなる。十一時和田、山口両君を羽田に見送る。


二月四日（日）　祈る。

十時、江田君と羽田発。大阪市議、府議。六時四十分伊丹発、帰宅。


二月五日（月）　祈る。

風邪気味でヒルまで床にいる。二時はすみ先生の治療をうく。一先帰宅。六時晩翠軒で日経記者を囲み食事をなす。


二月六日（火）　祈る。

正午黒田［寿男］君来館。風見［章］君の遺族よりの会館［社会文化会館］建設寄附金をうく。二時赤堀、伊藤君と会う。本会議、六時光りん閣でニュージーランドのレセプション。


二月七日（水）　祈る。

三時中執、五時半陶々亭で記者倶楽部の諸君を招く。


二月八日（木）　祈る。

八時祈祷会。島野仙台市長と食堂で会う。十時半帰宅。五時半アラスカで党各新聞社の記者諸君を招く会にで、中座して帰宅。風邪気味で気分悪し。

二月九日（金） 祈る。

十時中執、十一時顧問会議、一時両院議員総会、二時本会議、三時帰宅。


二月一〇日（土） 祈る。

立教中学訪問、星野さんの入学の感謝にいく。堀米君を訪ね、原書店、ルオーによって帰宅。午後箱根にいく。民雄、はなわ［塙］さん同行。


二月一一日（日） 祈る。

ひるめしを御馳走になって羽田につく。四時発、六時半沖天閣に入る、丈門会にでる、片山町泊。


二月一二日（月） 祈る。

九時中ノ瀬君来訪。十時半聖職者の会合、一時関西学院訪問。三時伊丹発、五時近く羽田着、帰宅。


二月一三日（火） 祈る。

妻、銀河で帰京。五時半東京ステーションホテル如月会［関西学院の同窓会］にでる。よる吉川［政春。関西学院時代の教え子。東京丈門会の世話役］君来訪。


二月一四日（水） 祈る。

三時中執、夕刻麻生［良方］君の母君逝去の報に接し、よる妻とおくやみにいく。九時松井［政吉］君を妻が迎えにいき、松井君来訪。十二時過ぎまで党の内部情勢につき聞く。


二月一五日（木） 祈る。

八時キトウ会。十時中執、一時両院議員総会、二時文教委員と基督者との懇談会にでる。四時半、帰宅。


二月一六日（金） 祈る。

十一時委員長室で石炭最高会議[*]、一時北田［一郎］君葬儀に列し、四時歯科にいき、帰宅。

＊ 石炭政策転換最高指導会議のこと。社会党河上委員長が議長。ほか、江田書記長、勝間田本部長（石炭政策転換闘争本部）、総評の太田議長、岩井事務局長、炭労の原委員長、古賀事務局長。一九六一年九月二五日設置。

二月一七日（土） 祈る。

竹中藤右エ門さんを訪問したるが、留守。帰宅。十一時院内に入り、一時中央幹部学校にいき、三時院内で記者会見、後帰宅。

二月一八日（日） 祈る。
七時十分上野発、前橋にいく。田辺［誠］君父君の経営の養老院［社会福祉法人前橋養老院］を見舞い、中部教会で説教。午后大崎治部宅にいく、二十人程に語り、四時半の汽車でたち、七時上野着。

二月一九日（月） 祈る。
九時、妻と鈴木［茂三郎］君を訪問。帰宅后、家にいる。よる日経の鈴木君来訪。

二月二〇日（火） 祈る。
十時、委員長室でスタンフォード出身の米人と会見、岡田君の紹介。午后三時二十分和田［博雄］君を出迎う。五時帰宅。三宅、日野、中沢の三君来訪。

二月二一日（水） 祈る。
十時中執、十一時半帰宅。妻と松岡君の結婚式にでる。五時東京駅でビラまき、六時半帰宅。

二月二二日（木） 祈る。
八時祈祷会。十時中執。二時帝国ホテルで毎日九十年記念レセプションに出席。都内の交通事情調査に加り、品川蒲田地区を視察し、六時晩翠軒にいく。戸叶君を慰むる会を催す。戸叶夫妻、松前、中沢と私共夫妻。

二月二三日（金） 祈る。
二時本会議、五時半ソ連大使館のレセプション。午前中に立教大学訪問泰氏に面会した。よる毎日記者来訪。

二月二四日（土） 祈る。
松下［正寿］立教総長宅を訪問、留守。直ちに妻をつれて箱根にいく。大田［国会衆議院自動車課］、本田［保夫。SP］君同車、私どもの結婚記念日。

二月二五日（日） 祈る。
九時箱根発、ヒル近く帰宅。民雄夫妻の私共の結婚記念の招きで、六本木の支那料理屋にいく。

二月二六日（月） 祈る。
九時立教大学訪問、帰宅。ヒルに出で、一時日比谷音楽堂の労農大会に出席。二時半羽生［三七］君と会館で懇談し、四時本部にいき、山形県参議［院］候補と会い、五時蠟山［政道］、平［貞蔵］君と会見。六時半スミ先生の歯の治療をうく。

二月二七日（火） 祈る。

一時中執、二時本会議、四時事務所に入る。熱田夫人との懇談。七時向井君［共同通信政治部記者。社会党担当］来訪、同君の一身上の相談。


二月二八日（水）　祈る。

十一時、本部にいく。伊藤君に会い、同人雑誌*の費用を渡し、会館に入る。一時半義夫を訪ねたり。三時中執、五時帰宅、よる松岡新夫妻来訪。

＊『同人』。河上派の若手の雑誌。

三月

三月一日（木）　祈る。

八時祈祷会、九時帰宅。鈴木［茂三郎］君を訪問、留守。帰宅、後会館に入る。十二時半両院議員総会。一時町田市の市長*、市会議員選挙の応援にいく。光子の家による、十一時近く帰宅。

＊大下勝正（鈴木茂三郎議員の元秘書）。

三月二日（金）　祈る。

昨日の疲労でヒルまで床にいた。二時本会議、三時顧問会議、六時歯医［者］さんにいき、八時西村［勇夫。四谷にあり］事務所にいく。十時近く林君来る。西村、江田、林の諸君と新橋大隈につき卓をかこむ。十二時近く、帰宅。


三月三日（土）　祈る。

九時半鈴木君訪問、帰宅。ヒル近く会館に入る。二時本会議、予算通過、五時帰宅。


三月四日（日）　祈る。

終日家に籠る。午后長氏父娘来訪。よる日野さんのことで安田氏来。


三月五日（月）　祈る。

九時半和田［博雄］君訪問、帰宅。十二時半事務所にいき、谷尾君と相談。三時にスミ先生を訪問診察をうけ、五時半帰宅。よる瀬尾、武井［好夫］両君来訪。


三月六日（火）　祈る。

一時院内、山本［幸一か］君と会う。立教大学入学が出来なかったことにつき努力の足らざりしをいう。事務所によって、会館に入る。松井［政吉］君と語る。ヒルに帰宅。六時半帝国ホテルに催された首相のエカツへ［エカッフェ］のレセプションに妻と一緒にで帰宅。午后三時頃、小島君が長野の若林君をつれて来訪、林君の立候補のことで語る。

三月七日（水）　祈る。三時中執、五時半帰宅。

三月八日（木）　祈る。
八時祈祷会、十時帰宅。四時に参議院会館で共力《ママ》会議開かれ出席。

三月九日（金）　祈る。
ヒル近く、会館に入る。一時両国日大講堂で中小企業者の商店街大会*にでる。二時半アラスカで石炭政策転換にで、新聞記者と会見。四時本会の裏に新築のムネ上げに出て、五時過ぎスミ先生の歯の治療をうけ、帰宅。妻神戸にたつ。

＊　商店街振興組合法（同年五月成立）を要求する大会。

三月一〇日（土）　祈る。
十時中執。二時八王子に成田君の計画の清掃工場をみて、四時に帰宅。

三月一一日（日）　祈る。
十時、社会事業会館に労働者党員の大会にでる。ヒルすゞやではなわ［塙］君への感謝の会をもつ。大田、かげ［影］浦、本多の諸君と一緒。三時再び大会にでてデモに参加し、五時に帰宅。

三月一二日（月）　祈る。
十時羽田発、十一時伊丹着。直ちに［神戸］市職にいく。三時冲天閣に入る。四時市職の車で、妻と井村君とで有馬の市職の寮にいく。丈門会、三十名近くの人々集る。泊る。

三月一三日（火）　祈る。
五時半、有馬をたち伊丹に向う。七時四十分伊丹発八時四十五分羽田着。直ちに全逓会議にいく。各府県の書記長会議に列し、ヒル食をスシ政でとる。登院し、丸善にいき、事務所によって、学生会館で行われた東海大学の海洋学部創設のレセプションに出で、帰宅。活子、日比谷高校に合格した。

三月一四日（水）　祈る。
朝、妻鈴木［茂三郎］君訪問、文庫［「社会文庫」のこと］の落成の祝品を届ける。終日家に引籠る。午后四時過ぎ、長野の宮坂氏来訪。

三月一五日（木） 祈る。

八時祈祷会、帰宅。ヒル過ぎ家を出て会館に入り、日比谷音楽堂にいく。きょうの大会雨のため中止、一時富士製鉄のレセプション、二時半院内に入る。本会議に出て、三時中執。五時半帰宅。佐々木大蔵君他二名泊る。

三月一六日（金） 祈る。

二時、本会議。中田〔吉雄〕君と秘書来訪、公判打合せ。五時顧問会議、後鳥勝で横田〔正俊〕、池田〔最高裁〕両裁判官の新任祝に列す。

三月一七日（土） 祈る。

午前に皆川古山さん来訪。一時社会文庫の竣工式につらなる、帰宅。

三月一八日（日） 祈る。

三時半、東急ホテルで近藤了馬君の令息の結婚式につらなる。帰宅。七時半の出雲で松江にいく。

三月一九日（月） 祈る。

午后十二時半、松江着。裁判所にいく。四時半の出雲で帰京。

三月二〇日（火） 祈る。九時半帰京、終日家にいる。

三月二一日（水） 祈る。

九時沖田〔正人〕君選挙応援にいく。十二時半、帰宅。午后稲垣夫人来訪。

三月二二日（木） 祈る。

八時祈祷会。十一時 Christian Science Monitor の記者と会見。二時本会議、三時中執。パレスホテルの日本放送協会記念レセプションにでる。帰宅。

三月二三日（金） 祈る。

二時、本会議。五時三十分パキスタンのレセプション。九時二十五分上の発。同行者赤松、武藤両君、影浦が随行。

三月二四日（土） 祈る。

金沢着。記者会議《ママ》。大聖寺の労働者大会にでて帰舎。六時川島君〔石川県本部幹部〕後援会、よる二ヶ所で演説。

三月二五日（日） 祈る。

金沢をたち、能登半島にいく。午後二ヶ所演説、よる輪島で演説、和倉の銀水荘に泊る。


三月二六日（月） 祈る。

和倉をたつ。午后の特急で上野につく、帰宅。瀬尾君、小田切［桐］君と約束者と来訪。


三月二七日（火） 祈る。

十時、代議士会。後柳田［秀二］君を病院に、武藤君と一緒に見舞う。原書店にいく。二時本会議、三時半プリンスホテルで石炭最高会議。六時すゞやで立の激励会、虎雄、和子、弓と私共夫妻。


三月二八日（水） 祈る。

十時中執、二時代議士会。五時アラスカで文化人との選挙に関し懇談会。


三月二九日（木） 祈る。

八時祈祷会、帰宅。一時半代議士会、二時本会議、三時中執、六時野坂［参三か］氏の古稀の祝賀会。六時半、東京ス［シ］ヤターでKing of Kingsを妻とみる。


三月三〇日（金） 祈る。

十時代議士会、中執。二時事務所にいき、二時パレスホテルの文化放送のレセプション。五時日比谷音楽堂で日韓ガリタイ［日韓会議、ガリオア・エロア・タイ特別円協定］反対統一会議にて、院内に入る。代議［士］会。レセプションの後、一先帰宅して五時にでる。よる九時帰宅、民雄一家伊勢よる［り］帰る。


三月三一日（土） 祈る。

十時、院内に入る。よる十時上野発。

四月

四月一日（日） 祈る。

ヒル過ぎ、青森着。県庁内で記者会見、一時より演説会、七百人の聴衆。四時半教育会議でレセプション。六時二十分発で帰京、寝台なし。


四月二日（月） 祈る。

八時四十分、上野着。直ちに会館に入り、十時代議士会にでる。終日院内にいる。

四月三日（火） 祈る。
十時中執。終日院内にいる。八時半、帰宅。

四月四日（水） 祈る。
院内にいる、夕刻首相［池田勇人］と会見。石炭問題。

四月五日（木） 祈る。
院内にいる。六時、ソ連大使館でレセプションにでて、院内にもどる。

四月六日（金） 祈る。
院内にいる。ガリタイ通過。三時半帰宅、四時半高野［岩三郎］先生の追悼の会にでる。よる東京発。

四月七日（土） 祈る。
和歌山につく。記者会見（知事室で）、正午午餐会、三時労働懇談会、よる二ヶ所演説会、盛会。

四月八日（日） 祈る。
七時半たつ。大阪より大津にいく、県連大会。夕刻京都に入る。よる知事選、府会選応援。彗星でたつ。

四月九日（月） 祈る。
五時、松前［重義］君令息の結婚式につらなる。十時上野発。

四月一〇日（火） 祈る。
宮古市に、ヒル近くつく。街頭で市長選の応援、よる二ヶ所演説。盛会。

四月一一日（水） 祈る。
十一時たち、北上市長選応援。夕刻に花巻市長選応援、いわてでたつ。

四月一二日（木） 祈る。
七時上野着。直ちに会館に入る。妻来る。八時祈祷会。九時、妻神戸にたつ。十時統制委員長会議に出席し、十一時石炭対策本部総会にでる。二時本会議、五時半、司で炭労の招宴。六時半晩翠軒に朝日記者を招く、松井［政吉］君同席。

四月一三日（金） 祈る。
十時中執、二時本会議。直ちに田無町長選応援にいく。六時すゞやで瀬尾、島田を招き、民雄と一緒に食卓を囲む。

四月一四日（土） 祈る。

十時、生駒で名古屋にいく、三時着。直ちに記者会見、四時なる瀬［成瀬幡治］君の激励会に出で、特急で神戸に十時着。

四月一五日（日） 祈る。

十時永［長］田公会堂の県連大会にて、午後帰舎。よる灘公会堂と永［長］田公会堂で演説をする。

四月一六日（月） 祈る。

九時十分伊丹発、十時半羽田着、帰宅。

四月一七日（火） 祈る。

本会議。五時燕京飯店で、労働団体代表者を招き、参議院選挙応援方を求む。

四月一八日（水） 祈る。

八時経済同友会の朝食会に招かれ、会員と懇談する。十時中執、三時半に及ぶ。最高裁検事総長と公安部長訪問して帰宅。

四月一九日（木） 祈る。

十時、参議院選対策本部の打合せ。正午事務所によって帰院。一時半代議士会、昨日の経済同友会の会見の*釈明をした。二時本会議、四時半帰宅。六時晩翠軒で共同通信記者と会見、松井君もつらなる。

＊　前日の懇談で「高度成長よりも安定成長を」で一致したと伝えられたが、党内から中執委に了解を得ることなく行れたことに批判が起こった。

四月二〇日（金） 祈る。

十二時に水海道につき、風見［章］君追悼演説会にでる。三時下館、六時結城。下館に古山［皆川古山］さん来る。成田、穂積、稲村［隆一］、盛［森元治郎］の諸（君）同行。

四月二一日（土） 祈る。

羽田発、十一時札幌着。記者会見、小樽で街頭演説、よる札幌、中野旅館に泊る。昨年ついていた岩本君が北海道滞在中つきそう。

四月二二日（日） 祈る。

ヒル夕張につく。市長出迎を受く。夕張会館で演説。よる滝川で演説、滝川ホテル泊る。

四月二三日（月） 祈る。

午後池田につく、地震あり。三時半より演説、市長の歓迎をうく。よる帯広北海館に泊る。市長のもてなしをうく。

四月二四日（火） 祈る。

士部につき、市長のもてなしをうく。五時半演説、自動車で八時旭川につく、演説、覚久屋旅館に泊る。

四月二五日（水） 祈る。

一時、札幌につく。三時札幌テレビで対談、四時札幌をたつ。五時半たつ、七時半つく。

四月二六日（木） 祈る。

九時四十分羽田発、大阪にいく。市補選応援。七時二十分羽田着。

四月二七日（金） 祈る。

九時、会館に入る。十時中執、一時半海員組合の代表者と会見。二時本会議、四時スキヤ［数寄屋］橋でカク［核］実験反対のビラまき、義夫を訪ね帰宅。

四月二八日（土） 祈る。

七時発上野で、小山市長選応援にいく。一時帰京、直ちに院内に入る。本会議、夕刻帰宅。

四月二九日（日） 祈る。

十一時五十分参内。天皇誕生日祝の宴につらなる。退去後、直ちに野田市にいく。市長、市議選の応援のため、八時過ぎ帰宅。

四月三〇日（月） 祈る。

十時半院内。丸善にいき、原書店にいき、ルオーで食事をなし、義夫を訪う。帰宅。

五月

五月一日（火） 祈る。

八時二十分、外苑にいく。May Day の式典に列し、新橋まで歩く。九段でスシを食い、帰宅。

五月二日（水） 祈る。

十時半、藤牧君を院内に訪う、打合せ。院内食堂で午めし、一時半帰宅。二時四十分郵政会館にいく、小田桐君と星野さんの結婚式に仲人としてつらなる。三時帰宅。

五月三日（木）　祈る。
二時尾崎会館［現憲政記念館］で憲法十五周年記念会にでる。四時帰宅。

五月四日（金）　祈る。
終日うちにいる。夕刻西宮［弘］夫妻来訪。

五月五日（土）　祈る。
午後三時松本七郎君を訪問し、帰途伊集院による。四時半帰宅。

五月六日（日）　祈る。
十時、会館に入る。十二時一先ず帰宅。二時会館に入る。三時半ＹＭＣＡにいく、西宮君の令嬢の結婚式に仲人として立つ。六時四十分、帰宅。

五月七日（月）　祈る。
十時中執、十二時半本会議。一時坂本［泰良］君法学博士祝の会。再び本会議にもどり、二時外務委員会で質問。五時清沢［俊英］君の退職の会。六時半独大使館のレセプション。午後十時首相と会見。十一時四十分本会議、十二時半帰宅。

五月八日（火）　祈る。
十時半藤原道子さんを院内に尋ね、三越にいく。民雄も一緒。浜田［庄司］さんの御弟子さん作品展、正午三日月会［関西学院同窓会］にでて、二時私鉄労組の本部会館の落成祝にで、会館にも（ど）り、後帰宅。五時半松井君来訪、要談。七時江東区の演説会にいく。

五月九日（水）　祈る。
十時、中執懇談会。一時井本君を最高検事庁に尋ね、帰宅。

五月一〇日（木）　祈る。
九時半全電通会館にて中執、十時より拡大中央委員会。二時半散会。事務所によって、平和経済計画会議の総会にでて、六時晩翠軒に小谷、高岩［進］、安西、大久保の県議と松沢、五島、山口［丈太郎］、田中［武夫］、三木［喜夫］を招く。八時帰宅。

五月一一日（金）　祈る。
七時、妻を東京駅に送る。八時江田君訪問。会館に入る。十時院内で山本君と会見、十時半、私鉄の委員長と山口君と一緒に会い、十一時検事総長と公安部長訪問。院内に入る。四時半事務所訪問、六時晩翠軒で過日北海道随行の記者を招く、赤松［勇］、矢尾、横路［節雄］の諸君もつらなる。

五月一二日（土）　祈る。

九時羽田発。十二時板つき［付］着。十二時三十分発で佐世保にいく。記者会見、夕刻レセプション。

五月一三日（日） 祈る。
十時県連大会、午後島めぐり。よる演説会、盛会。

五月一四日（月） 祈る。
九時二十六分発、博多にいく。福岡県知事［鵜崎多一］の招宴をうく。一時半発、三時半羽田着。

五月一五日（火） 祈る。
十時中執、一時半溝上君の裁判につらなる。成田君を会館に訪う。四時帰宅。

五月一六日（水） 祈る。
七時発、一時京都着。記者会見、同志社大学で講演、四時キリスト者との会合。亀山、向日にて演説。国際ホテルに泊る。

五月一七日（木） 祈る。
一時、学者との懇談会。十一時東京の記者との会見。五時木津町のレセプション、よる加茂町と他の町で演説。十一時京都発。

五月一八日（金） 祈る。
八時四十五分、品川駅着。勝間田君［政審会長］を訪う。十時本部にいく。松原［財務委員長］、八百板君［選対委員長］と一緒に映画協会の［空白］氏、八幡の藤井［丙午］君、富士の永野［重雄］君、大映の永田［雅一］君、医師会の武見［太郎］氏を訪問して、三時半に帰宅。

五月一九日（土） 祈る。
十時、本部にいく。松原、八百板君と日本鋼管、三菱銀［行］、日立会社を訪問。一時半帰宅。五時半日比谷音楽堂で開かれた安保記念会にでる。六時半帰宅。

五月二〇日（日） 祈る。
午後九時、瀬戸発《ママ》で香川にいく。随行記者七人。

五月二一日（月） 祈る。
あさ宇野高松間船のうちで記者会見。よる二ヶ所で演説、盛況。

五月二二日（火） 祈る。
あさ小豆島にいく。よる三ヶ所演説。

五月二三日（水） 祈る。

十時岡山着、朝子の宅訪問。十三時広島着、呉にいく。よる三ヶ所演説。

五月二四日（木） 祈る。
六時、呉造船にいく、街頭演説。一時広島につく。よる二ヶ所演説、よる二十三時たつ。

五月二五日（金） 祈る。
八時岐阜着。午前三ヶ所演説、午后追悼会、よる二ヶ所演説。

五月二六日（土） 祈る。
六時四十分、岐阜たつ、八時東京着。十二時過ぎ奈良屋につく。藤牧、伊藤、民雄来る。

五月二七日（日） 祈る。四時たつ、帰宅。

五月二八日（月） 祈る。
十時中執、一時産経ホールにいく。三党首討論会にでる。本部によって、スミ医師に診察にいき、帰宅。八時半調布第一小学校で演説。

五月二九日（火） 祈る。
七時五十分羽田発、九時伊丹着。小谷君と影浦出迎う。宝塚駅にいき、急行車に乗り柏原にいく。柏原で午后演説。よる豊岡ともう一ヶ所で演説。城ノ崎で泊る。

五月三〇日（水） 祈る。
八時城崎発、生野鉱山にいく。午后三時加古川につく、記者会見。よる高砂と加古川で演説。よる片山町に入る。

五月三一日（木） 祈る。
十時、日教組の大会にでる。尼ケ崎にいく。伊丹、よる尼ケ崎で二ヶ所演説、伊丹にいく。途中、京阪神労組の大会にでる。

六月

六月一日（金） 祈る。
十時、阪神労組の大会にでる。宝塚にいく。仁川を経て芦屋にいき、よる西ノ宮で演説。

六月二日（土） 祈る。
九時伊丹発、十一時帰宅。藤牧君来訪。三時半家を出て、横浜と川崎の演説にいく。

六月三日（日） 祈る。

十時、日本テレビ来訪。四時NHKで三党首討論に出席した。


六月四日（月） 祈る。

十時本部で中執。ヒル松平〔忠久〕君と一緒に足利にいく、三時着。記者会見、後足利の中小企業者と会合、よる佐の、足利で演説。よる十二時帰宅。


六月五日（火） 祈る。

二時半、院内で藤牧に会う。午前中に東京新聞村上記者来訪。事務所によって帰宅。


六月六日（水） 祈る。

八時発、十一時前橋着。岡源で食事、十二時半市役所前で演説、その後市内一巡、夕方街頭演説。九時半、帰宅。


六月七日（木） 祈る。

毎日、産経、共同の写真記者来訪。十時半院内で理髪し、本部に入る。一時東京駅、後早稲田、新宿西口で演説。六時晩翠軒で香川、子安両君と民雄と会食し、九時帰宅。


六月八日（金） 祈る。

九時巣鴨駅前にいき、岡田〔宗司〕君の応援。正午本部にいき、二時川崎にいき、相沢〔重明〕君の応援。八時帰宅。


六月九日（土） 祈る。

七時東京発、記者同行、瀬尾随行、十一時名古屋着。成瀬〔幡治〕、野々山〔一三〕、小酒井〔義男〕君の応援。夕刻大垣に入る。中村〔波男〕君応援。よる二ヶ所演説。泊る、岐阜にて。


六月一〇日（日） 祈る。

七時五十三分ギフ〔岐阜〕発、九時半大津着。街頭応援、夕刻奈良に入る。よる二ヶ所演説、泊る。


六月一一日（月） 祈る。

七時五十分奈良発、京都着。駅長室で記者会見。直ちに宮津にいく。各地で街頭、よる二ヶ所演説会、舞鶴で泊る。


六月一二日（火） 祈る。

十一時、福井着。街頭応援、四時金沢着。よる三ヶ所演説、泊る。


六月一三日（水） 祈る。

九時、富山着。街頭応援、演説会二ヶ所、最後魚津。魚津より二十時発。

六月一四日（木） 祈る。
○時四十六分長野着。さいほく館に入る。九時半より街頭、四時松本市に入る、よる二ヶ所演説。

六月一五日（金） 祈る。
五時新宿着、民雄、影浦、本多、出迎。

六月一六日（土） 祈る。
八時新宿発、十時甲府着。街頭演説、会場演説、よる湯村トキワホテルに泊る。

六月一七日（日） 祈る。
八時甲府発、沼津着。沼津と三島で街頭演説。よる静岡で街頭演説、八時五十二分発で帰京。

六月一八日（月） 祈る。
十時、浦和にいく。街頭、六時市川にいき、街頭と個人演説会にでる。

六月一九日（火） 祈る。
七時四十分上の発、平にいく。平地方応援、平に泊る。武藤［山治］君同伴。

六月二〇日（水） 祈る。
平発、一時十三分仙台着。各地で応援。泊る。

六月二一日（木） 祈る。
細倉鉱山にいき、石越駅発、花巻にいく。花巻と盛岡で演説。午後東北放送にでる。泊る。

六月二二日（金） 祈る。
七時二十一分盛岡発、十一時半青森着。弘前まで街頭、東能代で演説。秋田にいき、泊る。

六月二三日（土） 祈る。
湯沢で演説、新庄にいく。山形で演説。東根に泊る。

六月二四日（日） 祈る。
八時より各地で街頭、午後七時半宇都宮にいく。泊る。

六月二五日（月） 祈る。
七時半より各地街頭、小山より水戸にいき、記者会見。土浦、竜ケ崎、藤代で演説、十一時半帰宅。


六月二六日（火） 祈る。

五時三十分、新橋ステージで演説。六時三十分東京発、浜松にいき一泊。


六月二七日（水） 祈る。

六時より、松永［忠二］君のために応援、東海三号で浜松より横浜にいく。二十一時三十二分横浜発。


六月二八日（木） 祈る。

六時四十六分、京都着。十一時四十四分発、十二時半頃三ノ宮着。盛大な出迎、佐の［佐野芳雄］選対本部に入る。民雄、影浦随行、瀬尾君も。


六月二九日（金） 祈る。

市内街頭。よる三ヶ所演説。


六月三〇日（土） 祈る。

五時二十分出で、川崎製鉄、造船所で応援。九時四十分ヘリコプターで、高松に松山に広島にいき、九時五十分の特急でたつ。

七月

七月一日（日） 祈る。

十時東京着、帰宅。十一時投票、夕刻本部にいく、九時帰宅。* 来訪。

＊ 第六回参議院選挙（七月一日）の結果自民六九、社会三七、民社四、共産三、無所属のうち公明政治連盟九、社会党は前回より八議席増。

七月二日（月） 祈る。

午前二時頃までテレビを見る。九時本部にいく。正午スシ政にいく。午后帰宅、東京新聞記者来訪。七時カラシマ［唐島基智三］さんとNHKで会談。本部によって、帰宅。


七月三日（火） 祈る。

九時淡谷［悠蔵］君に会う。正午幹部会、後瀬尾君をつれて箱根にいく、石崎君［SP］同行。


七月四日（水） 祈る。

一時奈良屋をたつ。途中自動車故障で帰宅は八時近くになった。

七月五日（木）　祈る。

十時、訪ソ使節団［モスクワ大会へのオブザーバー出席］を羽田に送る。一時河野平次君の葬儀。三時中執にでる。四時事務所に入る、帰宅。


七月六日（金）　祈る。

十時杉山君、伊原君を訪問。本部によって、十二時過ぎスシ政で小島［利雄］君と会見。二時読売の磯部君と会い、帰宅。


七月七日（土）　祈る。

十時原書店、十一時東海大学新館落成式祝賀会にでて、祝辞をのぶ。一時半、帰宅。


七月八日（日）　祈る。

正午、民雄著書［J・ストレイチ『大いなる覚醒』有紀書房刊］出版祝。和子、智子の結婚の日を共に祝う会をすゞやで開く。和子は旅行中で欠席。二時帰宅。


七月九日（月）　祈る。

関東病院にいき、帰宅。一時オルグ選挙報告会に出席し、六時鳥勝で林［虎雄］君の当選祝賀会、林、羽生［三七］、河の［河野密］、中島［巌］、中沢［茂一］、島口［重次郎］出席。小島君の招待。


七月一〇日（火）　祈る。

九時半本部。諸会社に選挙の礼廻り。十二時スシ政で食事をなし、院内で二時中執。事務所に寄って、帰宅。


七月一一日（水）　祈る。

九時鈴木［茂三郎］君を訪問し、会館に入る、勝間田［清一］君に電話して、鈴木君訪問の様子を伝う。院内で山本［幸一］君に会う。伊藤［英治］君に横山［利秋］君の渡欧のセンベツを渡す。三時帰宅、伊原夫妻来訪。


七月一二日（木）　祈る。

八時十分羽田発。十一時沖天閣で教職者懇談会で語る。三浦［清一］君の家に弔訪、妻と一緒に。後姫路の成田君の仕事を見る、六時丈門会にでる。


七月一三日（金）　祈る。

八時十分神戸発、瀬戸号で加古川にいく。松沢君、東京より乗車。加古川市を巡る、途中雨にあう。午後は各人の応援。


七月一四日（土）　祈る。

九時、十河［巌。関西学院時代の教え子。朝日新聞社出身、洋画家。十河画房でモデルとなる］君の画房に入る。午後は片山町の家に入る、五時半沖天閣で私の後援会にでる。

七月一五日（日） 祈る。
九時半、十河画房に入る、午後一時半山陽［電車］で高砂にいく。市議選の応援。八時半帰宅。

七月一六日（月） 祈る。
九時半、十河画房に入る。二時三浦君葬儀、五時須磨の観光ホテルで阪本、小谷両君と語る。九時帰宅。

七月一七日（火） 祈る。
八時半、小谷君来訪。十時家を出て伊丹にいく。十二時半発、一時四十分羽田着。民雄出迎う。一度帰宅し、事務所に入る。会館で藤牧君と会見し、帰宅。よる朝日安部君来訪。

七月一八日（水） 祈る。
十時半、会館に入る。読売磯部君来館。藤牧君来る。十時本部に入る。江田、成田［知巳］君と語る。一時半木内氏を美村君と会い事務所によって帰宅。

七月一九日（木） 祈る。
二時、調布市長選に応援にいき、六時半帰宅。毎日の記者来訪。

七月二〇日（金） 祈る。
十時中執、二時新参議院議員の歓迎会を開く。三時顧問会議、五時半帰宅。

七月二一日（土） 祈る。六時、陶々亭にいく。記者倶楽部を招待。

七月二二日（日） 祈る。終日引籠る。

七月二三日（月） 祈る。
六時、アラブ連合の記念レセプションに出た。

七月二四日（火） 祈る。
午后三時鹿島氏を本社に訪問。丸善によって、帰宅。

七月二五日（水） 祈る。
十時中執。ヒルをすし政でとる。事務所に入る。三時帰宅。

七月二六日（木） 祈る。
ヒルに本部で江田君に会う。帰宅。

七月二七日（金） 祈る。
終日引籠る。平と福島に電話す、松井［政吉］君あて。日光に成田［知巳］君に電話。よる松井君より電話、中島［英夫］代議士来館の伝言をうく。よる大空ヒット夫婦来訪。

七月二八日（土） 祈る。

十時発で、大阪にいく、木村君［関西学院出身］の教会で話をして月光でたつ。

七月二九日（日） 祈る。

七時熱海着、のり換で七時半小田原着。奈良屋に入る。民雄一家来ている。

七月三〇日（月） 祈る。

十時半アシの湖［芦ノ湖］にいく、三時帰舎。

七月三一日（火） 祈る。

十時奈良屋発、一時帰宅。四時委員長室で仏大使と会見、和田［博雄］、山口［房雄］両君同席。義夫を訪問し帰宅。よる秋定君。

八月

八月一日（水） 祈る。

十一時半会館で中島英夫君と会見し、* 正午懲罰委員会に出で、事務所により、総同盟の五十年の祝会にでる。三時半本部で江田、成田、松井君と相談し、一先帰宅するや、小谷［守］君第一ホテルに待つとの事で、直ちに第一ホテルにいき会見し、六時帰宅。

＊　中嶋英夫は鈴木茂三郎の第三次訪中団報告の「補遺」文書を公表しないように要請した。報告が浅沼の「米帝国主義は日中人民の共同の敵」発言を再確認したとられていることに対する弁明。中嶋は同じ鈴木派の佐々木更三氏の意向をうけたものと推測されている。

八月二日（木） 祈る。

九時半、本部に入る。江田、松井君と会見。直ちに鈴木［茂三郎］君を訪問。要談を終り、スシ政で食事をなし、原書店により、本を求め北区公会堂の飯塚春之助君の葬儀に列し、三時半帰宅、六時晩翠軒にいく、毎日新聞の記者諸君と会食。

＊　民雄氏によれば「父、早朝に鈴木茂三郎氏を自宅に訪問、鈴木氏より提出されていた訪中使節団派遣の取扱について、鈴木氏の了承をえたという。父は鈴木派の衆議院議員中島英夫の要請であったこと、自分としてはかねてから党として公表しない方がよいと考えていたし、そのようにしたいから、お届け頂いた文書はお返しすると（one copy を除いて）言ったところ、鈴木氏から内容は公表しなく

てもよいから、提出のあったことだけ中執委に報告してほしいというので、その通りにすることを約したという。


八月三日（金） 祈る。

あさ八時、テレビで鈴木君の報告補遺に関し放送ありし由、驚く。十一時中執でそれに関し報告した。午后の両院議員総会で質問あり、中執の報告と同一の答をした。事務所により帰宅。

＊ テレビの報道についてはNHKの岡村和夫記者が後年、「日本記者クラブ全報」（一九九八年六月一〇日）でこの情報をキャッチした経緯と河上委員長がとった判断について明らかにしている。（「書いた話、書かなかった話」欄、「バラバラ事件と鈴木書簡」岡村和夫）岡村記者の報道がきっかけで八月三日以降、鈴木「訪中報告補遺」問題が各紙で大きく取上げられた。

八月四日（土） 祈る。

十一時、登院。招集に応じた。午後帰宅。四時書記局の人々を招待した。十時林君事務所にいく。美村君と林君に会見。


八月五日（日） 祈る。

十時、教会に妻と一緒にいく。帰途青山で墓参して帰宅。


八月六日（月） 祈る。

十時緊急中執、五時委員長室、石炭対策最高会議。六時スシ政で食事をなし、八時四十分の銀河でたつ。


八月七日（火） 祈る。

七時十分大阪着。直ちに伊丹にいき、飛行機で高松にいく。琴平公会堂の全農林大会にいき、高松の「たなか」旅館で休んで、六時の飛行機で伊丹にいき、東京にのりかえて、九時帰宅。


八月八日（水） 祈る。

八時半鈴木君を訪問、帰宅。十一時半院内に入る。開会式に列して、帰宅。


八月九日（木） 祈る。

八時会館に入る、祈祷会。十二時最高会議、三時帰宅。


八月一〇日（金） 祈る。

森脇君を県宿舎に訪い、十一時の中執に出る。二時首相演説。帰宅。六時陶々亭に県の国会議員を招く。


八月一一日（土） 祈る。

八時十分羽田発、九時二十五分伊丹着。比エい［叡］山の党学校の卒業式にいく。四時半大阪駅で竹中君に会い、箕面観光ホテルのシオン会［関西学院同窓会］にいく、彗星で大阪を発つ。

八月一二日（日）　祈る。
九時東京着、帰宅。終日引籠る。

八月一三日（月）　祈る。
十時院内に入り、直ちに党本部にいき平安堂を訪問。尾崎会館で食事をなし、習字の老先生（婦人）を訪問し、印のことで相談し、帰宅。

八月一四日（火）　祈る。
十時中執。十二時半、大空夫妻と宝酒造に田中社長と訪問。二時本会議。本会議後、モスクワ放送記者と会見。三時半帰宅。六時米大使館のレセプションにいく、新任公使のため。

八月一五日（水）　祈る。
五時、あさくらにいく。参議院選挙に立候補しなかった人と落ちた人を招く。

八月一六日（木）　祈る。
十一時本部にいき、スシ政で食事をなし、帰宅。五時向井君来訪。九時上野発、秋田にいく。

八月一七日（金）　祈る。
十時、国鉄大会にでる。ヒル食を市長の御馳走になる。午後数ヶ所で話をし、五時私のためのレセプション、七時たつ。

八月一八日（土）　祈る。
午后二時羽田発、三時半伊丹着。三信に成田君を訪い、五時兵庫公会堂の三浦君追悼集会にでて語り、七時二十分伊丹発で帰宅。

八月一九日（日）　祈る。終日引籠る、来訪者なし。

八月二〇日（月）　祈る。
九時院内山本君に会い、理髪して十時半事務所に入る。湊［謙吾］君の新宅を訪う。妻、民雄夫妻と陽子、和子も来る。ヒルに帰宅。

八月二一日（火）　祈る。
正午、会館で伊藤、赤堀［馨］君に会う。一時中執、五時半晩翠軒で祈祷会の小柳［勇］、横川［正市］両君の当選の祝の宴に招く。

八月二二日（水） 祈る。

妻、神戸にたつ。午後二時半、院内に入る、多賀谷［真稔］をつれて、林君事務所で宮沢［喜二］氏に会見して帰宅。*

＊ 宮沢は「先生の旧知であり、私にとっては恩人であるH氏（林彦三郎）の事務所でこっそりお目にかかるのが例」であり、池田への伝言を橋渡ししたと述べている。

八月二三日（木） 祈る。

十時中執。めまいがするので帰宅、床につく。


八月二四日（金） 祈る。終日床につく。


八月二五日（土） 祈る。

妻、帰る。午后二時藤牧君来訪。床についていた。


八月二六日（日） 祈る。

十時半、梅林寺の平安堂の三周忌につらなる。正午退き帰宅、床につく。終日寝る。


八月二七日（月） 祈る。

気持よし。三時会館で藤牧君に会い、明日の演説の原稿をうく。よるNHKの記者二人来訪。


八月二八日（火） 祈る。

十時中執。一時本会議、日韓交渉に関する質問をなし、二時スシ政で食事をなして帰宅。


八月二九日（水） 祈る。

八時新宿発。甲府につき、市役所訪問。後東京電気化学の新工場をみる。一時半甲府発、上スワ［諏訪］につく。下スワ町長選挙の応援、六時半の上スワ発で帰宅。


八月三〇日（木） 祈る。

八時祈祷会。九時半中央委員会、五時半散会。夜中に黒田［新一郎。下諏訪町長］君圧倒的勝利の報があった。


八月三一日（金） 祈る。

九時半中執、十時半中央委員会開会。午後八時散会。晩翠軒に上京した中央委員と国会議員を招く。

九月

九月一日（土）　祈る。十時半中執、午後二時帰宅。

九月二日（日）　祈る。
十時、院内に入る。正午本会議、九時まで院内にいる。臨時国会終る。

九月三日（月）　祈る。
十一時半出発、妻と奈良屋に入る。統一会の人々を招く。四人程欠席でしたが、多数の方々が来られた。

九月四日（火）　祈る。
一時、奈良屋をたつ。平安堂によって、四時半帰宅。よる大空君来訪。

九月五日（水）　祈る。
午後三時、本部中村会計主任を訪う。六時大倉ホテルの外相［大平正芳］のレセプションにいく。

九月六日（木）　祈る。
二時、北区都議選にいく。六時読売記者を晩翠軒に招く。松井君同席。

九月七日（金）　祈る。
一時日韓即時中止の集会にでて、二時半帰宅。八時、北区都議選応援。

九月八日（土）　祈る。
八時東京発、十二時半岐阜着。記者会見、知事応援。竜田旅館に泊る。

九月九日（日）　祈る。
十二時より三時半まで関市で応援。岐阜に帰り、よるは多治見で応援。竜田旅館に泊る。

九月一〇日（月）　祈る。
十時半岐阜発、名古屋で特急にのりかえて帰京。本部にいく、四時半渋沢正雄君［栄一の子息］の追悼会にでて、六時帰宅。

九月一一日（火）　祈る。
八時箱根に向う。奈良屋で中執の懇談会。

九月一二日（水）　祈る。

一時に、熱海に入る。市長選応援。十時半熱海をたちて帰宅。夕食は長谷川さん宅でうける。

九月一三日（木） 祈る。

八時、松前［重義］君を末と一緒に訪問。

九月一四日（金） 祈る。

八時東京発、岐阜にいく。知事選応援。

九月一五日（土） 祈る。

五時まで、岐阜市内 open car で応援。五時二十分発、十時東京着。十一時上野発。

九月一六日（日） 祈る。

十一時、陸前高田市着。一時レセプション、よる盛町で演説。

九月一七日（月） 祈る。

六時盛駅発、九時半仙台着。菊地［養之輔］君と会見。十時半特急で帰京、金子［益太郎］、黒沢［幸一］両君上野駅に来る。一緒に本部に入る、知事選の話。五時帰宅。七時小林光さん［妻末子方の親戚］の逝去のため同氏宅を訪問。八時半堀［昌雄］君来訪、十時三宅君来訪。

九月一八日（火） 祈る。

二時、建設省訪問。三時事務所に入る。四時原口［忠次郎］君会見、帰宅。一時神戸新聞記者来訪。

九月一九日（水） 祈る。

橋本さん八時来、吉川［政春］君九時来訪。三時、入国管理局長を橋本さんと訪問。

九月二〇日（木） 祈る。

八時羽田発、十時半沖天閣着。十一時教職員懇談会でる。二時半中ノ瀬君を訪問、四時オリエンタルホテルにいく。坂本君不来、令息来訪。六時、丈門会。

九月二一日（金） 祈る。

九時伊丹発、十一時半帰宅。一時湖月で石炭最高会議、三時総評を招待。よる毎日記者来、藤原道子さんを岩垂さんに紹介。

九月二二日（土） 祈る。

十時半、会館に入る。十一時堀君来訪。後すし政にいく、帰宅。

九月二三日（日） 祈る。

八時半、堤康次郎氏宅訪問、留守。午後向井君［共同記者］来訪。

九月二四日（月） 祈る。

十一時、神戸新聞記者来館。一緒［に］スシ政にいき、一先帰宅。六時民雄と晩翠軒にいく。山口［房雄］、藤牧、木島［貴島正道］の諸君を招く。


九月二五日（火） 祈る。

十時中執。よる七時より、妻の七十年の祝の会。三人の子供夫婦集る。


九月二六日（水） 祈る。

八時半、堤康次郎氏を訪問。三時半外務省柿坪［正義］氏を訪問。午前中になら夫妻［林彦三郎氏娘夫妻］来訪。よる向井君来訪。


九月二七日（木） 祈る。

十一時、本部に入る。十一時半菊地君来る。向井君来る。すし政で食事をなし帰宅。


九月二八日（金） 祈る。

八時、増上寺に折尾氏を訪問。神戸市会議員寮に鳥居［豊］君を尋ね、本部で赤松君に会い、折尾氏との会見の報告をなした。帰宅。六時都道府県会館で石炭対策最高会議にでる。


九月二九日（土） 祈る。

七時羽田発、九時過ぎ広島着。県庁を訪問、知事と面会し、記者会見、共にいく。一時半レセプション。ある旅館で休んで、六時十五発で九時二十分羽田着で帰宅。堀君来訪。


九月三〇日（日） 祈る。

午後吉田［松治か］氏、神戸新聞記者二人来訪。

一〇月

一〇月一日（月） 祈る。

十時院内で中執、後石炭最高会議、午後二時本部によって、帰宅。


一〇月二日（火） 祈る。

原書店にいく、ルオー茶房でヒル食、森田［賢。ルオー茶房主人］君に会う。帰宅。十時上野発盛岡にいく。林虎雄君同行、影浦随行。


一〇月三日（水） 祈る。

七時盛岡駅着。旅舎で朝食をとって、十時横田忠夫君［戦前無産運動家］二十三［回］忌に列し、一時遠山病院を訪問し、県庁記者倶楽［部］にいき、二時十二分発の陸中で帰京。菊地［養之輔］君仙台で下車。十時半帰京。

一〇月四日（木） 祈る。
八時鈴木［茂三郎］君を訪問。本部によって、最高裁に十時半にいく。事務所によって、院内で地方選挙対策本部の会議につらなる。四時、帰宅。

一〇月五日（金） 祈る。
九時半、佐々木［更三］君と会館で会見。十時中執、二時帰宅。中村高一君来訪。

一〇月六日（土） 祈る。
十時本部にいく。都知事選の打合せ会にで、一時に帰宅。

一〇月七日（日） 祈る。
九時羽田発で、関西学院の学院新聞四十年記念会に出席。三時より大阪堂ビルの祝賀会にでて、六時の伊丹発で帰宅。

一〇月八日（月） 祈る。
正午、赤堀［馨］君、伊藤君と会館で会見。原書店によって帰宅。

一〇月九日（火） 祈る。
八時、八百板君と鈴木［茂三郎］君を訪問。九時半河野君を訪問し、吉祥寺で北川陶園にいく。正午中村君宅で午餐をうけ、帰宅。六時、会館で三輪七年忌の催の打合せをした。

一〇月一〇日（水） 祈る。
十一時事務所、十二時参議院食堂で県選出の国会議員の集り。一時両院議員総会、四時炭労のケッ起大会。六時半、帰宅。

一〇月一一日（木） 祈る。
十時中執。よる中田［吉雄］君来訪。

一〇月一二日（金） 祈る。
十時、神戸新聞社長と支社で会見。十一時五十分、首相官邸でメキシコ大統領午餐会で妻と出席。一時浅沼君記念会、五時プリンスホテルで浅沼君記念レセプション。七時五十分上の発、伊藤君同行。

一〇月一三日（土） 祈る。
青森で武藤［山治］、喜［貴］島君と一緒になり、十和田湖見物にいく。十和田ホテルに泊る。

一〇月一四日（日）　祈る。
一時半、宿を出て帰路につく。北斗で青森をたつ。

一〇月一五日（月）　祈る。
十時四十分上の着。午后一時中村次男君の令嬢の告別式につらなる。七時十分羽田発、八時二十分伊丹着。十時二十分伊丹発で松江にいく。

一〇月一六日（火）　祈る。
十時、松江裁判所。中田君の事件。四時過ぎ松江を発ち、帰京。

一〇月一七日（水）　祈る。
九時三十六分、東京着。一時、外岡［松五郎］御夫妻来訪。六時会館で浅沼夫人と中村［高一］君と懇談。

一〇月一八日（木）　祈る。一時中執、五時半帰宅。

一〇月一九日（金）　祈る。
病気で床にいる。五時、学士会館で鈴木孝信君の結婚式につらなる。妻、私の代理として神戸にいく。

一〇月二〇日（土）　祈る。
終日床にいる。五時半より三輪会の打合会に欠席する。

一〇月二一日（日）　祈る。妻、銀河で帰京。終日床にいる。

一〇月二二日（月）　祈る。終日床にいる。小島君見舞。

一〇月二三日（火）　祈る。
終日床にいる。夕刻伊藤君、よる佐藤［祐次］、松岡、おそく武井［好夫］、瀬尾、見舞に来る。

一〇月二四日（水）　祈る。
終日床にいる。女性週刊の記者来。午後、松沢［兼人］、三木［喜夫］両君来訪。

一〇月二五日（木）　祈る。
十一時、森脇君来る。午後、武藤君来。よる妻、松前君帰朝出迎に羽田にいく。

一〇月二六日（金）　祈る。
終日床にいる、堀米君夕刻来訪。ＮＨＫ記者来訪。

一〇月二七日（土）　祈る。終日床にいる、よる瀬尾君来訪。

一〇月二八日（日） 祈る。

床にいる。三輪夫人と鈴木新夫婦来訪。


一〇月二九日（月） 祈る。

終日床にいる、来訪者なし。よしさん帰国。


一〇月三〇日（火） 祈る。

八時十分羽田発。今井君の選挙事務［所］開にでる。後神戸、芦屋、尼ケ崎に街頭演説をなした。五時神戸発、七時十分伊丹発、帰宅。


一〇月三一日（水） 祈る。

七時半出で松前君を訪問、知事出馬を懇請した。十時半、椿山荘にいく。岡［良二］君令嬢の結婚式、仲人として立つ。二時帰宅。三時半江田君と会館で会見、帰宅。よる東京新聞記者来訪。

一一月

一一月一日（木） 祈る。

七時半、松前君を訪問。村山君その他来訪。美村夫人と一緒に、麻布プリンスホテルの篠原家の結婚式につらなる。二時山本［幸二］、赤松［勇］、松本［七郎］の三君来訪。毎日記者来訪。よる八時京子二人の子供をつれて。


一一月二日（金） 祈る。

八時、松前君来訪。東京知事立候補辞退の正式申出があった。九時会館で都連の幹部と会見。十時中執。午後二時より再開。事務所によって、帰宅。


一一月三日（土） 祈る。

十時四十分羽田発、正午伊丹着。食事をなして関［西］学院にいく。同窓会に出席して、三時半神戸の知事選対本部にいく。よる三ヶ所で演説。


一一月四日（日） 祈る。

九時半神鋼労組大会にでて、神戸の合同労組の大会にでて、土山駅で知事候補者に合流し、加古、高砂で応援。高砂の錦旅館に泊る。


一一月五日（月） 祈る。

高砂、姫路、相生にいき栗々荘に泊る。

一一月六日（火）　祈る。

相生、赤穂、佐用にいき、佐用で泊る。


一一月七日（水）　祈る。

佐用より山崎にいき新宮、竜野にいき、山崎にもどり、宝旅館に泊る。


一一月八日（木）　祈る。

山崎を出発、生野をへて、午後五時和田山より帰神。


一一月九日（金）　祈る。

十時青木［昌夫］君の市議選選対本部にいく、須磨地区内の応援、六時沖天閣で丈門会。


一一月一〇日（土）　祈る。

九時十分伊丹発、十時羽田着。本部にいく。十一時岩井［章］事務局長と院内で会見。第二会館で松前君と会見。事務所によって、六時晩翠軒で堀米、藤牧君を招き、民雄と四人で会食。


一一月一一日（日）　祈る。

午後二時片山［靖、医師。民雄妻京子の妹の婚家先。陽子は孫］さんの菊見物に妻と民雄夫妻、陽子といく。よる松井君来訪。


一一月一二日（月）　祈る。

八時東京発、記者同行。国際会館で三時より中執、四時半記者会見。よる四ヶ所演説。夕食を中執と同行記者達を沖天閣に招く。


一一月一三日（火）　祈る。

十時、原口市長と会見。十一時成田君と会社で会い、正午青木［昌夫］事務所にいき、午後車に乗って応援*、五時半県警の人々を沖天閣に招く。八時十分伊丹発、九時半羽田着。

＊　民雄氏によると、この青木市議選選事務所に阪本勝元兵庫県知事が待機して二人は久しぶりに会う。自治労でひそかに進めた東京都知事候補として阪本氏を推す動きが松前氏を説得中にマスコミで表面化し、河上が烈火の如く怒り気不味い状態になっていたため、自治労関係者が仕組んだものと思われる。河上さんから三顧の礼で要請されて東京都知事選に出馬を決意したという阪本勝氏の伝説がここから生れた。

一一月一四日（水）　祈る。

十一時、三輪君の墓前祭。二時、本部で都知事に関して委員会。本郷の原書店によって、学生［会］館で行われた三輪君追悼集会にでる。

一一月一五日（木） 祈る。

十一時伊藤、藤牧、朝日記者来。正午堂森［芳夫］、前田［栄之助］両君来。岩垂さんと会う、午後田原［春次］君来訪。四時半事務所によって、六時永楽倶楽部の文化人招待のレセプションにでる、よるNHK、日経記者来訪。妻の出版記念*集会盛会の電話があった。

＊『むら雲のかなたに』（東海大学出版会、一九六二年九月二四日刊）。

一一月一六日（金） 祈る。

八時十分羽田発、神戸にいく。今井［正剛。社会党推薦知事候補］君の車にのる。夕刻沖天閣にいき、よる三ヶ所で今井君の個人演説会にでる。


一一月一七日（土） 祈る。

七時、新三菱会社にいく、今井君と一緒。今井君の車で生田区を廻る。十一時半青木事務所にいき、正午頃阪本［勝］君来訪。午後青木の車にのる。竹葉［亭］で食事（近藤参四郎君の馳走になる）、後片山町の宅に入る。九時半、駿河屋の矢野君来訪。


一一月一八日（日） 祈る。

九時十分伊丹発、帰京。三時国際文化会館で杉山［元治郎］君の喜寿の祝賀会、七時野溝君宅を訪う。


一一月一九日（月） 祈る。よる出雲でたつ。


一一月二〇日（火） 祈る。

六時十八分、三ノ宮着。直ちに今井君応援、よる三ヶ所個人演説会。


一一月二一日（水） 祈る。

七時、明石駅にいく。今井応援。明石、高砂、加古川、姫路。六時湊川公園の演説会外一ヶ所、十一時半出雲で京都を発つ。


一一月二二日（木） 祈る。

九時三十六分、東京駅。直ちに東海大学にいく、二十年記念祭。十二時半帰宅、藤牧、向井両君まつ。二時山本［幸二］、松本［七郎］両君来訪。三時、河野君を会館に訪う。四時半、総評本部石炭会議。よる藤牧君来訪。多数の新聞記者来る、神戸いきとりやめ。


一一月二三日（金） 祈る。

十時、山本［幸二］君を会館に訪う。後成田君を尋ねる。後帰宅。四時河の君を訪う。

一一月二四日（土）　祈る。

九時、会館に入る。伊藤君来館。十時山本君をその室に訪い、中執に出る。午后三時事務所に入る。四時ルーサー氏〔米AFL・CIO副会長〕の招宴に出で、一先帰宅。直ちに山本君を九段宿舎に訪ね、スシ政でスシを食って、帰宅。松井君来訪。


一一月二五日（日）　祈る。

午後、NHK記者と毎日記者来訪。


一一月二六日（月）　祈る。

十時半、会館に入る。十一時中執、午後一時半林君を訪問。三時両院議員総会。


一一月二七日（火）　祈る。

九時半九段会館、中執、後大会〔第二二回〕。よる十二時帰宅。江田君辞職の申出あった。* それは決議案通過のため。

＊　江田三郎書記長が提起した「江田ビジョン」（米国の高い生活水準、ソ連の徹底社会保障、英国の議会制民主主義、日本の平和憲法の四つの柱をかかげる）が資本主義を容認したものとして党内で議論を呼び、大会で否決された。江田書記長はこれをみて辞表提出。

一一月二八日（水）　祈る。

九時半、九段会館にいく。午後会館にいた。八時半去る、帰宅。


一一月二九日（木）　祈る。

九時半、九段会館に入る。二時帰宅、三時半会館に入る。大会終了。


一一月三〇日（金）　祈る。

八時半、河野君を訪問。後本郷原書店によって、ルオー茶房でコーヒ〔ー〕と食事をなし、会館に入る。一時中執。後帰宅、議長副議長、事務局長より、委員長三選の祝の品をうく。

一二月

一二月一日（土）　祈る。

八時半、上野発で長野にいく。市長選挙応援のため、戸倉笹屋旅館に泊る。


一二月二日（日）　祈る。

八時でたつ、正午過ぎ上野着、瀬尾君出迎。二時杉本〔忠彦。衆議院事務局員〕君と婚約者との訪問。六時すゞやで岩垂* さんの送別会、私共夫妻と和子、藤原さん。

＊　岩垂マリ。近所の親戚にホームステイして、ブラジルより来日中であった日系人。伊集院和子が日本語の教師であった。

一二月三日（月）　祈る。
八時、妻と阪本［勝］君を訪う、帰宅。三時半丸善、事務所インドネシアアラヤの開店式につらなり、ＮＨＫホールのNoel Baker［イギリス労働党員。軍縮問題の専門家］の講演をきく。

一二月四日（火）　祈る。
十時入国管理局と厚生省にいき、本部により新三菱に清水君を訪う。一時に週刊朝日写真班来る、二時日水連に森脇、林両君を訪い、帰宅。六時ＮＨＫのNoel Baker氏のレセプションにでる。

一二月五日（水）　祈る。
十一時、会館で安井氏と会見。正午学士会館で一水会［一高の同窓会］にでて、スシ政で食事をなし、堀米君をつれて森木君［ＮＨ社会党ヅメ記者］を病院に見舞い、堀米君によっ《ママ》て帰宅。

一二月六日（木）　祈る。
十時、総評にいく。高校全入学の運動に挨拶した。十時半中執、二時事務所に入り、三時石炭最高会議。五時都市センターにて単産の首脳を招き、新役員の紹介した。八時、帰宅。

一二月七日（金）　祈る。
十時、毎日グラフの記者来。後いすゞ会社に田阪氏を訪問。一時両院議員総会、後三越に浜田［庄司］さんの展覧会をみて、事務所によって、六時帰宅。留守に清水鷹治君来訪、好意をうく。

一二月八日（土）　祈る。
九時、登院。直ちに帰宅。十時に新宿をたつ。正午過ぎ甲府着。金丸県政樹立大会にでて、七時半帰宅。

一二月九日（日）　祈る。
八時五十分たつ、穂積［七郎］、酒井［良知］両君同乗。小牧につき、記者会見。豊田市の伊藤［好道］君の七年忌に列し、豊橋にいく。渡辺君の立候補の説とく（得）につとめる、牧君来訪。七時半の特急で帰京。

一二月一〇日（月）　祈る。

十時、本部にいく。十一時中執、一時本会議、三時再会《ママ》。六時教会、六時半日比谷公会堂に田中路子さんのコンサートをきく。十時、岩垂さん帰国の挨拶に来訪。

一二月一一日（火）　祈る。
十時、会館に入る。十一時愛知県知事候補の佐藤君の返事を委員長室でうけた。三時帰宅。岩垂さん見送に、妻と和子と陽子と佐々木夫人いく。

一二月一二日（水）　祈る。
九時半すぎに、会館に入る。十一時中執、一時本会議。議会闘争烈しくNoel Baker 氏の会見断り、ハンガーストライ〔キ〕隊を見舞にいき、予算委員会傍聴。六時半石炭会議。八時半、帰宅。

一二月一三日（木）　祈る。
八時祈祷会、十時代議士会、デモの出迎。十二時中執、四時代議士会、帰宅。妻は午后の飛行機で大阪にいき、シオン会に列席する。

一二月一四日（金）　祈る。
八時、新宿西口でビラまき。九時、会館に入る。十時代議士会、十一時中執、きょうも本会議なし。デモをむかえる。八時中執、七時半石炭会議、十時過ぎ帰宅。

一二月一五日（土）　祈る。
九時半、登院。十時代議士会、十一時中執、本会議開くに至らず、九時半帰宅。

一二月一六日（日）　祈る。
十時院内に、十一時中執、終日院内にいる。九時に帰宅。

一二月一七日（月）　祈る。
十時、院内に入る。一時杉本君の結婚式に仲人としてたつ。二時半、院内に帰る。

一二月一八日（火）　祈る。
午前三時帰宅。十時院内、九時帰宅。留守中に阪本〔勝〕夫妻来訪。

一二月一九日（水）　祈る。
十時半院内、十二時中執、三時帰宅。六時松本楼で阪本君と新聞記者会見に立会う。

一二月二〇日（木） 祈る。

十時代議士会、十二時中執。二時スシ政で食事、呉羽本社と丸善にいき、院内にもどる。六時、帰宅。


一二月二一日（金） 祈る。

十時半、院内。二時二十分妻羽田発、神戸の冲天閣の集会に私の代理としていく。六時半、帰宅。


一二月二二日（土） 祈る。

九時五十分上の（野）発、水戸にいく。武藤［山治］君同伴。茨城県連のレセプション。二時七分発で帰京、院内に入る。十一時半、帰宅。


一二月二三日（日） 祈る。

十時、院内に入る。よる参議院で両院議員懇談会をひらく。十一時、帰宅。


一二月二四日（月） 祈る。

十時中執、正午両院議員総会。二時半、記者会見。四時伊藤［好道］氏の追悼会、五時教育テレビで細川［隆元］君と対談。


一二月二五日（火） 祈る。

十一時、中執。二時呉羽に植場君を訪問。三時本部、飛鳥田［一雄］君に会見、五時事務所によって、妻と一緒に帰宅。


一二月二六日（水） 祈る。

八時半、赤羽台地に安部［能成］さんを訪問、飛鳥田君と一緒に。十時半帰宅。午後木原さん来館、応援をうく。六時より家族とクリスマスの祝をする。活子の初孫全部来る。


一二月二七日（木） 祈る。

九時安部能成氏を訪う、留守。六時 Hotel New Japan でソ連大使と会見。


一二月二八日（金） 祈る。

十二時、短波放送にいく。一時フジテレ［ビ］民放で語る。三時半会館で藤牧君と会見、民雄立会う。五時帰宅。佐藤、小田桐、［空白］三君来訪。


一二月二九日（土） 祈る。

十時四十分、NHKに入る。吉村正［早大］教授と対談。正午会館で川俣君、飛鳥［田］君と神奈［川］県の人々と会見し、すし政で食事をなして、帰宅。瀬尾夫妻と子供さん来訪。毎日新聞写真班来訪。六時すゞやで山田夫妻*を招く、妻と民雄夫妻同席。

＊　東海大学出版会の山田渉夫妻が、同年八月妻末の「むら雲のかなたに」を同会で出版している。

一二月三〇日（日）　祈る。

八時家を出で、安部氏を赤羽台に訪問後、美村君宅にいき、美村君と一緒に大塚君を見舞い、本郷のルオー茶房で食事をなし、帰宅。


一二月三一日（月）　祈る。

終日家に引籠る。各社より電話で問合せがあった。民雄墓参にいく。Strachey の in Prevention of War 原書店にとりにいく、民雄が。

◇一九六三（昭和三八）年◇

一月

一月一日（火） 祈る。
青山読売記者と戸叶夫妻来訪。午後ＮＨＫ記者、小島［利雄］君、伊集院一家、よしさん［元のお手伝いさん］来訪。

一月二日（水） 祈る。
七時新宿発で、甲府にいく。金丸［徳重］君の応援、九時二十分新宿着で帰宅。

一月三日（木） 祈る。
長田氏来訪、午後書記局の人々来訪。よる大空夫妻、稲岡君［関西学院の教え子］来訪。その他年賀の客多し。

一月四日（金） 祈る。
七時新宿発で金丸君応援にいく。九時二十分新宿着で帰宅。

一月五日（土） 祈る。
八時半松前君を訪問、留守。妻と青山墓参。十一時中執、スシ政で食事をなし、一先ず帰宅。後、原書店にいく。三時学士会館で南原［繁］、大内［兵衛］両君と会見。四時五十分で飛鳥田［一雄］君等と熱海に安倍能成君を訪問。十一時、帰宅。

一月六日（日） 祈る。
八時、松前君訪問。十一時出発羽田にいき、飛行機に乗ったが途中で引き帰る。二時四十分再出発、六時近く沖天閣に入る、丈門会に。

一月七日（月） 祈る。
八時、妻と中ノ瀬君を訪問。十一時の飛行機、笹川弁護士と同乗。羽田着、直ちに箱根奈良屋に入る。

一月八日（火） 祈る。十時奈良屋をたち、帰宅。

一月九日（水） 祈る。
七時二十分羽田発、名古屋に向う。九時記者会見、十時事務所開き。市内一巡、四時豊橋事務所開き。八時発で帰宅。

一月一〇日（木） 祈る。

七時発、深谷にいく。深谷市長選応援。五時原書店、ルオーによって、六時晩翠軒に入る。藤牧、伊藤、山口、堀米、民雄と会食。妻、神戸にたつ。

一月一一日（金）　祈る。
十一時、院内。ヒル過ぎ瀬尾、高橋、高田〔誠〕君をつれてスシ政にいく。事務所により、美村君の好意をうく。帰宅。七時五十分出雲で出発。

一月一二日（土）　祈る。
八時半岡山着、朝子出迎。大工原宅を訪問し、高松に十一時つく。汽車内で記者会見。十二時地元記者会見、十二時成田〔知巳〕君書記長就任の祝会。よる二ヶ所で演説。松山に向う。

一月一三日（日）　祈る。
午前一時、松山道後の春日園につく。九時半記者会見、十時半地元記者会見。街頭二ヶ所と学校で演説。午後〔空白〕時四十分松山発で、九時四十五分羽田着で帰宅。

一月一四日（月）　祈る。
七時二十分、深谷にいく。四時中執にでる、六時帰宅。妻松前君を清水〔東海大学海洋学部校舎〕に訪う。

一月一五日（火）　祈る。
七時新宿発、山梨に向う。十時新宿着。

一月一六日（水）　祈る。
十一時自治労会館で、阪本〔勝〕君の〔東京都知事選の〕事務所開きに出席し、すし政で食事をなし、一時より阪本氏の令息の結婚式につらなり、二時両院議員総会後、中執。

一月一七日（木）　祈る。
九時羽田発、北海道にいく。札幌中野旅舎に泊る。

一月一八日（金）　祈る。旭川にいく、泊る。

一月一九日（土）　祈る。
七時四十分旭川発、十一時半発で一時半羽田着。三時顧問会議、五時記者招宴。七時岸本〔千代子。都議〕女史の激励会にでる。

一月二〇日（日）　祈る。
八時、木原氏宅を妻と訪問、御好意をうく。十時新宿発、大月下車、富士吉田に泊る。

一月二一日（月）　祈る。

八時、河口湖で街頭演説。十時半大月発、十二時新宿着。直ちに院内に入る。一時中執、四時半東京駅で日韓交渉反対のビラマキをやって帰宅。

一月二二日（火） 祈る。
大東京火災の社員来訪、談話をとる。十一時中執、二時半帰宅。

一月二三日（水） 祈る。
九時、会館で米国大使館の Pollok 氏と会見。一時、両院議員総会。四時原書店にいき、阿部五郎君急死。九段会館に遺体を見送る。

一月二四日（木） 祈る。
九段会館に九時につく。中執、中央委員会。アイサツをして帰宅。床につく。夕刻堀米君来訪。

一月二五日（金） 祈る。
十一時院内、中執、一時本会議。二時半高千穂で浜松にいく。知事選応援。八時五十分静岡発特急で帰京。

一月二六日（土） 祈る。
十時羽田発、仙台にいく。市長訪問、記者会見。西宮［弘］君激励会、三ヶ所でやった。七時羽田着、帰宅。

一月二七日（日） 祈る。
十一時、日本教育テレビの人々来訪。一時半武田君［関西学院の教え子］来る。五時半、晩翠軒に高橋［正雄］教授を招く。松前、安井［吉典］、高嶺［高宗明敏］、伊藤、藤牧、民雄同席。

一月二八日（月） 祈る。
一時、高輪光リン閣で緒方［竹虎］氏の七年忌あり出席した。後、会館に入る。奥山君来訪。藤牧君来る。明日米人との会見について打合せをした。五時、帰宅。

一月二九日（火） 祈る。
十時、John Herling 氏と会見。三時事務所にいく。美村君留守、直ちに帰宅。京子、杉山病院に入院。モウチョウの手術のため。

一月三〇日（水） 祈る。
八時羽田発、仙台にいく。西宮君応援。七時十分羽田着帰宅。

一月三一日（木） 祈る。
八時会館で祈祷会、西村、戸叶、田辺、横川、永井［勝次郎］

の諸君集る。十時京子を病院に見舞う。二時半の特急でたつ、六時豊橋につく。小田桐君随行。記者会見、演説会、十時半名古屋の旅館につき泊る。

二月

二月一日（金）　祈る。

六時名古屋をたつ、豊田市にいく。豊田自動車工場の諸君に訴う。後、豊田の重役と成瀬〔幡治〕参議と一緒に会談し、名古屋に帰る。二時より名古屋市内を巡る、八時発で帰宅。


二月二日（土）　祈る。

八時、毎日の松岡〔英夫〕君来訪。十時、京子を妻と訪問。三和銀行に渡辺君を尋ね、松岡君の依頼の件をつける。後松岡君を毎日〔に〕訪問。スシ政で食事をなして、二時帰宅。四時朝日週刊記者来訪。


二月三日（日）　祈る。

十時銀座教会礼拝にでる、妻と。後四ツ谷の福吉さんでチャンコ鍋を妻と太田、本田、石崎の諸君と一緒。三時帰宅、大妻学園の人々と気賀教授来訪。


二月四日（月）　祈る。

十一時半、院内。一時千代田公会堂で阪本〔勝〕君の応援会でる。帰途紀伊の国〔屋〕によって、本の注文をして帰宅。


二月五日（火）　祈る。

十時半、本部にいく。松原〔喜之次〕、内村〔清次〕両君と一緒に各所に参り、資金集めをやる。一時本会議、後中執。五時、妻と京子を訪ねて帰宅。よるＮＨＫの記者来訪。


二月六日（水）　祈る。

九時半、本部に入る。松原、内村両君と一緒に資金あつめに巡る。四時半会館まで帰る。後帰宅。


二月七日（木）　祈る。

七時羽田発、八時伊丹着。九時近く関西学院につく、坂本〔遼。朝日新聞記者から関西学院同窓会事務局長。詩人〕君と辰馬〔龍雄。関西学院の教え子。のち西宮市長〕君と会見。後各学部を訪問、入学のこと頼む。ヒルは小寺、久山、大道、阪本君等〔いずれも関西学院教授〕と会食し、一時半で土佐にいく。氏原〔一郎〕君応援、六時二十分土佐発、十時半帰宅。


二月八日（金）　祈る。

八時羽田発、九時半仙台着。直ちに西宮〔弘〕応援に各地を巡る、よる鎌先で泊る。

二月九日（土） 祈る。

十一時、白石市で西宮君応援。午后四時半の汽車で帰京、雪で空航《ママ》出来ぬ。

二月一〇日（日） 祈る。

九時、日本教育テレビに妻と民雄、京子といく。「夫と妻の記録」。阪本、戸叶里子両君がゲストとして出席。終日引籠る。来訪者なし。

二月一一日（月） 祈る。

十時、事務所による。会館に入り、みふ〔壬生啓。浅沼秘書〕君をつれて、都職労を訪問。正午守山氏と伊藤君来館。三時一先ず帰宅。六時晩翠軒に朝日記者の諸君を招く。松井、伊藤両君同席。

二月一二日（火） 祈る。

十時中執、午后六時まで継続。六時、田川市長の赤坂の招宴をうく。帰宅。

二月一三日（水） 祈る。

八時新宿発、山花〔秀雄〕、戸叶両君と一緒。午后木曽福島につく、記者会見、後レセプション、よる木曽福島と上松で演説、盛会。

二月一四日（木） 祈る。

九時木曽福島をたち、松本につき、記者会見。浅間温泉油屋に入る。五時たち市役所によって、豊科、穂高で演説。十時四十分松本発で、帰京。

二月一五日（金） 祈る。

十時小谷君を兵庫県宿舎に訪ね、十一時に中執。午後帰宅。六時、ＮＨＫ記者を晩翠軒に招く。松井、伊藤両君同席。

二月一六日（土） 祈る。

十一時、委員長室で毎日ニ〔ュ〕ースのテレビ。一時帝国ホテルで守山さんの祝宴、伊藤君同席。二時半、日比谷公会堂で阪本君の演説会。三時半帰宅。

二月一七日（日） 祈る。

九時羽田発、十時伊丹着。中川君〔三信社員〕の車で京都駅ステーションホテルに入り、ヒル食をとる。西村夫妻と一緒に浄光寺にいく。世界平和の鐘うちぞめ式につらなる。七時羽田着、帰宅。

二月一八日（月）　祈る。
二時、院内。六時尾崎記念会館で和田〔博雄〕君の還暦の祝賀会。七時、妻東京発。これを見送って羽田にいく。八時発仙台にいく。よる十一時半仙台発で、帰京。

二月一九日（火）　祈る。
七時四十分上野発、仙台に一時つく。県庁で中執、三時古川町にいく。仙台の松井君より電話で、河野〔密〕君の細君急死の報に接し驚く。よる古川と一ヶ所で演説。仙台宮城ホテルに泊る。

二月二〇日（水）　祈る。
仙台市外で三ヶ所演説。よるは仙台で二ヶ所演説。十一時四十分発で帰京。

二月二一日（木）　祈る。
六時上野着、直ちに帰宅。八時会館で祈祷会。河野君宅にいく。一時葬儀、六時帰宅。

二月二二日（金）　祈る。
十一時中執、二時本会議。六時中立労連の方々と都市センターで会食。八時帰宅。

二月二三日（土）　祈る。

二月二四日（日）　祈る。
十時四十分羽田発、神戸にいく。三時半より沖天閣で丈門会。九時十分発で帰京。十一時半仙台に電話、西宮君落つとの報。

二月二五日（月）　祈る。
十一時半代議士会、一時半中執。よる六時晩翠軒に時事通信の諸君を招く。松井君同席。

二月二六日（火）　祈る。午後本会議。

二月二七日（水）　祈る。
十時代議士会。一時半吉田氏〔浴場経営〕令息の結婚式宴。八時荒川区民会館で、阪本君の演説会。

二月二八日（木）　祈る。
十時、代議士会。十時半最高裁の戸田君〔元三原市長〕の言渡。上告駄目、残念。四時半、フジ製鉄訪問。六時第一ホテルで私共の結婚記念の宴を子供達で催さる。

三月

三月一日（金） 祈る。

十時代議士会、三時本会議、六時丈門会、七時半中執。九時、帰宅。


三月二日（土） 祈る。

十時院内、中執、代議士会。六時朝くらで石原［萠記］夫妻を招く。民雄夫妻と私共夫婦。八時院内に入る、予算案通過。十二時、帰宅。


三月三日（日） 祈る。

六時家を出で、七時の羽田発で伊丹に向う。伊丹より大津まで車で送らる。県連大会にでて、四時伊丹発で帰宅。


三月四日（月） 祈る。

八時半、阪本君宅を訪問。十時、院内統一選挙対策委員会。一時阪本選対会議、二時御手洗［辰雄］氏の講演。六時カズ万でＮＨＫの招宴。


三月五日（火） 祈る。

十時中執、正午第二弁護［士］会にいき、評議員の不在投票をなし、院内にもどる。一先ず帰宅。五時半陶々亭に河野君を慰める会を催した。丁度西宮君来会したので、同君の慰めの会ともなった。一まず帰宅、十時十五分上野発、秋田にいく。


三月六日（水） 祈る。

八時五十分頃横手着。川俣［清音］君と一緒に同君宅に入る。十一時記者会見、一時より演説。三時社青同［社会主義青年同盟。社会党青年部を中心につくられた］の集会。五時の汽車で角館にいく。町役場の講堂で演説、大曲発で帰京。


三月七日（木） 祈る。

九時二十二分上の着。直ちに院内選対委員会、二時帰宅。六時半川崎着、演説会二ヶ所。


三月八日（金） 祈る。

八時新宿発、松本にいく。午后白馬、大町、池田で演説会。十時四十分松本発で帰る。


三月九日（土） 祈る。

五時新宿着。十二時過ぎ上の発、高崎下車。成田［知巳］君と一緒。群馬県連のレセプションに出席し、よる九時に帰宅。

三月一〇日（日）　祈る。

七時羽田発、成田、八百板、松井、江田の諸君と一緒。おくれて十一時小倉着。よる八幡千草ホテルに泊る。


三月一一日（月）　祈る。

五時半八幡製鉄工場前に立ち、工員諸君に訴う。十時より八幡、戸畑、若松、小倉を巡り、六時でたつ。十時半羽田着、帰宅。


三月一二日（火）　祈る。

ヒルまで床につく、六時リバンテに記者諸君を招く。八時半、板橋区民館で演説。


三月一三日（水）　祈る。

昨夜より雪降る、積る。二時尾崎記念館で吉田翁のためにつくされた記者諸君の感謝会があり出席し、六時より晩翠軒でよみうり記者を招く。九時半上の発。


三月一四日（木）　祈る。

東能代につき、能代市内の街頭で演説。七時秋田市で川口市長激励会にでて、九時五十分でたつ。


三月一五日（金）　祈る。

九時二十六分上野着。帰宅。月光でたつ。


三月一六日（土）　祈る。

大阪着。小畑［忠良］、中馬［馨］両氏の応援。よる国際ホテルに泊る。十時より中執。


三月一七日（日）　祈る。

八時伊丹発、帰宅。終日引籠る。


三月一八日（月）　祈る。

十時半、重盛君宅を訪う。二時常磐亭で田所［田所輝明］さんの御令嬢の結婚披露宴につらなる。三宅君と一緒に帰宅。六時晩翠軒で日経記者の諸君を招く。松井、伊藤、瀬尾君同席。


三月一九日（火）　祈る。

九時二十分上の発、宇都宮に向う。荘原［達］君の応援、宇都宮発三時二十分で帰京。妻、神戸にいく。


三月二〇日（水）　祈る。

十時、東海大学卒業式。十二時半短波放送、七時三十分柳原小学校で演説。一先帰宅、十時三十五分新宿発で長の［野］に向う。

三月二一日（木） 祈る。

七時五十分長野につく。泉水館に入る。九時出発、柏原を中心に四ヶ所演説。よる長野市で三ヶ所演説。十一時五十分で帰京。


三月二二日（金） 祈る。

五時二十五分上野着、帰京。十一時中執、十二時半独逸人と会見。阪本選対の会議。二時半本会議。五時阪本選挙の亀戸事務［所］開きにいく。学生会館で文化人の招宴。


三月二三日（土） 祈る。

十時、阪本選対本部。市内を巡る。五時半毎日テレビ放送。六時晩翠軒で統一会の幹部を招く。


三月二四日（日） 祈る。

妻、七時神戸にいく。十時より阪本応援につく。六時半帰宅。


三月二五日（月） 祈る。

七時十分羽田発で、札幌にいく。横山［利秋］君と一緒。札幌着後記者会見。小樽で街頭演説、よる札幌で演説。中野旅館に泊る。


三月二六日（火） 祈る。

六時たち岩見沢まで、候補者一行と同乗して応援。十一時半たち帰京。直ちに院内に入る。本会議、中執、六時帰宅。


三月二七日（水） 祈る。

七時高田［富之］君と一緒に、古河にいく。午後二時、小山駅着。駅前で演説、栃木にいき、日立工場の前で職員に訴う。後佐野にいき、市役所前で演説、栃木にもどり演説。十一時近くに帰宅。


三月二八日（木） 祈る。

八時祈祷会。十時半横浜着。五時半まで応援、六時半帰宅。


三月二九日（金） 祈る。

九時半、土肥［実］君来訪。十時半、東久留米駅に向う、阪本応援の運動につらなり、午後八時に及ぶ。九時半帰宅。


三月三〇日（土） 祈る。

八時十分、大阪にいく。豊中を中心に小畑［忠良］君応援。よる枚方市で演説。国際ホテルで泊る。


三月三一日（日） 祈る。

八時五十分大阪発、福岡着。久留米にいく。う［鵜］崎君応援。

よる福岡のグランドホテルに泊る。

四月

四月一日（月） 祈る。
八時二十分福岡発、大阪にいく。中馬［馨］君応援、よる小畑、中馬君の演説会にでる。神戸で泊る。

四月二日（火） 祈る。神戸で同志の応援。

四月三日（水） 祈る。
九時伊丹発。十二時中執、三時半阪本君応援。内田義正君［河野密秘書］の応援。

四月四日（木） 祈る。
九時、北海道にいく。札幌、小樽で応援。

四月五日（金） 祈る。函館にいく。よる帰宅。

四月六日（土） 祈る。
九時本部にいく、都知事選のため。十時よこはま着。午前横浜、午後横須賀。十一時帰宅。

四月七日（日） 祈る。
ずし［逗子］山ノ内君の応援にいく。鎌倉、藤沢で応援、午後二十二時上の発。

四月八日（月） 祈る。
岩手県釜石で、千田［正］君応援。〝いわて〟でたつ。

四月九日（火） 祈る。
上野着。直ちに時武、内田君の応援、後阪本の応援。

四月一〇日（水） 祈る。阪本応援。

四月一一日（木） 祈る。
八時高木しげるさん宅にいき、岡君の応援。中執、三時十分発、大分に六時着。別府に泊る。

四月一二日（金） 祈る。
福岡に入る。小倉、門司、八幡、若松で知事応援。よる福岡の宿によし邦来る。

四月一三日（土） 祈る。
八時二十分発大阪につき、小畑君の応援。よる長田の宿に入る。妻、民雄来。

四月一四日（日） 祈る。長田区の同志の応援。

四月一五日（月） 祈る。
八時発、東京着。直ちに新宿駅にいく。阪本応援、よる加藤［清政］、岡両君の応援。

四月一六日（火） 祈る。
七時より車田君応援、後阪本の応援。十時帰宅。

四月一七日（水） 祈る。
九時投票して、後奈良屋にいく。瀬尾君をつれていく。

四月一八日（木） 祈る。
七時奈良屋をたち、本部に入る。午后三時、妻と阪本君宅を訪う。本部によって帰宅。

四月一九日（金） 祈る。
八時半、重盛君宅を訪問、妻と一緒に。同君は留守。十一時在京幹部会、二時事務所によって、美村君より好意をうく。参議［院］会館の会議室で、伊藤［忠治］君に渡し帰宅。よる九時瀬戸でたつ。

四月二〇日（土） 祈る。
西ノ宮辰馬［龍雄］君の事務所開きに出席し、市内で応援。市議も同様。夕方尼崎の市議の応援し、よるGrand Hotelに泊る。

四月二一日（日） 祈る。
雨のなか和泉大津市、布施、松原、吹田で応援。よるGrand Hotelに泊る。

四月二二日（月） 祈る。
七時二十分大阪発、岡山にいき、市長応援。午后は高松で市長応援。よるの飛行機で帰宅。

四月二三日（火） 祈る。
九時、浦和市長応援。二時半新宿発、上スワ市長応援。

四月二四日（水） 祈る。
五時新宿着。高木、みふ［壬生］。十二時在京幹部会。二時奥とみ（富）、鶴崎、島田、青梅市議、東村山町長、町議応援。

堀米君宅で夕食して、帰宅。石村〔英雄〕君死去。

四月二五日（木） 祈る。
七時川崎にいく、市長選応援。十一時半帰宅。一時武蔵野市長選応援。よる七時、九段会館で石村君の通夜、妻と出席。

四月二六日（金） 祈る。
七時十分上の発、高崎にいき、午後大宮にいき、夕刻浦和にいく。共に市長選応援。

四月二七日（土） 祈る。
九時羽田発、十一時千歳着。札幌で記者会見、札幌市長選応援。よるなかの旅館に泊る。

四月二八日（日） 祈る。
あさ、芦別市長選応援、二時旭川市長選応援、五時大空でたつ。

四月二九日（月） 祈る。
四時過ぎ、青森着。白鳥で能代市長選応援。十時より秋田市長選、五時より横手市長選応援。十一時横手たつ。

四月三〇日（火） 祈る。
九時半上の着、帰宅。投票し、終日引籠る。

五月

五月一日（水） 祈る。
八時半、神宮にいく。メーデー。新橋まで歩く。九段のスシ政で食事をなし、智子を尋ね、義夫に渡し帰宅。

五月二日（木） 祈る。
九時妻たつ。十一時半家を出で、一時十分羽田発で神戸に向う。五時より沖天閣で当選者の祝宴。片山町に泊る。

五月三日（金） 祈る。
十時伊丹発、十一時十分羽田着。直ちに箱根に向う。途中小田原駅で妻を迎えて、奈良屋に入る。

五月四日（土） 祈る。奈良屋に湯に浴し、終日いる。

五月五日（日） 祈る。
午后□□、三時頃伊藤君来る。

五月六日（月）　祈る。
一時中執、中執全部集る。

五月七日（火）　祈る。
十一時箱根をたち、帰宅。途中九段のスシ政で食事をなした。

五月八日（水）　祈る。
十時半、本部にいく。中馬市長来訪。ヒル頃原書店にいき、ルオーで食事をなし、帰宅。三時半辰馬君、堀［昌雄］君と一緒に来宅。五時上野美術館にいき、森田［賢］君の画をみる。川上氏筆の画を頂く。よる朝日記者来訪。

五月九日（木）　祈る。
八時祈祷会、十時中執、十一時両院議員総会、一時半代議士［会］、二時四十分本会議。美村君会館に来訪。五時治作で阪本選対の会議。帰宅。

五月一〇日（金）　祈る。
九時五十分上野発で、妻、京子、みほ［三保［三保文江］。宣教師、妻末の経営の英語塾の会話クラスを指導］さん益子にいく。* これを見送る。本部により十一時中執、午後入国管理局長訪問。越中島の出張所にいく。四時帰宅。

五月一一日（土）　祈る。
十時、島津牧師来訪。二時四十分如水会館で町田純子さんの結婚式につらなる。五時、帰宅。

五月一二日（日）　祈る。
九時、妻東京をたつ。午后一時田中君来訪。

五月一三日（月）　祈る。
八時十分羽田発、神戸にいく。十一時教職懇談会にて、姫路に成田君の仕事を視察。六時冲天閣で丈門会。八時四十五分三ノ宮発で帰京。

五月一四日（火）　祈る。
七時半東京着、帰宅。十時八幡製鉄に藤井［丙午］君を訪問、平和経済［計画会議。社会党系の政策集団］の総会に出席して、院内、中執、〇時半代議士会、二時本会議。四時半帰宅。六時陶々亭にて顧問会にでる。

五月一五日（水）　祈る。

＊　浜田庄司氏陶房訪問のため。

正午、本部に入る。山口〔房雄〕君と会い、二時院内エール大学教授弥永さんと会見。旭川新市長と会い、四時帰宅。

五月一六日（木）　祈る。

八時祈祷会。十一時中執、三時中国の方々来訪。九時、妻東京着。

五月一七日（金）　祈る。

十一時中執、一時半代議士会、三時帰宅。六時ほととぎすにいく。松前〔重義〕さん御夫妻を招く、私と妻と民雄、京子で迎える。

五月一八日（土）　祈る。

十時過ぎ、東京タワーに赤堀君を訪問。智子を尋ねて、会館に入る。伊藤、瀬尾両君と会見し、松井君と語らい、三時帰宅。六時晩翠軒に共同通信の記者諸君と会食。松井、伊藤、瀬尾君同席。

五月一九日（日）　祈る。京子の母来る、終日引籠る。

五月二〇日（月）　祈る。

十時赤松〔勇〕君来訪、午後三時、木下〔郁〕君来訪。六時晩翠軒に読売新聞記者の諸君を招く。

五月二一日（火）　祈る。

十時本部にいき、会館に入る。スシ政によって帰宅。

五月二二日（水）　祈る。

十一時中執、三時帰宅。よる堀米〔正道〕君来訪。

五月二三日（木）　祈る。

八時祈祷会。後横山〔利秋〕君と一緒に熱海にいく。ブロック会議に出席し、箱根奈良屋に入る。横山、伊藤同伴。

五月二四日（金）　祈る。

十時半本部に帰り、後帰宅。二時本部によって、院内に入る。二時半久山〔康。関西学院教授〕君をつれて厚生省にいく、*帰宅。

＊　六甲山のロープウェイ敷設の反対運動の陳情のため上京した教授に同行。久山康著『人間を見る経験』に詳しい。

五月二五日（土）　祈る。

一時伊藤、瀬尾君来訪。三時事務所に入る。四時半、平安堂によって帰宅。京子独りで、故里にいく。

五月二六日（日） 祈る。

九時、民雄たつ。いせ［伊勢］と神戸にいく。午後、朝日記者来訪。

五月二七日（月） 祈る。

体の工［具］合がよくないので、終日床についていた。

五月二八日（火） 祈る。

九時半酒井［一雄］君来。十一時中執、一時両院議員総会、二時半本会議、四時半帰宅。民雄夫妻帰宅。佐々木［大蔵］、松田［暁］、あさし［朝日正三］。［いずれも神戸市職幹部］三君泊る。

五月二九日（水） 祈る。

一時、青山葬儀所に宮沢氏の葬儀につらなる。院内でサンパツ［散髪］帰宅。七時半、首相官邸のタイ王国の歓迎の宴につらなる。

五月三〇日（木） 祈る。

八時祈祷会。杉山、西村、田辺、私共夫妻出席。十一時事務所により、美村君をつれて本所の伊藤さんの葬儀にいく。帰途美村君宅によって帰宅。

五月三一日（金） 祈る。

十時、代議士会。農林省チク［蓄］産局長訪問。二時本会議、六時晩翠軒に都全議員を招き、十一時帰宅。

六月

六月一日（土） 祈る。

十時妻と民雄とで阪本君を訪問、ヒル帰宅。六時瀬尾君来訪。

六月二日（日） 祈る。

正午よりすずやで民雄一家［留学］の歓迎会。伊集院、中江両家一同出席。

六月三日（月） 祈る。

一時、大隈会館で新実［信正。のち都議］君の結婚式につらなる。六時晩翠軒に次の方々を招く。松前、河野、三宅、中村、林、中沢、日野、矢尾、松井、伊藤［英治］の諸君。委員長に就いて私の所信を相談したが反対さる。

六月四日（火）　祈る。

十時、代議士会。十一時中執、二時本会議、四時半原子力潜水艦反対の署名運動を八重州口でやる。会館で浅沼［享子］夫人と会う。


六月五日（水）　祈る。

十時、浜田［庄司］さんの展覧会をみる。十一時院内で、公安委員のことにつき相談。一時院内をたち、砂川に向う。砂川基地拡張反対の集会［砂川闘争］、而してデモに参加し、七時帰宅。


六月六日（木）　祈る。

八時祈祷会。杉山、西村［関一］、田辺［誠］、戸叶［里子］の諸君集る。十時代議士会、十一時中執、午後帰宅。六時すずやに左近教授夫妻を招く。民雄、京子と私と妻で。


六月七日（金）　祈る。

十時出で紀の国屋によってCrossland氏［イギリス労働党の理論家。労働党の動向にはNew Statesman誌を定期購読するなど関心をもち続けていた］の本を求め、院内に入る。十一時中執、一時半代議士会。二時本会議終了、後帰宅。妻を伴い、英大使館にいく。女王誕生の祝賀のレセプション、民雄のビザさがる。


六月八日（土）　祈る。

八時新宿発、松本にいく。二時、長野県連大会にでる。三時半で去る、八時半帰宅。


六月九日（日）　祈る。

十時家を出で、青山の墓参。妻と民雄、京子で。義夫を訪問。渡米のアイサツをし、教会に入る。後美村君を訪問し、渡米のアイサツ。Peter［三信の］にいく。う［鵜］飼牧師夫妻、杉原夫人［同教会員］を招く。四時帰宅。


六月一〇日（月）　祈る。

十時院内に、後義夫を訪ね渡した。一先帰宅。一時十分の飛行機で大阪に向う。竹中君［関西学院の教え子］出迎。山口、東［OKタクシー］両君を訪問し、六時宝塚でシオン会に出席して、十時十分の列車でたつ。


六月一一日（火）　祈る。

不快の為め帰宅。医師の診察をうけて、床につく。本会議欠席。よるの三輪会も欠席。午後美村夫妻、民雄のために来訪。党の酒井君と関係者、よる毎日新聞記者来訪。


六月一二日（水）　祈る。

十時、代議士会。十一時中執、三時帰宅。四時家を出て、院内

に入る。G. Crossland 氏と会見。六時各社の記者を招く会に出席し、体の工合で中途に去る。七時、帰宅。

六月一三日（木）　祈る。

八時祈祷会。杉山、西村、長谷川、井伊、横川、戸叶、田辺、永井の諸君来会。九時財界記者と会見。九時半代議士会。正午帰宅。四時会館、読売の宮崎［吉政］君と会見、大空君来訪。五時半帰宅。よる金野医師［自宅近所の医院院長］来診。

六月一四日（金）　祈る。

十時代議士会、十一時中執。二時帰宅。五時院内にいく。七時本会議、九時帰宅。

六月一五日（土）　祈る。

朝食は民雄一家の送別の宴。賛美歌をうたい祈をした。京子の母上［加藤由喜子］も参加。十二時電通会館にいく。中央委員会、五時海野君と会見。中央委員会にもどり。七時辞して帰宅。八時民雄一家を送るために羽田にいく。十一時半民雄等たつ*、子供等は元気、平安を祈る。

六月一六日（日）　祈る。

九時半、中央委員会。正午出発、横須賀にいく。原子力潜水艦寄港反対の一大デモ。六時半帰宅。針替［豊］一家［戦時中、その夫妻の結婚式の仲人をつとむ］来訪。

六月一七日（月）　祈る。

私がサされた日である。東京病院を訪問し、三年前のお礼をのべた。近くの八百屋さん魚やさんと中央公論社の写真をとる。六時伊藤君等書記局の五人来訪。

六月一八日（火）　祈る。

九時半、代議士会。中ノ瀬、酒井［一雄］両君と別々に院内で会う。六時半ソ連大使館のディナーに招かる。九時、帰宅。

六月一九日（水）　祈る。

勝田市の日立工機社長訪問の予定なりしも、国会の都合で妻が代って訪問。金子の子供の就職依頼のため。九時半、代議士会。終日院内にいる。八時半、帰宅。

---

* アメリカに一年三ヶ月の留学に出発。家族（妻京子、子供二人）同伴。空に向い孫の名、陽子、牧子を呼び続けたと党本部書記瀬尾忠博氏証言。

六月二〇日（木） 祈る。
八時祈祷会。九時代議士会。十一時中執、院内にいる。

六月二一日（金） 祈る。
九時半、代議士会、院内にいる。徹夜国会*、県連大会にいくこと中止。

* 失業対策法及び失業保険法改正問題で計三〇時間にわたり衆議院本会議での引きのばしのため。

六月二二日（土） 祈る。院内にいる。

六月二三日（日） 祈る。
午前〇時半国会開会、三時散会。三時半、帰宅。五時床につく。十時床を去る、終日家にいる。

六月二四日（月） 祈る。
九時半、代議士会。十時読売記者と阪本のことについて懇談。十一時中執、一時読売記者と会見。一時半代議士会。民雄よりハガキ来たとの報に接したので帰宅。それを読む。多幸を祈る。四時大倉 Hotel の西尾［末広］君永年勤続の祝賀会にでる。五時、帰宅。

六月二五日（火） 祈る。
九時半、代議士会。十一時中執、よる中執、九時代議士会。午後三時、事務所に入る。

六月二六日（水） 祈る。
九時半代議士会、十一時中執、よる十二時半帰宅。それまで本会議。

六月二七日（木） 祈る。
八時祈祷会。十一時中執、一時半代議［士］会、二時本会議、十時半帰宅。

六月二八日（金） 祈る。
九時半代議士会、十一時本会議、よる九時半におよぶ。十一時半、帰宅。

六月二九日（土） 祈る。
九時半代議士会、十一時本会議。十時、帰宅。

六月三〇日（日） 祈る。

九時半義夫を訪い、院内に入る。七時半、帰宅。

七月

七月一日（月） 祈る。
九時半院内にいく、午後九時帰宅。

七月二日（火） 祈る。
九時半院内にいく、七時半帰宅。

七月三日（水） 祈る。
九時半院内、よる八時帰宅。

七月四日（木） 祈る。
八時祈祷会、十時代議士会、十一時中執、二時本会議、六時半帰宅。

七月五日（金） 祈る。
十時代議［士］会、十一時中執、一時小金井の浴泉館で、党幹部学校に開校の辞を述べ院内に帰る。よる九時帰宅。

七月六日（土） 祈る。
九時五十分、院内に入る。外交委員会で原子力潜水艦寄港問題に関し、質問の予定なりしが出来ぬことになった。十二時五分散会、議会終了。

七月七日（日） 祈る。
終日色紙をかく、横山［樹。労働運動家。丈太郎が仲人］夫妻と子供さん来訪。

七月八日（月） 祈る。
十時、院内に入る。十一時、日比谷音楽堂の農協大会にでる。ヒルはスシ政で食い、三時中執、四時河野一郎君永続祝賀会にでて帰宅。

七月九日（火） 祈る。
十時、会館に入る。正午帰宅。妻を伴い、箱根にいく。記者諸君招く。来会者二十二人。成田［知巳。書記長］、横山［教宣。部長］、松井［総務局長］、伊藤［英治］、高橋長［年］、瀬尾［忠博］も同席。

七月一〇日（水） 祈る。
正午たち、三時半事務所によって、四時半帰宅。

七月一一日（木） 祈る。

午後事務所にいき、中元を皆んなにくばる。帰宅。

七月一二日（金）　祈る。
十時三十分羽田発。大阪に。田辺［誠］、小田切［桐］両君と。駿河や［屋］の車が出迎え。一時半戸叶［里子］さん来阪。一緒に和歌山にいく。記者会見、労組との懇談会。望海楼に入る、よる二ヶ所で演説。

七月一三日（土）　祈る。
八時半、望海楼を去る。十一時大阪発、大津にいく。記者会見、労組懇談会、日の［野］町公民会にいき、日の町と八日市とで演説。京都発月光でたつ。

七月一四日（日）　祈る。
九時東京着、帰宅。後、妻と青山に墓参。午後は家にいた、来客なし。

七月一五日（月）　祈る。
十六時三十五分さくらでたつ。小田切［桐］君随行。武藤［山治］君同伴。横山君、名古屋乗車。

七月一六日（火）　祈る。
十時、佐賀着。佐賀で遊説、武雄に泊る。

七月一七日（水）　祈る。
武雄を［空白］たち、佐世保にいく。市内視察、よる演説。

七月一八日（木）　祈る。
佐世保をたつ、熊本につく。夕刻市内、よる菊池で演説。

七月一九日（金）　祈る。
七時四十分熊本発、十一時七分別府着。知事［木下郁］出迎。杉の井旅館で食事、新産業都市視察。よる城島旅館に泊る。

七月二〇日（土）　祈る。
十五時三十分発で、瀬戸内を渡る。船中涼し。

七月二一日（日）　祈る。
七時神戸着。多数の県議市議出迎。神戸駅で食事をなし、直ちに姫路にいく。武藤君と一緒。姫路より相生、赤穂にいき、よる姫路で演説。片山町に泊る。

七月二二日（月）　祈る。
十時半、市長［原口忠次郎］訪問。市議控室に入る。午後成田

君の新築の本社を明石に訪ねる。夕刻沖天閣に入る。長田と灘で演説。

七月二三日（火） 祈る。
十時、川西市議選応援。五時オリエンタルホテルで記者会見。八時湊川公園で演説。十時半、大阪たつ。

七月二四日（水） 祈る。一時中執。

七月二五日（木） 祈る。
十時、総評大会にいく。後酒井君と会見、スシ政で食事、本部に入る。五時半帰宅。よる十二時NHK来訪。

七月二六日（金） 祈る。
十時、東京テレビ来る。三越にいく。平安堂によって、原書店、ルオによって、二時帰宅。

七月二七日（土） 祈る。
六時五十五分上野発、米沢市につく。市役所で記者会見、同行者亀田［得治］、八百板、松井の諸君。直ちに演説、後高畠で演説、上の山温泉米屋に入る。よる山形市で演説。

七月二八日（日） 祈る。
上の山を五時前にたつ、秋田につく。ホテルで記者会見。市長のヒルの招宴。本荘市にいく。八百板、川俣同行、よる演説、横手の川俣君宅*に入る。

七月二九日（月） 祈る。
十一時松井、川俣君と［空白］山荘に入る。五［時］半川俣宅に入り、八時横手たつ。青森に向う。

七月三〇日（火） 祈る。
十時連絡線にのる、一時二十八分帯広着。記者会見。四時半街頭演説、後十勝川温泉笹井ホテルに泊る。

七月三一日（水） 祈る。
十時、選挙事務所に入る。午後二ヶ所街頭、よる演説。ホテルに帰る、安井［吉典］君もとまる。

＊　川俣清音宅は、作家石坂洋次郎が女学校の教師時代、離れに下宿せる家。

八月

八月一日（木） 祈る。
あさ便所で倒れ、ケガをする。八時三十二分帯広発、六時三十分羽田着。直ちに接骨医にいく。疲労甚しつかれる。

八月二日（金） 祈る。
内臓の影響の心配あり。関東［中央］病院にいく。後接骨医にいく。松井、高橋［長年］、瀬尾君来訪。

八月三日（土） 祈る。
ケガが新聞にでたので、各地より電話電報の見舞。又見舞客多し。

八月四日（日） 祈る。
十時半、医者にいく。智子一家来訪。読売新聞記者来。

八月五日（月） 祈る。影浦来る、武田君来る。

八月六日（火） 祈る。
う［鵜］飼［銀座教会］牧師来訪、藤原［道子］、伊藤［英治］両君来訪。

八月七日（水） 祈る。
十一時、和子さん［古田八重子の従姉妹。市江の共立薬局の手伝い］の兄夫婦来訪、よる日経の記者諸君来訪。

八月八日（木） 祈る。
午前中に岡田君［平安堂主人？ それとも商工省出身の岡田氏か？］来訪。

八月九日（金） 祈る。
二時、奈良屋につく。妻と一緒。河上派の会合あり。

八月一〇日（土） 祈る。四時帰宅。

八月一一日（日） 祈る。伊集院一家、礼拝後来訪。

八月一二日（月） 祈る。
成田君来訪。午後六時でいずみ《すずや》で本田君の部長試験の及第を祝して宴をもつ。本田、石崎、赤松、瀬尾、影浦、順子［長男民雄の妻京子の妹］、妻同席。

八月一三日（火） 祈る。
八時半診療、十時半家を出で霊岸島の入国管理事務所を訪問。入国管理局を訪問し、スシ政で順子さんを加えて、ヒルめしをとり、一時院内に入る。四時半中執、帰宅。周さん夫婦来訪。

八月一四日（水） 祈る。

周さん［周高弟。東京在住の王貞治選手の父上の親友］等をつれて一時半入国管理局にいき、八幡製鉄に藤井［丙午］君を訪問したるが留守。

八月一五日（木） 祈る。

小島君見舞、二時半香川君見舞あり。

八月一六日（金） 祈る。

正午、谷尾君来。鈴木［茂三郎］君来訪。よる中日の記者諸君来。

八月一七日（土） 祈る。

十時高裁で、東京都知事選挙無効の話の公判にでる。十二時半の列車で日立にいく。レセプション、演説。八時半の列車で帰宅、寝る。

八月一八日（日） 祈る。

五時湖月に、東京第一区の都会議員区会議員を招き、浅沼［享子］夫人の選挙のことにつき相談す。

八月一九日（月） 祈る。

十時、院内で理髪。高田なほさん［社会党参院議員］来訪。国分さん来訪、よる泊る。

八月二〇日（火） 祈る。三時、九州行の記者諸君来訪。

八月二一日（水） 祈る。

十時、会館で浅沼夫人と会う。ヒルをスシ政でとる。順子、石崎、瀬尾、太田さん。三時朝日の石川［真澄］君来、とも子［お手伝いさん］帰る。

八月二二日（木） 祈る。

十時原書店にいく、ルオーによって帰宅。来客なし。

八月二三日（金） 祈る。

十時十分羽田発、中沢［茂二］君同伴。松山に一時三十五分着。県会の控室で記者会見。せと号で六時近く八幡浜につく。二ノ宮［二宮武夫］君に会う、よる演説。

八月二四日（土） 祈る。

八幡浜十時二十分発、野村町十二時着。一時公会堂で演説。日吉小学校で演説、井谷［正吉］君宅に泊る。

八月二五日（日） 祈る。
松野町で一時より演説。宇和島にて、七時半より教会で語る、後演説。

八月二六日（月） 祈る。
六時二十分宇和島発、松山下車。県知事と会見。後市内五ヶ所で演説、松山二時二十分発。

八月二七日（火） 祈る。一時中執、五時半帰宅。

八月二八日（水） 祈る。二時奈良屋に入る。

八月二九日（木） 祈る。奈良屋で静養、色紙を沢山かく。

八月三〇日（金） 祈る。
正午スギに奈良屋をたち、事務所に入る。帰宅。

八月三一日（土） 祈る。
三時半、事務所に入る。美村君と曹さんの事件打合せ。五時半帰宅。

九月

九月一日（日） 祈る。
午前に原田弁護士（松江在）来訪。よる和子、立、弓子来訪、一緒に食事をする。

九月二日（月） 祈る。
三時事務所で曹さんの件につき打合せ。二十時なちにてたつ。

九月三日（火） 祈る。
十時四十分田辺着。新聞記者との会見、よる市長主催の歓迎午サン会。日置［川］町、すさみ町で演説。紀伊嶋館で泊る。

九月四日（水） 祈る。
串本にいき、潮の岬に見物。午後演説。五時妙法で組合の演説、那智の滝を見る。新宮にいく、演説。勝浦で演説、湯の川で泊る。

九月五日（木） 祈る。
六時四十分たち十二時半神戸着。森脇学園を訪問後、神戸鉄道保［線］課にいく。明石に成田君を訪問し、七時の伊丹発で帰京。羽田で春子夫妻を見送る。

九月六日（金） 祈る。

七時四十分上の発、日立にいく。参議選応援のため、市内で六ヶ所、四時水戸市役所で記者会見。市役所前で演説。よる個人演説会にでて、九時の汽車で帰京。


九月七日（土） 祈る。

九時半、川崎重工の東京支店長寺岡氏外一人来館。サンケイ記者三人来る。十一時、浅沼夫人と会見。一時曹さんの事件に列席し、五時すずやに三輪夫人を招く。長男の夫人と赤堀［馨］、伊藤［英治］で会食して帰宅。


九月八日（日） 祈る。

九時、つばめでたつ。成田［知巳］、河の［野］君らと同車、［伊賀］上野着。市役所で記者会見。名張にいく。上野で街頭演説、レセプション。


九月九日（月） 祈る。

四日市にいく。市役所訪問、平田市長の午餐の招をうく。記者会見、後コンビーナーの公害の視察、街頭演説。菰野で演説。四日市ヘルスセンターでレセプション、盛会。十時半大和でたつ。


九月一〇日（火） 祈る。

七時十分帰宅。一時中執、五時晩翠軒で浅沼選対を招く。


九月一一日（水） 祈る。

十時半、古河につく。境町、古河で街頭演説をなし、五時過ぎ帰宅。


九月一二日（木） 祈る。

九時半、小林［ちづ］代議士と伊藤［英治］君と相談。後本郷の原書店にいきルオによる。正午、野溝君来訪。子安［泰］君来館。三時練馬区議選応援にいく。三ヶ所で演説、五時半帰宅。


九月一三日（金） 祈る。

七時五十分発、九時半伊丹着。十時一分宝塚より、篠山に向う。五区応援。よる氷上町に泊る。


九月一四日（土） 祈る。

よる城の崎に泊る。五区応援遊説。


九月一五日（日） 祈る。

明延鉱山、生野鉱山その他遊説。八時半、生の［野］をたち、姫路につく。中川君の車で明石に泊る、成田君と語る。

九月一六日（月）　祈る。

七時明石をたち、十時半羽田着。帰宅。二時過ぎ川崎重工東京支店で砂野［仁］社長と会見。会館にて藤牧君に会い、四時半帰宅。七時湊夫妻来訪。民雄一家出発のときのとられたスライドをみせてくれた。九時、毎日新聞記者来訪。


九月一七日（火）　祈る。

十時智子を訪ね、院内に入る。十一時読売の近藤［近藤日出造。］画伯と会見。二時美村君を訪ね、帰宅。よる堀米君来。三信の香川君来。


九月一八日（水）　祈る。

九時羽田発、北海道にいく。一時街頭で演説。成田［知巳］君、島上［善五郎。選対委員長］君同行。


九月一九日（木）　祈る。

十二時、函館につく。四ヶ所街頭演説、よる演説。湯の川に泊る。


九月二〇日（金）　祈る。

函館市内見物。十二時半出帆、五時半青森着。車で浅虫［温泉］にいく、同行の新聞記者も同宿。島上君とは青森駅で分《ママ》る。


九月二一日（土）　祈る。

九時、浅虫をたつ。県庁で記者会見。直ちに第二区遊説にいく。よる弘前で泊る。三宅、中沢［茂一］両君来る。


九月二二日（日）　祈る。

二区遊説。よる十一時半青森発、中沢君と一緒。


九月二三日（月）　祈る。

ヒル上野着。一時中執、よる月光でたつ。


九月二四日（火）　祈る。

大阪駅に宮川君［党兵庫県本部書記］、宝塚より松沢［兼人］君同車。ヒル和田山につき、その周辺に遊説し、泊る。


九月二五日（水）　祈る。

八時和田山発、十時明石着。成田君訪問。十一時冲天閣で教職者懇談会にでて、小谷、尾崎、中ノ瀬の諸君と会い、あしや［芦屋］に阪本［勝］君を訪問し、六時丈門会。よる慧星で帰る。


九月二六日（木）　祈る。

九時東京着、帰宅。「活」で谷尾君の新事務所入を祝う会があった。酒井君［党本部書記］午後来訪。

九月二七日（金） 祈る。

一時、北原さん〔戦前からの知人〕の葬儀にいく。よる伊藤君来訪。


九月二八日（土） 祈る。

十一時中執、一時顧問会議、三時帰宅。土肥〔実〕君来泊。


九月二九日（日） 祈る。

九時電通会館で中執、十時半中央委員会、七時半散会。


九月三〇日（月） 祈る。

十時半、義夫を訪う。院内でサン髪。一時杉山〔元治郎〕君室で記念会の打合相談。三時半帰宅。

一〇月

一〇月一日（火） 祈る。

八時、永野〔護〕君を自宅に訪問。伊セ丹の近代文化展にいき、帰宅。二時半本部、三時松岡駒吉伝の記念発刊会。智子を訪問し、帰宅。よる日経鈴木君来訪。


一〇月二日（水） 祈る。

十時、朝日松岡君来訪。二時本部にいき、酒井君をつれて入国管理局を訪問。妻を三越本店まで送って、帰宅。ロンドン民雄ハガキと手紙来る。*

* この年の秋、アメリカよりイギリスに渡り労働党研究のため暫くロンドンに滞在。

一〇月三日（木） 祈る。

十一時酒井〔一雄〕君（神戸）来訪。岡*〔良一〕さんの秘書がNew York の民雄一家のテープレコーダーと□□さんのそれとを持参、これを皆んなで聞く。六時福住で、松前、伊藤両君と会食、選挙対策資金の相談をする、九時半帰宅。

* 党代議士、医師。岡良一『わが反骨の記』（四六七頁）によれば、「しかし先生もまた、やさしいお祖父さんであった。私がご令息の民雄さんとニューヨークでお眼にかかったとき、幼い娘さんたちに『お祖父ちゃんやお祖母さんに対するご挨拶を』とテープに吹きこんでもらった。東京へ帰って先生に電話で申しあげたら、直ぐに届けてほしいとのこと。秘書が参上したら、早速別のテープにとられたそうである。『お祖父ちゃん、お祖母ちゃん、みんな仲良くしているよ、大事にしてね』といったお孫さんたちの無邪気な呼びかけは、きっと先生のあの純粋な童心にとっては、心からなつかしいものであったに違いない。」

一〇月四日（金）　祈る。
一時日比谷野外音楽堂で平和集会、新橋までデモ。七時五十分出雲で出発。

一〇月五日（土）　祈る。
十一時四十二分、米子着。記者会見、レセプション。倉吉でレセプション。よる鳥取でレセプションと演説会。

一〇月六日（日）　祈る。
鳥取を八時に発ち、浜坂につき街頭演説。よる湯村と浜坂で演説。

一〇月七日（月）　祈る。
六時三十四分浜坂発、八時四分和田山着。各地で街頭演説、よる篠山で演説。

一〇月八日（火）　祈る。
宝塚八時四十分着。オリエンタルホテルで記者会見。市役所で助役さんの御馳走、三時明石成田君を訪問。六時冲天閣で河上派の人々を招き、オリエンタルホテルに泊る。

一〇月九日（水）　祈る。
九時半大阪発、名古屋にヒル着。記者会見、市内で参議選の応援。よる豊田、岡崎で演説。

一〇月一〇日（木）　祈る。
七時半豊田市につき、工場の前で応援。豊田社を訪問。十一時まで伊藤さん宅で休み、刈谷にいく。労組と会見、豊田佐吉さんの記念堂にその功績をみる。刈谷で演説、二十三時二十分名古屋でたつ。

一〇月一一日（金）　祈る。
六時二十分東京着、帰宅。十一時より日本新聞協会の総会で話をなし、九段でスシを食い、三時に保谷町長応援。

一〇月一二日（土）　祈る。
十時中執、一時浅沼記念祭。四時事務所につき、帰宅。色紙を六十枚かく。

一〇月一三日（日）　祈る。
九時四十五分上の発、小諸にいく。街頭と室内演説。五時上田につく、二ヶ所で演説。よる戸倉温泉で泊る。同行記者五人。

一〇月一四日（月）　祈る。

十時、長野県庁で記者会見。十一時農協の人々に語り、二時急行で帰京。

一〇月一五日（火）　祈る。

八時半、阪本君を妻と訪問。十時院内中執、一時両院議員［総］会。二時本会議、三時産経の水野［成夫］君と会い、本部にいく、帰宅。針替君来訪。

一〇月一六日（水）　祈る。

十時、本部。選挙資金集めで諸所にいく。四時、帰宅。妻は瀬尾君同伴、神戸にいく。

一〇月一七日（水）　祈る。十一時中執、二時開会式。

一〇月一八日（木）　祈る。

十時本部、資金集め。十二時半代議士会、二時本会議。五時船橋駅で木原［実］君のための演説。六時市川市民会［館］で木原君の激励会。

一〇月一九日（金）　祈る。

九時、記者会見。帰宅。二時教文館の九階でロマートカ博士の送別会に列す、帰宅。五時半浅沼さんの宅にいく、母上［故浅沼稲次郎氏の母上、浅沼ヒサさん］の御通夜。

一〇月二〇日（土）　祈る。

一時都市センターの革新市長会議にでて、二時藤牧［新平］君と会館で会う。

一〇月二一日（月）　祈る。

二時本会議、代表質問。事務所により、九段でスシを食うて、帰宅。土肥［実］君泊る。

一〇月二二日（火）　祈る。

午前資金集め。四時帰宅、九時浅沼夫人を新橋［竹芝桟橋］に送る。

一〇月二三日（水）　祈る。

二時本会議、解散。本部に入る。

一〇月二四日（木）　祈る。

十時発、静岡にいく。駅長室で記者会見。静岡市で街頭、焼津で街頭、清水市で演説。十一時東京着。

一〇月二五日（金）　祈る。

十時、選対本部開始。一時半ＮＨＫで三党首対談。四時本部に入る。六時池袋で、河野密君激励会、盛会。七時半、帰宅。

一〇月二六日（土）　祈る。
七時五十分羽田発、松前君も同乗、大阪にいく。十時半新聞記者会見、十一時半杉山［元治郎］君の［永年勤続］祝賀会、八尾とフセ［布施］で街頭演説。西風［勲］君の事務開きに列して、八時半で伊丹たつ。産経の水野社長も一緒になった。

一〇月二七日（日）　祈る。
十時雅叙園で日野市郎君の結婚式の披露宴につらなり、後本部にいき、午後二時半帰宅。

一〇月二八日（月）　祈る。
十時本部、十一時小谷、尾崎両君上京、本部で会う。九段でスシを食い、本部に帰る。十時半川崎重工の寺岡氏来る。三時帰宅。五時半関西［学院］東京支部同窓会大会にでる、帰途重森［盛］君の演説会にでて語る。九時半、帰宅。

一〇月二九日（火）　祈る。
十時、本部にいく。藤牧君と相談。五時藤牧君来宅、相談をつづける。

一〇月三〇日（水）　祈る。
十時、藤牧君と会う。十二時読売記者と会見。三時池田首相と対談し、五時半毎日新聞社で記者会見。七時本部につく、日中［中日新聞］記者と会見。八時半帰宅。

一〇月三一日（木）　祈る。
選挙の告示［第三〇回衆院選挙］。広沢［賢一］君事務所によって第一区、第二区、第三区、第四区、第五区の応援。午後七時五十分羽田発、大阪国際ホテルに泊る。

一一月

一一月一日（金）　祈る。
六時、井岡［大治］君と市場で演説。七時より野原［覚］、西風君応援。天王寺、その他演説、よる堺市地方で演説。神戸の宅に入る。

一一月二日（土）　祈る。神戸で選挙運動。

一一月三日（日）　祈る。
神戸で選挙運動、初めて立会演説を三ヶ所やる。

一一月四日（月） 祈る。
八時五十分伊丹発、十時二十分福岡着。第一区、第二区、第四区応援、小倉ホテルに泊る。

一一月五日（火） 祈る。
六時、八幡製鉄工場の前に立ち選挙運動。十時二十分博多発、十一時三十五分羽田着。午後重森［盛］君応援。

一一月六日（水） 祈る。
七時上の発、群馬にいく。高崎、前橋、渋川その他応援。

一一月七日（木） 祈る。
神戸に入る。運動、よる十一時半京都発で（出雲号）で山梨に向う。

一一月八日（金） 祈る。
六時三十三分富士駅着、乗換で九時二十四分甲府着。応援、よる帰京。

一一月九日（土） 祈る。東京在。

一一月一〇日（日） 祈る。
九時二十分羽田発、十時三十分北海道着。札幌で演説、泊屋［泊谷裕夫］君の応援。よる帯広につき、笹井ホテルに泊る。

一一月一一日（月） 祈る。
六時より松浦［定義］の応援。三時の特急で函館に向う。二十四時着、〇時十分出帆。

一一月一二日（火） 祈る。
弘前に五時五十分着、島口［重次郎］の応援。夕刻青森をたち、盛岡に向う。

一一月一三日（水） 祈る。
盛岡駅頭で演説、第二区の応援。四時四十分一関発、よるイナワシロ［猪苗代］湖畔に泊る。

一一月一四日（木） 祈る。
平田［ヒデ］の応援、夜十二時近［く］郡山につき泊る。*

一一月一五日（金） 祈る。

＊　この東北各県の遊説は大型宣伝カーによる［同行の党本部高田誠書記の証言］。

五時半郡山をたち、宇都宮にいく、応援。十二時二十五分上の着、本部に入る。プリンスホテルで三党首対談、日経主催。

一一月一六日（土）　祈る。

八時、民放の三党首対談。十時東京第一区、第六区応援。

一一月一七日（日）　祈る。

七時五十分羽田発、大阪にいく。杉山［元治郎］君の応援。よる神戸に泊る。

一一月一八日（月）　祈る。神戸で運動。

一一月一九日（火）　祈る。神戸で運動。

一一月二〇日（水）　祈る。神戸で運動。

一一月二一日（木）　祈る。

神戸より飛行機で帰宅。十時投票、原書店にいく。よる十時本部に入る。

一一月二二日（金）　祈る。

午前三時半帰宅、当選。党の成績芳しからず＊、よるNHKでから島［唐島基智三］君と対談。

一一月二三日（土）　祈る。

朝五時、電話でケネデー大統領殺さるの報に接す、驚く。又七時山口［房雄］君と米国大使ライシヤワー氏と会い、弔詞をのぶ。

一一月二四日（日）　祈る。

妻、帰宅［選挙区より帰るの意］。

一一月二五日（月）　祈る。

十一時、在京幹部会。九段でスシを食い、紀の国（屋）書店によって、帰宅。駿河屋の岡本君来訪。よる中日の記者来訪。

一一月二六日（火）　祈る。

十一時ケネデーのミサ礼拝にでて、本部にいき、四ヶ所礼廻りをして、帰宅。

一一月二七日（水）　祈る。

＊自由民主党　二九四、日本社会党　一四四、民主社会党　二三、日本共産党　五、無所属　一、計　四六七。

八時羽田発。十時、阪本〔勝〕君宅訪問。十一時沖天閣でむらくものかなたと川のほとり会の当選祝賀会にて、市役所を訪問。市長両助役〔原口忠次郎市長、宮崎辰雄、有岡信道両助役〕にお礼をのべ、市議団を控室に訪い、明石にいき、成田君と会見し、四時関西学院で教授、丈門会。シオン会の有志の会にでて、片山町に泊る。中ノ瀬君来訪。


一一月二八日（木） 祈る。

八時小谷、中ノ瀬両君を訪問。県庁に知事を訪いたるが、留守。沖天閣に入る。十一時教職の人々と会見、五時半私のために尽力せられたる人々の集会。


一一月二九日（金） 祈る。

八時伊丹発、九時四十分羽田着。帰宅。十一時中執、四時におよぶ。美村君を事務所に訪う。義夫と会う。酒井〔一雄〕君と第一ホテルで会見し、六時半ユーゴスラビア独立記念レセプションにいく。


一一月三〇日（土） 祈る。

六時、本部で石原憲治氏と会う。

一二月

一二月一日（日） 祈る。

十時半、銀座教会にでる。村尾夫人〔親戚〕と娘さんと婚約者三人来訪。三時、子安君と美村君夫婦来訪。左近さんの令嬢とその婚約者来訪。


一二月二日（月） 祈る。

前田夫人、青果会社、万谷、吉田、東京電化、台糖、サンウェーブ柴崎、近江屋、日都興業、本田の諸氏を歴訪、お礼をのぶ。六時すずやで伊集院一家、中江一家、順子を招いて礼をのぶ。


一二月三日（火） 祈る。

十時中執、一時両院議員総会。二時代議士会、後箱根にいく、河上派の会合。


一二月四日（水） 祈る。

七時箱根をたち、十時に院内に入る。十二時本会議。本郷原書店にいくが、求める本なし。三時、帰宅、

一二月五日（木） 祈る。

十一時、社会会館の上棟式。二時小川豊明君の追悼会にでる。

一二月六日（金）　祈る。

正午一水会［一高の同窓会］に出で、直ちに院内にもどる。

一二月七日（土）　祈る。

七時東京発、妻は二等でいく。午後京都着。記者会見。直ちに参議選挙の応援、よる演説。八時国際ホテルで知事の招宴、同ホテルに泊る。六時同ホテルで随行記者と会見。

一二月八日（日）　祈る。

九時より応援、三時過ぎの電車で神戸冲天閣に入る。丈門会、九時三ノ宮発、慧星にのる。

一二月九日（月）　祈る。

九時着、新会館に入る。毎日後藤君来訪。十一時中執、三時四十分本会議、首相選挙、委員長選挙、よる七時半散会。帰宅。十二時三十分日比谷公会堂で、大隈［重信］さんの誕生百二十五年祭につらなる。

一二月一〇日（火）

十一時中執、一時本会議、五時事務所に入る。五時半神戸新聞の招き大倉ホテルに入る。七時半帰宅。

一二月一一日（水）　祈る。

十一時中執、十二時地裁に坂本君といく。一時顧問会議、後本会議。五時半晩翠軒で当選祝の会に招く。松沢、田中［武夫］、堀、五島来。佐野［芳雄］、三木［喜夫］、山口［丈太郎］欠席。

一二月一二日（木）　祈る。

五時半知事の招宴、六時楼外楼で浅沼選対の人々を招く。

一二月一三日（金）　祈る。

十一時中執、五時半三田亭に新代議士を招く。四時頃、智子の小学校の学友が会館に来訪。

一二月一四日（土）　祈る。

九時賀川さ［ん］の御令嬢と二人をつれて、厚生省にいく。十一時中執、二時本会議、四時帰宅。

一二月一五日（日）　祈る。終日家にいる。

一二月一六日（月）　祈る。

九時二十分、都知事東［竜太郎］氏を訪問。賀川梅子さんと二人をつれて、後厚生省で相談。

一二月一七日（火） 祈る。
十一時中執、一時半日比谷公会堂で、ケネディ国民追悼集会に出席し弔詞をのぶ。

一二月一八日（水） 祈る。
三時に陶々亭に落選した人々を招く。五時本会議、特別国会終了。よる酒井君来訪。

一二月一九日（木） 祈る。
八時祈祷会。十一時毛利弁護士、亀田［得治］、坂本［泰良］君来館、毛利、坂本両君と裁判［所］を訪問。後同事件弁護士等と打合せ。三時東芝を酒井［一雄］君を訪問要談し、会館に帰る。五時、市長の招きあり。

一二月二〇日（金） 祈る。
十一時中執、一時両院議員総会。二時本会議。後、後楽園を横前君と訪問。

一二月二一日（土） 祈る。
十時検事総長、坂本君と訪問。十一時半酒井とフジ銀行頭取訪問。

一二月二二日（日） 祈る。
九時、妻と伊原君訪問。十一時鎌倉に林［彦三郎］君を訪問、帰途大橋［祐之助］君を訪問、後八時四十分銀河でたつ。

一二月二三日（月） 祈る。
小谷君出迎、県議団控室に入る。亀田君と十時検事正を訪問。十一時市役所議員団控室にいき、伊丹に向う。一時飛行機、四時半議員食堂で記者クラブの招待をうく。福引でラジオがあたる。

一二月二四日（火） 祈る。
十時、会館に入る。よる七時半スカラ座で妻、和子、順子、矢［谷］津君［SP］等と奇跡の人をみる。

一二月二五日（水） 祈る。
十時院内、午後は会館にいる。六時水上勉氏とＮＨＫで対談。

一二月二六日（木） 祈る。
十時半、平安堂によって会館に入る。堀米、成田［知巳］両君来室。三時帰宅。五時□□で長谷部氏［朝日新聞幹部］と対談。六時半より伊集院、中江両家とクリスマスの祝い。十時散会。

一二月二七日（金）　祈る。
九時、関西の私立大学の当局者の来訪をうく。十時裁判所に坂本君といく。帰館。神戸市の陳情をうく。民間放送をやる。松井［政吉］君来宅、三時半帰宅。よるは私の仲人になった書記局の人々を招く。

一二月二八日（土）　祈る。
七時半発で谷尾、美村両君を妻と一緒に訪問し、青山墓参。会館に入る。ヒル藤牧君をつれて中野のホトトギスにいき、パッシン［Herbert Passin. コロンビア大学教授］氏を招く。石原君同席。会館に帰りしが、成田［知巳］君外出、よって帰宅。

一二月二九日（日）　祈る。
九時成田［知巳］君を会館に訪問し、後箱根にいく。奈良屋にはいる。

一二月三〇日（月）　祈る。
十時発あしの湖にいく。美しき不二山をみる。箱根ホテルで食事をなし、三時帰館。

一二月三一日（火）　祈る。九時発、帰宅。

◇一九六四（昭和三九）年◇

一月

一月一日（水）
十時二十分参内、年賀の儀につらなる。十一時半帰宅。よる伊集院一家とよしさん〔お手伝いさん〕来宅、夕食を共にする。湊〔謙吾〕夫妻、午後年賀に来る。その他数組年賀客あり。

一月二日（木） 祈る。
午後書記局の人々来訪、大空〔テント〕夫妻も来る、毎日、朝日記者来訪。小島〔利雄〕君も「すし政」のすしを持参来訪。

一月三日（金） 祈る。
午後、新聞社の人々来訪。中江一家〔次女夫妻一家〕来る、長谷川〔長太郎〕君来る。野溝〔勝〕君来る、党内のことで語らる。

一月四日（土） 祈る。
妻と一緒に平安堂、白木屋、丸善、スシ政、伊集院を訪問して、午後三時帰宅。

一月五日（日） 祈る。終日読書。

一月六日（月） 祈る。
七時五十分妻と羽田発、神戸にいく。十時勤労会館で労組の年賀会。午後、明石成田君訪問、五時有馬荘に入る。泊る。

一月七日（火） 祈る。
十時沖天閣に入る。正午に〔関西〕学院にいく。諸教授と懇談。市職で佐々木〔大蔵〕君と会見し、六時沖天閣で丈門会。

一月八日（水） 祈る。
九時半、阪本〔勝〕君を訪問。OKタクシーを訪問。中島〔浩吉〕君を訪問。梶原さんを訪問。堺市長を訪問。竹中君〔朝日記者か郁か。詩人〕宅によりて、六時シオン会にでる。銀河でたつ。

一月九日（木） 祈る。
会館で成田〔知巳〕君に会う、スシ政で食事をなし、順子〔京子の妹。当時秘書役〕をつれて奈良屋に入る。事務所の面々来る。

一月一〇日（金） 祈る。
八時たつ、帰宅。直ちに会館に入る。午後酒井君と入国管理の出張所と本省を尋ねて要談し、紀ノ国屋によって帰宅。

一月一一日（土） 祈る。
十一時、会館に入る。藤牧君と会う。新聞記者の諸君多数来室。三時帰宅。

一月一二日（日） 祈る。
朝、銀座教会につらなる。帰途伊集院により午餐をうけ、二時に曽根保君を妻と訪問、由木、舟木両君同席［曽根、由木（康）、舟木はいずれも教え子。関西学院出身］。三時半帰宅。

一月一三日（月） 祈る。
十時中執、会館で子安君と会う。よる中日の記者来訪。

一月一四日（火） 祈る。
十時、会館にてイズベスター［イズベスチア］記者と会見。松井［政吉］、日野［吉夫］、伊藤［英治］の諸［君］来室。一時林［虎雄］元代議士と横前君と一緒に訪問。四時半帰宅。

一月一五日（水） 祈る。
十二時半、東条会館の吉川［政春］君の令嬢の結婚式につらなる。四時帰宅。よる食事は和子と立と揃って立の成人の祝をしてなした。

一月一六日（木） 祈る。
十時、東芝駒井氏来訪。過日の酒井［一雄か］君の件を断に来た。一時幹部学校の開校式につらなる。よる九時三十分上野発、景［影］浦同行。

一月一七日（金） 祈る。
十一時弘前着、市長選応援。よる七時二十分弘前発、八時半青森発で帰京する。

一月一八日（土） 祈る。
十時上野着。会館に入る。一時自治労本部で竹崎君の葬儀につらなる。四時帰宅。六時、島田君婚約者をつれて来訪。佐々木、松田、［空白］君［いずれも神戸市職労幹部］来訪。泊る。

一月一九日（日） 祈る。
午後、岸本［千代子］都議来訪。

一月二〇日（月） 祈る。

十一時、開会式につらなる。一時両院議員総会。代議士会にでて帰宅。よるNHKの石田［瑞。政治部記者］君来訪。

一月二一日（火） 祈る。

十時、中執。十二時半首相官邸で、ベルギー国王王妃の歓迎午餐会に出席。三時本会議。五時、事務所美村君と一緒に大森の津の国に松尾君に招かる。

一月二二日（水） 祈る。

九時半、会館に入る。松尾君［依頼者］来訪。午後三時半藤井［丙午］君、八幡製鉄に訪問。四時半、帰宅。

一月二三日（木） 祈る。

八時祈祷会。西村［関一］、戸叶夫妻、長谷川［保］、横川、西宮、［空白］の諸君と私共夫妻。十二時半代議士会、二時本会議。後山本［幸一］君と会見。後成田［知巳］君と会見。五時より岩井［章］君と会食の約ありしが、新聞記者に分ったので中止した。六時帰宅。石井［五郎。支持者（千葉県）］夫人と令嬢とおむこさん。村尾［親戚］君の細君と令嬢とおむこさん来訪。

一月二四日（金） 祈る。

十時中執、二時半本会議。七時帰宅。妻、銀河でたつ。

一月二五日（土） 祈る。

二時、会館に入る。藤牧、伊藤両君来る。三時半事務所に入る。五時都道府県全［国］会館で行わる。三宅君の後援会恵山会［地元に甲城会、東京に恵山会があった］にでる。八時帰宅。

一月二六日（日） 祈る。

十一時、インド大使館のレセプション。正午、帝国ホテルの石井五郎さんの令嬢の結婚披露宴につらなる。智子とこども来訪。

一月二七日（月） 祈る。

八時、飛行機に乗る。九時伊丹着。直ちに徳崎弁護士と神戸訪う。市職によって冲天閣に入る。三時学院にいき、宝塚ホテルで学院教授方と同窓会の方々との会合。よる同ホテルに泊る。

一月二八日（火） 祈る。

七時伊丹発、八時羽田着。帰宅。十時会館に入る。三時帰宅、五時北岡さん父子来訪。

一月二九日（水） 祈る。

九時半瀬尾君来る、本日の訪問者のことで。十時日立目白クラブにつく。白石・村尾両家の結婚式仲介者としてたつ。三時半、工業倶楽部の松平君当選祝賀会にでる。五時会館に入り、直ちに帰宅。


一月三〇日（木） 祈る。

八時祈祷会を杉山、西村、小柳〔勇〕、西宮と私共とでもった。北岡さんが予算委員会傍聴せしめた、よるすずやに中ノ瀬、青木、西尾、伊藤、瀬尾を私共で招く。中ノ瀬、青木、西尾〔神戸市議〕は泊る。


一月三一日（金） 祈る。

十一時、会館に入る。二時国際懇談会で話をし、五時半日比谷野外音楽場で平和大会の結末の集会にでて、帰宅。後横前君の子供の死去の弔詞にいく。

二月

二月一日（土） 祈る。

十時中執、三時半帰宅。よる七時半佐近〔左近〕教授宅に妻、和子、順子といく。ヨルダン、エルサレムの写真をみる。十一時半帰宅。


二月二日（日） 祈る。

十一時半、松尾夫妻と社員と来訪。二時伊藤君来訪、三時白石夫妻来訪。


二月三日（月） 祈る。

七時五十分羽田発、関西学院にいく。入学試験受験者の件。一時半明石で成田君に会い、六時伊丹発帰宅。


二月四日（火） 祈る。

八時永野重雄氏を訪問、留守。よって〔空白〕ホテルにいき、永野氏と会う。十時半会館に入る、松尾君と会う。ヒル河野、伊藤君来る。きょう富士銀行で六百万円を借ること決定。


二月五日（水） 祈る。

十二時、趙安博一行*来室。五時晩翠軒で県国会議員を招く。

＊　日本アジア・アフリカ連帯委員会の招きで来日。

二月六日（木） 祈る。

八時祈祷会。十時中執、午後に及ぶ。六時 New Zealand のレセプション、よるフジテレビ、経、ＮＨＫの記者来訪。成田〔知巳〕君の進退につき語る。石井五郎夫人来訪。

二月七日（金）　祈る。

十時、会館に入る。十一時成田、松井［政吉］両君来室。佐々木［大蔵］、松田［暁。ともに市職幹部］両君来館。五時半スイス公使のレセプション。石井夫人、御令嬢夫妻と陳夫人をつれて来訪。


二月八日（土）　祈る。

井岡［大治］君来、一緒に南原［繁］君を訪問（九時）。後会館に入る。十一時弁護士会長選挙にいく。十時伊藤来室、三万円渡す。社青同大会のため。一時朝日放送員来室。五時帰宅。


二月九日（日）　祈る。

十時半、阿佐谷教会に伊集院と順子と一緒にいく。同教会四十周年記念会。三時谷尾君宅を一同で訪問し、四時半帰宅。田中［二］君来訪。


二月一〇日（月）　祈る。

妻帰宅。十一時会館で毎日の松岡［英夫］君と会見。小野さん［都立大学教授］の家屋土地買取のこと完了。五時林彦三郎君を訪問。七時半帰宅。


二月一一日（火）　祈る。

十時中執、二時本会議。五時三越で目ガネの替をなし、六時半帰宅。


二月一二日（水）　祈る。

一時本会議、四時半帰宅。よる石井夫人と陳夫人とその父親来訪。


二月一三日（木）　祈る。

八時祈祷会。途中で羽田に向う。途中混雑乗遅れ、十時五十分でたつ。一時冲天閣で中ノ瀬、青木両君に会い、後市職にいき選挙違反事件の関係者と懇談し、四時伊丹をたつ。五時帰京。


二月一四日（金）　祈る。

十時、会館に入る。四時帰宅。銀河で、妻神戸にいく。


二月一五日（土）　祈る。

十時、会館に入る、大空ヒット君十一時来室。一緒に林彦三郎君を訪問、慶應入学のことで。帰途事務所により、会館内で食事をして、三時帰宅。


二月一六日（日）　祈る。

朝、妻帰宅、十一時中江一家来訪。

二月一七日（月）　祈る。

十時会館。二時両院議員総会、五時に及ぶ。帰宅。


二月一八日（火）　祈る。

九時半、会館に入る。成田［知巳］君と会見。十時中執、二時本会議終了、后帰宅。


二月一九日（水）　祈る。

十一時、小平墓地にいく。河野［密］夫人の一周忌の集。一時新宿の東京大飯店の宴につらなり、事務所にいく。十五万円を受け、会館で十万円を伊藤君に渡し、五時半帰宅。よる中日記者二名来訪。


二月二〇日（木）　祈る。

八時祈祷会。十時中執、六時半帰宅。村尾夫人とおむこさんとお嬢さん、仲人の御礼に来訪。


二月二一日（金）　祈る。

九時半、田原［春次］、稲村［隆一］、八木［一男］の諸君来室。十時中執、三時本会議、五時帰宅。


二月二二日（土）　祈る。

九時半九段会館にいく、大会［第二三回］。十時去る。


二月二三日（日）　祈る。

十時中ノ瀬君を神戸市会議員宿舎に訪問し、九段会館に入る。正午天国で食事をなし、一時帰宅。大会の様子を影浦、伊藤君より聞く。八時太田さんを帰舎せしむ。


二月二四日（月）　祈る。

九時半中執、十時大会。中執委員を全部主流派でとる、将来が案ぜらる。帰途統一会に出て、九時帰宅。


二月二五日（火）　祈る。

九時半家を出て、基督教国際大学［国際基督教大学］にウカイ［鵜飼］学長を訪問、留守。電話で鈴木寿君の令嬢のことを頼む。ヒル近く会館に入り、一時中執の初会合。一時半代議士会、二時本会議。四時半帰宅。


二月二六日（水）　祈る。

十一時半原書店にいき、ルオーで食事をなし、会館に入る。五時都市センターホテルで総評の各単産の幹部を招いて懇談し、八時半帰宅。

二月二七日（木） 祈る。

八時祈祷会。会館にいる、六時六本木の盧山で趙安博さんの招き。十一時四十五分上の発。


二月二八日（金） 祈る。

六時四十分、会津若松着。七時半より街頭演説、雪降る。五時二十分でたつ。十時二分上の着。


二月二九日（土） 祈る。

病気になる。医者来訪。終日床にいる。焼津いき中止。

三月

三月一日（日） 祈る。

終日床にいる。よる若松市長選破るの報あり。


三月二日（月） 祈る。

よる七時半、院につく。予算案通過。


三月三日（火） 祈る。

八時九段山本［幸一］君を訪問、留守。原［茂］君を更に訪問後、会館に入る。ヒル前帰宅、床につく。松尾君来訪。


三月四日（水） 祈る。

十一時に松平［忠久］君と会館で会う。午後、帰宅。


三月五日（木） 祈る。

八時祈祷会。十一時、厚生年金会館の留岡幸助先生誕生百年祝会にでる。五時半議長公邸に招かる、銀河で井村［稔雄］君、久子さん神戸に帰る。


三月六日（金） 祈る。

十時中執、一時本会議、五時中立労連の幹部、都市センターに招く。


三月七日（土） 祈る。

十時、会館に入る。三時帰宅。八時二十分東京駅発で金沢にいく。


三月八日（日） 祈る。

八時四十分金沢着。直ちに地方記者との会見、朝食後、随行記者との会見。十一時県連大会。一時半商工会議所での会見。三時半湯［空白］温泉の［空白］旅館に入る、同行記者十名も泊る。

三月九日（月）　祈る。

十時二十分岡［良二］君と矢［谷］津君と小松発で飛行機で帰京。

五時半清話会にで、松平君と一緒に中小企業の講義を行う。


三月一〇日（火）　祈る。

五時半陶々亭にて、社会党記者クラブの諸君を招く。


三月一一日（水）　祈る。

一時両院議員総会。三時、新産別幹部と会見。


三月一二日（木）　祈る。

八時祈祷会。十時半中執、二時半帰宅。


三月一三日（金）　祈る。

十時、谷尾事務所訪問。事務所を訪問。入国管理局長と会見。

一時半代議士会、二時本会議。五時帰宅。


三月一四日（土）　祈る。

八時関東［中央］病院にいく、中島先生の診療をうく。直ちに羽田にいく。十時五十分の飛行機で大阪にいく。伊丹着後、OKタクシーにいく。山口、東両君に会い、四時大阪会館で水田君の令息の結婚式につらなる。その中途に記者来訪。式後クリスチャンセンターにいき、山崎［宗太郎］君に会い一泊。


三月一五日（日）　祈る。

OKタクシーの車で大津にいく。十時西村［関二］君の［堅田］教会につく。感話をなし、午後数ヶ所の精薄児の収容場を見学し、七時の伊丹発で帰京。


三月一六日（月）　祈る。

十時、会館に入る。三時帝国ホテルの植場君追悼会にで、四時帰宅。


三月一七日（火）　祈る。

十時、会館に入る。十時半中執、二時帰宅。


三月一八日（水）　祈る。

七時半、阿佐谷駅にいく。車に乗り運転の調査、新宿に降りし情態《ママ》調査。十時、東京駅記者会見。一先帰宅、気分悪く。五時新橋ステージにいく、簡短の話をして帰宅。床につく。


三月一九日（木）　祈る。

十時東海大学卒業式につらなり、正午頃帰宅。床につく。

三月二〇日（金） 祈る。春分の日、終日床にいる。


三月二一日（土） 祈る。

七時妻と新宿たち、甲府にいく。十時山梨東和学院*を訪ね、妻と一緒に語る。千人余の女学生が休暇中にもかゝわらず来聴。山田院長の御好意。教員諸君とヒル食を一緒にして、県連事務所に立寄り、後湯村の常盤ホテルに入る。女学生への講話後、校内で新聞記者と会見。午后毎日新聞写真班ホテルに来る。よる金丸［徳重］夫妻、山田院長夫妻と食事を一緒にし泊る。

＊　創立当時、妻末子の父、平岩愃保が、メソジスト派の牧師でこの学校に関係したことがあるため、と思われる。

三月二二日（日） 祈る。

十時、甲府教会にいく。礼拝につらなる。話をして教会役員とヒル食を共にし、二時十六分の急行で帰京。昨夜弓子不合格の報に接したので、激励のため伊集院一家をすゞやに招く。宴後伊集院一家来訪。


三月二三日（月） 祈る。

九時四十分、会館に入る。基督教の牧師さん達、祝日法案反対の請願をうく。伊藤と会う。時 New Japan Hotel の国民政治経済研究会で講演。会館に入る。中沢［茂一］君と会う。四時新橋亭で総評幹部と中執の人々と会う。六時半帰宅。


三月二四日（火） 祈る。

十時、会館に入る。一時吉田茂さん来館。二時本会議、六時過ぎまで続く。


三月二五日（水） 祈る。

九時尚向前氏、中村高一氏と一緒に来宅。十時半中執、一時両院議員総会。六時ＮＨＫのヒルトンホテルの招にいく。


三月二六日（木） 祈る。

八時祈祷会。十一時顧問会議、七時半議長公邸でルウマニア使節団迎う。食卓につかず、帰宅。


三月二七日（金） 祈る。

七時、妻を東京駅に送る。九時記者会見。十一時中執、二時本会議、四時全共連ビルで記者との会見。六時晩翠軒で都労連の委員長長尾［文吉。河上派］を招く、河野［密］、伊藤［英治］、酒井［良知］の諸君同席。

三月二八日（土） 祈る。

七時半家を出で、山花〔秀雄〕君宅を訪う。一先会館に入り、十時に日本テレビにいく。朝の顔のテレビをとる。十時半代議士会。一時飯野ホールの日中国交回復の会にで、四時羽田発。五時十分伊丹着。成田君に会い、六時半沖天閣に入る。丈門会、七時半去って、九時の伊丹発で十一時帰宅。


三月二九日（日） 祈る。

八時家を出て、西松氏宅訪問、留守。九時半浦和の県連大会にでる。二時半、妻を東京駅に迎えて帰宅。


三月三〇日（月） 祈る。

午后一時日比谷で日韓交渉阻止大会。一緒に国会までデモに参加。五時再び日比谷の交渉阻止大会にでて、国会までデモに参加し、後帰宅。


三月三一日（火） 祈る。

八時井岡君を高輪の宿舎に訪ね、西松氏宅を訪問。既に本社いき、よって本社に訪ねて会館建設の好意を謝す。十時半中執、五時本会議、九時半本会議。

四月

四月一日（水） 祈る。

十時、会館に入る。十一時河の、中村〔高二〕、松井、矢尾、中沢〔茂二〕の諸君と伊藤〔英治〕君の選挙に関し打合せ、*二時成田〔知巳〕君をつれて、中沢君と一緒に農林漁業金融公庫にいく。義夫を訪う、四時半帰宅。

＊ 次期参議院選挙で東京都地方区に立候補の準備のための話し合い。

四月二日（木） 祈る。

八時祈祷会。十時総評臨時大会。会館に帰る。二時事務所にいき、会館にもどる。〔明石の〕成田君一行来館。六時帰宅。


四月三日（金） 祈る。

九時半、会館に入る。十時半中執、一時文化人の招き、日韓、春闘のことを語る。二時本会議、四時半帰宅。


四月四日（土） 祈る。

十時会館で、毎日の海江田君と会見。十二時品川駅内のスト宣言大会にでて、会館にもどり、後帰宅。

四月五日（日） 祈る。

七時二十分上の発、北茨城市長選の応援にいく。八時十一分上の着、帰宅。


四月六日（月） 祈る。

十時、会館に入る。十二時文化会館建築の引渡宴会。四時法政大学で高野［岩三郎］先生の追悼会、六時新会館に働いた人々に対する感謝会。


四月七日（火） 祈る。

十時半中執。十二時五十分羽田発。三時半New Port Hotel［神戸市］の吉田さんの令嬢の結婚式につらなる。大阪の緑風荘で同行記者と会見。後クリスチャンセンターに投宿。石崎君［SP］同行。


四月八日（水） 祈る。

十時半、ＯＫタクシー社に入る。山口、東両君と会見。一時国民会館パルプの総決議大会にで、二時市役所で市長と会う。南の料亭で休息と夕食をとる。小田切［桐］君、石崎君同行。六時より公会堂で演説会。月光でたつ。


四月九日（木） 祈る。

九時着。会館に入る。祈祷会後の朝食をとる。一時半代議［士］会、二時本会議。六時東京会館で中国貿易団の歓迎会に一寸といき、七時半帰宅。


四月一〇日（金） 祈る。

十時半、中執。二時、晴海の中華人民共和国経済貿易展覧会の開会式につらなる。三時半、本会議に出席、六時半、帝国ホテルの南漢氏の招宴。


四月一一日（土） 祈る。

九時羽田発。北海道にいき、正午記者会。一時街頭演説。七時小樽で演説。よる中野旅館に泊る。


四月一二日（日） 祈る。

十一時半千歳発、一時半羽田着。帰宅。文春の記者来訪。小島君と丸山君［依頼者］来訪。


四月一三日（月） 祈る。

九時会館で、文春の写真記者と会見。新本部会館で、成田［知巳］君との写真をとる。十時東君来館。十一時、日本不動産銀行に一緒にいく。ヒル会館に帰る。午後原書店にいき、帰途紀ノ国屋書店の新館にいく。よる赤堀［馨］夫人と令嬢とおむこさんの母君来訪。

四月一四日（火）　祈る。
八時渋谷東急の前に交通調査にいく。九時青山車庫により、後市内パレード。十時半中執、十二時半毎日記者会見。一時秘密両院議員総会、春闘の報告。四時、帰宅。よる七時院内に入る。中執があった。

四月一五日（水）　祈る。
十一時中執、六時半厚生年金会館で伊藤〔英治〕君のための会合。

四月一六日（木）　祈る。
八時祈祷会。十時中執、一時半代議士会、二時本会議。スト中止。八時半帰宅。

四月一七日（金）　祈る。
十一時中執。十二時半パレスホテルにて、毎日新聞社の新会館の起工式の祝宴にいく。会館に帰り、後帰宅。

四月一八日（土）　祈る。
八時半過ぎ家を出で、妻は川俣夫人〔哲子〕の病気見舞で途中で分《ママ》れ、十時近く隅田公園内の台東体育会館の東海大学の入学式につらなり、一時より三村起一君の金婚祝宴にいく。二時半帰宅。

四月一九日（日）　祈る。ヒル過ぎ智子一家来、和子も来る。

四月二〇日（月）　祈る。
十一時中執、二時両院議員総会。四時スキヤバシ公園で日中国交回復即時実現の署名運動。五時帰宅。

四月二一日（火）　祈る。
十一時中執、一時半代議士会。二時日比谷野外音楽堂で朝鮮祖国往来要求の大会に出席し、四時その人達の陳情を交代でうける。五時半帰宅。

四月二二日（水）　祈る。
九時半本部に入り、後会館に入る。十時短波放送で沖縄問題について語る。三時帰宅。三時半、厚生年金会館の野々村道雄君〔野々村戒三氏子息〕の結婚式につらなる。六時半帰宅。よる日経記者来訪。

四月二三日（木）　祈る。
八時祈祷会。十一時中執、二時本会議。六時晩翠軒に成田、小柳、大出〔俊〕君その他、労働部書記の諸君を招く。

四月二四日（金） 祈る。

九時半、林彦三郎君を訪問。事務所によって会館に入る。一時半代議士会、二時本会議。五時帰宅。


四月二五日（土） 祈る。

八時半、南原［繁］君を大原［亨］君と一緒に訪問。九時半過ぎ会館に入る。十一時中執。一時半平安堂にいき、平安堂の思い出を語り、小島、美村、丸山君と相談。後事務所により、四時半帰宅。


四月二六日（日） 祈る。

九時半、晴海の中国の展覧会に妻といく。一時半帰宅。


四月二七日（月） 祈る。

十時中執。六時、晩翠軒に神戸新聞社記者諸君を招く。


四月二八日（火） 祈る。

十一時中執。一時林君事務所に成田［知巳］君と一緒にいき、宮沢［喜一］君と会見。本会議に出て、夕刻帰宅。


四月二九日（水） 祈る。

八時新宿発、浅沼享子さんも同車。十二時松本着。豊科金龍寺の浅沼記念碑の除幕式につらなる。二時半で松本たつ。八時十分新宿発［着］、帰宅。


四月三〇日（木） 祈る。

八時祈祷会。西村君、我等夫妻。一時豊島園に行われたる堤康次郎氏の葬儀につらなる。党を代表して弔詞をのぶ。一先会館に帰り、五時帰宅。

五月

五月一日（金） 祈る。

八時半、芝公園につく、メーデの祝会。十一時半まで歩行。スシ政で食事をなして、帰宅。三時、酒井一雄君来訪。六時晴海の中共の展覧会の閉会式に列して、天国で食事をなして帰宅。


五月二日（土） 祈る。

十時、会館に入る。色紙をかく。三時帰宅。五時半妻と英大使館にいく、バトラー氏［英外相］のレセプション。七時赤堀［馨］君娘さんの結婚式の打合せに来訪。


五月三日（日） 祈る。

九時、本部に入る。十時出発、憲法改悪反対のパレ［ー］ド、新橋と日本橋、亀井戸、上野に巡って、上野で下車。本部に成田［知巳］君を送って、帰宅。

五月四日（月）　祈る。
十時、会館に入る。ヒル前、本田君［元ＳＰ］来館。本田君をつれて順子、影浦［共に秘書］、矢［谷］津君と一緒にスシ政にいく。会館に入る前、第一ホテルで酒井君に会う。酒井君、今夜たつ。

五月五日（火）　祈る。
六時五十分上野発、白河にいく。白河を中心として、各地の街頭に、よる須賀川で演説。終えて後、木田君の生家を訪う。郡山に泊る。

五月六日（水）　祈る。
五時四十分郡山発、上の着。直ちに会館に入る。午後五時までいる。六時半帰宅、赤堀君来館。

五月七日（木）　祈る。
八時祈祷会。十時矢部女史来館。一時半代議士会、二時本会議、三時社労委員の会合。五時大阪労働学校の関係者の集会。九時帰宅。

五月八日（金）　祈る。
十一時中執、二時共済会館で赤堀君の御令嬢の結婚の仲人としてたつ。五時半帰宅。

五月九日（土）　祈る。
十一時、本部新会館に入る。十二時半浅沼君の像の除幕式。一時落成式、二時祝賀パーテー。五時頃帰宅。

五月一〇日（日）　祈る。
十時、中村高一君宅にいく。島田久君の結婚記念写真撮影のため、一時羽村教会で結婚式、仲人として立ち、幼稚園で披露パーテ［ィ］ー。後、魚観荘で招宴。八時半帰宅。

五月一一日（月）　祈る。
十時谷尾事務所を訪い、後会館に入る。六時近くに帰宅。

五月一二日（火）　祈る。十一時中執、二時本会議、後帰宅。

五月一三日（水）　祈る。
六時十五分上の発、十時半郡山着。知事選応援。

五月一四日（木） 祈る。

午前一時十七分で福島をたち、六時十七分上の着。直ちに帰宅。妻と一緒に祈祷会（八時より）に出席し、会館にいる、小谷［守］君来館。四時帰宅。七時議長公邸のミコヤン氏歓迎レセプションにでる。


五月一五日（金） 祈る。

十時、会館に入る。一時半代議士会、二時本会議、六時帰宅。直ちに妻とソ連大使館にいく。ミコヤン氏の招待。後、田無病院を妻と訪問。明日の落成式のお祝にいく。


五月一六日（土） 祈る。

十時、朝くらにいく。南漢辰さん御夫婦その他の人々を招く。中村夫妻、原君同席、私は妻といく。十二時半日ソ協会のミコヤン氏歓迎会。三時島君の結婚披露宴、六時帰宅。


五月一七日（日） 祈る。

七時五十分羽田発で、神戸にいく。県連大会に出席し、午后は六甲山にいく。五時成田君と会見し、八時伊丹発。十時帰宅。


五月一八日（月） 祈る。

十時、会館に入る。一時半谷川［徹三］法政大学総長訪問。会館に帰る。五時半晩翠軒で松前君を囲む会を持つ。河の、中村、松井、中沢、矢尾、伊藤、瀬尾の諸君。


五月一九日（火） 祈る。

十一時五十分羽田発、一時伊丹着。直ちに大阪労働会館にいく。然し気持ち悪く旅館で休み、六時護憲ブロック会開催の中ノ島公園にいく、演説。神戸片山町の家に入る、矢［谷］津君同伴。


五月二〇日（水） 祈る。

八時、妻来る。二時栄光教会で城家の結婚式に仲人として立つ。六時関学にいく。教授、同窓生との会合。九時伊丹発で帰宅。


五月二一日（木） 祈る。

十時、会館に入る。十二時相互銀行の大会のパーティーに出で、会館に帰り、色紙をかいて、四時帰宅。


五月二二日（金） 祈る。

十一時、中執。全日通労働会館落成式につらなる。一時そのパーティーに出る。三時半帰宅。六時半より、すゞやで立の渡米の歓送会。伊集院一家、中江一家と順子と私共夫妻出席。十時東京発で和歌山に向う。石崎君同伴。

五月二三日（土）　祈る。

八時五十分大阪着。天王寺に向い、東和歌山につく。直ちに県知事室で記者会見。正午よりレセプション。三時より労働組合との懇談会。一時望海楼にいき、九時より演説、望海楼に泊る。

五月二四日（日）　祈る。

駿河や［屋］の車で神戸駅にいく。一時半着、三時相楽園で記者会見。四時レセプション、盛会。よる大阪のクリスチャンセンターに泊る。

五月二五日（月）　祈る。

七時クリスチャンセンターで行わるる、朝祈祷会にでる。十時半ＯＫタクシーにいき、山口、東両君に会う。一時沖天閣に入る。妻を迎えて明石の愛老園の矢田［丈一郎］氏を訪問し、六時沖天閣の丈門会にでる。彗星で大阪駅をたつ。

五月二六日（火）　祈る。

妻と駅で迎［別〈―〉］れて会館に入る。中執委員会。正午晩翠軒で田中一君と伊藤［英治］君と三人で、伊藤君の選挙応援の話。一時会館で武藤、稲葉両君と会見。二時本会議、四時半帰宅。七時ミコヤン氏の歓迎会、椿山荘で。八時コーリン会でサウスアラビヤのレセプション、九時永井道雄君を訪問、参議院立候補を断わられる。

五月二七日（水）　祈る。

十時、会館に入る。十一時 Korin Kan でアフガニスタン独立祭にでて、直ちに帰館。六時帰宅。よる佐々木［大蔵］、あさし［朝日正一］、柳原三君泊る。

五月二八日（木）　祈る。

十時、会館に入る。一時戸叶家結婚式。五時帰宅。

五月二九日（金）　祈る。

十一時中執。一時ＹＭＣＡで講話。後大野氏邸を弔訪。帰宅。八時羽田着。立、渡米の見送り。十時半帰宅。

五月三〇日（土）　祈る。

九時五十分羽田発、一時二十分高知着。安藝［盛］君の墓前祭、死後二十年の命日。後県庁で記者会見。後料亭で安藝君の追悼談の会に出で、六時四十五分高知発で去る、九時十分羽田着、帰宅。

五月三一日（日） 祈る。
終日家にいる。正午伊集院夫妻来訪。他に来客なし、静かな聖日である。

六月

六月一日（月） 祈る。
午前中に義夫を訪う。美村君に会う。ヒル食をスシ政でなし、原書店によって、二時金子氏の葬儀につらなり、後帰宅。よる赤堀夫妻と宮川さんの代人来訪。

六月二日（火） 祈る。
十一時中執。○時半本願寺で大野氏の葬儀。会館に帰る。四時半神戸新聞社長と支局で面会し、六時帰宅。よる松尾君来、福永重勝君社員二名をつれて、来訪。めずらし。武者小路氏の「馬鹿一の一生」の驚くべき本をくれる。

六月三日（水） 祈る。
六時 New Tokyo で佐藤君の出版記念会にでる。

六月四日（木） 祈る。
八時祈祷会。七十四の祝の会、多数の牧師さんを招く。一時代議士会、二時本会議。五時帰宅。

六月五日（金） 祈る。
十時参議院面会にでる。全電通の陳情をうく。十一時中執。午後は会館にいる。五時帰宅。藤原［道子］、田中［寿美子］両女史来訪中。よる東京新聞記者二名来訪。

六月六日（土） 祈る。
十時半、会館に入る。松尾君一行と会見。土肥さん等と食事。一時社会文化会館に入る。憲法を守る婦人集会で話をして、帰宅。土肥［千代］さん泊る。

六月七日（日） 祈る。
妻と土肥さん、箱根にいく。来客なし。

六月八日（月） 祈る。
十時、坂本義正氏来館。松本君に紹介。二時土肥君来館、土肥夫人も来る。五時半読売ホールでネール氏*追悼にでる。土肥君泊る。

＊ ジャワハルラール・ネール。インド独立運動の指導者。インド初代

首相。非同盟中立外交を推進。丈太郎は一九五三年社会主義インター第二回大会出席後インドを訪問。ネールと会見している。

六月九日（火）　祈る。
十一時中執、二時本会議。四時半事務所にいき、帰宅。

六月一〇日（水）　祈る。
十時、会館に入る。草野氏来訪。玉林教授［関西学院］来訪。四時帰宅。

六月一一日（木）　祈る。
八時祈祷会。十二時参議院食堂で県の国会議員の会合、河合義一君像のこと。二時本会議。事務所にいき、美村君の好意をうく、帰宅。六時八芳園の岡謙四郎［東京都議］帰朝祝の会。六時半帰宅。東京新聞記者来訪。妻、神戸にいく。

六月一二日（金）　祈る。
十時、会館に入る。十一時中執。色紙三十五枚かく。五時半大使館で女王誕生日の祝宴。六時新橋亭で、総評幹部と懇談。

六月一三日（土）　祈る。
横浜の大矢ヘリーさん宅を訪問、留守でした、会館に入る。七時五十分上の発。

六月一四日（日）　祈る。
青森着。十時記者会見。十一時懇談会、一時講演会、四時レセプション。八時半青森発。

六月一五日（月）　祈る。
十時上野着。直ちに帰宅。午後四時会館に入る。六時 Hotel New Japan の肖方洲氏の歓迎会にでる。途中にして去る。

六月一六日（火）　祈る。
七時中執、一時両院総会。二時本会議、三時本部で社会文化会館理事会に出席し、五時半帰宅。

六月一七日（水）　祈る。
十時、会館で「主婦と生活」の記者と会見。七時江戸川公民館で護憲集会にでる。帰途スシ政で食事をして帰る。

六月一八日（木）　祈る。
六時五十分羽田発。矢［谷］津君同伴。伊丹に瀬尾、東［久太郎］、坂本三君出迎。東、坂本両君と懇談後、和歌山にいく。

直ちに車にのって応援。よる四ヶ所演説、望海楼に泊る。

六月一九日（金） 祈る。

和歌山市内応援、よる五ヶ所演説。よる望海楼に泊る。

六月二〇日（土） 祈る。

六時十分、南海電車でたつ。南場［難波のことか］に東君の出迎えをうく。高田なお子さんと一緒。九時伊丹発、七時十分羽田着。直ちに会館に入る。十二時護憲陳情を受け、四時大集会にいく。六時散会。直ちに帰宅。立、過日帰朝、和子と一緒に来訪。

六月二一日（日） 祈る。終日家にいる。

六月二二日（月） 祈る。

九時半本部で中執、十時半中央委員会、七時半散会。晩翠軒にいく。兵庫県代表と国会議員を招く。

六月二三日（火） 祈る。

十時半中執、二時半両院議員総会。緊急中執。ＩＬＯ廃案となる。不信［任］案提出を決す。

六月二四日（水） 祈る。

十時半中執、二時本会議。池田内閣不信任案の説明をなし、四時半帰宅。七時八芳園に議長のブラジル下院議員の歓送会にで、妻と一緒に出席し、七時半帰宅。

六月二五日（木） 祈る。

八時祈祷会。十時半中執。二時パレスホテルの丸紅のレセプションにでて、二時半代議士会。三時本会議。四時事務所にいき、五時半晩翠軒で伊藤君のための集会。十時帰宅。

六月二六日（金） 祈る。

十時半中執。十二時訪ソ団歓送会を本部で。会館で渡辺君と会見。同君選挙区の応援相談。四時半西村君を伊藤君と一緒に訪問。伊藤君のためによろしく頼む。七時本会議、九時半本会議、国会終了。

六月二七日（土） 祈る。

九時に横浜着。訪ソ団の見送。一時本部で革新市長の懇談会にでて、帰宅。

六月二八日（日） 祈る。

七時五十分発で、大阪の中国経済展覧会にいく。東君、伊丹まで出迎う。後ＯＫタクシーによって、一時伊丹発で二時十分羽田着。食事をなし、妻と一緒に大磯のクリスチャン・アカデミーの寮に入る。七時より政治家と基督者の懇談会。西村、戸叶里子、田原、長谷川の諸君が同席、よる泊る。


六月二九日（月） 祈る。

七時半祈祷会。九時宿舎を去って、羽田にいく。一時五十分発で伊丹にいく。四時沖天閣につく。六時丈門会。十時伊丹発で、十時に帰宅。


六月三〇日（火） 祈る。

九時半日比谷音楽堂で、米価値上の農民大会にでて、正午浦和にいき、知事選応援。七時大宮で終了。十時、上野発で盛岡にいく。

七月

七月一日（水） 祈る。

七時十二分、盛岡着。駅長室で記者会議［見］。宿舎に入る。十時より生放送。一時よりレセプション、盛会。三時新聞社で対談会。六時演説会、九時四十分発で、帰京。


七月二日（木） 祈る。

六時五十四分、上野着。妻と順子［加藤順子。秘書］の出迎。八時半熊谷につく。知事選の応援。四時帰宅。妻が木村毅君の出版記念会に代理として出席。


七月三日（金） 祈る。

七時、西武田沢駅につく。十時までその地方で知事選応援。一時羽田発、福岡にいく。柏で田力君の市長選の激励会にでる。松本［七郎］君の水たきの御馳走になる。八時十五分福岡発、九時半羽田着。


七月四日（土） 祈る。

十時事務所にいき、所員に中元を渡す。十二時半羽田発、札幌にいく。札幌駅で国鉄出身の人々と会う。深川で下車、よる演説会。泊る。


七月五日（日） 祈る。

九時旭川市役所につき、記者会見。十時半国労大会。二時旭川をたち、沼田町にいく。五時演説会、七時私の歓迎パーティー、盛会。よる鉱山の寮に泊る。

七月六日（月） 祈る。
五時半寮を出で、炭鉱の社宅にいき、後、芦別、赤平、歌志内、三笠の街頭で演説。砂川で歓迎午餐会。美唄、江別を経て千歳にいく。七時発、帰京。

七月七日（火） 祈る。
十時、本部に入る。松井〔政吉〕君と打合せ。一時会館に入る。四時帰宅、よるＮＨＫ記者来訪。

七月八日（水） 祈る。
十一時、日比谷音楽堂の全建総連の大会にでる。二時その陳情を面会所でうけ、後帰宅。

七月九日（木） 祈る。
十時半会館に入る前に、事務所による。堀米君に銭別を渡す。藤牧、中沢〔茂一〕、毎日、共同、中日の記者来室。五時半阿部眞之助さん〔政治評論家〕の弔訪。後帰宅。よる蒋さん来宅。

七月一〇日（金） 祈る。
十時半中執、本部で開く。十一時半池田三選決定。記者会見。テレビ、中日、共同、毎日に原稿を送る。五時半帰宅、妻、銀河でたつ。

七月一一日（土） 祈る。
七時五十分で、羽田をたつ。江田君同行、矢尾君随行。宮崎着。十時県庁に入る、副知事等と会見。後、勝間田、松平〔忠久〕、高田〔なお子〕さん来る。新聞記者と会見。一時宮崎新聞黒木さんと会見。二時レセプション、よる西都市の演説会。

七月一二日（日） 祈る。
十時こどもの国を見物して、十二時宮崎をたつ。三時十分羽田着。帰宅、後静に休む。電話も来客もなし。

七月一三日（月） 祈る。
三時、大矢女史来館。よる出雲で鳥取にいく。随行小田切〔桐〕、石崎。

七月一四日（火） 祈る。
十時鳥取着。知事訪問、記者会見。後遊説、よる若桜に泊る、熊岡旅館。

七月一五日（水） 祈る。
七時半旅舎を出で、街頭演説。よる松崎養生館に泊る。

七月一六日（木） 祈る。

八時旅舎を出で、よる赤崎の神戸亭に泊る。

七月一七日（金） 祈る。
八時旅舎を出で、よる大山観光館に泊る。池田内閣成立。記者会見。

七月一八日（土） 祈る。
八時宿舎を出で、最後米子公民館、聴衆の総数約七千人。有権者五十人に一人の割合。よる水害で鉄道不能、皆生温泉に泊る。

七月一九日（日） 祈る。
午後三時米子発、岡山を経て安藝にのる。

七月二〇日（月） 祈る。
八時着。十時総評大会にいく。午後佐々木〔更三〕君と会見。途中報告をうく。よる神戸自治労の諸君泊る。

七月二一日（火） 祈る。
十二時神戸新聞の社長のうし亭で招待。本部にいく。委員長の災害対策委員会にでる。三時西日本記者との会見。

七月二二日（水） 祈る。
十時、本部にいく。午後一時会館に阪本〔勝〕君来。美村弁護士も来る、要談。六時 Poland の独立記念のレセプション。

七月二三日（木） 祈る。
二時奈良屋に、妻と一緒につく。三時中執。六時記者諸君との会食。妻はよる帰宅。

七月二四日（金） 祈る。
正午湖畔のホテルで矢〔谷〕津、太田両君と食事をなし、四時羽田着。五時発、六時二十分千歳着。八時美唄につき演説し、十時美唄発。

七月二五日（土） 祈る。
六時二十五分、稚内着。安井〔吉典〕、芳賀〔貢〕君の出迎。百瀬君宅で記者会見。十時記念碑の開幕式につらなり、市内見物。十一時五十分発、九時十五分千歳発。十一時半頃帰宅。矢津君随行。

七月二六日（日） 祈る。
十時三十分上の発。前橋の田辺〔誠〕選挙事務所に向う。途中記者会見、終日応援。妻、神戸より帰宅。

七月二七日（月） 祈る。
八時白井屋旅舎を出で、終日応援。九時十二分発、帰宅。土地と家屋のこと解決済。よる妻神戸にいく。

七月二八日（火） 祈る。
十一時五十分羽田発。有馬のシオン会に出る。花の坊に泊る。随行矢津君。

七月二九日（水） 祈る。
九時有馬をたち、一時過ぎ帰宅、妻と一緒に。二時半会館。大阪の坂本［遼］君来室。四時田中一君と伊藤［英治］君と語る。

七月三〇日（木） 祈る。
一時委員長室で、災害対策委員会。五時中馬大阪市長を都市センターに訪う。事務所により美村君に会い、帰宅。よる伊集院、中江両家に土地買収の件につき、その好意に謝意を表す。

七月三一日（金） 祈る。
十一時懲罰委員会にて、小島、松井両君と委員長室で話をして帰宅。二時妻と順子と矢［谷］津君と奈良屋にいく。八時半奈良屋を去って帰宅、伊藤君のことで都議員を奈良屋に招いたのだ。

八月

八月一日（土） 祈る。十一時懲罰委員会、帰宅。

八月二日（日） 祈る。
七時半羽田発、十時十五分広島着。記者会見。慰霊祭に花たばを捧じ、病院を訪問。十五時中執、よる赤城旅館に泊る。石崎君同伴、藤牧君も泊る。

八月三日（月） 祈る。
十時過ぎ三原に戸田君［元三原市長］を訪問。五時広島に帰り、県連の招待をうける。瀬尾君が同宿。

八月四日（火） 祈る。
十時二十分、成田君を出迎。六時中執、八時市長のレセプション。

八月五日（水） 祈る。五時三十分［原水禁］大会。演説をする。

八月六日（木） 祈る。
七時半記念式典、十一時宗教家の会合。六時慰霊祭。

八月七日（金） 祈る。七時閉会、総会が開かる。

八月八日（土） 祈る。
十時四十分広島発。大津の附近で飛行機に故障があり、大阪に着陸。一時大阪発で帰京。

八月九日（日） 祈る。終日引籠る、来客なし。

八月一〇日（月） 祈る。
十時半、本部で小谷［守］君と会見。スシ政で食事をなし分れる。帰宅。五時半小島邸にいく、旧日労派の人々の会食。

八月一一日（火） 祈る。
十時、会館に入る。山口［丈太郎］君来館、青木君も。十二時半印度大使邸の Lunch に招かる。三時半本郷の原書店にいき、本を求めて帰宅。

八月一二日（水） 祈る。
七時新宿発、小田桐、谷津両君随行。各地街頭演説、よる甲府市の笹屋に泊る。

八月一三日（木） 祈る。
朝八時宿を出で、遊説にいく。よるは富沢町の［空白］君宅に泊る。

八月一四日（金） 祈る。
七時半、［空白］君宅を出て遊説。午后七時四十分発で、帰宅。

八月一五日（土） 祈る。
十時半、会館に入る。松井［政吉］君と会見。正午東京会館で杉山君感謝の会にで、五時シーユーフ氏の歓迎レセプションに出て中座す。気分悪し、金野医師の診察をうく。

八月一六日（日） 祈る。
六時五十分羽田発。石崎君随行、八時伊丹着。金島、青木両君出迎。直ちに甲子園にいく。三ゲームを見る。早靹、高知勝つ。社会党推セン［薦］市長の地。後、須磨観光ハウスにいく。小谷君も来る、泊る。

八月一七日（月） 祈る。
九時半宿を出で、川崎製鉄本社に社長を訪う。会館の寄付金のこと。神戸新聞社長を本社に訪ね、直ちに阪本君宅を訪ね、留守。ヒル食を沖天閣でとり、中ノ瀬君を尋ね、後、大阪ОKタクシーに東君を訪う。坂本君も来る。五時伊丹をたち、帰宅。

八月一八日（火） 祈る。

十時神戸製鋼東京支社に江口常務を訪う。八幡〔製鉄〕の藤井君を訪ねたが留守。九段のスシ政に角谷、影浦、順子、谷津、大田とでいく。一時帰宅。高校野球の優勝戦を皆んなでみる。高知勝つ。よるＮＨＫ、共同、中日記者諸君来訪。


八月一九日（水） 祈る。

十時八幡の藤井君を訪う。本部に入る。二時会館で神戸新聞記者と語る。帰宅。五時半ヒルトンホテルの知事の招きにいき、九時半上のたつ。


八月二〇日（木） 祈る。

午前六時半湯沢駅に下車し、直ちに雄勝郡一円を遊説をする。夜川連町〔空白〕に泊る。十一時半電話があり、奈良屋の御主人〔安藤平治〕、古野君〔元同盟通信社の社長か〕の死を伝えらる、驚く。


八月二一日（金） 祈る。

七時半川連をたち、平鹿郡一円遊説。よる川俣〔清音〕宅に泊る。


八月二二日（土） 祈る。

七時出発、仙北郡一円巡る。小笠原旅館に泊る。


八月二三日（日） 祈る。

七時半発、由利郡一円巡る。八時半平沢駅発、上京。


八月二四日（月） 祈る。

十一時中執。二時、妻と伊集院夫妻と箱根奈良屋の通夜にいく。十時半、帰宅。


八月二五日（火） 祈る。

午後二時五十分羽田発、五時宝塚ホテル着。妻と一緒。矢〔谷〕津君随行。関西クルフ〔グループか〕の会合。片山町に泊る。


八月二六日（水） 祈る。

八時半、阪本〔勝〕君を妻と訪問。一度片山町に帰り、十時神戸製鋼本社にいく予定なりしが、先方の都合で午后二時にいく。十一時オリエンタルホテル別館で、自治労の関係者と会食。三時半あしや〔芦屋〕の福井君の応援〔県議選〕、五時あしや苑で丈門会、四十人に及ぶ盛会。八時半党の国会報告演説会にで、十時半月光で帰京。


八月二七日（木） 祈る。

九時着、会館に入る。十時毎日の池永君来訪、アジア研究会の件。十一時本部で中執、三時帰宅。五時半ヤエス口で潜水艦寄港反対のビラまき、六時半帰宅。


八月二八日（金） 祈る。

七時半、本郷の原君を訪問。訪中使節団長のことにつき話合う。九時院内で緊急議員総会。九時半首相官邸にいき首相に面会を求む。断われる。正午本部に抗議集会の打合せ会、三時帰宅。妻、岡田君の母君の御通夜にいく。


八月二九日（土） 祈る。

十時、会館に入る。中村君来訪。色紙をかく。一時に帰宅。


八月三〇日（日） 祈る。

九時半、美村君と奈良屋にいく。石崎君、大田君同行。泊る。


八月三一日（月） 祈る。

十時、帰京。直ちに参議［院］事件で裁判所にいき、院内で打合せ会に出て、二時帰宅。

九月

九月一日（火） 祈る。

九時、会館に入る。正午過ぎ帰宅。一時半野々村さんを病院に見舞う。三時、帰宅。


九月二日（水） 祈る。

十時、入国管理局に次長を訪問。会館に入る。三時半、帰宅。


九月三日（木） 祈る。

六時に日比谷野外音楽堂で原子力潜水艦寄港反対の集会にて、土橋までデモに参加し、八時半帰宅。


九月四日（金） 祈る。

六時五十分羽田発、八時五分伊丹着。山口［丈太郎］君の出迎え。あしやにいく。福井、福原両君の応援。九時伊丹着、帰宅。


九月五日（土） 祈る。

一時九段会館にいく前に、藤牧君を都市センターに訪う。労働大学十周年記念会に出席し、スシ政で食事をなし、帰宅。妻、銀河で神戸にいく。


九月六日（日） 祈る。

午後三時羽田発、五時千歳着。札幌にいく。道連本部で記者会見、美唄つく。

九月七日（月） 祈る。

六時三十分より応援初《ママ》る。七時までつゞく。よる赤平住友炭鉱の宿舎に泊る。


九月八日（火） 祈る。

午前、赤平炭鉱坑内に入る。午後、昭和炭鉱坑内に入る。沼田町役場によって深川駅より乗車、よる帰宅。


九月九日（水） 祈る。

七時五十分羽田発、福岡にいく。着後新聞記者会見。三時の飛行機で帰京。羽田に民雄一家帰朝で、私の着を待ってくれた。一緒に帰宅。


九月一〇日（木） 祈る。

十一時、会館に入る、三時帰宅、五時半渡辺［勘吉］参議［院議員］の動く政局農業の出版記念会にでて、七時帰宅。


九月一一日（金） 祈る。

十時半、本部。午後一時松井、成田［知巳］君と会見。民雄夫婦本部に来る。五時、帰宅。


九月一二日（土） 祈る。

六時五十分羽田発、八時伊丹着。亀田、椿、阪上［安太郎］の諸君の出迎。九時より阪上、松原君の地区を遊説。六時半賀川記念講演会。後二ヶ所で演説、クリスチャンセンターに泊る。


九月一三日（日） 祈る。

七時半センターを出で、肥田［次郎］君の地区にいき遊説。途中和泉市議選の応援。九時伊丹着、帰宅。


九月一四日（月） 祈る。

十一時本部委員長室で、成田［知巳］、和田［博雄］、原の諸君と中国使節団の人選につき相談した。午後三時半帰宅。


九月一五日（火） 祈る。

十時久保講堂での、全日自労の老人の集会にでて、本部にいく。ヒル藤牧君と食事を共にして、一時半裁判所にいく。参議［院］の事件に立会う。会館に入り本部にいく。五時帰宅。コーリン［光臨］閣での Mexco の独立祭に妻とでる。七時帰宅。


九月一六日（水） 祈る。

七時五十分羽田発、鹿児島着十一時三十分。街頭で演説、老人ホームを訪問。県連主催十九周年記念レセプション、十八時三十分発、九時十分羽田着。帰宅。

九月一七日（木）　祈る。

八時羽田発、九時十分千歳着。三愛ホテルに入る、記者会見。午后街頭で演説。三時石炭集会にでて、夜飛行機で帰宅。


九月一八日（金）　祈る。

六時五十分羽田発、八時五分伊丹着。名神国道を通って大津に入る。市長選挙応援。街頭で連呼。よる演説会、シミヅ旅館に泊る。


九月一九日（土）　祈る。

十時十五分、岐阜着。記者会見。一時よりレセプション。中津川にいく、記者会見。よる演説、泊る。


九月二〇日（日）　祈る。

五時五十七分発、十時大津着。街頭連呼、三時半に至る。シミヅ旅館で休み、夕食后個人演説会二ヶ所。月光で京都をたつ。


九月二一日（月）　祈る。

九時十分着。民雄一家、九時半京子の実家にいく。妻と見送る。三時針替君の新社長の築地青果会社の創立の祝賀会にでる。四時半帰宅。


九月二二日（火）　祈る。

九時半、鈴木［茂三郎］君を訪問。十一時中執。二時出発、横浜財務局にいき、大矢さん宅を訪ねて帰宅。


九月二三日（水）　祈る。

十時、池田首相を病院に見舞う。十一時帰宅、来客なし。電話もなし。静かな祭日。


九月二四日（木）　祈る。

十時、会館に入る。色紙をかく。正午順子、石崎、太田とすし政にいき、後本部によって帰宅。よる九時姫路にいく。


九月二五日（金）　祈る。

六時近くに八幡［近江］で停車。台風のため、正午近くまで停車。姫路には四時半つく。五時相生市長を訪問、五時半街頭演説、赤穂でもやって松崎館に泊る、赤穂市長の経営の旅館。


九月二六日（土）　祈る。

七時四十分たち、八時十分赤穂発で明石で下車。三信衛生の本店に成田君を訪い、一時伊丹発で帰京。六時訪ソ新聞記者の人々を晩翠軒に招く。

九月二七日（日） 祈る。

九時芝浦より、横須賀に船でいく。正午より原子力潜水艦寄港反対の集会、五万人以上の人が集る。五時四十分帰宅。


九月二八日（月） 祈る。

十時半、妻と一緒にでる。妻は銀座の松坂屋で降り、丸善にいき海外の新誌予約金の払込をなし、すし政にいき、会館に入る。中沢［茂二］君の帰朝談。四時本部にいく。伊藤君と会い、五時事務所にいく。帰宅。


九月二九日（火） 祈る。

十時、会館に入る。一時中執、五時に及ぶ。六時朝くらに鈴木、勝間田、成田、松井の諸君を招き、［社会主義］理論委員会の努力に対してお礼の宴をもった。


九月三〇日（水） 祈る。

十一時［衆院］懲罰委員会。会館で、ヒル中沢君と会見。矢尾君来訪。六時都連主催浅沼君五周年記念レセプションにでて帰宅。

一〇月

一〇月一日（木） 祈る。

十一時懲罰委員会に出席し、一時半高等裁判所、淵上君の事件の弁論。六時より朝くらで高橋［民二郎］、末国［陽夫］両君の司法官試験合格の祝宴。九時、帰宅。


一〇月二日（金） 祈る。

きょうは風邪気味であるので一日床につく。よる組合［所属の銀座教会の組合］があり、盛会であった。


一〇月三日（土） 祈る。

きょうも床にいた。訪英団の見送には影浦をやり、午后二時の立川での伊藤［英治］君の激励会には民雄をつかわした、妻、朝たって宝塚にいく。


一〇月四日（日） 祈る。

十一時半、本部にいく。社会新報の印刷工場の落成式とそのレセプション。二時帰宅。


一〇月五日（月） 祈る。

十一時委員長室で中執。一時よりの岡本丑太郎氏激励会には影浦を代理としてさし遣はす。

一〇月六日（火） 祈る。

健康がよくないので関東病院にいき、中島博士〔関東中央病院副院長〕の診察をうく。ひるすし政で食事をなし、帰宅。六時五十分羽田発、神戸片山町の宅に入る。

一〇月七日（水） 祈る。

六時脇浜神鋼の門前に、松沢、五島の両君の三人で国会報告。街頭演説。七時冲天閣で民雄の歓迎会にでて、片山町に入る。

一〇月八日（木） 祈る。

七時三十分川崎造船前にいき、終日街頭演説。六時半冲天閣に丈門会の民雄歓迎会にでる。民雄銀河で帰京。

一〇月九日（金） 祈る。七時尻池三社にいく。終日街頭演説。

一〇月一〇日（土） 祈る。

正午奈良につく。奈良ホテルで食事。二時記者会見。三時よりレセプション。名古屋にいき、小林公一氏を訪問し、泊る。

一〇月一一日（日） 祈る。

体の工〔具〕合よくないので、浜松いきを中止して一時帰京し、帰宅。直ちに床に入る、七時杉山〔元治郎〕君死去の報に接す。

一〇月一二日（月） 祈る。

終日床につく。浅沼記念会欠席。杉山君の通夜欠席。

一〇月一三日（火） 祈る。

十一時毎日の林〔卓男。記者〕君来訪。山形いき遊説、病気のため河野君に代っていってもらった。

一〇月一四日（水） 祈る。

七時四十分羽田着。訪中使節団の見送。九時半帰宅、床につく。

一〇月一五日（木） 祈る。

十二チャンネルの太田君等来訪。「樅ノ木は残った」映画の批評を求めらる。四時本部、中立労連との懇談会にでる。

一〇月一六日（金） 祈る。

七時通信社より、フルシチョフ首相引退の報を伝えらる。十時半院内で中執。よる十二時に新聞社より、中国の核実験の成功の報あり。正午英国労働党の勝利を伝えらる。

一〇月一七日（土） 祈る。
九時半院内で緊急幹部会開き、フルシチョフのこと、労働党の勝利、中国のことなどの声明書をなす。十二時半岡君の令息の結婚式につらなり、東京会館の賀川全集祝賀会にでる。

一〇月一八日（日） 祈る。
二時杉山君の葬儀、明治学院講堂で行わる。

一〇月一九日（月） 祈る。
三時、会館に入る。東君来館。六時八芳園で日ソ国交回復記念会。［東京］オリンピック選手歓迎会にでる、盛会。

一〇月二〇日（火） 祈る。
午前中、会館に入る。色紙をかく、二時帰宅。

一〇月二一日（水） 祈る。終日床にいる。

一〇月二二日（木） 祈る。
七時半、松前君を訪問。既に外出、帰宅。十時本部にいく。北京よりの電話あり。二時帰宅。

一〇月二三日（金） 祈る。
十時、会館に入る。色紙をかく。十一時五十分大和［与二］君の次男の結婚式につらなる。一先ず帰宅し、よる九時半羽田に江田君を出迎う［第二回非同盟諸国会議に出席。イギリス総選挙を視察して帰国］。

一〇月二四日（土） 祈る。
十時、会館に入る。十一時顧問会議。十二時事務所にいく。二時五十分羽田発、神戸にいく。冲天閣で丈門会。八時羽田発で帰宅。松井君より電話あり、政局の点の報告。

一〇月二五日（日） 祈る。
十二時半、中村君宅に入る。一時半小金井公民館三多摩レセプションにでる。途中で呼びもどされ、院内に入る。池田首相引退の発表のため。五時帰宅、佐々木［大蔵］君泊る。

一〇月二六日（月） 祈る。
十時、ハンガリーの人々来館。十一時中執。二時会館にもどり、色紙をかく。五時去る。

一〇月二七日（火） 祈る。
十一時部落解放［同盟］の集会に出席し、一時より本部の中執にでて、四時帰宅。

一〇月二八日（水）　祈る。

十時、会館に入る。午后大谷ホテルの十七階にいく。民雄、順子、石崎、太田の諸君と。四時帰宅。よる朝日、中日、NHKの諸君来訪。


一〇月二九日（木）　祈る。

十時中執。正午東京会館でエノケン［榎本健一。コメディアン］さんの激励会。五時帰宅。


一〇月三〇日（金）　祈る。

十時、会館に入る。十一時本部松井君と語る。三時帰宅。八時訪中使節団を羽田に出迎う。


一〇月三一日（土）　祈る。

十時、会館に入る。中執、十一時両院議員総会。一時党学校開校式につらなる。大空君来訪。四時帰宅。

一一月

一一月一日（日）　祈る。

九時東京発、岐阜にいく。県連の臨時大会。山本［幸二］君の案内で、ナガラ［長良］川ホテルに休み、四時二十分でたち、小田桐と矢［谷］津両君同行。八時東京着。


一一月二日（月）　祈る。

十時、日通会館の炭労の臨時大会に出席した。十一時半本部で成田［知巳］、松井両君に会う。五時帰宅、よる民雄一家の滞米中のスライドをみる。


一一月三日（火）　祈る。

正午日本労働者スポーツ祭典が行われ、それに出席した。


一一月四日（水）　祈る。

七時半羽田発、九時十五分岡山着。秋山［長造］君の応援。よる八時五十分発、帰京。


一一月五日（木）　祈る。

十時着、本部にいく。中央委員会に出席、六時帰宅。


一一月六日（金）　祈る。

十時本部に組織活動者会議にで語る。六時晩翠軒にFabian協会の人々を招く。

一一月七日（土） 祈る。

八時五十分羽田発。十一時クリスチャンセンターに入る。一時杉山君の党葬。よる布施市で演説会。クリスチャン・センターに泊る。影浦、石崎。


一一月八日（日） 祈る。

八時半伊丹発、大村につき、佐世保にいく。原潜寄港反対集会。五時十五分大村発、九時半羽田着。


一一月九日（月） 祈る。

十時、国会に入る。招集、午后首相選挙［佐藤栄作首相］。閉会後、埼玉のレセプションにいく。七時帰宅。


一一月一〇日（火） 祈る。

七時半羽田発、岡山にいく。午前岡山市内、午後倉敷市内、よる岡山、倉敷で演説。十二時近くの列車で帰京。


一一月一一日（水） 祈る。

事故のため、列車は十一時着。三時椿山［荘］で自治労十周年記念会に出席した。


一一月一二日（木） 祈る。

六時四十分新宿発、銚子にいく。妻、三時半頃より体のいたみを訴う。銚子より午ころ電話で問合す、よいとのこと。小川［三男］君の選挙応援、八時帰宅。


一一月一三日（金） 祈る。

十一時、八芳園にいく。渡辺家の結婚式、和子妻の代理として立合う。よる長野に向う。


一一月一四日（土） 祈る。

五時、長野駅着。七時より須坂市で県議の選挙応援。三時上田で松平［忠久］君の祝賀レセプション。五時半上田発、九時半上の着。


一一月一五日（日） 祈る。

十時銀座教会に、民雄夫妻と二人の子供に一緒にいく。十一時小野豊さん［文門会会長］のお嬢さんの結婚式に、京子を妻の代人としてつれていく。三時五十分羽田発、六時二十五分松山着。宝亭にとまる。


一一月一六日（月） 祈る。

十時中小企業者の会合に出席し、十一時検事正と会見し、松山城をみて、一時レセプションにでて、五時十分発で七時四十分着。松平君と一緒に、松井君を訪問。昨日記者会見のことで。帰宅。記者多数来訪。

一一月一七日（火） 祈る。
一時中執。六時あさくらで執行委員その他の方々を招く。

一一月一八日（水） 祈る。
七時江戸川の某小学校で演説会にでて、九時帰宅。

一一月一九日（木） 祈る。
十時半、中執。十二時半横浜に向う。護憲大会。六時帰宅。

一一月二〇日（金） 祈る。
十時中執。三時文化放送の記者会見。六時九龍園で曹さんの御馳走になる。

一一月二一日（土） 祈る。
二時本会議。よる松山に同行の記者諸君来訪。

一一月二二日（日） 祈る。終日家に引籠る。

一一月二三日（月） 祈る。終日引籠る。

一一月二四日（火） 祈る。
十一時中執。一時朝日新社長ミトロ［美土路］さん等来館。二時本会議。五時、帰宅。

一一月二五日（水） 祈る。
八時五十分羽田発、大阪にいく。東君出迎え。太閤閣でのレセプション。七時四十分帰宅。よるＮＨＫの石田［瑞］君来訪。

一一月二六日（木） 祈る。
八時祈祷会。十一時中執。午後会館で成田君と会見、きょうは記者諸君その他来客なし。

一一月二七日（金） 祈る。
十一時中執、二時両院議員総会。五時半物価値上反対のビラマキをヤエス口［八重洲口］でやる。

一一月二八日（土） 祈る。
十二時半ヤエス口で物価値上反対のビラマキ、同朝自由交通のビラマキ。三時三軒茶屋での辻医師の招きの会合。五時事務所により、六時ヒルトンホテルのユーゴスラビアのレセプション。七時半帰宅。よるＮＨＫの記者来訪。

一一月二九日（日） 祈る。

ヒル富士テレビの記者来宅。二時市議の藤本［用輔か］君来訪。

一一月三〇日（月） 祈る。

九時東京駅発、名古屋に向う。十一時半着、直ちに記者会見。二時よりレセプション。四時過ぎ東京よりの同行記者との会見。よる二ヶ所で講演会でアイサツをして、九時十分発の飛行機で帰る。

一二月

一二月一日（火） 祈る。

午後四時羽田発、神戸に向う。中ノ瀬君の祝賀会が東天閣で行われているので、それに出席。八時伊丹発で帰京。朝日の石川［真澄］君飛行場にまって同車して、帰宅。十時ＮＨＫ石田君来る。

一二月二日（水） 祈る。

十一時中執。午後多数の記者来館。

一二月三日（木） 祈る。

八時祈祷会に出で、中途で退席して鈴木［茂三郎］君を訪問して、会館に入る。十一時中執。二時杉山君の追悼会にでる。五時半池袋の三越七階で河野君の忘年会に出で、七時帰宅。

一二月四日（金） 祈る。

十時、会館に入る。正午スキヤバシ公園で高校全入学のビラまき、四時半無名会に出席し、挙党体制につき語り、六時半スシ政で小島、浜田両君とスシを食い、八時帰宅。

一二月五日（土） 祈る。

十一時中執。一時半三越に民雄と浜田さんの作品発表展にいく。三時半山崎昇君の事務所開き列し、五時丸ノ内ホテル食堂の東京信徒会のクリスマス集会にでる。八時帰宅。

一二月六日（日） 祈る。九時中執、本部にいく。

一二月七日（月） 祈る。

十一時中執。中執後、総評幹部と会見。一時地方代表者会議、三時代議士会、四時本会議。六時帰宅。

一二月八日（火） 祈る。十時より、大田公民館で本部大会。*

＊　この大会（第二四回大会）では、話し合いで河上委員長、成田書記長は留任、副委員長制が新たに設けられ、佐々木更三、和田博雄両氏が就任。

一二月九日（水）　祈る。
十時、本部にいく。委員会には出席せず、動力車労組の陳情を本部でうく。

一二月一〇日（木）　祈る。
十時委員会に大田公民館で出席。二時帰宅。

一二月一一日（金）　祈る。
委員長に選ばる。執行委員は主流派が破れる。

一二月一二日（土）　祈る。
十時半中執。それに出席する前に、中田〔吉雄〕君を会館に訪ねる。十二時よりやえす〔八重洲〕口で物価値上げ反対のビラまき。十時上の発、秋田にいく。

一二月一三日（日）　祈る。
横手着、川俣〔清音〕宅に入る。九時半より街頭演説、よる館〔空白〕で演説会。十二時近く川俣宅に帰る。

一二月一四日（月）　祈る。
一時横手裁判所で弁論、十一時発帰京。

一二月一五日（火）　祈る。
十時半中執。本部で一時動力車〔労組〕陳情。五時順子さんとの離れの会。

一二月一六日（水）　祈る。
十時、本部に入る。十一時入国管理局次長訪問。五時半本会議。六時有馬〔輝武〕君の出版祝賀。七時伊藤〔英治〕君の激励会。

一二月一七日（木）　祈る。
十時半久保会館で、公団住宅者の全国会議に出てアイサツをした。午後五時本会議。

一二月一八日（金）　祈る。十時半代議士会、国会が終了。

一二月一九日（土）　祈る。
八時四十分羽田発、富山に向う。会館新築祝賀会。午後市内で街頭演説。よる杉原〔一雄〕君宅の懇談会にで語る。九時高岡の旅舎で岡〔良二〕君等と会い、参議〔院〕の候補のことにつき相談して、泊る。

一二月二〇日（日） 祈る。
杉原君宅にいき、街頭〔演説〕、よるは魚津で演説会、多数集る。よるたつ。

一二月二一日（月） 祈る。
六時四十分上の着。帰宅。十時本部で社会会館の法人の集会。一時北海道新聞と会見。午後本会議。

一二月二二日（火） 祈る。
七時半東京発、岐阜に向う。一時中執、記者会見。よる三ヶ所で応援演説。

一二月二三日（水） 祈る。
九時半ギフ〔岐阜〕発、大垣にいく。街頭で応援演説。よるの演説会、八千人集る。

一二月二四日（木） 祈る。
七時二十八分名古屋発、十時東京着。十時半、内藤良平君来館。五時陶々亭で統一会、八時民雄宅でクリスマスイブ。

一二月二五日（金） 祈る。
十時半中執、本部で。三時半事務所に、美村。朝くらで記者諸君を招く。

一二月二六日（土） 祈る。
十一時、渡辺道子さん来館。一時半猪木〔正道〕君と対談、NHK。帰宅。

一二月二七日（日） 祈る。
七時半、美村君を妻と訪う。外岡君、義夫、伊原、新関の諸氏を訪問。墓参。十時半教会にいき、天国で食事をなし、賀屋〔興宣〕君の奥さんの葬儀、それから鎌倉にいき、林君を訪問。帰京後、松前君を訪問。その途中で野々村を見舞。八時半、帰宅。

一二月二八日（月） 祈る。
十時半中執。三時記者との忘年会。五時仲人をした党書記の方々来宅。

一二月二九日（火） 祈る十時半松前君来訪、その他来客なし。

一二月三〇日（水） 祈る。三時半NETで松岡君と対談。

一二月三一日（木） 祈る。
外出せず、Wilson の新著を読む。来訪者なし。然し各社より電話があった。

◇一九六五（昭和四〇）年◇

一月

一月一日（金） 祈る。

九時四十分家を出で、宮中に年賀の式につらなる。十一時半帰宅。読売の青山君と西日本の記者来訪。よしさん来る。


一月二日（土） 祈る。

一時、書記局の人々来訪。朝日、東京の記者たち来る。大空夫妻来る。その他年賀の人々多く来る。


一月三日（日） 祈る。

きょうは私の誕生日であるので、午餐に民雄、和子、智子の一家のものが集って祝ってくれた。ＮＨＫ、東京タイムス、共同の記者来訪。湊君夫妻、長谷川君、小島君来訪。スシ政のスシ持参。


一月四日（月） 祈る。

ＮＨＫ、中部日本の記者来る。田中みち子さんが藤原道子さんと一緒に来る。


一月五日（火） 祈る。

十時半、会館に入る。民雄第一秘書を辞し、影浦、これに代る。その手続終わる。正午、民雄と寿司政にいく。三時帰宅。妻、神戸に六時に向う。


一月六日（水） 祈る。

十二時委員長室で、和田、成田、勝間田、山本、松本の諸君と首相との会見の打合をなし、二時官邸で会う。五時半羽田発、八時有馬着。泊る。


一月七日（木） 祈る。

九時、有岡助役宅を訪う。父上の逝去に弔う。中ノ瀬君宅を訪問し、十一時冲天閣で聖職懇談会。二時明石に成田君を訪問。五時冲天閣で丈門会。九時半伊丹発、帰宅。


一月八日（金） 祈る。

十時半会館に入る。一時半、芝公園のプリンスホテルで産経新聞の放送会社の新年祝賀会にでる。二時半帰宅。

一九六五（昭和四〇）年丈太郎最後の日記は、この一月八日で終る。

†解　説

「河上丈太郎日記」解説

福永　文夫
（獨協大学法学部教授）

河上丈太郎は、戦前衆院議員を四期、戦後右派社会党（一九五二年八月〜五五年一〇月）・統一後の社会党（一九六一年一月〜六五年五月）の委員長をそれぞれ務めた。社会党のリーダーであり、顔だった。丈太郎を評して、旧制一高時代からの友人賀屋興宣（元蔵相、自民党）は、理想、信念、信仰、正義、熱情、純情、善意の人であり、金も権力も欲しがらない、悪意や策謀に縁のない人だった。そして、社会党委員長となったことを「チョット不思議に思うくらいである。と云うのはきびしいと云うか、暗いと云うか、複雑怪奇と云うか、そう云う政界に入って政党の首領となるには、彼はあまりに善良すぎるように思われるからであった」と述べている。この指導者としての丈太郎を、当時朝日新聞記者として社会党を担当した石川真澄は次のように評している。

権力、金力、政治力などによるのでなく、かといって思想、主義、主張の強さなどといったものの故でなく、人格、品位という、形に表れ難い資質だけによってそびえ立つ指導者がいた（同『人物戦後政治』）。

丈太郎は足かけ六年半党首を務めたが、自己の思想や理論で党をひっぱるリーダーではなかった。生まれながらに備わった人格的求心力でもって、うしろ姿で人びとを導く徳望のリーダーだった。

ここでは彼の人となりを紹介し、日記を振り返ってみたい。

＊＊＊＊＊＊

生い立ち

河上丈太郎は、大日本帝国憲法が公布された一八八九（明治二二）年一月三日東京港区芝に、材木商新太郎、かねの長男として生まれた。その下に米太郎、愛子、朝子、義夫、歌子、光子、栄子の二弟五妹がいる。くしくもこの年、丈太郎にとって第二の故郷となった神戸市（現神戸市灘区）で、関西学院が宣教師ランバスによってその産声をあげている。

丈太郎五歳のとき、父新太郎が入信し、その影響を受けて丈太郎も幼い頃から聖書に親しみ、信仰の道へと入っていった。地元の芝鞆絵小学校を終え、一九〇三年立教中学に進んだ。小・中学校時代を通じて「おとなしい優等生」だったが、演説だけは好きで弁論部に属した。日露戦争前夜、『万朝報』の熱心な読者であった彼は、内村鑑三・堺利彦・幸徳秋水らの「非戦論」から、平和主義とキリスト教精神のなかに社会主義的思想を育んでいった。

一九〇八年一高に進学。河上は一高でも弁論部に属し、弁論の才を磨いた。一高時代の一九一〇年には、弁論部員として徳富蘆花を招き、幸徳秋水の大逆事件判決を批判した「謀叛論」を語らせたりしている。一高では一年先輩に森戸辰男（片山内閣文相、広島大学総長）、同級生に河合栄治郎（東大教授、社会思想史）、高木八尺（東大教授、アメリカ史）、賀屋興宣（蔵相、自民党代議士）田中耕太郎（最高裁長官）、永野護（自民党議員）らがいる。

一九一一年一高を卒業、東京帝国大学法学部政治学科に入学。大正デモクラシーが芽を吹き始めたころである。当時を振り返って、彼は内村鑑三からキリスト教を、新渡戸稲造（当時の一高校長）から人格主義を、高野岩三郎（東京帝大教授）から社会科学を学んだと述べている。

関西学院時代

一九一五（大正四）年帝大卒業後、河上は官吏となることを好まず、立教大学の講師を経て、一九一八年四月関西学院文科教授として神戸の地を踏んだ。関西学院に移ったのは、日記にもしばしば出て来る立教の同僚で、のちヤマサ醤油の重役となる外岡松五郎に誘われたからであった。本人は一、二年で東京に帰る積もりだったが、彼にとって神戸は第二の故郷となった。

河上が赴任したころの関西学院は、専門学校令による四年制で、神学部と高等学部の二つに分かれ、高等学部には商科と文科の二科があった（二一年高等商業部、文学部、神学部の三部に改組。文学部は英文、社会、哲学の三学科で構成された）。この間、彼は法学通論のほか憲法、民商法、財政学、歴史などを担当、併せて文学部学生監、講演部指導教授などを務めた。この河上の講義を聞いた学生の数は千名を超える。礼拝その他で、その謦咳に接し、感銘を深くした学生を加えれば、数千名になるとも言われる。彼を慕う学生からは、「おとっつあん」と呼ばれていた。また、彼は社会学科に新明正道（東北大学教授）、松沢兼人（衆議院・参議院議員）、阪本勝（兵庫県知事）ら東大新人会系の人々を迎え、スタッフの充実に努めた。

神戸の地で、河上はキリスト者賀川豊彦を知り、その縁で大阪（一九二二年設立）、神戸（二三年設立）の労働学校で労働者教育に携わり、現実の政治・社会への関わりを深めた。同じころ、学問の師高野岩三郎、森戸辰男、櫛田民蔵（経済学者。東京大学講師）らが、大阪に設立された大原社会問題研究所（現法政大学大原社会問題研究所）に居を構え、彼を支えた。

一九二五年六月河上は、無産政党の前身となる政治研究会神戸支部長となり、二六（昭和元）年日本労農党に参加、いよいよ政治の道に入る。日本労農党参加の動機について、彼は多くの友人の存在、考え方の一致を挙げている。そして、翌二七年一〇月彼は初の男子普通選挙による衆議院総選挙を前に、十年間勤めた関西学院を後にした。

戦前における政治活動

一九二八年総選挙に、丈太郎は兵庫一区に日本労農党から立候補し、当選を果たしている。この選挙で当選した無産政党系の議員は安部磯雄らわずか八名であった。二九年三月、凶刃に倒れた山本宣治の追悼演説（「屍を越えて」）を行っている。

その後一九三〇年、三二年と二度の落選という苦汁をなめたあと、三六年と三七年総選挙で社会大衆党から立候補し最高点で当選している。とくに三七年には、定員三名の神戸市（兵庫一区）で、社会大衆党は二名当選させている。

他方、迫りくる軍靴の足音は、彼をそして無産政党を飲み込んだ。河上は、本意ではなかったが急逝した麻生久に代わり、四〇年大政翼賛会総務となり、一九四二年総選挙では翼賛会推薦で立ち、当選している。旧日労系および社会大衆党の同志たちが弾圧を免れるならという思いがあったからだという。

＊＊＊＊＊

幽囚の日々——公職追放

河上は戦後社会党創設に関わったが、一九四六（昭和二一）年一月四日公職追放となった。翼賛会総務であったこと、翼賛選挙で推薦を受けたことが理由であった。四八年五月七日付官報号外は、中央公職適否審査委員会の審査の結果、河上を「非該当」とした。主な理由として、「同氏が第一回普選当選以来良心的な社会主義運動家として無産階級のため戦ってきた事実、および該当事由とされていた推薦議員および翼賛会総務就任は全くの自己の意思によるものでないことが明らかとなった」からであると報じた（『読売新聞』四八年五月八日）。しかし、官報に公示されて一週間後、マッカーサーの「メモランダム・ケース」という特別指令で、再び追放されてしまった。政治活動は禁止され、専ら弁護士活動に専念し、また旧約聖書を何度も読み返しながら日々を送った。河上自身は「働き盛りの時代に追放生活を強制されるということはなんとしてもつらいものであった」と述べている。

日記は追放中の一九四九（昭和二四）年四月三日から始まる。五〇年八月にも同様に、総司令部は公職資格訴願委員会宛に河上や鳩山一郎ら九九名のメモランダム・ケースによる追放者の審議はできないと伝えている（五〇年八月一七日）。かつての同志たちが戦後の民主化運動のなかで華々しく活動するのを横目に、不本意な「幽囚の日々」であった。それでも時に三輪寿壮、河野密、中村高一らかつての仲間たちと語らいあっている。党の情報も間接的ではあれ、知ることができた（五〇年一月二一日条）。

彼は「解除の日をひたすら待ちつつ、じっとがまんしていた」。五一年五月ようやく追放解除の記事が新聞に載り（五月一日条）、八月六日追放解除。河上は当時の心境を、石川啄木の「こころよく　我にはたらく仕事あれ　それを仕遂げて死なんと思う」という歌に託して、『読売新聞』（八月七日付）に発表した。

右派社会党委員長として

丈太郎が政界に復帰した一九五一年は、社会党が講和・安保条約への賛否をめぐって大分裂した年でもあった。河上は、その言動が党内の動向に重大な影響を及ぼすとして、左右いずれにも味方しないような慎重な発言をし、一〇月二三日社会党が左右に分裂した第八回臨時党大会当日、「感ずるところあり」（同日条）出席しなかった。

河上の戦後政治家としてのスタートは党の左右分裂のなか始まった。この年六月には、社会主義インターが設立され、共産主義を排し民主社会主義をうたった「フランクフルト宣言」が出された。社会党は別に「二本社会党」と呼ばれたように左右の対立を繰り返すが、そのなかで河上は一途に党の統一と団結に生涯を捧げた。

一九五二年一月の右派社会党大会では、委員長に擬せられた片山哲（四九年総選挙で落選）、河上いずれも辞退し、委員長は空席、書記長に浅沼稲次郎が就いた。その後も河上を委員長にという話は止まなかったが、彼自身は委員長の柄ではないし、何より選挙の洗礼を受けていないという理由で断りつづけた。しかし、同年八月党大会（第一〇回）で河上は委員長を引き受け、六二歳にして、苦難の舵とりを任せられた。なお同大会で、昭電疑獄で除名された西尾末広の復党が認められている。

八月二六日委員長就任演説を行う。演説の原案は河野密の作成になるが、十字架の件は丈太郎が加筆した。

民主主義の革命は一つの犠牲の道であると考えます。左右両翼にわたる全体主義の脅威を受けながら毅然としてその道を守るべきところの民主社会主義の理想というものは苦難の道であることを各国の歴史が示しております。（中略）しかしながら先人はわれわれに教えて曰く『屍を越えて突撃せよ』と、この苦難の道を避くることを、私の良心が許しません。委員長は私にとって十字架であります。しかしながら十字架を負うて、死に至るまで闘うべきことを、私は決意したのであります。

この演説は「キリスト者でなければいえない異様な誓いの言葉であった。満場がしーんと静まった」（田村祐造）というが、彼に「十字架委員長」の異名を与えた。

委員長に就任して三日後の八月二八日、いわゆる「抜き打ち解散」が行われ、丈太郎は選挙の洗礼を受ける。

選挙戦の第一声は次のようなものであったと伝えられる。

私は長い追放生活を終えて、ようやくこうして諸君と相まみえることができるようになった。私の公職追放は、戦争中私がある団体に関与していたからである。私の真情をいえば、必ずしも進んでその団体に参加したわけではないが、今は多くを弁解しない。諸君の中に、私の戦時中の行動に批判を抱く人がいたら、どうか選挙を通じて厳正な批判を下していただきたい。また、この河上を許してくれる人は、河上一個人のためではなく日本社会党の前進のためにご協力いただきたい。

自らの戦時責任を問い、有権者に判断を求めた。彼は委員長として選挙運動に東奔西走し、この間の日記は欠けている。一〇月一日の総選挙で、河上は八万一千票を獲得トップ当選した。以後、一九五八（昭和三三）年を除き、六五年に亡くなるまで連続してトップ当選を果たしている。

しかし、休む暇もなく、一九五三年四月総選挙を迎える。保守党は自由党と改進党に分かれ、自由党内も吉田派と鳩山派が対立していた。きっかけは右社の西村栄一の質問に「バカヤロー」と呟いた吉田の言をとらえ、鳩山ら反吉田派が首相懲罰動議、不信任案に同調したことにあった（いわゆる「バカヤロー解散」）。吉田首相は、これに解散総選挙で応じた。

この選挙で、吉田の自由党は過半数を割り、右社は六六、左社は七二と躍進した。「顔」の右社に対する総評をバックに持つ「組織」の左社の勝利だった。野党が結束すれば、政権は吉田の手を離れることが予想され、後継首班の座をめぐってさまざまな動きが起こる。左右統一首班の動きに、総評の高野実事務局長を中心とする重光首班工作などである。鳩山自由党の三木武吉の来訪を受けたり（五月九日）、総評副会長等（日教組出身の今村副議長、原炭労委員長）が来て、「重光首班の勧告」を受けている（五月一九日）。ただ河上自身は五月一二日、「統一首班にて自分の主張、［空白］ため自らの委員長としての責任をとり辞退せんとの旨」を告げたが、座右の銘「進不求名　退不避罪　唯民是保」に従い踏みとどまる（五月一六日）。五月二一日第五次吉田内閣成立。

この年、丈太郎は七月二日～八月一七日まで、ストックホルムで開かれた社会主義インター出席のため渡欧、この間の日記は空白となっている。

社会党の左右統一

河上が委員長に就任した頃は、左右両社会党とも対抗意識が強く、統一などはとても望めそうにない空気だった。一九五三年夏ごろから両党間で統一問題が論じられるようになったという。背景には朝鮮戦争の終結（五三年七月二七日休戦協定調印）に伴う不況の到来、五二年、五三年総選挙での両社の躍進、MSA協定をめぐる保守政党の提携、そして造船疑獄をきっかけとする吉田内閣の崩壊があった。

五四年五月両社統一機運を推進するために、河上はいわゆる「河上構想」を出した。いわく左右の全体主義を排すること、保守政権との連立を排し、共産党と明確な一線を画すること、社会主義インターおよびアジア社会党会議の線を確保することの三つである。（『読売新聞』一九五四年五月七日）。統一への道は必ずしも平坦ではなかったが、日記には「統一調査委員任命」「統一委員会」（九月一〇日、一〇月一〇日）の記述が見られる。

同年一二月両社は早期の総選挙の実施を条件に、第一次鳩山内閣を成立させ、五五年二月総選挙が行われた。両社は鳩山ブームを警戒し、選挙後の統一実現を公約に掲げ、共同のスローガンをもって選挙戦に入った。結果は民主党が一八五議席を得第一党に躍り出、自由党一一二、左社八九、右社六七であった。ここに左社優位のもとで、統一が進む。五五年五月には、当時三〇代の河上民雄・藤牧新平の二人によって起草された「統一社会党綱領草案――いわゆる右社綱領」が作成されている。

一九五五年一〇月社会党の左右統一がなり、これに促されるように一一月保守合同により自由民主党が結成され、いわゆる「五五年体制」がスタートした。統一に際し、委員長には左社の鈴木茂三郎が、書記長に右社の浅沼稲次郎が就き、河上は顧問となった。

一九五七年九月、河上は社会党米国使節団の団長として訪米する。「中ソとも仲良く、アメリカとも仲良く」という社会党が展開した積極中立外交――中国（四月一〇日～同二六日、団長浅沼稲次郎）、ソ連（九月一四日～一〇月一二日、団長片山哲）の一つであった。この年六月岸首相が訪米、「日米新時代」をうたう共同声明を発表している。

一〇月二日河上はダレスと会談するが、「貴方等が政局を担当するに至ったら negotiation する考えである」とわずか二五分で終了するというつれないものであった。このとき彼は、走り書きのメモを残している。ダレスについて「冷たい形式政治家。ユウヅウがきかない」と記している。米国の対応も冷たかったが、日本の新聞報道も同様であった。黙殺か、書いても「成果なし」だった。これに対し、河上は「荒地にくわを入れてきた」(『朝日新聞』一一月三日付)という一文を寄せた。

五八年五月二二日保守合同、社会党統一後初めての総選挙が行われた。結果は、自民党二八七、社会党一六六、共産党一、諸派・無所属一三となった。社会党は解散時より八議席増となったが、一般には自民党現状維持、社会党の伸び悩みと評された。総選挙の結果を受けて、岸首相は俄然強気に転じ、教員の勤務評定の実施、警職法改正に乗り出した。この警職法改正に関連して行った、同年一〇月二九日の衆議院予算委員会の総括質問で、東大の後輩であり当時の首相岸信介に次のように訴えた。

最後に私は、岸君に訴えたいことがあるのであります。私自身もご承知のとおり、戦争の責任者と言われて追放を受けた者であります。私はその事実を、私の生涯にとって最大の自分に対する反省の機会と考えておる。(中略)私は、この戦争の責任者の一人として、岸君に心から訴えたいことは、あれだけの戦争をさせた、そうして日本の国内及び国外に非常な迷惑をかけたこの事実を、私は忘れては相ならぬと考えておる。幸いに総理大臣という地位に立てる岸君の最大の政治上の任務というものは何かと言うならば、あの戦争によって迷惑を与えた日本の大衆にお詫びするという精神が、岸君の政治の中にあっていいことだと思っている。

河上は再び、戦時責任という十字架に触れ、今後の政治に如何につないでいくかと問うた。

「はじめに」で述べた通り、一九五九年の日記はない。五九年三月には社会党第二次訪中団団長浅沼稲次郎から有名な「米帝国主義は日中両国人民の敵」発言が飛び出した。五九年の参院選挙で、社会党は三八議席にとどまり、三分の一の壁を破ることができなかった。ここに再建論争が起こり、それはやがて西尾派の離党、社会党の分裂へとつながっていく。左派の西尾攻撃が激しさを増し、西尾派の脱党・民社党結成へと動揺する。西尾の統制処分問題において、河上は西尾の弁護演説に立ったりしている。しかし、その甲斐なく、民社党が結成された。

社会党委員長として(1)——安保闘争

一九六〇年一月の日記から、冒頭に「祈る」の文字が入る。民社党結成に際し、西尾派のみならず河上派の一部が同調し、混乱を極めていたときである。これまでも「礼拝にいく」「礼拝にでる」という記述があるが、この二字に彼は党の団結と統一への悲願を込めたのかも知れない。

河上派議員が相次いで民社党に走るなか、六〇年二月一四日河上は党の団結のために「委員長に立候補し、公選も辞さず」との決意を示した。鈴木茂三郎が妥協に動くが、彼自身は「私の平和と栄光のために」(三月一日条)と日記に記している。決して本意ではないが、一度心を決めたときの一徹さがここにあらわれている。

三月二五日党大会は、委員長をめぐって河上と浅沼との「骨肉の争い」となった。当日の日記は「選挙に敗る。一九票の差」と記すのみである。投票直前の会場で、彼は「同志が感情に走ることのないように、僕は僕が敗れたらすぐに浅沼君のところに行き握手を求める」(戸叶武)と語り、自らの立候補で、「これ以後社会党の分裂は完全に止まり、統一を守り、社会党を強力にする一つの布石的な行為であった」と自負している。

さらなる離脱を避け、河上ら社会党は安保闘争にまい進していく。五月一九日の「安保単独審議強行。二十日午前二時帰宅」は、その区切りの日であった。しかし、樺美智子さんが亡くなった翌々日の六月一七日、社会党国会議員団の一人として安保改定阻止、国会解散要求の請願を国会の議員面会所入り口で受け付けていた丈太郎は、六時議員面会所で刺され、以後七月六日まで入院している。その日はキリスト教徒の安保反対陳情団が来るというので、心待ちにしていたという。

河上が復帰して三カ月後の一〇月一二日、今度は浅沼が凶刃に倒れた。日記には「午後三時頃、浅沼君が暗殺の悲報に接す」と記されている。悲報を受けた翌一三日第一九回社会党は臨時党大会を開き、当面江田書記長が委員長代行を務めることになった。このとき江田は「総選挙と党の勝利の前進のために」と題する方針のなかで、構造改革の考えを示した。それがこののちの党内対立・抗争の火種となるとは誰も予想していなかった。同二〇日社会党葬、翌二一日本会議で追悼演説を行っている。

社会党委員長として(2)――構造改革論争

一九六〇年一一月総選挙が行われた。このとき丈太郎は「私が殺されようとして、浅沼が殺された」と叫びつづけたという。結果は自民党二九六、社会党一四五、民社党一七であった。社会党は二五議席増であった。

翌六一年三月に開かれた第二〇回党大会で、河上は委員長に選出された（書記長江田三郎）。委員長就任演説で、河上は四つの誓いをたてた。第一に党の団結、第二に三分の一の壁を破ること、第三に反動と暴力の一掃に向って闘うこと、第四に党の綱領に基づき、党の活動方針を実行することである。

しかし、社会党は以後構造改革をめぐって、党内対立を深めていく。六二年一月第二一回党大会で河上は再選されたが、左派の構造改革路線をただちに党の基本方針とせず、また「戦術であって戦略でない」との決議が可決された。同時に、社会主義理論員会が設置された。同年一一月第二二回党大会は、「江田ビジョン」をめぐって左右両派の応酬が展開され、同ビジョン非難の決議が採択されるにおよび、江田は辞任した（成田知巳書記長）。構造改革について、丈太郎はあるＴＶ番組で趣味の野球に引寄せて「ホームランではなく、バントを重ねて一つずつ走者を進めながら社会主義を達成する」と説明した。

一九六三年四月統一地方選挙が、一一月衆議院総選挙が行われている。この間河上は、党への「献身」と評されるように、応援演説に飛び回っている。統一地方選挙については、瀬尾忠博「河上委員長随行記――汽車もネをあげた三十七日間」（『同人』一九号、八月二〇日）、衆院総選挙についても、同じく瀬尾の「『神風』遊説と言われて」（『同人』二二号、六四年二月一日）に詳しい。この頃丈太郎は委員長を退くことを考えたが、周囲はそれを許さなかった。七〇歳半ばという高齢にむち打って、彼は死に至るまで社会党の大同団結と前進のために、鬼気せまるような晩年を送ったのである。

一九六四年二月第二三回党大会では、左派の佐々木派が執行部から総引き上げを行った結果、右派片肺執行部となった。この事態に河上は「将来が案ぜられる」（二月二四日条）と記している。同年一二月第二四回党大会では、河上――成田体制が維持されたが、左右両派の対立をおさめるため、副委員長二人制が敷かれ、和田博雄と佐々木更三が就任、同時に「道」の報告がなされた。

そして、六五年一月七日で日記は途絶える。一月一二日社会党候補者の応援演説に愛媛県松山市に向う途中で体調を崩し、翌一三日入院した。「クモ膜下出血あり」と診断され、闘病生活に入るが、一一月三度目の発作に見舞われ、翌一二月三日帰らぬ人となった。享年七六。

＊＊＊＊＊

丈太郎は生来控え目な性格もあり、社会党内の左右対立が激しさを増すなか、むしろ統一の象徴的存在たらんとして自制したのかも知れない。このことからリーダーとしての弱さを指摘する向きもあるが、丈太郎は自己の理論や行動の原則を説き固執するのではなく、自らの存在と行動で党を率いたリーダーだった。ここで日記から、いくつかの興味深い点を挙げておく。

一つは、社会党内でキリスト教徒の祈祷会が行われていることである。戸叶里子（社会党衆議院議員）によると、毎週木曜日の朝八時から国会内でクリスチャンの社会党議員が集い、「国会の運営が円滑にされ、弱き者を苦しめる者への愛情の政治を行い、道をあやまらないように」というのが目的であったという（『十字架委員長』）。参加者には、戸叶武・里子夫妻、井伊誠一、杉山元治郎、西村関一、長谷川保、田辺誠、小柳勇、横川正市らの名がみられる。丈太郎は、英文の小型の聖書を、議場の中でも遊説のときも、いつもポケットに入れていた。日本の社会主義運動における、キリスト教社会主義の水脈を知る手がかりとなる。

二つ目は、イギリス労働党をモデルに社会党の在り方を追求した。フェビアン誌を愛読し、寸暇を惜しんで、丸善、紀伊国屋、原書房など本屋に通う姿が見られることである。河上を含め当時の指導者たちの知的関心・意欲がうかがえる。

三つ目は、河上の交友関係である。森戸辰男や賀屋興宣など一高・東大同窓生との終生変わらぬ党派を超えた交情は興味深い。また彼は党の財政に苦慮し、伊原隆、水野成夫、藤井丙午ら財界人を訪ねるなど、あらゆるルートを通じ奔走している。丈門会・シオン会など関西学院の同窓会に集った教え子たちも彼の選挙を支えた。

【参考文献】

日本経済新聞社編『私の履歴書 第十三集』日本経済新聞社、昭和三六年。

河上前委員長記念出版委員会編『河上丈太郎 十字架委員長の人と生涯』日本社会党、昭和四一年。

『河上丈太郎演説集』河上民雄後援会、一九八八年。

同人編集委員会編『同人』創刊号〜第二六号、昭和三五年三月〜昭和四一年六月。

飯塚繁太郎・宇治敏彦・羽原清雅『結党四十年・日本社会党』行政問題研究所、昭和六〇年。

高橋勉『資料 社会党河上派の軌跡』三一書房、一九九六年。

田村祐造『戦後社会党の担い手たち』日本評論社、一九八四年。

芳賀綏『威風堂々の指導者たち』清流出版、二〇〇八年

† 家系図

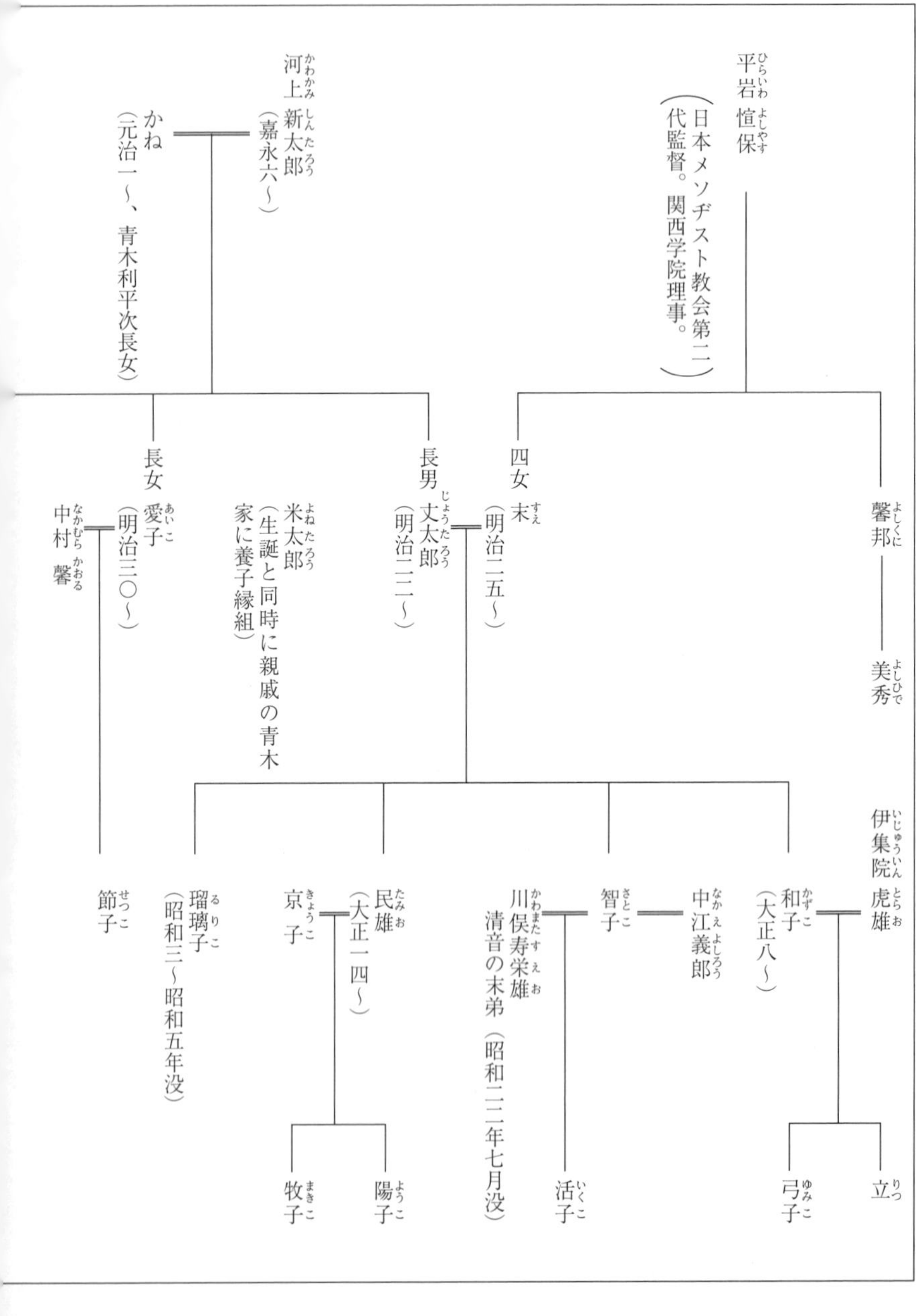

平岩《ひらいわ》愃保《よしやす》
（日本メソヂスト教会第二代監督。関西学院理事。）
河上《かわかみ》新太郎《しんたろう》
（嘉永六〜）
かね
（元治一〜、青木利平次長女）
四女
末《すえ》
（明治二五〜）
馨邦《よしくに》
美秀《よしひで》
長男
丈太郎《じょうたろう》
（明治二二〜）
米太郎《よねたろう》
（生誕と同時に親戚の青木家に養子縁組）
長女
愛子《あいこ》
（明治三〇〜）
中村《なかむら》馨《かおる》
伊集院《いじゅういん》虎雄《とらお》
和子《かずこ》
（大正八〜）
中江《なかえ》義郎《よしろう》
智子《さとこ》
川俣《かわまた》寿栄雄《すえお》
清音の末弟（昭和二二年七月没）
民雄《たみお》
（大正一四〜）
京子《きょうこ》
瑠璃子《るりこ》
（昭和三〜昭和五年没）
節子《せつこ》
立《りつ》
弓子《ゆみこ》
活子《いくこ》
陽子《ようこ》
牧子《まきこ》

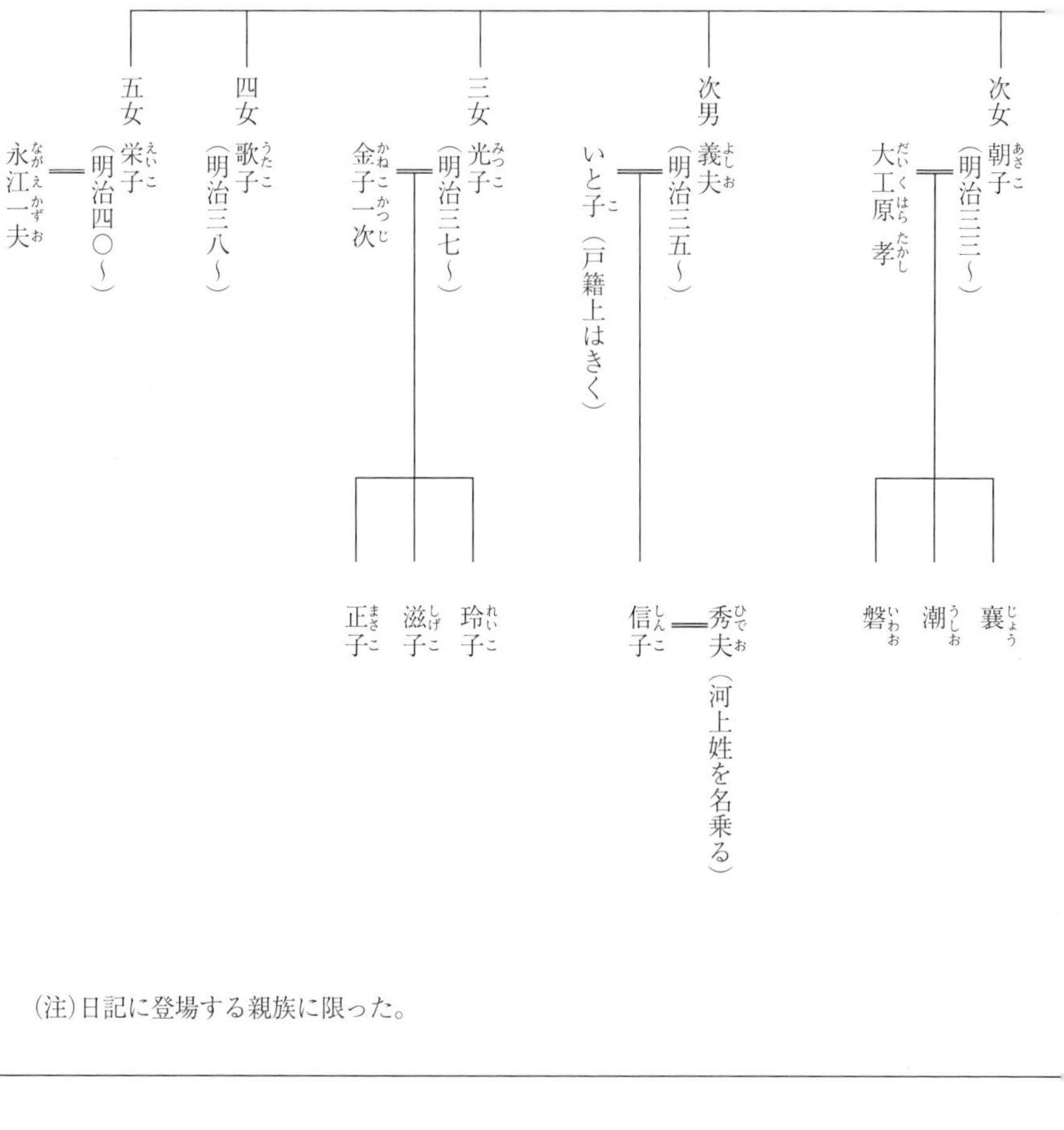

(注)日記に登場する親族に限った。

† 人名録

【あ行】

相《あい》沢《ざわ》重《しげ》明《あき》　一九一〇生。国労本部副委員長、総評副議長を経て、五六年参院議員（神奈川地方区、二期）。

青《あお》木《き》昌《まさ》夫《お》　神戸市議。

赤《あか》堀《ほり》馨《かおる》　三輪寿壮代議士の秘書。

赤《あか》松《まつ》勇《いさむ》　一九一〇生。四六年衆院議員（愛知一区、一一期）。

赤《あか》松《まつ》常《つね》子《こ》　一八九七生。赤松克麿の妹。四七年参院議員（全国区）のち民社党に参加。

秋《あき》定《さだ》鶴《つる》造《ぞう》　毎日記者。戦中よりよく訪れていた。

安《あ》藝《き》盛《さかん》　一八九六生。大正—昭和前期の労働運動家（日労系）。

秋《あき》山《やま》長《ちょう》造《ぞう》　一九一七生。参院副議長。五六年参院議員（岡山地方区、七期）。

浅《あさ》原《はら》健《けん》三《ぞう》　一八九七生。労働運動家。二八年衆院当選（福岡二区、二期）。

浅《あさ》沼《ぬま》稲《いね》次《じ》郎《ろう》　一八九八生。戦前からの衆院議員（東京一区、九期）。

飛鳥《あすか》田《た》一《いち》雄《を》　一九一五生。五三年衆院議員（神奈川一区、六期）六三年横浜市長に。のち社会党委員長。

麻《あ》生《そう》久《ひさし》　一八九一生。社会大衆党書記長。三六年衆議院初当選。

麻《あ》生《そう》良《よし》方《かた》　一九二三生。麻生久の子。民社党に参加。六三年衆院議員（東京一区、四期）。

足《あ》立《だち》梅《うめ》市《いち》　一九〇一生。四七年衆院議員（三重二区、二期）。

阿《あ》部《べ》茂《しげ》夫《お》　一八九二生。衆院議員（東京四区）。

阿《あ》部《べ》五《ご》郎《ろう》　一九〇四生。労働運動家。弁護士。戦後徳島県知事を経て、五二年衆議院初当選（徳島県全県区、五期）。

安《あ》倍《べ》能《よし》成《しげ》　一八八三生。哲学者、文相。

天《あま》田《だ》勝《かつ》正《まさ》　一九〇六生。農民運動家。四八年参院議員（民社党、埼玉地方区）。

新《あら》井《い》謹《きん》也《や》　一八八四生。丈太郎の父新太郎のもとに一時身を寄せていた洋画家。

有《あり》馬《ま》輝《てる》武《たけ》　一九二一生。農林官僚。五五年衆議院初当選（鹿児島三区、五期）。

有《あり》馬《ま》頼《より》寧《やす》　一八八四生。元農相。元伯爵。

井《い》伊《い》誠《せい》一《いち》　一八九二生。弁護士。四六年衆院議員（新潟二区）、河上派。

井《い》岡《おか》大《だい》治《じ》　一九一四生。大阪交通労組委員長を経て、五五年衆院議員（大阪二区）。

池《いけ》田《だ》禎《てい》治《じ》　一九一〇生。時事新報記者を経て、五二年衆院議員（民社党、福岡四区）。

石《いし》川《かわ》金《きん》次《じ》郎《ろう》　一八九七生。社会運動家。四六年衆院議員（岩手一区）。

石《いし》原《はら》萠《ほう》記《き》　一九二四生。ジャーナリスト。自由社社長。

石《いし》村《むら》英《ひで》雄《お》　一九〇二生。五五年衆院議員（山口二区）。

伊《い》瀬《せ》幸《こう》太《た》郎《ろう》　一八九五生。四七年衆院議員（奈良全県区）。

井《い》谷《たに》正《まさ》吉《きち》　一八九六生。農民運動家。四七年衆院議員（愛媛三区、四期）。

伊《い》藤《とう》卯《う》四《し》郎《ろう》　一八九四生。労働運動家。四六年衆院議員（福岡二区）。

伊《い》藤《とう》好《こう》道《どう》　一九〇一生。五二年衆議院議員（愛知四区、三期）。

稲《いな》岡《おか》進《すすむ》　関学の教え子。評論家。

稲《いな》村《むら》隆《りゅう》一《いち》　一八九八生。農民運動家。五五年衆院議員（新潟二区）。

井《いの》上《うえ》良《りょう》二《じ》　一八九八生。労働運動家。三七年衆議院初当選（社会大衆党、大阪三区、七期）。

猪《いの》俣《また》浩《こう》三《ぞう》　一八九四生。弁護士。四七年衆議院初当選（新潟四区、八期）。

伊《い》原《はら》隆《たかし》　一九〇八生。大蔵官僚。五四年東京銀行常務。池田成彬蔵相秘書官時代から河上と交流。

今《いま》澄《ずみ》勇《いさむ》　一九一三生。四七年衆院議員（山口一区、八期）。

今《いま》津《づ》菊《きく》松《まつ》　一八九七生。戦前からの労働運動家。西宮市議。

井《い》村《むら》稔《とし》雄《お》　関学時代の教え子。沖天閣（神戸市中央区中華料理店）主人。丈門会幹事。

上《うえ》田《だ》清《せい》次《じ》郎《ろう》　一九〇〇生。四六年衆院議員（福岡二区）。

受《うけ》田《だ》新《しん》吉《きち》　一九一〇生。四七年衆院議員（山口二区、一二期）。のち民社党に。

氏《うじ》原《はら》一《いち》郎《ろう》　一九〇〇生。四六年衆院議員（高知全県区）市長、のち高知市長。

植《うえ》場《ば》鉄《てつ》三《ぞう》　一八九四生。呉羽紡績社長。

鵜《う》崎《ざき》多《た》一《いち》　一九〇五生。農林官僚。五九年福岡県知事に当選（二期）。

内《うち》村《むら》清《せい》次《じ》　一九〇二生。国労出身。一九四七年参院議員（全国区、三期）。

占《うら》部《べ》秀《ひで》男《お》　一九〇九生。自治労出身。五六年参院議員（全国区、三期）。

江《え》田《だ》三《さぶ》郎《ろう》　一九〇七生。参院議員を経て、六三年衆院議員（岡山二区、四期）。

大《おお》出《いで》俊《しゅん》　一九二二生。全逓。六三年衆院議員（神奈川一区、一一期）。

大《おお》柴《しば》滋《しげ》夫《お》　一九一七生。党本部書記を経て、六〇年衆議院初当選（東京二区、五期）。

太《おお》田《た》一《かず》夫《お》　一九一〇生。名鉄労組。五八年衆院議員（愛知四区、五期）。

大《おお》西《にし》正《せい》道《どう》　一九一一生。日教組出身。五三年衆院議員（兵庫四区、三期）。

大《おお》貫《ぬき》大《だい》八《はち》　一八九八生。弁護士。五八年衆院議員（栃木一区）。のち民社党。

大《おお》原《はら》亨《とおる》　一九一五生。日教組。五八年衆院議員（広島一区、一一期）。

小《お》川《がわ》豊《ほう》明《めい》　一八九八生。五二年衆院議員（千葉二区、五期）。

小《お》川《がわ》三《みつ》男《お》　一九〇二生。労働運動家。豊明弟。六四年衆院議員（千葉二区、二期）。

大《おお》橋《はし》祐《ゆう》之《の》助《すけ》　立教中学のクラスメイト。医師、新橋で開業（新橋内科）。

大《おお》橋《はし》リュウ　大橋祐之助夫人。日本の女医の草分けの一人。

大《おお》森《もり》暢《のぶ》久《ひさ》　加藤勘十、シズエ夫妻の娘婿。医師。

大《おお》矢《や》省《しょう》三《ぞう》　一八九三生。労働運動家。四六年衆院議員（大阪一区、八期）。

岡《おか》良《りょう》一《いち》　一九〇五生。医師。四九年衆院議員（石川一区、六期）、河上派。

岡《おか》田《だ》宗《そう》司《じ》　一九〇二生。社会運動家。四七年参院議員（全国区、三期）。

岡《おか》本《もと》善《ぜん》太《た》郎《ろう》　駿河屋主人。関学卒。代々善右衛門を名乗る。

緒《お》方《がた》竹《たけ》虎《とら》　一八八八生。自由党総裁。

小《お》笠《がさ》原《わら》二《ふ》三《み》男《お》　一九一〇生。日教組。五〇年参院議員（全国区、二期）。

沖《おき》田《た》正《まさ》人《と》　一九二八生。東京都議（渋谷区）。のち衆院議員（東京四区）。

尾《お》崎《ざき》治《おさむ》　兵庫県議。のち参院議員（兵庫地方区）。

小《お》野《の》豊《ゆたか》　関学の教え子。丈門会会長。

小《お》畑《ばた》忠《ただ》良《よし》　一八九三生。実業家、官僚、弁護士。

【か行】

甲《か》斐《い》政《まさ》治《はる》　一九〇二生。四六年衆院議員（宮崎一区、三期）。

賀《か》川《がわ》豊《とよ》彦《ひこ》　一八八八生。キリスト教社会運動家。

角《かど》谷《たに》秀《しゅう》一《いち》　神戸市議（兵庫区）。

風《かざ》見《み》章《あきら》　一八八六生。近衛内閣書記官長。衆院議員（茨城三区、九期）。

春《かす》日《が》一《いっ》幸《こう》　一九一〇生。五二年衆院議員（愛知一区、一四期）。民社党委員長。

片《かた》山《やま》宗《そう》一《いち》　医師。長男民雄妻京子の妹久子の配偶者。

勝《かつ》間《ま》田《た》清《せい》一《いち》　一九〇八生。四七年衆院議員（静岡二区、一四期）。のち社会党委員長。

加《か》藤《とう》勘《かん》十《じゅう》　一八九二生。労働運動家・代議士。三六年衆院議員（東京五区、九期）。

加《か》藤《とう》清《きよ》政《まさ》　一九一五生。都議を経て、七二年衆院議員（東京一区）。

加《か》藤《とう》シズエ　一八九七生。女性運動家。四七年衆院議員（東京二区）。

加《か》藤《とう》鐐《りょう》造《ぞう》　一八九九生。日労系の社会運動家。三七年衆院議員（岐阜二区、五期）。

金《かな》丸《まる》徳《とく》重《しげ》　一九〇〇生。五八年衆院議員（山梨全県区）。

金《かね》島《しま》義《よし》通《みち》　神戸市議。

金《かね》子《こ》益《ます》太《た》郎《ろう》　一八九七生。社会運動家。四六年衆院議員（栃木二区、二期）。

金《かね》子《こ》義《ぎ》一《いち》　多治見市長。

蟹《かに》江《え》邦《くに》彦《ひこ》　一九〇六生。四七年参院議員（京都地方区）。

上《かみ》条《じょう》愛《あい》一《いち》　一八九四生。日労系。五〇年参院議員（全国区、二期）。のち民社党。

神《かみ》近《ちか》市《いち》子《こ》　一八八八生。婦人解放運動家。五三年衆院議員（東京五区、五期）。

亀《かめ》田《だ》得《とく》治《じ》　一九一二生。弁護士。五三年参院議員（大阪地方区、三期）。

賀《か》屋《や》興《おき》宣《のり》　一八八九生。近衛内閣蔵相。A級戦犯として終身禁錮。釈放後、五八年衆院議員（東京三区、五期）自民党。一高時代のクラスメート。

茅《かや》野《の》真《まさ》好《よし》　一九〇〇生。都議。

河《か》合《わい》義《ぎ》一《いち》　一八八二生。農民活動家。三七年衆院議員（兵庫三区）、参議院議員。

河《か》相《わい》達《たつ》夫《お》　一八八九生。大正・昭和時代前期の外交官。東京帝大卒。

川《かわ》島《しま》金《きん》次《じ》　一九〇三生。四六年衆院議員（埼玉一区、六期）。

川《かわ》俣《また》清《せい》音《おん》　一八九九生。社会運動家。三六年秋田から衆院議員、河上派。

神《かん》田《だ》大《だい》作《さく》　一九一三生。五五年衆院議員（栃木二区）。のち民社党。

菊《きく》地《ち》養《よう》之《の》輔《すけ》　一八八九生。弁護士。三七年社会大衆党から衆議院初当選。

北《きた》田《だ》一《いち》郎《ろう》　東京都議。戦前人民戦線事件に連座。

木《きの》下《した》郁《かおる》　一八九四生。弁護士。大分市長、衆院議員を経て、五五年大分県知事。

木《きの》下《した》哲《てつ》　大分県選出の社会党代議士、のちに民社党にゆく。

木《き》村《むら》定《さだむ》　関学の教え子、朝日新聞記者。

木《き》村《むら》毅《き》　一八九四生。評論家。

清《きよ》沢《さわ》俊《とし》英《えい》　一八九〇生。衆院議員（新潟二区）を経て、参院議員（新潟地方区）。

清《きよ》瀬《せ》一《いち》郎《ろう》　一八八四生。衆院議員（自民党）。

桐《きり》山《やま》宇《う》吉《きち》　兵庫県議。右社県本部書記長。

久《く》保《ぼ》田《た》鶴《つる》松《まつ》　一九〇〇生。府議を経て、四七年衆議院初当選（大阪四区、一〇期）。

熊《くま》本《もと》虎《とら》三《ぞう》　一八九五生。五二年衆議院議員（東京六区、三期）。

黒《くろ》沢《さわ》幸《こう》一《いち》　一九〇二生。戦前からの運動家。五三年衆院議員（栃木一区）。

河《こう》野《の》密《みつ》　一八九七生。三六年衆院議員（東京五区、一二期）、河上派。

小《こ》泉《いずみ》秀《ひで》吉《きち》　一八七九生。海員組合初代組合長。参院議員（全国区）。

小《こ》酒《ざか》井《い》義《よし》男《お》　一九〇六生。私鉄総連出身。参院議員（全国区、三期）。

小《こ》島《じま》利《とし》雄《お》　弁護士。

小《こ》谷《たに》守《まもる》　一九一五生。兵庫県議。のち参院議員（兵庫地方区、二期）。

児《こ》玉《だま》末《まつ》男《お》　一九二一生。五八年衆院議員（宮崎二区、八期）、国労?。

五《ご》島《とう》虎《とら》雄《お》　一九一四生。山陽電鉄労組委員長を経て、五五年衆院議員（兵庫一区、四期）。

小《こ》林《ばやし》正《まさ》美《み》　一九一二年生。五八年衆院議員（三重一区）。

小《こ》林《ばやし》ちづ　六〇年衆院議員（三重一区）、河上派。

小《こ》南《みなみ》真《しん》次《じ》　兵庫県議（加古郡）。

子《こ》安《やす》泰《やすし》　読売新聞記者。

小《こ》柳《やなぎ》勇《いさむ》　一九一二生。国労委員長を経て、五八年参院議員（福岡県地方区、五期）。

【さ行】

堺《さかい》豊《とよ》喜《き》　神戸市議（兵庫区）。

酒《さか》井《い》一《かず》雄《お》　関学の教え子、神戸市議。

阪《さか》上《がみ》安《やす》太《た》郎《ろう》　一九一二生。高槻市長を経て、五八年衆院議員（大阪三区、六期）。

阪《さか》本《もと》勝《まさる》　一八九九生。衆院議員。のち兵庫県知事。

左《さ》近《こん》義《よし》慈《しげ》　東京神学大学。民雄、同大学で非常勤講師だった。

佐《さ》々《さ》木《き》更《こう》三《ぞう》　一九〇〇生。四七年衆院議員（宮城一区、一一期）。のち社会党委員長。

佐《さ》々《さ》木《き》大《たい》蔵《ぞう》　神戸市職委員長。

笹《ささ》口《ぐち》晃《あきら》　一九〇四生。県議を経て、四七年衆院議員（神奈川二区）。

佐《さ》多《た》忠《ただ》隆《たか》　一九〇四生。東京帝大卒。参院議員（鹿児島地方区）。

佐《さ》竹《たけ》晴《はる》記《き》　一八九六生。弁護士。三六年衆院議員（高知全県区、七期）。

佐《さ》竹《たけ》新《しん》市《いち》　一八九九生。戦前からの社会運動家。四七年衆院議員（広島一区、四期）。

佐《さ》野《の》学《まなぶ》　一八九二生。戦前共産党委員長、獄中で転向。戦後、河上追放中に佐野学ひとりで当時牛込の河上宅に来訪、研究所設立に資金協力を依頼したと思われるが、追放中の故に恐らく要請に応えられなかったものと思われる。

佐《さ》野《の》芳《よし》雄《お》　一九〇三生。戦前からの労働運動家。六二年参議院議員（兵庫地方区）。

椎《しい》熊《くま》三《さぶ》郎《ろう》　一八九五生。四六年衆議院初当選（北海道一区、自民党）。

重《しげ》盛《もり》寿《とし》治《はる》　一九〇一生。東交委員長を経て、参院議員を経て、六三年衆院議員（東京四区）。

清《し》水《みず》伊《い》助《すけ》　神戸市議（垂水区）。

島《しま》清《きよし》　一九〇八生。四七年参院議員（東京地方区、二期）。のち民社党。

島《しま》口《ぐち》重《じゅう》次《じ》郎《ろう》　戦前からの農民運動家。五八年衆院議員（青森二区、一二期）。

島《しま》野《の》武《たけし》　一九〇五生。弁護士。東大新人会を経て、仙台市長。

下《しも》川《かわ》儀《ぎ》太《た》郎《ろう》　一九〇四生。詩人。県議を経て、五二年衆院議員（静岡一区、三期）。

下《しも》村《むら》海《かい》南《なん》　一八七五生。貴族院議員、鈴木貫太郎内閣国務相兼情報局総裁。

寿《じゅ》岳《がく》文《ぶん》章《しょう》　英文学者。関学時代の教え子。

尚向前　中国人民外交県会副秘書長。中日備忘録貿易弁事処東京駐在連絡処首席代表を歴任。

新《しん》明《めい》正《まさ》道《みち》　一八九八生。関西学院大学を経て、東北大学教授。

杉《すぎ》原《はら》一《かず》雄《お》　富山県本部書記長。

杉《すぎ》原《はら》五《ご》郎《ろう》　銀座教会会員、医師。

杉《すぎ》山《やま》元《もと》治《じ》郎《ろう》　一八八五生。日農初代組合長。三二年衆院議員（大阪五区、九期）。

鈴《すず》木《き》文《ぶん》治《じ》　一八八五生。日本労働総同盟創立者。二八年普選第一回の無産等代議士八人の一人。

鈴《すず》木《き》茂《も》三《さぶ》郎《ろう》　一八九三生。四六年衆院議員（東京三区、九期）。五一年社会党委員長。

相《そう》馬《ま》助《すけ》治《じ》　一九一一生。四七年衆院議員（栃木一区）、五〇年から参院議員（栃木地方区）。のち民社党。

外《そと》岡《おか》松《まつ》五《ご》郎《ろう》　立教の同僚。大正七年、丈太郎を誘い関西学院の教授として赴くが、二年でヤマサ醤油に転じ、のちに同社の重役となる。長年の交友つづく。

曾《そ》禰《ね》益《えき》　一九〇三生。東京帝大卒。外務省を経て、五〇年参院議員（神奈川地方区）。民社党書記長。

【た行】

平《たいら》貞《てい》蔵《ぞう》　一八九四生。思想家。東大新人会、昭和研究会に参加。法大教授。

高《たか》岩《いわ》進《すすむ》　一九〇九生。戦前からの労働運動家。兵庫県議。

高《たか》尾《お》三《さぶ》郎《ろう》　TDK重役。

高《たか》田《だ》富《とみ》之《ゆき》　一九一二生。東北帝大卒。日農県連会長を経て、四九年共産党から衆院議員（埼玉三区、一〇期）。のち社会党から出馬。

高《たか》田《だ》なほ子《こ》　一九〇五生。日教組初代婦人部長を経て、五〇年参院議員（全国区、二期）。

高《たか》野《の》岩《いわ》三《さぶ》郎《ろう》　一八七一生。東京帝大教授（経済学者）。

多《た》賀《が》谷《や》真《しん》稔《ねん》　一九二〇生。県議を経て、五二年衆議院初当選（福岡二区、一二期）。

竹《たけ》谷《や》源《げん》太《た》郎《ろう》　一九〇一生。東京帝大卒。弁護士。衆院議員（宮城一区）。民社党。

田《た》所《どころ》輝《てる》明《あき》　戦前の無産運動家。「無産党十字街」の著作があり、昭和初期に没す。

田《た》中《なか》寿《す》美《み》子《こ》　一九〇九生。婦人問題評論家として活動。六五年参議院初当選（全国区、三期）。

田《た》中《なか》武《たけ》夫《お》　一九一二生。五五年衆議院初当選（兵庫三区、七期）。

田《た》中《なか》稔《とし》男《お》　一九〇二生。東大新人会。四七年衆院議員（福岡三区、五期）。

田《た》中《なか》敏《とし》文《ぶみ》　一九一一生。九州帝大卒。四七年初の知事公選で北海道知事に。

田《た》中《なか》一《はじめ》　一九〇一生。戦前キリスト教社会主義運動や農民運動に参加。五〇年から参院議員（全国区、四期）。

棚《たな》橋《はし》小《こ》虎《とら》　一八八九生。社会運動家。松本市議を経て、戦後参院議員（長野地方区、二期）。

田《た》辺《なべ》誠《まこと》　一九二二生。全逓出身。六〇年衆院議員（群馬一区、一一期）。のち委員長。

谷《たに》尾《お》（慧《けい》）　河上美村法律事務所に席をおく税理士。のちに公認会計士となり、独立。

谷《たに》本《もと》光《みつ》雄《お》　神戸市議（灘区）。

田《た》畑《ばた》政《まさ》一《いち》郎《ろう》　一九二四生。国労出身。七六年参院議員（福井全県区、二期）。

田《た》原《はら》春《はる》次《じ》　一九〇〇生。戦前からの社会運動家。三七年衆議院初当選（福岡四区、七期）。

田《た》万《まん》清《きよ》臣《おみ》　一八九二生。戦前からの労働運動家。弁護士。三六年衆院議員（大阪一区）。

田《た》万《まん》広《ひろ》文《ふみ》　一九〇六生。四六年衆院議員（香川二区、五期）。民社党に参加。

田《た》村《むら》祐《ゆう》造《ぞう》　読売新聞記者。のち『戦後日本社会党の担い手たち』（一九八四年）を残す。

千《ち》田《だ》正《ただし》　一八九九生。早大卒。四七年参院議員（岩手地方区、三期）、六三年岩手県知事。

中《ちゅう》馬《ま》馨《かおる》　一九〇四生。六三年大阪市長。

趙《ちょう》安《あん》博《ぱく》　中国共産党中連部幹部。戦前、一高に学ぶ。

長《ちょう》正《まさ》路《みち》　五三年衆議院初当選（福岡一区）。

椿《つばき》繁《しげ》夫《お》　一九一〇生。全国金属委員長を経て、五〇年参院議員（全国区、三期）。

堤《つつみ》ツルヨ　一九一三生。四九年衆院議員（滋賀全県区）。民社党に参加。

鶴《つる》見《み》祐《ゆう》輔《すけ》　一八八五生。東京帝大卒。二八年以来衆院議員。五三年から参院議員。

堂《どう》森《もり》芳《よし》夫《お》　一九〇三生。医師。四六年衆院議員（福井全県区、八期）、河上派。

戸《と》叶《かの》里《さと》子《こ》　一九〇八生。四六年衆院議員（栃木一区、一一期）、河上派。

戸《と》叶《かの》武《たけし》　一九〇三生。五三年参院議員（栃木地方区、四期）。

徳《とく》川《がわ》義《よし》親《ちか》　一八八六生。尾張徳川の末裔。

泊《とまり》谷《や》裕《やす》夫《お》　一九二一生。六三年衆院議員（北海道一区）。

富《とみ》吉《よし》英《えい》二《じ》　一八九九生。日農鹿児島県連会長を経て、三六年衆院議員（鹿児島二区）。洞爺丸事故で遭難死。

鳥《とり》居《い》豊《ゆたか》　神戸市議。

【な行】

内《ない》藤《とう》良《りょう》平《へい》　国労出身。参議院（東京）選挙候補予定者。

中《なか》井《い》一《かず》夫《お》　一八八九生。自民党衆院議員（兵庫一区、八期）。

中《なか》井《い》徳《とく》次《じ》郎《ろう》　一九〇七生。上野市長を経て、五三年衆院議員（三重一区、六期）。

永《なが》井《い》道《みち》雄《お》　一九二三年。東工大教授。評論家。のち三木武夫内閣で民間から文相となる。

中《なか》川《がわ》光《こう》太《た》郎《ろう》　一八九九生。兵庫県議。

永《なが》江《え》一《かず》夫《お》　一九〇二生。三七衆院議員（兵庫一区、四期）。民社党に参加。

中《なか》崎《ざき》敏《とし》　一九〇〇生。四六年衆院議員(島根全県区、七期)。河上の妹婿。

中《なか》沢《ざわ》茂《も》一《いち》　一九一二生。五二年衆院議員（長野一区、八期）、河上派。

中《なか》島《じま》巌《いわお》　一九〇〇生。県議を経て、五五年衆議院初当選（長野三区、三期）、河上派。

中《なか》島《じま》浩《こう》吉《きち》　大阪の医師。立教中学同級生。大橋祐之助医師の親友。

中《なか》島《じま》英《ひで》夫《お》　一九二〇生。鉄鋼労連副委員長を経て、五八年衆院議員（神奈川二区）。

中《なか》島《じま》弥《や》団《だん》次《じ》　一八八六生。二八年衆議院議員（民政党）。

中《なか》田《た》吉《よし》雄《お》　一九〇六生。県議を経て、五〇年衆院議員（鳥取地方区、三期）。

中《なか》地《ち》熊《くま》造《ぞう》　一九〇五生。海員組合。

永《なが》野《の》護《まもる》　一八九〇生。一高の同級生。実業家、政治家。第二次岸内閣運輸大臣。

中《なか》ノ《の》瀬《せ》幸《こう》吉《きち》　一九〇〇生。神戸市交通労組。神戸市議。

中《なか》村《むら》高《たか》一《いち》　一八九七生。弁護士。三七年衆院議員（東京七区、八期）、河上派。

中《なか》村《むら》時《とき》雄《お》　一九一五生。五三年衆院議員（愛媛一区、五期）。のち民社党。

中村波男　一九一一生。県議を経て、六五年参院議員（岐阜地方区、二期）。

成《なり》田《た》　明石に本社をおく三信の経営者。

成《なり》田《た》知《とも》巳《み》　一九一二生。四六年衆議院初当選（香川一区、一二期）。のち社会党委員長。

成《なる》瀬《せ》幡《ばん》治《じ》　一九一〇生。愛知県教組委員長を経て、五〇年参院議員（愛知地方区、四期）。

西《にし》尾《お》末《すえ》広《ひろ》　一八九一生。二八年衆院議員（大阪二区、一五期）。

西《にし》風《かぜ》勲《いさお》　一九二六生。六七年衆院議員（大阪一区）。

西《にし》宮《みや》弘《ひろし》　一九〇六生。宮城県副知事を経て、六〇年衆議院初当選（宮城一区、五期）。河上派。

西《にし》村《むら》勇《いさ》夫《お》　戦前からの労働運動家。支持者。

西《にし》村《むら》栄《えい》一《いち》　一九〇四生。四六年衆議院初当選（大阪五区、一一期）。

西《にし》村《むら》関《かん》一《いち》　一九〇〇生。牧師。五八年衆議院初当選（滋賀全県区、三期）。のち参院議員。清水次郎長の孫。

二《にの》宮《みや》武《たけ》夫《お》　一九一一生。県議を経て、六〇年衆議院初当選（大分一区、二期）。

野《の》々《の》村《むら》戒《かい》三《ぞう》　立教中学時代の恩師。三高、関学教員を経て、早稲田大学教授。義兄。

野《の》々《の》山《やま》一《いち》三《ぞう》　一九二三生。国労。六二年参議院初当選（全国区、二期）。

野《の》原《はら》覚《かく》　一九一〇生。大阪教組委員長を経て、五三年衆議院初当選（大阪一区、四期）。

延《のべ》島《しま》英《えい》一《いち》　国際ジャーナリスト。

【は行】

芳《は》賀《が》貢《みつぐ》　一九〇八年生。五二年衆議議員（北海道二区、一一期）。

長《は》谷《せ》川《がわ》保《たもつ》　一九〇三生。社会事業家。四六年衆院議員（静岡三区、七期）。

波《は》多《た》野《の》鼎《かなえ》　一八九六生。九州帝大教授。東大新人会同人。四七年参院議員（福岡県地方区）。

羽《は》生《にゅう》三《さん》七《しち》　一九〇四生。社会運動家。四七年参議院初当選（長野地方区、五期）。

浜《はま》田《だ》庄《しょう》司《じ》　平安堂主人岡田文次郎氏を通じ親交あり。若い頃から陶芸に興味あり。

林《はやし》大《だい》作《さく》　一九〇五生。四七年衆議院初当選（愛知五区）。

林《はやし》虎《とら》雄《お》　一九〇二生。県議を経て、四六年衆院議員、四七年長野県知事。六二年参院議員。

林《はやし》彦《ひこ》三《さぶ》郎《ろう》　一八九〇生。実業家。日比谷三信ビル社長。

原《はら》茂《しげる》　一九一三生。五二年衆議院初当選（長野三区、一〇期）。

原《はら》口《ぐち》忠《ちゅう》次《じ》郎《ろう》　神戸市長。

針《はり》替《かえ》豊《ゆたか》　東京築地青果株式会社の社長。戦時中、結婚式の仲人をつとめた関係で親交。

肥《ひ》田《だ》次《じ》郎《ろう》　六〇年衆院議員（大阪五区、二期）。

一《ひと》ツ《つ》柳《やなぎ》東《とう》一《いち》郎《ろう》　朝日新聞記者、のち社長。

日《ひ》野《の》吉《よし》夫《お》　一九〇一生。農民運動家。四七年衆院議員（宮城二区、九期）、河上派。

平《ひら》岡《おか》忠《ちゅう》次《じ》郎《ろう》　一九一一生。所沢市議を経て、五二年衆院議員（埼玉二区、七期）、河上派。

平《ひら》田《た》ヒデ　一九〇二生。五五年衆院議員（福島二区）。

平《ひら》野《の》学《まなぶ》　一八九八生。戦前、無産運動家。のち『麻生久傳』刊行事務担当となる。

平《ひら》野《の》力《りき》三《ぞう》　一八九八生。三六年衆院議員（山梨全県区、七期）。

広《ひろ》沢《さわ》賢《けん》一《いち》　一九一九生。六七年衆院議員（東京一区）。鈴木茂三郎秘書。

福《ふく》島《しま》玄《げん》　一九〇七生。兵庫県議。

藤《ふじ》井《い》丙《へい》午《ご》　八幡製鉄副社長。

藤《ふじ》牧《まき》新《しん》平《ぺい》　党本部書記。ハーバード大学、キッシンジャー教授のもとに短期留学で渡米。丈太郎のゴースト・ライター。

藤《ふじ》本《もと》用《よう》輔《すけ》　神戸市議。

穂《ほ》積《づみ》七《しち》郎《ろう》　一九〇四生。東京帝大卒。四六年衆院議員（無所属）、四七年公職追放、五三年左派社会党（愛知五区、七期）。

細《ほそ》野《の》三《み》千《ち》雄《お》　一八九七生。弁護士。四六年衆議院初当選（秋田一区、五期）。

堀《ほり》昌《まさ》雄《お》　一九一六生。医師。五八年衆院議員（兵庫二区、一一期）。

【ま】

前《まえ》田《だ》栄《えい》之《の》助《すけ》　一八九一生。労働運動家。呉市議を経て、四六年衆議院初当選（広島二区、八期）、河上派。

前《まえ》田《だ》平《へい》一《いち》　一八九八生。神戸市議。

牧《まき》野《の》良《りょう》三《ぞう》　一八八五生。衆院議員（自民党）。

松《まつ》井《い》政《まさ》吉《きち》　一九〇六生。社会運動家。四九年衆院議員（福島三区、六期）。河上派の官房長官、河上派。

松《まつ》浦《うら》定《さだ》義《よし》　一九〇四生。五〇年参院議員（北海道地方区）、五八年、六三年衆院議員。

松《まつ》浦《うら》清《せい》一《いち》 一九〇二生。海員組合。五〇年参院議員（兵庫地方区）。のち民社党。

松《まつ》岡《おか》駒《こま》吉《きち》 一八八八生。戦前からの労働運動家。四六年衆院議員（東京二区、六期）。

松《まつ》沢《ざわ》兼《けん》人《じん》 一八九八生。四六年衆院議員（兵庫一区、三期）。五三年から参院議員、河上派。

松《まつ》下《した》駒《こま》吉《きち》 兵庫県議（兵庫区）。

松《まつ》平《だいら》忠《ただ》久《ひさ》 一九〇四生。外交官。五三年衆院議員（長野二区六期）、河上派。

松《まつ》永《なが》忠《ちゅう》二《じ》 一八九一生。五六年衆院議員（静岡地方区、三期）。

松《まつ》永《なが》義《よし》雄《お》 一八九一生。弁護士。三七年衆院議員（埼玉一区、三期）。

松《まつ》原《ばら》喜《き》之《の》次《じ》 一八九五生。京都帝大卒。四七年衆院議員（大阪三区、六期）。

松《まつ》前《まえ》重《しげ》義《よし》 一九〇一生。五二年衆院議員（熊本一区、六期）。東海大学総長・代議士。民社分裂の動揺のなか終始父の立場にたつ。

松《まつ》本《もと》七《しち》郎《ろう》 一九一一生。慶應大卒。四六年衆院議員（福岡二区、一一期）。

松《まつ》本《もと》淳《じゅん》造《ぞう》 一八九四生。慶應大卒。詩人。四六年衆院議員（島根全県区、二期）。日労系。

丸《まる》山《やま》正《まさ》光《みつ》 毎日新聞記者。

三《み》浦《うら》清《せい》一《いち》 兵庫県議。牧師。夫人は石川啄木の実妹。

三《み》木《き》武《ぶ》吉《きち》 一八八四生。民主党。一七年衆院議員（香川一区、一一期）。

三《み》木《き》喜《よし》夫《お》 一九〇九生。兵教組委員長を経て、六〇年衆院議員（兵庫四区、四期）、河上派。

水《みず》野《の》成《しげ》夫《お》 一八九九生。戦前共産党入党、転向。戦後経済同友会幹事、国策パルプ社長。

水《みず》野《の》実《じつ》郎《ろう》 一九四七生。衆院議員（愛知二区）。

三《みつ》井《い》［勇《いさむ》］ 牧師銀座教会牧師。

皆川古山 画家。

湊《みなと》謙《けん》吾《ご》 ミナト製薬社長。

三《み》鍋《なべ》義《よし》三《ぞう》 五三年衆院議員（富山一区、四期）。

三《み》宅《やけ》正《しょう》一《いち》 一九〇〇生。早大卒。三六年衆院議員。通算一五期、河上派。

三《み》輪《わ》寿《じゅ》壮《そう》 一八九四生。東大新人会。弁護士。三七年衆院議員。公職追放解除後、五二年から三期。

武《む》藤《とう》運《うん》十《じゅう》郎《ろう》 一九二五生。早大卒。六〇年衆院議員、通算一〇期、河上派。

村《むら》尾《お》重《しげ》雄《お》 一九〇一生。労働運動家。四七年参院議員（大阪地方区、四期）。民社党に参加。

門《も》司《じ》亮《りょう》 一八九七生。四七年衆院議員、（神奈川一区、一〇期）。

基《もとい》政《まさ》七《しち》 一九〇三生。新三菱重工労組幹部。のち民社党より全国区参議院議員。

森《もり》口《ぐち》新《しん》一《いち》 神戸市議（長田区）。

森《もり》崎《さき》隆《たかし》 一九五〇年参議院議員（香川地方区）。

森《もり》下《した》国《くに》雄《お》　一八九六生。三六年衆院議員（栃木県二区、一〇期）。自民党。戸叶夫妻と親戚と思われる。

森《もり》島《しま》守《もり》人《と》　一八九六生。外交官。五五年衆院議員（神奈川三区、三期）。

森《もり》戸《と》辰《たつ》男《お》　一八八八生。四六年衆院議員（広島三区、三期）。五〇年広島大学学長。

森《もり》三《み》樹《き》二《じ》　一九〇三生。四六年衆院議員（北海道五区、六期）

森《もり》元《もと》治《じ》郎《ろう》　一九〇七生。同盟通信記者。五六年参院議員（茨城地方区、三期）。

森《もり》脇《わき》甚《じん》一《いち》　一八九九生。兵庫県議。

【や】

八《や》百《お》板《いた》正《ただし》　一九〇五生。農民運動家。四七年衆院議員（福島一区、一一期）のち参院議員。

矢《や》尾《お》喜《き》三《さぶ》郎《ろう》　一九〇一生。四六年衆院議員（滋賀全県区、九期）、河上派。

八《や》木《ぎ》一《かず》男《お》　一九一一生。五二年衆院議員（奈良全県区、八期）。

安《やす》井《い》吉《よし》典《のり》　一九一五生。五八年衆院議員（北海道二区、一一期）、河上派。

保《やす》田《だ》庄《しょう》一《いち》　広島県議。

矢《や》田《た》丈《じょう》一《た》郎《ろう》　明石愛宕園長。理事長。

柳《やなぎ》田《だ》秀《ひで》一《かず》　一九〇五生。舞鶴市長を経て、五二年衆院議員（京都二区、八期）。

山《やま》口《ぐち》丈《じょう》太《た》郎《ろう》　一九〇九生。阪急電鉄労組副委員長を経て、五二年衆院議員（兵庫二区、五期）。

山《やま》口《ぐち》房《ふさ》雄《お》　党国際局部長。

山《やま》口《ぐち》昌《まさ》一《かず》　戦前無産運動家。戦後大阪でタクシー会社を東久太郎氏と共に興す。

山《やま》崎《ざき》今《け》朝《さ》弥《や》　一八七七生。弁護士。

山《やま》崎《ざき》劔《けん》二《じ》　一九〇二生。三六年衆院議員。戦後ブラジルに渡る。妻道子（離婚後藤原姓に）。

山《やま》崎《ざき》常《つね》吉《きち》　一八九一生。労働運動家。三七年衆院議員（愛知一区）。

山《やま》崎《ざき》道《みち》子《こ》　一九〇〇生。四六年衆院議員（静岡二区、二期）。五〇年藤原道子として参院議員（全国区、四期）。

山《やま》下《した》栄《えい》二《じ》　一九〇一生。労働運動家。兵庫県議を経て、四六年衆院議員（兵庫二区、八期）。民社党に参加。

山《やま》田《だ》節《せつ》雄《お》　一八九八生。四七年参院議員（広島地方区、三期）。

大《や》和《まと》与《よ》一《いち》　一九〇八生。国労委員長を経て、五三年参院議員（全国区、三期）。

山《やま》花《はな》秀《ひで》雄《お》　一九〇四生。四六年衆院議員（東京七区、九期）。

山《やま》本《もと》幸《こう》一《いち》　一九一〇生。四七年衆院議員（岐阜一区、一二期）。

山《やま》本《もと》徳《とく》源《げん》　一九二七生。RCAレコード取締役。ワーナーパイオニア代表取締役社長。

湯《ゆ》沢《ざわ》三《み》千《ち》男《お》　一八八八生。内務官僚、戦前兵庫県知事。参院議員（自民党）

横《よこ》川《かわ》正《しょう》市《いち》　一九一五生。全逓出身。五六年参院議員（全国区、三期）。クリスチャン。

横《よこ》前《まえ》智《さとし》　衆院内社会党事務局長。

横《よこ》路《みち》節《せつ》雄《お》　一九一一生。北教組副委員長を経て、五二年衆院議員（北海道一区、八期）。

横《よこ》山《やま》利《とし》秋《あき》　一九一七生。国労。五五年衆院議員（愛知一区、一一期）。

吉《よし》川《かわ》兼《かね》光《みつ》　一九〇二生。四六年衆院議員（千葉一区、七期）。

吉《よし》川《かわ》政《まさ》春《はる》　関学時代の教え子。河上丈太郎の門下生が集る同窓会、東京丈門会の世話役。

吉《よし》田《だ》賢《けん》一《いち》　一八九四生。弁護士。三七年衆院議員（兵庫三区、八期）。のち民社党。

米《よ》内《ない》山《やま》一《いち》郎《ろう》　一九〇九生。六三年衆院議員（青森一区、三期）。

米《よね》窪《くぼ》満《みつ》亮《すけ》　一八八一生。海員組合副会長。三七年衆院議員（兵庫二区、四期）。

【ら】

蝋《ろう》山《やま》政《まさ》道《みち》　一八九五生。東京帝大教授、政治学者。

【わ】

和《わ》久《く》保《かず》雄《お》　兵庫県議。

渡《わた》辺《なべ》勘《かん》吉《きち》　一九一〇生。六二年参院議員（岩手地方区）。

渡《わた》辺《なべ》惣《そう》蔵《ぞう》　一九〇七生。社会運動家。五二年衆院議員（北海道四区、五期）。

渡《わた》辺《なべ》潜《ひそむ》　一八九七生。戦前からの運動家。

渡《わた》辺《なべ》朗《ろう》　一九二五生。党国際局長。

和《わ》田《だ》耕《こう》作《さく》　一九〇七生。日本フェビアン研究会。のち民社党代議士。

和《わ》田《だ》春《はる》生《お》　一九一九生。全労会議書記長。

和《わ》田《だ》博《ひろ》雄《お》　一九〇三生。五二年衆院議員（岡山一区、六期）。

社会党本部書記

伊藤忠治　社会党本部書記
小倉康男　社会党本部書記
酒井良知　党本部書記
武井好夫　党本部書記
瀬尾忠博　党本部書記
高橋長年　党本部書記
土肥　実　近江屋興業社員、元秘書
時武左門　党本部書記
影　浦　党本部書記
小田桐信夫　党本部書記
畑　昭三　社会党本部書記
藤原哲太郎　党本部書記
佐藤祐次　党本部書記
島田　久　党本部書記
山本秀市　党本部書記
渡辺　朗　党本部書記

河上・美村法律事務所の歴代スタッフ

河上丈太郎、美村貞夫、八巻忠蔵、山下義則、高橋民二郎、土橋頼光の各弁護士。税理士として谷尾慧（のち公認会計士）が当初から加わる。山県和喜、佐々木さん。

あとがき

二〇〇八年の秋、古くからの勉学仲間である獨協大学の福永文夫教授から河上丈太郎日記刊行の企画が持ち込まれた。リーマンショックの混乱のなかで出版計画の話を聞くことになったが、専門書の出版事情が悪いなか、河上日記の翻刻と刊行が可能になったのは、なにより福永教授の「研究に対する」熱意であった。河上丈太郎の長男民雄氏と福永教授との交流、丈太郎の関西学院での教鞭等々のいく筋もの細い糸をたどり寄せ、それを紡ぎ合わせたのは福永教授の日本社会党史研究への使命感に他ならず、その一端は本書のはしがきと解説を一読されればお解かりになると思う。

また、河上日記の刊行は、関西学院にとっても最も相応しい使命であった。戦前、河上が関西学院に奉職したという運命的な出会いを抜きに、その後の道を考えることはできないからである。関西学院は、キリスト教主義を理念とする研究教育機関であり、河上が研究教育に携わっていた一九二〇年代当時、先進地といわれた神戸・原田の森に位置していた。そうした環境がさまざまな人々との出会いを通じて河上をキリスト者として育み、後の十字架委員長といわれる政治家として歩むきっかけを与えたことは間違いないであろう。そのような意味で関西学院は、いわば日記の刊行という責務を課すことによって、河上という人間を育てた責任の一端を果たしたといえよう。

河上日記が刊行されるまで、多くの研究者、研究機関、出版社等のお世話になっている。河上日記の刊行の趣旨に賛同され、関西学院大学の学長指定共同研究・「関西学院と社会運動人脈」研究会を共に立ち上げ参加された方々を忘れることはできない。関西学院時代における河上丈太郎の研究や活動に関する人的・思想的背景について貴重なアドバイスをされながら、日記の刊行を我慢強く待っていただいた法学部の冨田宏治教授と高島千代教授、文学部の高岡裕之教授に謝意を表したい。いうまでもなく、福永文夫教授には、学外からの研究協力者として加わっていただいた。また、翻刻という根気のいる作業は、関西学院大文学研究科の川内淳史氏と大月英雄氏、神戸大学法学研究科の渡邉公太氏、立命館大学・非常勤講師の城下賢一氏（いずれも研究会開始当時の所属）にお願いし、城下氏には研究会での報告もいただき、合わせてお礼を申しあげたい。さらに、学長指定共同研究の機会の提供と出版助成に迅速に対応していただいた関西学院大学の研究推進社会連携機構、関係史・資料を提供していただいた大学図書館、同窓会、学院史料編纂室、そして、研究会の事務局を引受け四年間にわたり翻刻を見守り編集をしていただいた関西学院大学出版会の田中直哉氏に、厚く感謝申し上げたい。

これらの人々や関係機関の協力がなければ、河上日記が日本政治史の研究者や専門家、そして、戦後政治史に関心のある市民の目に触れるのはもっと後の時代になったかもしれない。悔やまれるのは、研究を進めるに当たり河上民雄氏への聞き取りを丈太郎の思い出の地であり政治家としての出発点でもある神戸で行う予定であったが、民雄氏の体調が思わしくなく何度も入退院を繰り返されお目にかかれなかったことである。さらに、河上日記の上程が間に合うことなく民雄氏がお亡くなりになったことも大変残念であり、ご家族の方々にお悔やみ申し上げたい。もしご存命中に聞き取りが実現できていれば、研究会で河上の社会運動やキリスト教関係の人脈をもっと深く探ることができたかもしれない。しかし、河上日記の刊行を期に、そうした研究が河上丈太郎の関係者、研究者、そして、市井の人々の間で間違いなく進められると確信している。

あとがきの執筆中に、特定秘密保護法案が参議院で強行採決され成立した。この法律の影響が及ぶ範囲は想像もつかない。秘密の対象が国防と外交のみならず、国益を損なう恐れのある情報収集（スパイ）活動・研究も対象とされ、具体的な秘密事項もそれを審査する第三者機関の設置も明示されていないからである。取り締まりの所管は公安警察であり、公務員だけでなくいずれ一般市民も監視対象となることは、戦前の治安維持法と大政翼賛会体制に至る経緯をみれば推察できよう。それは、河上丈太郎が決してくり返してはならないと願い祈ることを止まなかった悪夢の再現に他ならない。議員という特別職や行政官の地位にある、あるいは、あった政治家の日記や備忘録の類さえ六〇年間も秘密扱いとなり、当事者がそれを検証することもできないまま記録が破棄されないとも限らない。そのようなことが起こらないことを祈りつつ、あとがきとしたい。

二〇一三年一二月一〇日

「関西学院と社会運動人脈」研究会・代表者
関西学院大学・総合政策学部　村上　芳夫

【略歴】

福永文夫（ふくなが・ふみお）
1953（昭和28）年兵庫県生まれ。85年神戸大学大学院法学研究科博士課程単位取得満期退学。博士（政治学）。姫路獨協大学法学部講師、助教授、教授を経て、2001年より獨協大学法学部教授。専攻、日本政治外交史・政治学。
著書：『占領下中道政権の形成と崩壊——民政局と社会党』（岩波書店、1977年）、『大平正芳——「戦後保守」とは何か』（中公新書、2008年）。

河上丈太郎日記
1949-1965年

2014年3月31日初版第一刷発行

著　者　河上丈太郎
監　修　福永文夫
　　　　「関西学院と社会運動人脈」研究会
発行者　田中きく代
発行所　関西学院大学出版会
所在地　〒662-0891
　　　　兵庫県西宮市上ケ原一番町1-155
電　話　0798-53-7002
印　刷　株式会社クイックス

Printed in Japan by Kwansei Gakuin University Press
ISBN 978-4-86283-160-6